Vicente Aleixandre

A Critical Appraisal

Bilingual Press/Editorial Bilingüe

Studies in Literary Analysis

Vicente Aleixandre

A Critical Appraisal

edited by

Santiago Daydí-Tolson

Bilingual Press/Editorial Bilingüe
YPSILANTI, MICHIGAN

ISBN: 0-916950-21-2
Printed simultaneously in a softcover edition. ISBN: 0-916950-20-4

Library of Congress Catalog Card Number: 81-65036

PRINTED IN THE UNITED STATES OF AMERICA

Cover design by Christopher J. Bidlack

Acknowledgments

The editor wishes to thank the following for permission to reprint material appearing in this volume:

Diálogos (Colegio de México), for Dario Puccini, "La extrema ciencia del vivir en imágenes esenciales: *Poemas de la consumación*," *Diálogos*, No. 79 (Jan.-Feb. 1978), pp. 13-18.

Insula (Madrid), for Carlos Bousoño, "Las técnicas irracionalistas de Vicente Aleixandre," *Insula*, Nos. 374-375 (Jan.-Feb. 1978), pp. 5, 30, which appears in this volume slightly revised and in English translation.

José Luis Cano, for his "La fusión con la naturaleza en Bécquer y Aleixandre," *Revista de Filología Española*, No. 52 (for 1969; pub. 1971), pp. 641-49; the article appears here in English translation.

The Nobel Foundation, for Vicente Aleixandre's "Nobel Lecture," © The Nobel Foundation, 1977.

The University of Michigan Press, for Paul Ilie, "Descent and Castration," chapter 3 of *The Surrealist Mode in Spanish Literature* (Ann Arbor: Univ. of Michigan Press, 1968), pp. 40-56; 212-13.

The following papers which were originally accepted for publication in this volume appeared first in *Cuadernos Hispanoamericanos*, Nos. 352-354 (Oct.-Dec. 1979): José Olivio Jiménez, "Una aventura hacia el conocimiento," pp. 11-40; Gonzalo Sobejano, "*Sombra del paraíso*, ayer y hoy," pp. 370-383; Guillermo Carnero, "*Ambito* (1928): razones de una continuidad" (published in this volume with the title "*Ambito* dentro de la obra de Vicente Aleixandre), pp. 384-393.

TABLE OF CONTENTS

V. *Critical Approaches*

I. Introduction

VICENTE ALEIXANDRE:
A NEW VOICE OF TRADITION

Santiago Daydí-Tolson

When in 1977 the Nobel Prize for literature was awarded to the Spanish poet Vicente Aleixandre, the name and works of the new laureate were little known outside of Spain and Latin America. He was mainly an author for hispanists, the poet for literary experts.[1] Post-war Spanish poetry was represented in the mind of foreigners by Federico García Lorca and, in some cases, by the less popular poet Jorge Guillén, both of them contemporaries and good friends of Aleixandre. After the Civil War (1936-39) Spain had become for many a silent world, the domain of intellectual backwardness and governmental censorship; a Nobel Prize could not have been found in such a land, barren of literary greatness. But in later years Spain had begun to change, and no longer could it be considered a repressed society and a cultural wasteland—poetic voices were heard coming from the forgotten nation, and that of Vicente Aleixandre was the most resounding. Like a deep current flowing up from the years before the war, his voice filled the gap between those poets who had died or left the country and the younger generations of post-Civil-War Spain.

Since the nineteen twenties, Vicente Aleixandre has always been present in Spain's literary scene. He has lived through the years of the Republic, the Civil War, and the seemingly never-ending Franco era. He was one of the intellectuals of his generation who, although against the fascist regime, remained in his country after the war.[2] Thus he became a model and master for the new poets who began to write in the cultural vacuum of the first years of dictatorship. His name alone could represent the tradition of poetry in a country that, having reached the excellence of an intellectual tradition in the twenties and thirties, preferred for a while the dictates òf dogma and fanaticism over the freedom of art and spirit. Aleixandre stood, with his poetry and his personal attitude, in opposition to that state of affairs and kept alive the spirit of that earlier period of intellectual liberalism and aesthetic experimentation. Having now received the Nobel Prize, he understands the implicit indication that the recognition is not only for his personal work but also for the centuries-long tradition of Spanish literature, undeservedly forgotten in our days.

In his address to the Swedish Academy, Aleixandre states explicitly the idea that poetry is, above all, tradition.[3] The poet, then, is but a link between past and future, and his being great is conditioned by the literary and cultural circumstances in which he has to live. In Aleixandre's case, the past is represented by two different moments: the immediate one—the Generation of 1898 and its nineteenth-century predecessors; and the more remote one—the Spanish Golden Age. Through them, of course, the poet comes in contact with a wider range of influences, sometimes difficult to account for. The present circumstance—the horizontal tradition he talks about—encompasses a long period of more than fifty years of Spanish literary history. As a young man Aleixandre was part of a group of poets which included, besides Lorca and Guillén, the names of Luis Cernuda, Pedro Salinas, and Rafael Alberti. As a mature poet he took the responsibility to see that the younger generations could express themselves beyond the limitations of despair and conformism. In his old age he has become the sacred figure of the eternal poet, the voice that reincarnates itself in those few select men and women that have been given the gift of poetry. Today, Aleixandre himself is tradition.

His works, more that many other poets' productions, are a reflection of the circumstances in which the author lived. It could be said that Aleixandre's poetry evolves in harmonious correspondence with the main trends of Spanish lyric poetry from his first published poems, written in a period of highly technical and aesthetic literature, to the last collection of dramatic monologues, in some aspects related to late forms of lyric discourse in present-day Spain.[4] In the last five decades Spanish poetry has passed through several alternate styles and modes of conceiving the poetic phenomenon and the poet's task. Aleixandre has been directly in contact with every new development, accepting with a clear conviction that man is determined by his being *here* and *now*. His work then is that of a writer who senses what the main current of poetic feeling is at a particular historical moment.

This somewhat vague characterization can be better illustrated by looking at what Aleixandre considers to be the essence of the poet. In his address to the Swedish Academy he defines the poet as a prophet, a seer.[5] Reminiscent of the Platonic interpretation, Aleixandre's idea has its antecedent in Surrealism and can be traced back to Romanticism.[6] This conception of the poet as a means for other voices to express themselves, as a superior being who can be in touch with the cosmos and with the essence of man, has a direct relation with the other concept also mentioned in the poet's address—the complete immersion of the writer in a particular tradition, because it is this tradition in which the seer finds the voices he has to assume as his: the voices of his people. Poetry, then, is a form of communication; it is the revelation of the common spirit of the people that takes the voice of the poet to make itself understood by all.

All of this is documented in Aleixandre's writings. In his address to the Swedish Academy he only restates what have always been the basic tenets of his poetic vocation.[7] But it is not only in reference to concepts that the address corroborates a long-sustained idea of poetry; in it there is also a rhetorical device that has a meaningful value beyond its apparent common function as an expression of humility. Aleixandre refers to himself as "the poet" on several occasions when he should have used either the first person pronoun or his own name. A similar preference for impersonality is also manifest in Aleixandre's poetry, and particularly in the books written after the Civil War. Many of his poems convey a certain sense of anonymity, a feeling that the voice does not belong to a definite person. After reading the complete poems of Aleixandre, what seemed at first to be only a vague feeling ends up being a central characteristic of his poetic discourse. It will be of interest to follow, through fifty years of writing poetry, the development of that voice.

Born in 1898, Aleixandre began his literary career in the twenties, a great period in Spanish literature. His generation, besides being interested in Spanish tradition, was bewildered by the new aesthetic, philosophical and scientific ideas of post-war Europe. The climate of Spanish middle-class life was in those days defined by cultural interests, intellectual curiosity, and literary activity. In Madrid, where Aleixandre had lived since boyhood, there were more than enough places to meet other intellectuals and be informed of new trends as well as the established and admired ideas of the older generations. Literary cafés, theaters, art galleries, the Ateneo, and the very important Residencia de Estudiantes were the meeting places for poets and writers, painters and artists, historians and philosophers, masters and disciples. Friendship was the common link among many of the young poets, artists, and intellectuals. In this spirit of comradeship Aleixandre found his poetic vocation and his first admiring readers and editors.[8]

He had little interest in poetry before becoming a member of the literary group that today is known as the Generation of 1927. Although he was an avid reader, he did not like poetry and avoided reading it, convinced as he was from his high school years that such literature neither provided much enjoyment nor had any intellectual value. By eighteen his attitude had changed radically, thanks to the friendship of another young poet, Dámaso Alonso, who gave him an anthology of poems by Rubén Darío. The reading of that book was decisive for Aleixandre: ". . .that truly virginal reading—the poet writes later—produced a revolution in my spirit. I discovered poetry: my great passion in life was then revealed to me and took hold of me never to be uprooted again."[9] He then began to write, but his first publications did not appear until almost ten years later.[10] It is undoubtedly very important to record the fact that it was after reading Darío's poems that the young writer discovered his own poetic vein.

Critics see no noticeable traces of Darío's influence in Aleixandre's works.[11] It has to be acknowledged, though, that Aleixandre has a spiritual correspondence with the Latin American poet and that he follows him in several ways that are not easy to trace and analyze because they are less a matter of stylistics than of general attitudes toward art and reality.[12] For the young Spanish poet-to-be, Darío's works meant not only the fascinating discovery of the manifold possibilities of language but also the realization of the poetic view of man as a passionate lover who is consumed by love. Poetic language in Darío reaches a level of communicative effectiveness directly dependent on the poet's ability to create a purely fictional reality that represents, in metaphorical terms, an otherwise inexpressible understanding of man and existence. No less important to the effectiveness of this poetic language is the general tone of passionate materialism, an essential sensuality not at all alien to a desire for spiritual transcendence. These were aspects of Darío's literary accomplishment that Aleixandre could certainly have felt as profoundly inspiring because they found an echo in his own spirit.

The influence of Darío is not so evident in Aleixandre's first

published compositions, for during the period in which he was working on them the author had an intense literary relationship with
other young poets who declared their interest in favor of Juan Ramón Jiménez and the theories of "pure" poetry.[13] Aleixandre's participation in the activities of the group that shared in the literary
experimentations, discussions, and definitions typical of those times
explains the influence of the ruling taste on *Ambito*, his first collection of poems. It also explains why that book came to be published.
Aleixandre's interest in poetry not only began under the influence
of a friend, but his actual career as a poet was launched by a few
friends who took some of his poems to the then recently founded
Revista de Occidente, where they appeared in 1926.[14]

Aleixandre published *Ambito*, on which he had been working
since 1922, in 1928. It was a typical product of that decade and for
some critics seems to be totally unrelated to the rest of Aleixandre's
work.[15] But, in spite of its many debts to other poets highly considered at the time, *Ambito* is something more than an exercise in imitative writing. As the poet discovered years later, this first book
represents a starting point of his whole production, a basis for later
developments.[16] A few analyses have demonstrated that in its pages
are to be found several of the most characteristic aspects of Aleixandre's poetry.[17]

If compared with the rest of the poet's books *Ambito* looks particularly different in its external characteristics, it is because following the examples of Juan Ramón Jiménez and other younger
poets Aleixandre wrote a carefully structured book, not at all different, as Alonso points out, from many other books of poems published in those days.[18] Thirty-five poems closely related to each
other form this highly structured work. Most of the compositions
are written in traditional meters, some of them merely a variety of
the "romance" or of other types of regular stanzas.[19] His combined
use of different meters in the same poem can be seen as a first step
toward free verse, which will characterize Aleixandre's poetic language. Equally indicative of an evolution are several cases of en-
jambment and verse punctuation that break the fixed rhythm of the
metric pattern. The basic model, however, was set by the careful
treatment of rhythm and rhyme in Juan Ramón's post-modernist
aestheticism.[20]

Several other aspects of *Ambito* will be seen again in the rest
of Aleixandre's work. In addition to technical details of a stylistic
nature, perhaps the most important elements are the glimpses of
irrational imagery, suggestive of Surrealism, and the cosmic vision

of man and nature as identical in essence. Love is the central motive of these poems and represents a way for man to achieve fusion with all matter. Even though the book appears to narrate the personal experience of a deep understanding of the human condition on a cosmic level, the main subject of such experience is in some way veiled or diluted by a rather detached impersonality. The well-structured plan of the collection and the well-composed poems correspond to a stylistic restraint in no way different from that characteristic of some manifestations of "pure" poetry.[21] In Aleixandre's literary career, *Ambito* represents a first attempt, the product of several years of apprenticeship in the active workshop of his generation: the cultural life of Madrid. His poetic ideas were not yet defined, and his style was not his own. To find in this book the first manifestations of traits characteristic of the future work of the author is not an unjustified critical procedure, as long as one does not overlook the fact that when published *Ambito* was more than anything else an imitative work. Its originality will emerge from a comparative reading of Aleixandre's later work.

Shortly after *Ambito* was published, Aleixandre began work on his second book, *Pasión de la tierra*. Although it was finished within a year, the new collection remained unknown in Spain until 1946. Only a few copies of a 1935 Mexican edition reached Spain,[22] and hence the book could not have had any noticeable influence on the literary milieu. Even though *Pasión de la tierra* is totally different from *Ambito*, it is also a book representative of its time, a time of radical changes in aesthetic ideas and methods. If the book had been published in 1929, immediately after the author finished writing it, it would have become one of the most important surrealist books in Spanish literature.[23] Most of its commentators consider *Pasión de la tierra* as the real starting point of Aleixandre's characteristic poetic language, viewing *Ambito* as a far less important antecedent. When Aleixandre wrote the latter he was able to resolve every stylistic problem by recurring to the well-known set of acceptable and already established solutions. The poet was acting within the predetermined patterns of a tradition. With *Pasión de la tierra*, those fixed channels of poetic expression are totally disrupted, and although language retains its functional coherence, the expression itself lacks the normal logical or sentimental aspects which might render it meaningful to a reader. By means of the new technique of free association of purely mental images, the poet tries to express within the limits of language a series of unedited visions belonging to a level of reality revealed by psychoanalysis and pointed out earlier by a few nineteenth-century poets who may be considered Aleixandre's literary antecedents.[24] The contrast between *Ambito* and *Pasión de la tierra* is such that they seem to be the works of two completely different authors: a poet of the post-modernist aesthetic tradition and a surrealist.

Ample literary analysis has proved beyond any doubt the surrealistic character of *Pasión de la tierra*;[25] but for a while the term "surrealism" was used in reference to this work only to deny any interpretation that would see the influence of the French school in Aleixandre's poetry.[26] The poet was partial to that critical attitude and insisted that he was not a surrealist, although he made reference to his knowledge of Freud's writings.[27] The truth of the matter is that for Spaniards it has seemed very important to make a clear distinction between French "surrealism" and Spanish "superrealismo," the difference being that in Spain there is no organized literary school, as in France.[28] One of the characteristics of the poets of the Generation of 1927 is precisely their will to act as individuals; none of them belonged to or professed, knowingly, the principles of a particular literary school.

But it would be misleading to state that Aleixandre was creating completely on his own when he happened to write *Pasión de la tierra*, a book so clearly representative of Surrealism. The sudden change of style and of literary objectives apparent in this unprecedented book could not have originated as a sudden revelation but must have been the result of a well-informed confidence in the value of psychoanalytical theories and in the effectiveness of the technique of "automatic writing."[29] By deciding on a surrealist form of expression rather than using the more conventional style of his first compositions, Aleixandre was, first of all, accepting the theoretical principles behind the surrealist method and stating, as well, his revolt against established tradition.

Aleixandre's poetic break with traditional ways of writing is not just another literarily playful experiment but a much more complex phenomenon, as would be the case with any sincerely serious writer. The attraction of aesthetic experimentation, so much a part of the literary scene of the thirties, did not touch the spirit of Aleixandre. On the contrary, he stated very distinctly his belief in the importance of message over form, thus presenting a good argument against his previous book, the product of a formalist and aestheticist composition.[30] Between the carefully measured and well-combined verses of *Ambito*, the expression of a restrained voice, and the entirely loose prose of *Pasión de la tierra* there is a difference not only in external form and poetic techniques but more significantly in the attitude and tone of voice of the speaker, which, in turn, have their manifestation in the other, more visible distinctions. It is only natural that once tradition is attacked and abandoned by the artist, the attitude of the speaker changes from dutiful acceptance to rebellious opposition to the norm.

In Aleixandre's work this opposing force took the external form of prose, better suited than verse for the demanding verbal flux of his new voice. The model for it had already been set in the novel[31] and the poet merely adapted it to a still deeper search in the human psyche and its world of fascinating dreams, fears, and desires. His reasons for using prose are to be sought in Aleixandre's own emotional experiences, his work being a journey into the inner self, a desperate and obsessive search for life and its meaning in an existence jeopardized by imminent dissolution: death.[32] There is no need to speculate about particular motives behind each prose poem or even each dream-like image. Enough psychological analyses and commentaries are at hand to satisfy this type of curiosity.[33] What really matters is to realize that by using the technique of automatic writing Aleixandre was rebelling against emotional restraint and aesthetic formality.

The prose in *Pasión de la tierra* is a sign of a truly new attitude; it is the obvious response to a need for expanding verse and its different possible combinations in order to express the new images and their concatenation in the freely associative flow of the discourse. And this, in turn, is the consequence of a renewed function of the voice. Surrealism had offered a philosophical basis and a technical device to the poet who was already in need of them. The almost mystical union of man with the cosmos as presented in *Ambito* does not have the same powerful conviction that is found in the prose poems of *Pasión de la tierra*. The attitude of the speaker is constrained by tradition in the first book and freed from any delimitations in the latter. This change has been possible thanks to the discovery of the unconscious, an aspect of the self which has its own voice, an entity different from the author, although in this case it does not represent a completely conscious invention, as lyric voices normally do.

This voice of the unconscious follows its own rules, if it is possible to use such a term in reference to a discourse apparently devoid of any form of predetermined governing pattern. Bousoño has studied the basic formula of the irrational image as used by Aleixandre in his surrealist period.[34] By following the critic's line of reasoning one can imagine the many other possible formulas that made the text a poetic text and not a mere piece of psychoanalytical monologue; the type of structure involved in the poetic text does show similarities to a psychiatric patient's discourse, but the two differ in that the poet's discourse follows a more intentionally artistic process of selection and organization. The poet is also consistent in maintaining the same level of illogicality throughout the concatenation of images, which appear in a seemingly breathless emission of unaccented speech. The utterance is that of an undetermined speaker who talks from the depths of the reader's inner being—the voice, as it were, of the speaker's own unconscious.

Prose reproduces, better than verse, the free flow of speech, the monotonous and uncontrolled wording of oneiric visions made up of a web of apparently unrelated images. A return, then, to versification in *Espadas como labios*, written after *Pasión de la tierra*, strikes one as a significant poetic decision. As Aleixandre declared years later, after writing the prose poems of his previous book he felt a strong desire to write again in verse—that is, to impose a certain control over the chaotic mass of images being formed in the unconscious.[35] The verse transcription of the surrealistic associative images indicates a certain hesitancy in the author. Several compositions make use of traditional verses; others, in a procedure similar to the one used in some poems of *Ambito*, combine verses of different metric value. The result, as any reader of contemporary poetry can attest, is a rhythm and cadence not totally unheard before but more varied than the traditional metric patterns in order to appeal to a new sensitivity.

More than the choice between prose and verse, images and syntax are, to a great extent, responsible for the hypnotic or "possessed" tone of the voice both in *Pasión de la tierra* and *Espadas como labios*. Prose and verse in each case are only helpful transcriptions of the discourse. The use of hendecasyllabic and octosyllabic verses brings back to the voice the constraint found in *Ambito*. *Espadas como labios* exemplifies in its two types of metric preferences the poet's doubts and experimentations with his medium. The short poems, with a more or less regular metric form, embody a tone and attitude of control even when the images talk of strong emotions; from this duality emerges a feeling of tension quite in agreement with the general character of the book. The longer poems make use of free verse in accordance with a freer attitude of the speaker, who seems to allow his emotional state to appear in the poem. This second type of composition will be improved in the next book, *La des-*

trucción o el amor, and will continue to be a characteristic in Aleixandre's subsequent works.

It has been a common practice to describe free verse, or versicle,[36] as a juxtaposition of basic rhythms already defined in traditional metrics. For Lázaro Carreter[37] this kind of analysis does not
help to define properly the rhythmic characteristics of the versicle
because it implies that the free verse is nothing but a rather unsys-
tematic variation of the same unchangeable patterns of old use. For
him, the versicle is the expression of the emotive changing rhythm
of the voice's discourse, and it is constituted by a series of varied
kinds of repetitions, except rhyme and isosyllabism. Repetition is to
be found in any of the different levels of the poetic discourse: the
phonic, the syntactic, and the semantic levels. Any correspondence
of the versicle with traditionally established meters is only circumstantial, and the many ruptures of the norm should be taken into
account before trying to generalize about the metric nature of the
versicle. The hendecasyllabic elements present in Aleixandre's poems are not only the consequence of a natural tendency of a poet
well-versed in classical Spanish poetry to follow loosely the common rhythm of a poetic language but also the critic's habit of ex-
plaining the new by means of the old.

After *Espadas como labios*, published in 1932, Aleixandre does
not make much use of regular versification, his preference being for
the versicle.[38] Although there are differences in the length and varie-
ties of the versicles among some of the books, all of them have in
common a series of reiterations and pauses which have no direct
relation, in most cases, to traditional metrics. Essential to Aleixandre's versicle, then, are a series of stylistic devices which by repetition stress the value of resonance. Several of them are found in
Espadas como labios and become truly characteristic of *La destrucción o el amor*, published in 1935. The obvious reiterative procedures are, of course, the anaphora, the repetition of words and
clauses, alliterations, and assonances. Not so commonly seen as a
case of repetition is apposition, used as a way of giving a new image
to name that which the first image or word possibly did not express
totally. In relation to this technique, very effective in the creation
of a rhythmic pattern in the poem, there is the indecision of the
speaker in choosing the appropriate way to express something. In
some cases it is as if the speaker were almost stuttering or trying different ways to put his vision into words.[39] But the most character-
istically Aleixandrian of all the devices is the use of the conjunction
or, not as a disjunctive property but as a means of identifying two

words or two images.[40] The constant use of this conjunction—present even in the title of one of the books—provides a great number of repetitions, or more exactly, of rhythmic pairings in the text. Only a very detailed analysis of the poems would give an adequate idea of all the possibilities of the versicle in expressing the various attitudes and emotional states of the speaker. This type of versification has its first antecedent in the combination of traditional meters as seen in *Ambito*. The experience of the free prose of *Pasión de la tierra* taught the poet how to extend the common Spanish metric patterns to a much more flexible rhythmic use of the language. For Aleixandre, the versicle was the best available solution to communicate his particular conception of man and his destiny. The first book in which the versicle takes its most characteristic form is *La destrucción o el amor*, a book that puts into effect the poetic ideas of Aleixandre as stated in his note to the second edition of Gerardo Diego's anthology, published in 1934.[41]

In the first edition of the anthology, published in 1932, the poet expresses his doubts about the function and value of poetry; two years later he has a more positive outlook. Without intending an explanation of a coherent poetic theory closely related to a general cosmic vision of man and nature, for Aleixandre all elements of creation, all matter, are only different manifestations of the one and only universal entity:

Flor, risco o duda, o sed o sol o látigo:
el mundo todo es uno, la ribera y el párpado[42]

The chaotic enumeration of terms referring to human aspects—physical and emotional—and to animate and inanimate nature underlines the meaning of the statement. The same effect should be attributed to the repeated use of the conjunction "o" as identifier of unrelated terms, characteristic of Aleixandre's style in this period. The much commented conception of the unity of all existing matter has led critics to look for its antecedents in pre-Socratic philosophers and mystics.[43] More contemporary equivalences besides surrealism could be found in philosophy, theology, psychology, and the natural sciences, insofar as all of these disciplines have advanced theories in this century of a similar unity of all existing matter, man included. For Aleixandre this universal identity explains the destructive power of love, the central force in the process of cosmic fusion. In the tradition of modern poetry, the Spanish author has looked to art for the true knowledge of the essence of reality and has tried to formulate in words his philosophical conviction.

Although man is part of that cosmic unity and as such will be fused with all creation, Aleixandre believes that man has little knowledge of his predicament and needs a way of becoming aware of it; thus poetry, which is the "clairvoyant fusion of man with creation, with that which perhaps has no name."[44] The poet, then, is seen as a possible receptive "magnetic pole" of all the forces coming from the mysterious cosmos with which he becomes one. It is natural that Aleixandre should declare that "poetry is not a matter of words." What really matters for him is, paraphrasing his terms, not the false luminosity emanating from the crystal of poetic language, but the real light of knowledge.[45] Language is unable to make this light visible if it has to conform to established patterns of expression; and since it has always been used under control, language has never had enough power to signify the profound and mysterious luminosity of true reality. The poet has to disregard the regular forms of poetic writing and create his own, in a daily effort to produce the "light of the poem." He runs away from the well-known toward the spheres of absolute truth.

As in *Pasión de la tierra*, Aleixandre is still driven by the desire for authenticity and looks for revelation on the level of the surreal, where words change their everyday meaning to make manifest in the poem the revealed truth. The poet is listening to the messages of the cosmos and makes of them a sensitive and communicating expression completely different from the normal aesthetic form of speaking. It is a form of surrealism, except that in this case the author no longer writes the utterances of an unconscious self, a first-person individuality, but becomes the voice of all life and matter expressing itself through the unconscious of someone who acts as a sibyl, a point of fusion between man and cosmos.

The reference to classical tradition does not come to mind as a mere rhetorical device. In *La destrucción o el amor* Aleixandre's poetry reaches a certain vaguely ancient tone of pagan pantheism. As if the relationship among books were the same one to be found among the poems of each book and the verses of each poem, every element of the total work is placed in reference to the rest. Thus, in *Ambito* the desire and search for a passionate embrace with nature is already expressed: the final poem of the collection narrates such an encounter. The next step takes the poet, freed from all previous prejudices of ideas and formulaic exteriorities, to the depths of existence as lived and experienced by man, every man. At this point the emotionally cautious voice of the first book has reached the level of a primal scream. Even though the writing is done in the first person singular, and in many cases the second person is dominant, there is a certain basic feeling of oneness that insinuates the possibility of the speaker being just that—humanness, or the reader's deeper self. This being the case, the next step in this voyage through man's essence is totally acceptable: the voice belongs now to an entranced speaker, to an individual who has been, or still is, in contact with those levels of reality that only a sibyl is allowed to reach and make known to the rest of men—a sibyl or a seer.

La destrucción o el amor has been one of the books preferred by critics because in it the poet's conception of reality is clearly stated and wonderfully expressed in poetic language.[46] What has been termed the personal view of Aleixandre in this epoch of his life is nothing more than the coherent manifestation of a surrealistic conception made less illogical by the ordering capacity of the creative poetic mind. Aleixandre has conceived a metaphorical world, a pure literary construction, to make visible his own interpretative vision of man in nature. Obviously, due to the more controlled will to formulate an expressive metaphor, the book has a clearer and more logical structure than the two previous ones. The collection has been conceived as a totality, each poem being only part of the continuous flow of a slow-paced discourse, made rhythmically solemn by the use of long versicles. The tone is almost sacred, but the images gain in clarity: Aleixandre is moving toward a more easily understandable lyric language. His world of primitive nature and dream-like situations is still reminiscent of *Pasión de la tierra*, but the new form of expression does not only refer to the level of subconscious knowledge but also to the deeply felt desire for intelligible communication.

It was to take the poet several more years to reach that desirable communicative language; years and experiences that cannot be ignored when discussing the evolution of his work. Pere Gimferrer finds the age of the author to be an important factor—maturity brings a more coherent and better articulated interpretation of one's own condition as a human being, thus making less difficult its communication through language.[47] But age alone will not explain everything; the critic's comment, though, is well-founded and directs attention to the life of the poet, somewhat forgotten in the discussion of his works. By 1936, the beginning of the Civil War, Aleixandre was 38 years old and had lived through a dangerous illness. For ten years he had been facing the limitations of a sick man; life and death, pleasure and pain, desire and fear must have been for him realities much more evident than for any other poet of his age. The sick man is doubly man because he is much more aware of his biological condition; in his body he sees, better than any healthy person, the slow process of decay and dissolution, and his mind wanders with enhanced anguish through the different available explanations of human life and death.

In his first books Aleixandre expresses precisely that anguished human search for a meaning to existence. In *Ambito*, limited by the demands of an aesthetic formalism, the inspiring force is not yet free to look for its own form of expression, which comes only with surrealism in *Pasión de la tierra*. Irrationalism is more a method than an objective, a poetic technique, not a rhetorical device. Confusion and chaos is the appropriate condition of a mind in a state of total uncertainty, but in the mass of images in the books considered to be properly surrealistic, one sees already the elements that in further developments will constitute a more logical, or logically understandable, message. At the beginning the poet himself does not know which elements those are, and only through the slow process of time does he come to have a more or less intelligible view of all creation. By then the poet is no longer young. Age means in his case having passed through the different stages of confusion to gain the conviction of a particular view, his own view.

With a more mature sense of his accomplishments, and conscious of the circumstances that surround him, in 1934 Aleixandre begins to write his fifth book, *Mundo a solas*, which he originally meant to entitle *Destino del hombre*.[48] In a sense it is the first book that really develops what was set forth in the preceding one. Up to the time of the writing of *La destrucción o el amor* the poet was not completely in control of his subject, he did not have a clear concept of the world he was singing about; images and words were used more as searching tools than as means of purposeful communication. In *La destrucción o el amor* there is already a basic Weltanschauung from which the next book was to take its inspiration, focusing its interest on one aspect: man. This preference for the human aspect of creation was to become more important in the books written after the war. In pessimistic terms *Mundo a solas* talks about man's loss of his "primeval elemental state." Sad as it was, Aleixandre's vision of man as a fallen creature left his mind open to see the immediate circumstance of his world. It was in 1936, and the negative tones of his poetic vision were confirmed by the human violence of war.

During the violent years of the Civil War, Aleixandre did not write much. The book on which he had started to work in 1934 was finished in 1936, but adverse circumstances made its publication impossible. Instead, a few poems about war appeared in Republican literary magazines, never to be collected in any of his books.[49] At the end of the war, the poet began to work on the first compositions of a new collection that would take him almost five years to complete. It was a time of sorrow and devastation. The war had taken most of what Aleixandre knew to be his world. His own house, half destroyed by the battle of Madrid, could very well symbolize the writer and his circumstances. The first moments of peace brought life back to the garden and rooms of the house which had been abandoned during the hostilities. But many friends of the pre-war years were gone: the most loved, Federico García Lorca, was dead; Cernuda, Guillén, Neruda, and others had left the country; Miguel Hernández, the youngest one, was dying in one of Franco's prisons. While their memories lingered in the renovated house, a new group started to replace them around the poet; it was not a generational group, not a school following the dictates of its leader, but the first members of an ever-growing group formed by most of the new Spanish poets who saw in Aleixandre the inspiring and most needed figure of the master. From that time, the poet accepted the responsibility of becoming a central figure in post-Civil-War Spanish literary life, and his house became the meeting place for everyone who was interested in poetry.[50]. The poet had reached maturity.

Coincidentally, in 1944 Aleixandre published his first book in almost ten years, *Sombra del paraíso*, a masterpiece which established without any doubt his reputation as the greatest poet of his generation living in Spain. In the midst of a literary scene filled with sonnets and other neo-classical "pastiches" inspired in a stale desire to believe in the reborn greatness of the Empire, the long versicles and sensuous images of Aleixandre's new book were the exception.[51] Exceptional also was the world vision made concrete in the imagery of the poems. Conceived as a unity that took shape from the original inspiration of one poem, *Sombra del paraíso* continued, as is the case with almost every collection of Aleixandre's, the creative process developed in the previous books. *Mundo a solas* was still unpublished, and although it was not known by the public until 1950—when it appeared in a collector's edition—it has points of contact with *Sombra del paraíso* and should be taken into account as its immediate antecedent.

With *Mundo a solas* Aleixandre wanted to express his sad realization of man's fallen state; this idea, reminiscent of certain religious explanations of the apparent inadequacy of man in nature, is fully developed in *Sombra del paraíso*, as the title itself leads one to guess. But there are important differences between both books, differences which are made evident to the reader by the general tone of the voice in each collection. The first volume conveys a rather negative feeling of violent overtones, while the dominant tone in *Sombra del paraíso* leads to a more complex and richly sentimental feeling of human totality, or better stated, man's emotional being. For Pere Gimferrer this difference is indicative of two states in Aleixandre's understanding of reality. The first stage encompasses his first five books, which convey an idea of disorder and confusion; the poet's view is one of chaotic dispersion. The second stage, which begins with *Sombra del paraíso*, introduces a harmonious view of the universe.[52] This change did not happen suddenly, nor did it come as a complete surprise—it is the sign of the writer's maturity. Essential to this new understanding of the relationship between man and the universe are Aleixandre's conceptions of poetry and the poet, although they are not much different from the ones he professed earlier in 1934.

In effect, the author's basic views in this matter had not changed. The only difference is to be found in the intensity of the conviction and its purposefulness. What a few years before had been a supposition and a desire was now an accepted fact, a definite ordering of the multiple components. Maturity is also responsible for this certainty about what to expect from poetry and its producer. The poet, for Aleixandre, continues to be viewed as a seer, as a man who can reveal to other men that ultimate knowledge of the otherwise inexpressible truth. In an image that says more than any abstruse explanation, the poet appears as a gigantic being whose feet are deep inside the earth and whose head is up above, touching the sky; his voice is that of mysterious forces. This figure cannot be more representative of a particular attitude toward poetry, and it explains in full the extent of Aleixandre's objectives in *Sombra del paraíso*.[53]

It is only natural that the first reaction of the readers of this book was to compare it with a romantic work.[54] Everything in it tends to underline emotion in its highest form; from the conception of poetry and the poet—developed in the first composition of the book—to the images and the versicles, *Sombra del paraíso* stands out as a document of man's eager acceptance of a degraded existence that is only a shadow of the original paradise. The speaker addresses nature, the cosmos, and other men as if he were indeed that gigantic poet of magnificent voice. Even those compositions in which the first-person speaker remembers—with the nostalgic tone of many of the poems—a past existence of paradisiacal beauty give an impression of a voice coming from a superior, or at least different, level of human consciousness; it is the voice of one possessed by a spirit of extreme sensitivity.

It is quite evident by this point in Aleixandre's literary career that his work has reached its originality by an unfailing and constant effort to relate poetry and the personal search for meaning; he has applied with all conviction the theory of poetic knowledge learned from surrealism and its predecessors. *La destrucción y el amor* and *Sombra del paraíso* are two perfect examples of poetry understood as a vocation, as a form of consciousness—spiritual, intellectual, emotional, social—in a word, a form of total life. For Aleixandre there are no other activities or devotions besides poetry; everything in the poet's life depends on it and finds in it its meaning, as in the case of a religious person whose particular belief provides an order and meaning to all creation. For Aleixandre the "religious" conviction in poetry does not respond to an already provided answer— he went step by step in search of it, in a journey he describes metaphorically as "an aspiration toward light."[55]

One could say that the image of light as a desired end is far from original; in it many resonances come together which point to a final and definite meaning that no other term would convey. The value of light is stated almost explicitly in *Ambito*, a book in which images of darkness and light (night and day) are used as central forces representing the alternatives of man's encounter with reality. In *Sombra del paraíso* the title itself points to the same duality, adding to it new meanings that are to be understood in reference to the preceding books. In both *Ambito* and *Sombra del paraíso* there is a poem with the same title, "Noche cerrada," in which light—dawn and stars—contrasts with darkness and represents a much desired value.[56] From *Pasión de la tierra* to *Mundo a solas*, light and darkness are constantly contrasted by means of different opposing images. In *Sombra del paraíso* the same opposition continues to exist, only to stress light. This predominance of light finds its correspondence in the prose text about poetry already mentioned, in which the poet is described as "iluminador, asestador de luz," an idea which is repeated in the composition "El poeta":

> No. Esa luz que en el mundo
> no es ceniza última,
> luz que nunca se abate como polvo en los labios,
> eres tú, poeta, cuya mano y no luna
> yo vi en los cielos una noche brillando[57]

Up to the publication of *Sombra del paraíso*, light as an image pervades all of Aleixandre's books and carries along with it a meaning of aspiration representative of the writer's own definition of his poetic aim: the "journey to light." All these books are closely related, composing a kind of extended structure in which there is a continuity and a slow development of the poet's vision of reality and its expression manifested in a growing luminosity. *Sombra del paraíso* stands at the center of Aleixandre's whole work. In certain aspects it is the culmination of a process started with *Ambito*; in others, it provides the basis for the texts that will follow in time, mainly *Historia del corazón* and *En un vasto dominio*.

Carlos Bousoño divides Aleixandre's production into two main periods, using as the dividing point *Historia del corazón*, published in 1954.[58] About this work, which took almost ten years to write, its author says: "I believe it presupposes a new view and a new conception in the poet's mind"[59]—a conception and view that the critic decribes as "solidarity among men," which contrasts clearly with the individualism of the earlier period. This difference, though, is not as categorical as it might appear. For one thing, the term "individualism" used by Bousoño does not properly define the poet's attitude as presented in the books prior to *Historia del corazón*. To be sure, there is ample use of the first person singular in many compositions of that stage, but this fact does not change another, more important aspect of most of the poems—the tendency demonstrated by the speaker from the beginning to use the impersonal or generalized tone of a highly inspired voice. Individuality is only an imperfect medium to express a sense of totality, of cosmic universals acting in the undetermined world of confused matter. Moreover, *Historia del corazón* differs only slightly from the previous titles. Its novelty resides in having as a central subject concrete, existing men, living among other men in a particular time. The original concepts of the cosmic indistinctness of living things and of love as the equalizing force of all matter are not really changed in the poet's mind but have been applied in a more restrictive way to refer only to man in society.

It would be difficult to establish a specific reason or a single explanation for this evolution. The factors involved in the poet's decision to look for a new conception and to believe he has found it are manifold, as his comment on the book leads one to suppose. If there is, in effect, a change of attitude and a new perspective, they must have something to do with the Spanish historical circumstances and with the response of artists and intellectuals to those circumstances. It is very significant, for instance, that a man like

Dámaso Alonso, whose poetic and critical works as well as his personal and professional activities did not show any indication of political dissent, could believe and accept the common interpretation of his *Hijos de la ira* (1944) as a book with social content. There is no doubt that it contained some reference to the war, but not more than that, certainly nothing that could be called committed poetry. Likewise, Aleixandre's *Sombra del paraíso*, even though it was not a book intended to be read as politically inspired, could lead to interpretations based in the historical and political circumstances of Franco's Spain. That type of reading was completely acceptable and even preferred by Spaniards because the subject was ever present in their repressed world. It seems, then, that it was that sense of collective need for some expression of the human feelings of communal suffering that made the poet adapt his focus of interest.

To imply, as the author does in his commentary to the book, that *Historia del corazón* is the result of a new view on his part is to forget the process of development that his poetry had been following from the first compositions he wrote under the avowed influence of Juan Ramón and Machado to the truly original poems of *Sombra del paraíso* and *En un vasto dominio*. That process of clarification, the "journey to light" already mentioned, cannot be better illustrated than in the succession of at least four titles: *Mundo a solas, Sombra del paraíso, Historia del corazón,* and *En un vasto dominio*. With each one of them the poet moves nearer to his own immediate historical circumstance. As if he had been steadily moving from a faraway world in the recesses of time toward present-day Spain, the fuzziness of distance becomes focused and gains in clarity. From a fictional world of images of an intellectual conception made concrete and emotional, Aleixandre can very easily pass over to a consideration of the real world of men which, after all, was what he wanted to understand in the first place. If the author of *Historia del corazón* talks about a new view or conception it must be because the natural result of his progress strikes him as a surprise. The poet has come to be in perfect harmony with his world and himself; to a certain extent his individuality has begun to fuse with totality, as he had foreseen in his earlier poetic knowledge of human destiny. And love, the all-encompassing force of identification, now takes the form of love for his fellow men.

His voice, again, is naturally the voice of collective man, as is clearly stated in the poem "El poeta canta por todos."[60] This composition not only makes explicit the conception of the poet as a voice of all men—a mere reduction of the more sweeping image of the cosmic seer—but also resorts to the second person, with the poet as a mere listener to the voice, which seems to be his own; the simultaneity of action and discourse and the lack of any first-person verbal form collaborate in creating the effect of identity of poet and speaker:

> Allí están todos, y tú los estás mirando pasar.
> ¡Ah, sí, allí, cómo quisieras mezclarte y reconocerte!

The same is true in *Sombra del paraíso*, with the exception that by the use of verbs in command form the cosmic voice of the speaker and the poet addressed by it are clearly different from each other; the speaker, in turn, makes use of some first-person verb forms, stressing still further the two identities: "oye este libro que a tus manos envío."[61] In neither case does Aleixandre use the first person to refer to himself as the poet. The "I" will represent a persona who obviously is not equated with the person of the author nor with that of the poet. The poet prefers in *Historia del corazón* the omniscient perspective of a third person, somewhat characterized by its exalted tone, and a second person or apostrophe, which adds a tone of commandment.

In these poems the main objective is communication—thus the explicit presence of a listener in the case of compositions in second person (singular and plural), and the implied presence in the third person compositions, which by their prevailing discursive attitudes establish an addressed listener. Likewise, the narrative poems count on the traditional narrator's voice for their effect. Communication, with stressed interest in the communal part of it, is the leading idea of the poet during this period of his literary career. Although he always wanted to communicate through poetry, it is only now that that ideal appears to be fulfilled thanks to the new diction, devoid of those visionary images so well described by Bousoño in reference to the less accessible books preceding the extremely clear poems of *Historia del corazón*.[62] With the disappearance of such techniques, the vague feeling of awe before mystery and the almost sacred tone of the oracle, which were so much a part of that voice of cosmic nature, also vanish.

With the interest in man, concrete everyday man, other aspects of reality enter into the perspective of the voice and affect its expression, insofar as they define the scope of the discourse. The reader or listener, the characters, the setting—both that of the situation of communication and that of the poem's subject—all call for a different attitude, if not a totally different speaker. And also, all of them bring to the forefront a factor which Aleixandre started to consider only in relation to human life—that is, time, the day-by-day passage of time. This set of purely realistic aspects had to be expressed in a language that was also realistic—that is, a poetic language much nearer to everyday discourse than that used by Aleixandre in any of his earlier poems.

That is how visionary imagery comes to be replaced by common visions, those available to anyone and expressible in everyday language. The poetic feeling of a profoundly emotional understanding, acceptance, and exaltation of human life in a communal world is conveyed by a masterful use of the basic principles of the versicle applied to long or extended unities: versicles, stanzas and poems. Every form of repetition is tried in order to create the appropriate tone of the chant, hymn, or, in some cases, elegy or song. These compositions cover a basic range of subjects, some of which Aleixandre cited in 1944 as those which every poet writing for the majority of people would take as his central themes—the invariable, the essentially unifying aspects of man: love, sadness, hate, and death.[63] He could have added the joy of living and the sensual awareness of the real, which are also present in *Historia del corazón*.

At the time of writing this book the author had reached full maturity and a perfect adaptation to his human condition, with the knowledge of all that encompasses finite existence in a finite world. Public recognition, underlined by his election to the Spanish Royal Academy in 1949, is an external manifestation of the writer's complete adjustment to the circumstances and of his involvement in the literary activities of his day. Aleixandre reads his works in public, publishes forgotten texts, prepares anthologies and new editions of his poems, writes here and there about poetry, is extensively interviewed and honored with homages, and gives lectures. The harmony between man and world could not be more perfect, and it shows in his poetry and in his views about it. Some of his most important theoretical texts are from this period: "Poesía, moral, público" (1950), "Poesía, comunicación" (1951), "Algunos caracteres de la nueva poesía española" (1955), and the notes to the anthology entitled *Mis poemas mejores* (1956).[64] The dates are very significant in relation to what has been discussed, especially if one takes into consideration the fact that before and after these years there are fewer, and less significant, declarations of the poet's point of view in matters of poetics.

And that point of view becomes in the same period a guiding principle in Spanish poetry, not so much because Aleixandre sustains it, but because the times were ready to make it acceptable and even desirable.[65] In his personal evolution Aleixandre had followed a similar path—only probably at a slower pace—to the one taken by the other writers of his generation who, having practiced the visionary techniques akin to surrealism in the years before the Second World War, had later resorted to a poetry of commitment with their present circumstances.[66] One thinks of another Nobel Prize winner, Pablo Neruda, who had been a good friend of Aleixandre's during the few years he lived in Madrid, and who also had written, like the Spaniard, books of surrealist inspiration before the Civil War. For him the evolution from visionary poetry to realistic poetry was sudden, like a religious conversion, in the sense that it implied an ideological and moral conviction. A comparison of both poets would show many differences, but they have in common their awareness of time and nature, man and society, love and death, the visionary origin of their understanding of reality.

Only poets such as these, seers and prophets, inheritors of a lyric tradition, could have written a fully poetic, realistic poetry; the rest tried, only to fail. In post-Civil War Spain *Historia del corazón, En un vasto dominio,* and *Retratos con nombre* are unparalleled examples of a new sensibility which in the case of Aleixandre was another stage in his personal development as a poet. In the history of Spanish poetry it was no more than a brief literary fashion encouraged by the political circumstances and soon forgotten in favor of a tradition which may be summarized as the conception of poetry as communication. Those who defended the new idea of poetry as a form of knowledge were reacting against Aleixandre's insistence in his belief that poetry was above all communication and, most of all, against its consequences in Spanish letters.[67] In effect, the realistic poetry style, so well described by Aleixandre because of its qualities of openness and human concern, did not produce any memorable poet, much less any memorable poem, except for those written by Aleixandre himself. In spite of the obvious mediocrity of the then new Spanish poetry, Aleixandre devoted a lecture to analyzing its characteristics and praising its supposedly excellent inherent virtues.[68] In his case the critical judgment is clearly biased by a moral issue affecting, undoubtedly, much more than just literary ideas and many more people besides Aleixandre. Moreover, the poet might have felt great affinity for at least the theoretical formulation of some of the characterizing traits of that realistic poetry, since they were effectively used in his own poems as exemplified in his tendency to narrate daily circumstances in easily understandable language.

En un vasto dominio, published in 1962, has an introductory poem that, following the fashion of the day, offers another declaration of the poetic principles and beliefs that are the basis of the book. The writers' attraction for the poems of *ars poetica,* rather common in modern and contemporary lyric poetry, appears to be still more conspicuous in Spain during the post-war years and particularly during the period of predominance of the realistic style.[69] Aleixandre himself did not pay much attention to the subject in his books prior to *Sombra del paraíso* which, significantly enough, also opens with a composition about poetry. The preoccupation with poetics can be accounted for, at least in respect to the brief period under consideration, by the nature of literary conditions in a country suffering the whimsical regulations of dictatorship. Realistic poets, whose manifest social awareness was limited to a somewhat "unsocial" poetic testimony of their own attitude toward the troubled world, certainly felt the need to explain their poetic value to themselves and to the rest of men, for whom poetry was after all vaguely existing or not existing at all. Aleixandre is quite sensitive to the fact that for all his desire to communicate through poetry with all men, there are unavoidable limitations which, in the final analysis, do not significantly change the essentially communal condition of the real poet, a poet very similar to the one he had described years before. His keeping intact the previous conception of a bard of cosmic dimensions makes Aleixandre's realism totally unlike that of other realistic writers who tend to confuse the levels of literary conception and everyday social and personal existence.

In the introductory poem, entitled "Para quien escribo,"[70] Aleixandre makes use of very long versicles that look almost like prose, creating an expository tone in accordance with the character of a manifesto. The language is very simple and direct—as befits this style of realist writing—and most of the emotional impact has to come from the rhythm; the versicles are separated one from another in a stanza-like continuity that stresses the enumeration, which, in turn, is marked by many repetitions that sustain the structure of the versicle, as its reiterative nature demands. The striking similarity of this composition to some of Walt Whitman's poems can be attributed not solely to the metrical form or the structure of the poem but also to the inspired conception of poetry and world that in both writers leads to a comparable way of expression. By the enumeration of different types of people to whom he writes or does not write, the poet conveys the basic tenets of his view of man and the universe, essentially unchanged from previous years. Among those for whom he does not write are "el señor de la estirada chaqueta" who has a "bigote enfadado" and raises his disapproving finger "entre las tristes ondas de música," and the lady hidden inside a car, her lorgnettes shining "como un rayo frío." These figures recall Aleixandre's much earlier poem "El vals," which Carlos Barral analyzes precisely for its being a precedent of the author's social interest.[71] Both texts, the old poem and the few versicles of the new one, are references to a false world of social disguises and cruel insensibility which constitutes a constant motive in Aleixandre's view of creation: some manifestations of life are false and therefore nonexistent. Such a strong conclusion finds its confirmation in another verse of the same poem: "Para todos escribo. Para los que no me leen sobre todo escribo."

As such, the idea expressed by the writer could very well mean only his wish to be heard by everyone, even though there are some— or many, one should say—who will never even think of reading poetry. In addition, the poet seems to be trying to formulate his sense of duty by which most of his artistic effort goes into writing for those who do not read but could very easily hear. Up to this point the cited text does not differ greatly from any similar text that any other socially minded poet could have written, but one has to read the rest of the stanza to realize that Aleixandre's intentions were quite different from those of his contemporary social poets. The whole stanza reads thus:

> Para todos escribo. Para los que me leen sobre
> todo escribo. Uno a uno, y la muchedumbre.
> Y para los pechos y para las bocas y para los
> oídos, donde, sin verme,
> está mi palabra.

In these Whitmanesque words, Aleixandre repeats once more his long-sustained conviction of the universal character of the poet who is fused into the totality of communal man. And to definitively tighten his interpretation with the original cosmic vision of earlier books, the poet adds to the list of those for whom he writes the natural elements, which in his work represent all existing matter:

> Y para esas aguas, para el mar infinito [escribo].
> Oh, no para el infinito. Para el finito mar, con
> su limitación casi humana, como un pecho vivido
> . . . .
> Para el amenazador y el amenazado, para el bueno y
> el triste, para la voz sin materia
> y para toda la materia del mundo.

Aleixandre's realism, therefore, is not the result of a major change in his outlook on things, but only a morally inspired response to immediate circumstances. Toward the end of the sixties the poet had abandoned most of the elements that characterized his realistic works. The Spanish circumstances were now different, and the poetic cosmic voice was not to be heard in the social chant of freedom and human solidarity. The writer, besides, was no longer a mature man: old age had finally brought him that luminosity so cherished by man from the very beginning—the dwindling light of consummation. A more meditative attitude sets the tone of the new poems published in two consecutive collections: *Poemas de la consumación* in 1968, and *Diálogos del conocimiento* in 1974. Together they constitute a new development in the long process of the poet's search for knowledge. Critics have marvelled at the fact that Aleixandre was able to write these last two books, so much his and at the same time, so novel and so greatly in touch with the new trends in Spanish poetry. The master renews himself and even the younger generations see in him a leading figure and a true contemporary.[72]

Carlos Bousoño, who had divided Aleixandre's production into two periods before the poet moved on to yet another stage, observes in this third period the reappearance of illogicism, a type of expression that had been abandoned by the poet in order to obtain the much-desired communication with all men.[73] In effect, as noted by Gimferrer, since his surrealistic titles *Pasión de la tierra, Espadas como labios,* and *La destrucción o el amor*, Aleixandre had not written a book so difficult to read and to understand from a rational point of view as *Diálogos del conocimiento*.[74] The difficulty of the book, though, has to do with factors other than just the illogical procedures: the intent of these two works is much more ambitious, from a literary and philosophical point of view, than any of Aleixandre's previous collections and leads to very hermetic texts. As happens to other great poets in their old age, Aleixandre has at this point brought together all his capacities as a writer with the obvious intention of creating these masterpieces of poetic thinking. Since the initial book, *Ambito*, inspired in the intellectualized poetry of the period, the poet has been dealing with poetry as a form of knowledge, or better stated, as a very particular way of thinking. His work, more so than that of any other Spanish poet, is defined by its coherent and consistent system of ideas. Thus, a great deal of criticism of Aleixandre's poetry has been geared to explain, discuss, compare, and interpret its philosophical aspects. The last two books add a new, more complex chapter to his already comprehensive and intellectually as well as lyrically convincing view of reality.

But, being a poet's work, no explanation of its philosophical content could reproduce or even approach the real meaning of these poetic texts. *Poemas de la consumación* collects a series of mostly brief poems in short verses which are nearer to the common hendecasyllabic meter of classical Spanish poetry than to the long versicles characteristic of Aleixandre's prosody. Concise in comparison with his older compositions, these poems are the succinct expression of man's wisdom. Old age is contrasted with youth in a nostalgic acceptance of the imminent dissolution of the self. Even in the first poem, "Las palabras del poeta," again a comment on poetry and the poet, the main concern is death and the final integration of the self into universal matter and other "brotherly" men:

> Todo es noche profunda.
> Morir es olvidar palabras, resortes, vidrio,
>   nubes,
> para atenerse a un orden
> invisible de día, pero cierto en la noche, en
>   gran abismo.
> Allí la tierra, estricta,
> no permite otro amor que el centro entero,
> ni otro beso que serle.
> Ni otro amor que el amor que, ahogado, irradia.
> En las noches profundas
> correspondencia hallasen
> las palabras dejadas o dormidas.
> En papeles volantes, ¿quién sabe u olvida?
> Alguna vez, acaso, resonarán, ¿quién sabe?,
> en unos pocos corazones fraternos.[75]

Night and day—darkness and light—are again fundamentally opposed aspects of this book made up of unresolved pairs of contraries which find their basic correlates in the human polarity of youth and old age, the center of realization from which the book develops as a meditation on man's temporal condition. The sententious style, consisting for the most part of short sentences, many of them aphoristic in nature, reveals a kind of speaker who, not being totally impersonal, maintains a rather detached point of view. In some sense objective, the voice transmits the emotional feeling of ultimate, wistful wisdom without being attached to any particular speaker. In *Diálogos del conocimiento* the objectification of the voice has been taken to the extreme of becoming discourse of specific characters who, as the title of the collection indicates, try to dialogue with each other. The basic structure of pairs of opposing terms seen in *Poemas de la consumación* assumes in this last book the form of long poems that reproduce the discourse of two and, in some cases, three speakers who sustain opposing views but do not seem to listen to each other. They talk in the same manner as the sententious speaker in the previous book.

This tone of voice, which Carlos Bousoño recognizes to be a totally new feeling in Spanish literature,[76] communicates the impression of listening to an ancient oracle more than to particular speakers. The voice that mysteriously talks through the mouth of the poet is the same one that reincarnates itself in the different characters who dialogue in a somewhat entranced state. Several aspects which were introduced in *Poemas de la consumación* are fully developed in *Diálogos del conocimiento* and help to create the effect of entrancement. First in importance has to be the philosophical character of the book, which explains the abundance of general statements of an apothegmatic nature; images are also used in a similar axiomatic way. But many statements are contradictory or hermetic, and images are irrational, adding thus to the tension of contraries and to the gnomic tone of the discourse. Reiterations of various sorts establish a close intertextuality which gives a particular density to the whole text; from anaphora, alliteration, parechesis, and interior rhyme to references to other texts of the author—from the same book as well as from others—the effects of resonance are many and self-evident.

The particularly sober discourse in Aleixandre's last two books finds its best configuration in a type of verse which, although it does not correspond exactly to a regular metric pattern, returns to the briefer form of alexandrine and hendecasyllabic verses, rhythmically more regular than the versicle of other books. This regularity, intensified by the many short sentences, is another manifestation of the self-contained structure of these books. They are like perfect, inscrutable masterpieces of man's effort to express his always imperfect knowledge of "that which has no name." By way of poetic language Aleixandre has come to what possibly is the final stage of his journey toward knowledge and wisdom, and here he finds the same figure which showed him the first glimpse of that elusive and desired light: the poet Rubén Darío.

Distinguished from the rest of the compositions of *Poemas de la consumación* by its being at the center of the book in a separate section, "Conocimiento de Rubén Darío" is a poem which by its title and characteristics could very well belong to *Diálogos del conocimiento*.[77] Aleixandre has selected Rubén Darío from all the writers he admires to represent his conception of the poet, of himself. Dario Puccini observes that his poem is a "rievocazione esemplare

ed emblematica non solo in quanto immagine di poeta capace d'in-
tuire oscure veritá e oscure saggezze, ma anche in quanto essere
umano ricco d'un' esperienza vitale completa."[78] For Pere Gimferrer, in "Conocimiento de Rubén Darío" several of the most characteristic motifs of the last period of Aleixandre's creativity converge,
with that of "Knowledge" as the central motif.[79] Rubén Darío is the
poet who, like the philosopher and the mystic, knows that which is
beyond any possible verbalization:

> Pero tus ojos de misericordia,
> tus ojos largos que se abrieron poco
> a poco; tus nunca conocidos ojos bellos,
> miraron más, y vieron en lo oscuro.
> Oscuridad es claridad. Rubén segundo y nuevo.
> Rubén erguido que en la bruma te abres
> paso. Rubén callado que al mirar descubres.
> Por dentro hay luz. Callada luz, si ardida,
> quemada.

The same could be said of Aleixandre, who in these two books tries
to talk about that which cannot be expressed and ends up creating
a hermetic text approaching silence. Darkness and light serve once
more in this poem as representations of man's ignorance and poetic
knowledge, respectively; in Darío both are interchangeable: the poet
has his own light that burns in darkness. In the prose text "Tres retratos de Rubén Darío," written sometime between 1960 and 1967,[80]
Aleixandre repeats—with images of light and darkness—the representation of the poet as a superior, or at least unique, person.

Rubén Darío represents tradition—the link between nineteenth-
century Symbolism and present-day interest in poetic language as a
form of knowledge, as a magic way of transposing different levels of
consciousness and understanding. In the same tradition stands Aleixandre, the reembodied figure of the wise old seer and poet. His
fascination with light and the eyes—manifest in Darío's portraits—
finds in Aleixandre's faltering vision of old age a concrete formulation of that final stage in the poet's journey in which there are no
words left to tell the burning darkness of total immersion in the essence of being. But Vicente Aleixandre does not want to be seen as
the poet; contrary to what may be a characteristic of lyrical poets,
Aleixandre has not created a persona to represent him or in which
to take refuge from his own human fears. Thus the objectivity that
takes form in his poetry—an objectivity which cannot be confused
with aloofness nor with the cold lack of emotional response to the
existing world—is an objectivity only relative to the identification

of the speaker and his point of view on reality. Aleixandre's poems are always detached from personal anecdotal aspects and exist in the realm of purely linguistic matter. The voice is almost the voice of language itself—human language made physical and material love of existence.

UNIVERSITY OF VIRGINIA

Notes

[1] For translations of Aleixandre's works to foreign languages see the bibliography at the end of this volume.

[2] See Antonio Colinas, *Conocer. Aleixandre y su obra* (Barcelona: Dopesa, 1977), p. 87; and Leopoldo de Luis, *Vida y obra de Vicente Aleixandre* (Madrid: Espasa-Calpe, 1978), pp. 135-49.

[3] "Discurso de recepción del Premio Nóbel," *Insula*, No. 378 (1978), 1, 12. Trans. "Nobel Lecture." The English version is reprinted in section II of this volume.

[4] José Luis Cano, "Continuidad de un poeta" (*La poesía de la Generación del 27*. Madrid: Guadarrama, 2nd ed., 1973, p. 180) discusses Aleixandre's ability to renovate himself and make his work a true reflection of his time and country. José Olivio Jiménez, "La poesía actual de Vicente Aleixandre," *Revista de Occidente*, No. 26 (1969), p. 226, sees the similarity between Aleixandre's last books and the works of the young Spanish poets as a return to the only profound poetry in our century: Symbolism. Luis Antonio de Villena, "Vicente Aleixandre y los poetas jovencísimos," *Insula*, Nos. 374-5 (1978), p. 15, discusses the possibility of Aleixandre's having been influenced in his views of the contemporary world by the young poets.

[5] The paragraphs about the poet in "Discurso de recepción del Premio Nóbel" reproduce almost word for word section III of the prologue to the 2nd ed. of *La destrucción o el amor* (Madrid: Alhambra, 1945); rpt. *Obras completas* (Madrid: Aguilar, 1968), pp. 1444-45.

[6] Hugo Friedrich, *The Structure of Modern Poetry* (Evanston: Northwestern University Press, 1974), pp. 15-18; Wallace Fowlie, *Age of Surrealism* (Bloomington: The Swallow Press, 1960), pp. 24-25. See also: José Angel Valente, "Tres notas sobre Lautreamont" (*Las palabras de la tribu*. Madrid: Siglo Veintiuno, 1971), pp. 295-308.

[7] Aleixandre's writings about his work and about poetry in general are collected in *Obras completas*, pp. 1322-42, 1412-80, and 1557-84. His poetics have been discussed by several critics; see: Carlos Bousoño, *La poesía de Vicente Aleixandre* (Madrid: Gredos, 2nd revised ed., 1968), passim; Dario Puccini, *La Parola Poetica di Vicente Aleixandre* (Roma: Bulzoni Editore, 1971), pp. 119-52; Vicente Granados, *La poesía de Vicente Aleixandre (Formación y evolución)* (Madrid: Planeta, 1977), pp. 27-41; and Vicente Cabrera, *Tres poetas a la luz de la metáfora* (Madrid: Gredos, 1975), pp. 46-58.

[8] The bibliography about the period and the Generation of 1927 is too extensive

to cite here. Readers of English will find helpful the following titles: C. B. Morris, *A Generation of Spanish Poets, 1920-1936* (London: Cambridge University Press, 1969); Eleanor Turnbull, *Contemporary Spanish Poetry* (Baltimore: Johns Hopkins University Press, 1945); and Jorge Guillén, *Language and Poetry* (Cambridge: Harvard University Press, 1961). For a view of the friendship that united the members of the Generation of 1927, see Jorge Guillén, "Algunos poetas amigos" (*Papeles de Son Armadans*, Vol. XI, Nos. 32-33, Nov.-Dec. 1958), pp. 151-65.

[9]This biographical information has been provided by the poet in his prologue to the 2nd ed. of *La destrucción o el amor*, rpt. *Obras completas*, pp. 1439-41. The quotation in Spanish reads: ". . .y aquella verdaderamente original lectura fue una revolución en mi espíritu. Descubrí a la poesía: me fue revelada, y en mí se instauró la gran pasión de mi vida que nunca habría de ser desarraigada" (p. 1440).

[10]For a sample of the first poems written by Aleixandre, see Dámaso Alonso, "Poemas inéditos de Vicente Aleixandre (de un álbum muy viejo: 1918-1923)" (*Insula*, Nos. 374-75, Jan.-Feb. 1978), pp. 1, 29. The first poem published by Aleixandre, an imitation of the *Caligrammes*, appeared in 1919 in the ultraist magazine *Grecia* (Leopoldo de Luis, *Vida y obra de Vicente Aleixandre*, p. 93).

[11]Aleixandre himself discards the idea that Rubén Darío could have had any influence on his poetry and thus sets the basis for most of the critic's affirmations; he writes: ". . .aunque Darío fue el revelador de mi ser, mis primeros versos, unos meses después, no fueron ya rubenianos." *Obras completas*, p. 1441.

[12]José Luis Cano, "Tres poetas frente al misterio: Darío, Machado, Aleixandre" (*Cuadernos Americanos*, Vol. CVIII, No. 1, Jan.-Feb. 1960), pp. 227-31 offers perhaps the only critical discussion about a possible influence of Darío's views and attitudes on Aleixandre's work. Enrique Anderson Imbert, "Aleixandre, Rubén Darío y Unamuno" (*Sur*, No. 230, 1954), pp. 100-01 does not offer any light on the subject.

[13]Gustav Siebenmann, *Los estilos poéticos en España desde 1900* (Madrid: Gredos, 1973), pp. 240-65; in reference to Aleixandre see pp. 261-62. Antonio Blanch, *La poesía pura española* (Madrid: Gredos, 1976). Biruté Ciplijauskaité, *El poeta y la poesía* (Madrid: Insula, 1966), pp. 325-30, and Andrew P. Debicki, *Estudios sobre poesía española contemporánea* (Madrid: Gredos, 1968), pp. 17 and ff. discard the idea that the Generation of 1927 was interested in pure poetry.

[14]Leopoldo de Luis, *Vida y obra*, p. 100, narrates how some friends took the poems from Aleixandre's desk while the poet was not present. A few of those poems appeared in *Revista de Occidente*, Vol. XIII, No. 38 (1926), pp. 168-73.

[15]Ricardo Gullón, "Itinerario poético de Vicente Aleixandre" (José Luis Cano, ed., *Vicente Aleixandre*, Madrid: Taurus, 1977), p. 13; Carlos Bousoño, *La poesía de Vicente Aleixandre*, p. 257; Leopoldo de Luis, *Vida y obra*, p. 180; José Luis Cano, "Introducción biográfica y crítica" (Vicente Aleixandre, *Espadas como labios. La destrucción o el amor*. Madrid: Castalia, 1972), p. 19; Dámaso Alonso, "Aleixandre en la Academia" (*Poetas españoles contemporáneos*, Madrid: Gredos, 1958), p. 324; and Gabriele Morelli, Prologue to Vicente Aleixandre, *Ambito* (Madrid: Visor, 1976), pp. 9-13.

[16]Vicente Aleixandre, Prologue to *La destrucción o el amor, Obras completas*, pp. 1442-44; and *Mis poemas mejores* (Madrid: Gredos, 1968), p. 15, rpt. *Obras completas*, pp. 1461 and 1465.

[17]Guillermo Carnero, "*Ambito*, germen de la obra aleixandrina" (*Insula*, Nos. 374-75, Jan.-Feb. 1978), p. 9; Geoffrey Connell, " 'Posesión' and the Origins of Aleixandre's Cosmic Sensuality" (*Revista de Letras*, No. 22, June 1974), pp. 204-09; Ignacio Gallis, "The Scope of *Ambito*: Aleixandre's First Cosmic Vision" (*Revista*

SANTIAGO DAYDI-TOLSON   31

de Letras, No. 22, June 1974), pp. 219-24; Pere Gimferrer, Prologue to Vicente Aleixandre, *Antología total* (Barcelona: Seix Barral, 1975), pp. 9-12; Vicente Granados,
La poesía de Vicente Aleixandre, pp. 43-104; Vicente Molina Foix, "Vicente Aleixandre: 1924-1969" (*Cuadernos Hispanoamericanos*, No. 242, 1970), pp. 282-84;
and Luis Antonio de Villena, "Vicente Aleixandre, el surrealismo y *Pasión de la tierra*" (Vicente Aleixandre, *Pasión de la tierra*, Madrid: Narcea, 1977), pp. 38-39.
    ¹⁸Dámaso Alonso, *Poetas españoles*, p. 301.
    ¹⁹For a more detailed analysis of metrics in *Ambito*, see Vicente Granados, pp.
46-53.
    ²⁰Tomás Navarro Tomás, "Juan Ramón Jiménez y la lírica tradicional" (*Los
poetas en sus versos*, Barcelona: Ediciones Ariel, 1973), pp. 261-89, gives a good account of the metrical variety in Juan Ramón Jiménez' poetry.
    ²¹There are several studies dealing with "pure poetry" in Spain. Antonio Blanch,
La poesía pura española (Madrid: Gredos, 1976) offers a good bibliography on the
subject as well as a quite convincing treatment of "pure poetry" as a manifestation
limited to a very short period which ended in 1928 with the publication of Guillén's
Cántico, García Lorca's *Primer Romancero Gitano*, Alberti's *Cal y Canto*, and
Aleixandre's *Ambito*.
    ²²Vicente Aleixandre, *Mis poemas mejores* (Madrid: Gredos, 1968), p. 31; rpt.
Obras completas, p. 1466; and prologue to the 2nd ed. of *Pasión de la tierra* (Madrid:
Colección "Adonais," 1946); rpt. *Obras completas*, pp. 1446-47.
    ²³Vittorio Bodini, *I Poeti Surrealisti Spagnoli* (Torino: Enaudi, 1963), rpt. *Los
poetas surrealistas españoles* (Barcelona: Tusquets, 1971) gives a list of nine surrealist poets in Spain: Juan Larrea, Gerardo Diego, Rafael Alberti, Federico García
Lorca, Vicente Aleixandre, Luis Cernuda, José Moreno Villa, Manuel Altolaguirre,
and Emilio Prados. See Luis Antonio de Villena, ed., *Pasión de la tierra*, pp. 29-37.
    ²⁴In a letter to Carlos Bousoño, Aleixandre declares: "Joyce, Rimbaud, conflu-
yeron casi simultáneamente en mis lecturas. . .Freud, en 1928, abrió, sajó honduras
de la psique con un borbotar de vida profunda más que nunca escuchable." Quoted
by Bousoño, *La poesía de Vicente Aleixandre*, p. 15.
    ²⁵The critical edition of *Pasión de la tierra* prepared by Luis Antonio de Villena
(Madrid: Narcea, 1977) is up to now the best source of information about this particular book and its surrealistic character.
    ²⁶Dámaso Alonso, *Poetas españoles contemporáneos*, pp. 286-87 and 303; Ri-
cardo Gullón, "Itinerario poético de Vicente Aleixandre," p. 197.
    ²⁷In the prologue to *Pasión de la tierra* (*Obras completas*, 1447), Aleixandre
only alludes to Freud by talking about a "psicólogo de vasta repercución literaria."
In *Mis mejores poemas* (*Obras completas*, 1461), the poet writes about *Pasión de
la tierra:* "Es el libro mío más próximo al suprarrealismo, aunque quien lo escribiera
no se haya sentido nunca poeta suprarrealista, porque no ha creído en lo estrictamente onírico, la escritura 'Automática,' ni en la consiguiente abolición de la conciencia artística." In the introductory note to his *Poesía superrealista* (Barcelona:
Barral, 1971) Aleixandre explains that he has never believed in the dogmatic basis of
Surrealism.
    ²⁸Villena, ed., *Pasión de la tierra*, pp. 19-23; Bodini, *Poeti Surrealisti Spagnoli*,
p. xii.
    ²⁹There are several books on Spanish surrealism: Manuel Durán, *El superrea-
lismo en la poesía española contemporánea* (México: Universidad Nacional Autó-
noma de México, 1950); Vittorio Bodini, *I Poeti Surrealisti Spagnoli*, trans. *Los
poetas surrealistas españoles* (Barcelona: Tusquets, 1971); Paul Ilie, *The Surrealist*

Mode in Spanish Literature (Ann Arbor: University of Michigan Press, 1968), trans. *Los surrealistas españoles* (Madrid: Taurus, 1972); C. B. Morris, *Surrealism and Spain* (Cambridge: Cambridge University Press, 1972); Carlos Marcial de Onís, *El surrealismo y cuatro poetas de la Generación del 27* (Madrid: Ediciones José Porrúa Turanzas, 1974); and Pablo Corbalán, *Poesía surrealista en España* (Madrid: Ediciones del Centro, 1974).

[30]"Poética," Gerardo Diego, ed., *Poesía española contemporánea* (Madrid: Taurus, 6th ed., 1972), p. 470; rpt. *Obras completas*, p. 1559.

[31]See above, note 24.

[32]De Luis, pp. 103-06.

[33]There are several studies of Aleixandre's work which apply a psychoanalytical or psychological approach: Kessel Schwartz, *Vicente Aleixandre* (New York: Twayne Publishers, 1970) and "The Isakower Phenomenon and the Dream Screen in the Early Poetry of Vicente Aleixandre" (*Revista de Letras*, No. 22, June 1974), pp. 210-18, are good examples of this kind of criticism.

[34]"Las técnicas irracionalistas de Aleixandre" (*Insula*, Nos. 374-75, Jan.-Feb. 1978), pp. 5, 30. An English version of this article appears in this volume.

[35]"Recuerdo que cuando en 1929 estaba acabando *Pasión de la tierra* sentía un gran deseo, pasión habría que decir aquí, por volver a escribir en verso." *Mis poemas mejores*, p. 39; *Obras completas*, p. 1468.

[36]Carlos Bousoño, *La poesía de Vicente Aleixandre*, pp. 263-85, uses the term *versículo* to refer to the long verses used by Aleixandre; the same term is also employed by Fernando Lázaro Carreter, "El versículo de Vicente Aleixandre" (*Insula*, Nos. 374-75, Jan.-Feb. 1978), p. 3. I will use the English cognate "versicle" for the same purpose. In reference to this subject see: Francisco López Estrada, *Métrica española del siglo XX* (Madrid: Gredos, 1969); Rafael de Balbín, *Sistema de rítmica castellana* (Madrid: Gredos, 1968); Tomás Navarro Tomás, *Los poetas en sus versos* (Madrid: Ariel, 1973); and especially Fernando Lázaro Carreter, "Función poética y verso libre" (*Estudios de poética*, Madrid: Taurus, 1976), pp. 51-62.

[37]"El versículo de Vicente Aleixandre" and "Función poética y verso libre."

[38]In spite of his preference for free verse, Aleixandre makes use of traditional meters in practically all of his books. A list of poems in regular metric forms would include no less than fifty titles, with the greatest concentration of them in *Sombra del paraíso* and *En un vasto dominio*. This aspect of Aleixandre's work has yet to be studied in more detail. See notes 36 and 37, and also Alejandro Amusco, "Lectura de un poema de Aleixandre" (*Cuadernos Hispanoamericanos*, No. 313, July 1976), pp. 167-79.

[39]Bousoño, *La poesía de Vicente Aleixandre*, pp. 382-84.

[40]José María Valverde, "De la disyunción a la negación en la poesía de Vicente Aleixandre (y de la sintaxis a la visión del mundo)" (*Escorial*, No. 52, 1945; rpt. José Luis Cano, ed., *Vicente Aleixandre*), pp. 66-75; Bousoño, *La poesía de Vicente Aleixandre*, pp. 328-36.

[41]Gerardo Diego, ed., *Poesía española contemporánea*, pp. 469-70; *Obras completas*, pp. 1558-59.

[42]"Quiero saber," *La destrucción o el amor, Obras completas*, p. 358.

[43]Bousoño, *La poesía de Vicente Aleixandre*, p. 67, sees a similarity between Aleixandre's conceptions and the ideas of the Eleatic philosophers; Alejandro Amusco, "El pensamiento de los presocráticos y Vicente Aleixandre" (*Insula*, Nos. 374-75, Jan.-Feb. 1978), p. 16, also relates Aleixandre's poetry to ancient Greek philosophies.

44". . .poesía es clarividente fusión del hombre con lo creado, con lo que acaso no tiene nombre," *Obras completas*, p. 1558.

45"Frente a la divinización de la palabra, frente a esa casi obscena delectación de la *maestría* o dominio verbal del artífice que trabaja la talla, confundiendo el destello del vidrio que tiene entre sus manos con la profunda luz creadora, hay que afirmar, hay que exclamar con verdad: No, la poesía no es *cuestión de palabras*," *Obras completas*, p. 1559.

46José Luis Cano, "Introducción," pp. 9-32.

47Gimferrer, Prologue to *Antología total*, p. 19.

48Aleixandre, *Mis poemas mejores*, p. 93; *Obras completas*, p. 1471.

49During the war Aleixandre wrote a necrological note for Federico García Lorca and some poems about the Republican fighters which appeared in *Hora de España* and *El mono azul*. See: De Luis, *Vida y obra*, p. 137.

50De Luis, *Vida y obra*, pp. 142-48.

51For information about Spanish poetry during the first years after the Civil War, see: Víctor de la Concha, *La poesía española de posguerra. Teoría e historia de sus movimientos* (Madrid: Editorial Prensa Española, 1973); J. Lechner, *El compromiso en la poesía española del siglo XX: Parte Segunda: De 1934 a 1974* (Leiden: Universitaire Pers Leiden, 1975); Carl W. Cobb, *Contemporary Spanish Poetry (1898-1963)* (Boston: Twayne Publishers, 1976); J. M. Cohen, "Since the Civil War: New Currents in Spanish Poetry" (*Encounter*, No. 65, Feb. 1959), pp. 44-53; Manuel Durán, "Spanish Literature since the War" (Richard Kostelanetz, ed., *On Contemporary Literature*, New York: Discuss Books), pp. 193-202; Charles David Ley, *Spanish Poetry Since 1939* (Washington, D.C.: The Catholic University of America Press, 1962); Hardie St. Martin, "Poetry in Spain Since the Civil War" (*Mosaic*, Vol. 2, No. 4, 1968), pp. 41-52; Guillermo de Torre, "Contemporary Spanish Poetry" (*The Texas Quarterly*, Vol. IV, No. 21, Spring 1961), pp. 55-78; Katherine R. Whitmore, "A Lyrical Decade: Spain 1940-1950" (*Hispania*, Vol. XXXVI, 1953), pp. 170-76.

52Gimferrer, p. 19.

53Aleixandre, Introduction to the 2nd ed. of *La destrucción o el amor; Obras completas*, pp. 1444-45.

54Dámaso Alonso, *Poetas españoles contemporáneos*, p. 314.

55*Mis poemas mejores*, p. 31; *Obras completas*, p. 1466.

56*Obras completas*, pp. 83-84 and 564. In *Ambito* the actual title of the poem is only "Cerrada," adjective which modifies the title "Noche Inicial" of the whole first section of the book.

57*Obras completas*, p. 484.

58"Sentido de la poesía de Vicente Aleixandre," prologue to Vicente Aleixandre, *Obras completas*, pp. 20-21.

59*Mis poemas mejores*, p. 173; *Obras completas*, p. 1474.

60*Obras completas*, pp. 716-18.

61*Obras completas*, p. 483.

62In the prologue to *Mis poemas mejores* Aleixandre declares his constant belief in the communicative value of poetry: "En todas las etapas de su existir, el poeta se ha hallado convicto de que la poesía no es cuestión de fealdad o hermosura, sino de mudez o comunicación." *Obras completas*, p. 1459. In reference to clarity in his poetry he says: "El máximo de diafanidad y de sencillez, en la evolución, llegará, al parecer, con *Historia del corazón*, donde, ya conclusa la contemplación anterior, alumbrada por una gama de luces (desde la luz negra de *Pasión de la tierra* a la blanca de *Sombra del paraíso*, pasando por la roja de *La destrucción o el amor*), se abre ahora una nueva representación: el vivir del hombre. . ." *Obras completas,* p. 1462.

[63]"Otros poetas (tampoco importa el tamaño) se dirigen a lo permanente del hombre. No a lo que refinadamente diferencia, sino a lo que esencialmente une. Y si le ven en medio de su coetánea civilización, sienten su puro desnudo irradiar inmutable bajo sus vestidos cansados. El amor, la tristeza, el odio o la muerte son invariables." *Obras completas,* p. 1445.

[64]"Poesía, moral, público" (*Insula,* No. 59, Nov. 1950), pp. 1, 2, rpt. *Obras completas,* pp. 1570-80; "Poesía, comunicación" (*Correo Literario,* No. 1, June 1950), rpt. *Obras completas,* pp. 1581-83; *Algunos caracteres de la nueva poesía española* (Madrid: Instituto de España, 1955), rpt. *Obras completas,* pp. 1412-35; *Mis poemas mejores* (Madrid: Gredos, 1956), rpt. *Obras completas,* pp. 1458-75.

[65]See José María Castellet, *Un cuarto siglo de poesía española* (Barcelona: Seix Barral, 1966); Manuel Durán, "Spanish Writing," pp. 193-202. This last title offers a short bibliography of English titles about post-Civil-War literature.

[66]For a full discussion of commitment in Spanish poetry see: J. Lechner, *El compromiso en la poesía española.*

[67]See: *Poesía última* (Madrid: Taurus, 1963); José Batlló, *Antología de la nueva poesía española* (Madrid: El Bardo, 1968); and José Angel Valente, "Tendencia y estilo" (*Insula,* No. 180, 1961, p. 6; rpt. *Las palabras de la tribu*), pp. 11-15.

[68]"Algunos caracteres de la nueva poesía española" was a lecture given by the poet at the Instituto de España in 1955.

[69]There are too many poetics, in prose and verse, to pretend to give an idea of their characteristics in a brief note. A bibliography on the subject would be very helpful for the study of post-war Spanish poetry.

[70]*Obras completas,* pp. 797-99.

[71]"Memoria de un poema" (*Papeles de Son Armadans,* Vol. XI, Nos. 32-33, Nov.-Dec. 1958), pp. 394-400; rpt. José Luis Cano, ed., *Vicente Aleixandre,* pp. 144-47.

[72]For an excellent discussion of Aleixandre's latest books see: José Olivio Jiménez, "La poesía actual de Vicente Aleixandre" (*Revista de Occidente,* No. 26, 1969), pp. 212-30.

[73]"Las técnicas irracionalistas de Aleixandre." See the English version of this article in this volume.

[74]Introduction to *Antología total,* p. 23.

[75]*Poemas de la consumación* (Barcelona: Plaza y Janés, 1968), pp. 12-13. This book is not included in *Obras completas.*

[76]Bousoño, "Las técnicas irracionalistas de Aleixandre." (English version in this volume.)

[77]Gimferrer, p. 24.

[78]*La parola poetica de Vicente Aleixandre,* pp. 223-24.

[79]Gimferrer, p. 24.

[80]The text forms part of "Nuevos encuentros," written between 1959 and 1967; *Obras completas,* pp. 1367-74.

II. The Nobel Prize

NOBEL LECTURE

Vicente Aleixandre

At a moment like this, so important in the life of a man of letters, I should like to express in the most eloquent words at my command the emotion that a human being feels and the gratitude he experiences in the face of an event such as that which is taking place today. I was born in a middle-class family, but I had the benefit of its eminently open and liberal outlook. My restless spirit led me to practice contradictory professions. I was a teacher of mercantile law, an employee in a railway company, a financial journalist. From early youth this restlessness of which I have spoken lifted me to one particular delight: reading and, in time, writing. At the age of 18 the apprentice poet began to write his first verses, sketched out in secret amid the turmoil of a life which, because it had not yet found its true axis, I might call adventurous. The destiny of my life, its direction, was determined by a bodily weakness. I became seriously ill, of a chronic complaint. I had to abandon all my other concerns, those which I might call corporal, and to retreat to the countryside far from my former activities. The vacuum thus created was soon invaded by another activity which did not call for physical exertion and could easily be combined with the rest that the doctors had ordered me to take. This unforgettable, all-conquering invasion was the practice of letters; poetry occupied to the full the gap in activity. I began to write with complete dedication and it was then, only then, that I became possessed by the passion which was never to leave me.

Hours of solitude, hours of creation, hours of meditation. Solitude and meditation gave me an awareness, a perspective which I have never lost: that of solidarity with the rest of mankind. Since that time I have always proclaimed that poetry is communication, in the exact sense of that word.

Poetry is a succession of questions which the poet constantly poses. Each poem, each book is a demand, a solicitation, an interrogation, and the answer is tacit, implicit, but also continuous, and the reader gives it to himself through his reading. It is an exquisite dialogue in which the poet questions and the reader silently gives his full answer.

I wish I could find fitting words to describe what a Nobel prize means to the poet. It cannot be done; I can only assure you that I am with you body and soul, and that the Nobel prize is as it were the response, not gradual, not tacit, but collected and simultaneous, sudden, of a general voice which generously and miraculously becomes one and itself answers the unceasing question which it has come to address to mankind. Hence my gratitude for this symbol of the collected and simultaneous voice to which the Swedish Academy has enabled me to listen with the senses of the soul for which I here publicly render my devoted thanks.

On the other hand, I consider that a prize such as I have received today is, in all circumstances, and I believe without exception, a prize directed to the literary tradition in which the author concerned—in this case myself—has been formed. For there can be no doubt that poetry, art, are always and above all tradition, and in that tradition each individual author represents at most a modest link in the chain leading to a new kind of aesthetic expression; his fundamental mission is, to use a different metaphor, to pass on a living torch to the younger generation which has to continue the arduous struggle. We can conceive of a poet who has been born with the highest talents to accomplish a destiny. He will be able to do little or nothing unless he has the good fortune to find himself placed in an artistic current of sufficient strength and validity. Conversely, I think that a less gifted poet may perhaps play a more successful role if he is lucky enough to be able to develop himself within a literary movement which is truly creative and alive. In this respect I was born under the protection of benign stars inasmuch as, during a sufficiently long period before my birth, Spanish culture had undergone an extremely important process of swift renewal, a development which I think is no secret to anyone. Novelists such as Galdós; poets like Machado, Unamuno, Juan Ramón Jiménez and, earlier, Bécquer; philosophers like Ortega y Gasset; prose writers such as Azorín and Baroja; dramatists such as Valle-Inclán; painters like Picasso and Miró; composers such as Falla: such figures do not just conjure themselves up, nor are they the products of chance. My generation saw itself aided and enriched by this warm environment, by this source, by this enormously fertile cultural soil, without which perhaps none of us would have become anything.

From the tribune in which I now address you I should like therefore to associate my words with this generous nursery ground of my compatriots who from another era and in the most diverse ways formed us and enabled us, myself and my friends of the same generation, to reach a place from which we could speak with a voice which perhaps was genuine or was peculiar to ourselves.

And I do not refer only to these figures which constitute the immediate tradition, which is always the one most visible and determinative. I allude also to the other tradition, the one of the day before yesterday, which though more distant in time was yet capable of establishing close ties with ourselves; the tradition formed by our classics from the Golden Age, Garcilaso, Fray Luis de León, San Juan de la Cruz, Góngora, Quevedo, Lope de Vega, to which we have also felt linked and from which we have received no little stimulation. Spain was able to revive and renew herself thanks to the fact that, through the generation of Galdós, and later through the generation of 1898, she as it were opened herself, made herself available, and as a result of this the whole of the nourishing sap from the distant past came flowing towards us in overwhelming abundance. The generation of 1927 did not wish to spurn anything of the great deal that remained alive in this splendid world of the past which suddenly lay revealed to our eyes in a lightning flash of uninterrupted beauty. We rejected nothing except what was mediocre; our generation tended towards affirmation and enthusiasm, not to scepticism or taciturn restraint. Everything that was of value was of interest to us, no matter whence it came. And if we were revolutionaries, if we were able to be that, it was because we had once loved and absorbed even those values against which we now reacted. We supported ourselves firmly on them in order to brace ourselves for the perilous leap to meet our destiny. Thus it should not surprise you that a poet who began as a surrealist today presents a defense of tradition. Tradition and revolution—here are two words which are identical.

And then there was the tradition, not vertical but horizontal, which came to help us in the form of a stimulating and fraternal competition from our flanks, from the side of the road we were pursuing. I refer to that other group of young people (when I too was young) who ran with us in the same race. How fortunate I was to be able to live and to mold myself in the company of poets so admirable as those I came to know and devote myself to with the right of a contemporary! I loved them dearly, every one. I loved them precisely because I was seeking something different, something which it was only possible to find through differences and contrast in relation to these poets, my comrades. Our nature achieves its true individuality only in community with others, face to face with our neighbors. The higher the quality of the human environment in which our personality is formed, the better it is for us. I can say that here, too, I have had the good fortune to be able to realize my destiny through communion with one of the best companies of men of which it is possible to conceive. The time has come to name this company in all its multiplicity: Federico García Lorca, Rafael Alberti, Jorge Guillén, Pedro Salinas, Manuel Altolaguirre, Emilio Prados, Dámaso Alonso, Gerardo Diego, Luis Cernuda.

I speak then of solidarity, of communion, as well as of contrast. If I do so, it is because such has been the feeling that has been most deeply implanted on my soul, and it is its heartbeat that, in one way or another, can be heard most clearly behind the greater part of my verse. It is therefore natural that the very way in which I look upon humanity and poetry has much to do with this feeling. The poet, the truly determinative poet, is always a revealer; he is, essentially, a seer, a prophet. But his "prophecy" is of course not a prophecy about the future; for it may have to do with the past: it is a prophecy without time. Illuminator, aimer of light, chastiser of mankind, the poet is the possessor of a Sesame which in a mysterious way is, so to speak, the word of his destiny.

To sum up, then, the poet is a man who was able to be more than a man: for he is in addition a poet. The poet is full of "wisdom"; but this he cannot pride himself on, for perhaps it is not his own. A power which cannot be explained, a spirit, speaks through his mouth: the spirit of his race, of his peculiar tradition. He stands with his feet firmly planted on the ground, but beneath the soles of his feet a mighty current gathers and is intensified, flowing through his body and finding its way through his tongue. Then it is the earth itself, the deep earth, that flames from his glowing body. But at other times the poet has grown, and now towards the heights, and with his brow reaching into the heavens, he speaks with a starry voice, with cosmic resonance, while he feels the very wind from the stars fanning his breast. All is then brotherhood and communion. The tiny ant, the soft blade of grass against which his cheek sometimes rests, these are not distinct from himself. And he can understand them and spy out their secret sound, whose delicate note can be heard amidst the rolling of the thunder.

I do not think that the poet is primarily determined by his goldsmith's work. Perfection in his work is something which he hopes gradually to achieve, and his message will be worth nothing if he offers mankind a coarse and inadequate surface. But emptiness cannot be covered up by the efforts of a polisher, however untiring he may be.

Some poets—this is another problem and one which does not concern expression but the point of departure—are poets of "minorities." They are artists (how great they are does not matter) who owe their individuality to devoting themselves to exquisite and limited subjects, to refined details (how delicate and profound were the poems that Mallarmé devoted to fans!), to the minutely savored essence in individuals expressive of our detail-burdened civilization.

Other poets (here, too, their stature is of no importance) turn to what is enduring in man. Not to that which subtly distinguishes but to that which essentially unites. And even though they see man in the midst of the civilization of his own times, they sense all his pure nakedness radiating immutably from beneath his tired vestments. Love, sorrow, hate or death are unchanging. These poets are radical poets and they speak to the primary, the elemental in man. They cannot feel themselves to be the poets of "minorities." Among them I count myself.

And therefore a poet of my kind has what I would call a communicative vocation. He wants to make himself heard from within each human breast, since his voice is in a way the voice of the collective, the collective to which the poet for a moment lends his passionate voice. Hence the necessity of being understood in languages other than his own. Poetry can only in part be translated. But from this zone of authentic interpretation the poet has the truly extraordinary experience of speaking in another way to other people and being understood by them. And then something unexpected occurs: the reader is installed, as through a miracle, in a culture which in large measure is not his own but in which he can nevertheless feel without difficulty the beating of his own heart, which in this way communicates and lives in two dimensions of reality: its own and that conferred on it by the new home in which it has been received. What has been said remains equally true if we turn it around and apply it not to the reader but to the poet who has been translated into another language. The poet, too, feels himself to be like one of those figures encountered in dreams, which exhibit, perfectly identified, two distinct personalities. Thus it is with the translated author, who feels within himself two personae: the one conferred on him by the new verbal attire which now covers him and his own genuine persona which, beneath the other, still exists and asserts itself.

Thus I conclude by claiming for the poet a role of symbolic representation, enshrining as he does in his own person that longing for solidarity with humankind for which precisely the Nobel Prize was founded.

VICENTE ALEIXANDRE Y
PABLO NERUDA: EVOCACION
DE UNA AMISTAD

Hugo Montes

Vicente Aleixandre es un caso singular en el mundo de las letras, entre otras razones por la general simpatía que despiertan su persona y su obra. Es de los escasos poetas de renombre mundial que no suscita reacciones negativas y que, a la inversa, ha sido admirado por sus compañeros de generación y por las nuevas promociones literarias, tantos de España como de Hispano América. Sin ser un escritor que pueda llamarse propiamente popular, como García Lorca, goza de prestigio generalizado, del que dio buena cuenta la común aceptación con que fue recibida la noticia de su Premio Nóbel.

En esta línea de trato positivo se ha de situar la visión que de él nos dejó Pablo Neruda. El poeta chileno, tan vinculado a la Generación del 27, por su edad, por la amistad con García Lorca y Rafael Alberti, por la buena convivencia con varios de sus miembros a partir de 1934 hasta los años de la Guerra Civil, mostró pronto una actitud hostil hacia el esteticismo de quienes consideraban a Góngora como maestro principal. Su manifiesto sobre una poesía sin pureza (Prólogo al número 1 de la revista *Caballo verde para la poesía)* muestra ya en fecha temprana —1935— este antagonismo. Poco después Neruda va a reiterar y aun a acentuar su postura crítica, con palabras muy fuertes: "De esta generación brillante de poetas como Alberti, Aleixandre, Altolaguirre, Cernuda, etc., fue tal vez [García Lorca] el único sobre el cual la sombra de Góngora no ejerció el dominio de hielo que el año 1927 esterilizó estéticamente la gran poesía joven de

España" (conferencia pronunciada en París, 1937, y publicada como separata de la revista *Hora de España*, París, 1937).

La excepción que Neruda hace en esta última oportunidad del autor de *Romancero Gitano* bien pudo hacerla también de Vicente Aleixandre, quien después de su primer libro —*Ambito*— incursionó exitosamente por el surrealismo "impuro" y onírico. Entre ambos poetas se produce hacia los primeros años de la década del treinta, cuando aún no se conocían personalmente, una coincidencia interior de la que da curiosa cuenta la similitud de títulos (*Residencia en la tierra-Pasión de la tierra*), la que a su vez corresponde a una honda coincidencia en el cultivo de la poesía surrealista. Quizás a tal coincidencia se ha de atribuir la siguiente afirmación de Neruda relativa a Aleixandre: "Su profunda y maravillosa poesía es la revelación de un mundo dominado por fuerzas misteriosas" (en "Amistades y enemistades literarias", Revista *Qué Hubo*, Santiago de Chile, 20 de abril de 1940).

La existencia de "fuerzas misteriosas" dominantes despierta la alabanza del telúrico y apasionado Neruda, quien también permite que su pluma sea movida por corrientes profundas, provenientes de mundos subterráneos e irracionales. Ambos escritores, apartándose de tradiciones poderosas y de acentuaciones generacionales, vivieron poéticamente una estrecha vinculación del yo con la naturaleza, a la cual se suman complacidos y se entregan más o menos ciegamente. En esta actitud, sin embargo, no se hallaron siempre. El español y el chileno habían empezado sus carreras literarias con una lírica subjetiva, de formas relativamente simples y acordes con la tradición, en que el Yo se diferenciaba de la naturaleza (salvo algunos casos de excepción en Neruda: "Aromos rubios en los campos de Loncoche", *Crepusculario*; "Poema 1", *Veinte poemas de amor y una canción desesperada*) y aparecía en una actitud de búsqueda del otro, de la otra, cabalmente diferenciados. La tierra, empero, pronto los seduce y los absorbe. Desde ella ven el mundo, con ella se identifican apasionadamente y a ella se sienten destinados. La tierra excluye casi por completo a otros elementos de la naturaleza y se constituye en una suerte de *todo* abrazador. En tal etapa, ninguno de los dos mira más que a expresar la fuerza cósmica. Lejos estaban aún los libros expresadores de la solidaridad humana.

Mas estos libros esperaban indefectiblemente al español y al chileno. Primero fue el encuentro nerudiano con los demás. Precisamente la Guerra Civil española orientó su poesía hacia cauces más humanos que cósmicos, y la ordenó y empezó a teñirla de esperanzas. "Reunión bajo las nuevas banderas", de *España en el corazón*, es título representativo, para quien hasta entonces parecía en una posición individualista y de vinculación excluyente con la tierra. El dolor preside la nueva visión: "Juntos frente al sollozo". Cualquier verso puede ser citado para ejemplificar el hallazgo: "Yo de los hombres tengo la misma mano herida, / yo sostengo la misma copa roja." Aleixandre seguiría durante algunos años con la poesía de amor individual, pero en *Historia del corazón* ha dado ya el paso hacia la visión comunitaria, en la cual el Yo adquiere sentido sólo en cuanto se ve vinculado a los demás, en la plaza o en la selva. El mismo Aleixandre se ha encargado de precisar los alcances del cambio:

> *Historia del corazón*, escrita entre 1945 y 1953, creo que supone una nueva mirada y una nueva concepción en el espíritu del poeta. El vivir humano, tema central, se canta aquí desde una doble vertiente. Visión del hombre vivido, desde la conciencia de la temporalidad (por eso poemas de la edad humana: de niñez, de juventud, de madurez, de ancianidad). Y visión del amor como símbolo trascendido de solidaridad de los hombres, ante los términos de su vivir (en *Mis poemas mejores*, Gredos: Madrid, 1956, p. 157).

Estamos así ante dos poetas que, a diferencia de un Pedro Salinas o de un Jorge Guillén, de obra compacta y uniforme, realizan un quehacer eminentemente dinámico. Su crecimiento no podría representarse como el de un tronco de árbol, siempre más grueso en torno del eje central, sino como un río que avanza y hurga cada día por nuevos derroteros. Aleixandre y Neruda están arriesgando, por así decirlo, todo su prestigio en los recodos de este caminar, que se presenta más como una aventura que como recorrido de sendas holladas. Este dinamismo a su vez corresponde a hitos comunes, en parte ya señalados: inicio tradicional, relativamente claro y sereno; continuación por rutas espesas, enmarañadas, proclive a la prosa, con una visión telúrica y una expresión abarcadora de zonas importantes del inconsciente; y, en fin, búsqueda de una meta de mayor claridad donde el hablante se identifique con todos los hombres, en especial con los de vida simple y humilde. No importa que uno llegue a la poesía política y que el otro se quede en una visión directamente humanitaria; lo que en este caso interesa es la determinación de la general y precisa similitud del recorrido.

Las relaciones personales de ambos poetas entre sí corresponden, como era de esperar, a esta semejanza creadora. Se conocieron en Madrid, en 1935, presentados por García Lorca, a quien Neruda conociera en Buenos Aires el año anterior. Las visitas a la casa de Aleixandre, aquejado desde muy joven de una enfermedad que lo obligaba a largos reposos, ocurrían a diario. De ello hay un excelente testimonio en el poema de Neruda "Ay! Mi ciudad perdida", de *Memorial de Isla Negra*, que remata en los siguientes versos:

> ... mientras enderezaba mi vaga dirección
> hacia Cuatro Caminos, el número
> 3
> de la calle Wellingtonia
> en donde me esperaba
> bajo dos ojos con chispas azules
> la sonrisa que nunca he vuelto a ver
> en el rostro
> —plenilunio rosado—
> de Vicente Aleixandre
> que dejé allí a vivir con sus ausentes.

Años antes, en la "Oda a Federico García Lorca", de *Residencia en la tierra* (1935), el chileno evocaba a Vicente Aleixandre junto a su esposa (Maruca), su hija (Malva Marina), su amiga íntima (Delia Del Carril), pintores (el argentino Jorge Larco), músicos (el chileno Acario Cotapos), diplomáticos (Carlos y Bebé Morla Linch) y escritores:

> ... llego yo con Oliverio, Norah,
> Vicente Aleixandre, Delia,
> Maruca, Malva Marina, María Luisa y Largo,
> la Rubia, Rafael Ugarte,
> Cotapos, Rafael Alberti,
> Carlos, Bebé, Manolo Altolaguirre,
> Molinari,
> Rosales, Concha Méndez,
> y otros que se me olvidan.

Son palabras cordiales, llenas de vida, familia, arte y amistad, que culminan en las tituladas "Amistades y enemistades literarias", transcritas antes parcialmente, y que vale la pena reproducir in extenso:

"En un barrio todo lleno de flores, entre Cuatro Caminos y la calle Wellingtonia, vive Vicente Aleixandre.

Es grande, rubio y rosado. Está enfermo desde hace muchos años. Nunca sale de casa. Vive casi inmóvil.

Su profunda y maravillosa poesía es la revelación de un mundo dominado por fuerzas misteriosas. Es el poeta más secreto de España, el esplendor sumergido de sus versos lo acerca tal vez a nuestro Rosamel del Valle.

Todas las semanas me espera, en un día determinado, que para él, en su soledad, es una fiesta. No hablamos sino de poesía. Aleixandre no puede ir al cine. No sabe nada de política.

De todos mis amigos lo separo, por la calidad infinitamente pura de amistad. En el recinto aislado de su casa la poesía y la vida adquieren una transparencia sagrada.

Yo le llevo la vida de Madrid, los viejos poetas que descubro en las interminables librerías de Atocha, mis viajes por los mercados de donde extraigo inmensas ramas de apio o trozos de queso manchego untados de aceite levantino. Se apasiona con mis largas caminatas, en las que él no puede acompañarme, por la calle de la Cava Baja, una calle de toneleros y cordeleros estrecha y fresca, toda dorada por la madera y el cordel. O leemos largamente Pedro Espinosa. Soto de Rojas, Villamediana. Buscábamos en ellos los elementos mágicos y materiales que hacen de la poesía española, en una época cortesana, una corriente persistente y vital de claridad y de misterio."

Que esta postura favorable a Aleixandre se prolongó por toda la vida, lo demuestra claramente el breve pero acertado texto de *Confieso que he vivido*, las Memorias de publicación póstuma: "... Aleixandre, poeta de una dimensión ilimitada".

No son casuales los dos elogios nerudianos: "Fuerzas misteriosas, dimensión ilimitada". Es que Neruda alaba precisamente lo que excede de lo normal, cuanto está más allá de lo racional y de la mesura. Su actitud neorromántica, superrealista y de identificación con la naturaleza lo lleva a buscar coincidencias que no siempre le ofrecía una lírica peninsular nacida más o menos inmediatamente en Bécquer, prolongada en Juan Ramón Jiménez y llevada a una cima por Jorge Guillén. Neruda es de la otra vertiente, de la del lado volcánico e incendiado. Y en ella encuentra, al menos durante un tiempo, la poesía de su amigo Aleixandre.

Este, por su parte, siempre se expresó positivamente del vate chileno, cuya influencia en Miguel Hernández y otros poetas se adelantó a reconocer. Ya en el número inicial de la revista *Caballo verde para la poesía* dirigida por Neruda, colabora con el poema "Tristeza". Se apresura asimismo a firmar el manifiesto de los escritores españoles en homenaje a Neruda. Amistad, así, mutua, correspondida desde el interior y sin tapujos. Se ha de ver en ella, no sólo una afinidad personal, sino también y muy especialmente una honda correspondencia creadora, que el premio Nóbel, recibido con escasa diferencia, ha venido a sellar.

SANTIAGO DE CHILE

III. *The Poetry in Context*

VICENTE ALEIXANDRE EN LA POESIA DE SU GENERACION

José Francisco Cirre

Es bien sabido que la llamada Generación del 27 contribuyó, como ninguna desde el Siglo de Oro al renacimiento y esplendor de la poesía española. En un libro[1] que hace bastantes años consagré al asunto, hablaba yo de las características del grupo y de las determinantes históricas que lo originaron. En el momento de nacer lo vemos pleno de optimismo, empeñado en tareas renovadoras, marcando a la lírica una dirección preponderantemente esteticista y minoritaria, dirección que, por modificaciones radicales de ambiente y circunstancia, cambiaría poco después de contenido y propósitos.

El cansancio que las formas literarias y artísticas gastadas e ineficaces para la época habían producido en los intelectuales jóvenes de comienzos del siglo XX, se tradujeron, en toda Europa, en urgente y rebelde deseo de experimentar nuevos caminos acordes con las modalidades y las inquietudes humanas y sociales del período. De aquí la abundancia de "ismos", la multiplicidad de escuelas y ensayos y la rapidez con que se sucedieron. Fenómeno paralelo al de la aceleración histórica que la explosión del maquinismo trajo consigo. Frente a un pasado, carente para ellos de virtualidad, había que construir un presente que armonizara con la continua evolución en la cual se vivía. Un presente kaleidoscópico en el que arte y literatura no podían ya tener valores permanentes y debían responder al instante sacrificando, de paso, su solemnidad inmotivada, hierática y majestuosa, para seguir una actitud más lúdica, dinámica e intranscendente.

El examen de los movimientos iniciales comprueba suficientemente lo antedicho. Voy a referirme tan sólo a los tres de mayor éxito. Es decir, al futurismo que pretende hacer tabla rasa de toda tradición tópica y parte del cero absoluto para endiosar y glorificar la máquina, signo y símbolo de la vida futura; al dadaísmo con su lema "die Kunst ist tot", que sustituye la expresión literaria y artística por oscuros y primitivos balbuceos, y al superrealismo. Este último, único destinado a perdurar con verdadera fuerza creadora, tiene raíces mucho más hondas. Basado en las teorías de Freud sobre el subconsciente respondía como ninguno al modo irracionalista preponderante en Europa al final de la primera Guerra Mundial. Irracionalismo que lleva al terreno de la estética una resurrección del espíritu romántico hasta sus postreras y más imprevisibles consecuencias, al incorporar temas definitivamente heterodoxos, anarquizar la estructura estilística, sustentar la obra conjunta sobre supuestos y asociaciones oníricas y otorgar dignidad poética o artística —como ya lo habían intentado y efectuado los simbolistas— a los objetos menos idóneos.

Con estos movimientos, y en especial con los dos primeros, se relaciona el ultraísmo español que, nacido hacia 1919, intenta afirmarse como ultravanguardista. Cansinos Assens, Guillermo de Torre y Gerardo Diego vienen a figurar como los grandes pontífices del ultraísmo. Pero, fuera de *Hélices* de Guillermo de Torre —con patentes huellas de Apollinaire— y de ciertos poemas del primer Gerardo Diego —entre ellos los coleccionados en *Manual de espumas*— el ultraísmo termina encauzándose por canales no demasiado explosivos para dejar, casi enseguida, el terreno a la Generación Guillén-Lorca, o del 27.

No pienso ahora repetir la clasificación —que en mi citada obra aparece— de las escuelas y tendencias representadas por este grupo de poetas. Sin embargo deseo recalcar mi idea de que la mayoría de sus componentes se encuentran inscritos dentro de antiguas normas literarias peninsulares y, en este sentido, resultan a la larga mucho más renovadores que innovadores. Consideremos el aristocrático y sobrio empaque de los versos de Guillén, el esoterismo conceptista-romántico de Salinas, el popularismo exquisito y sublimado de García Lorca, la gracia y el perfecto manejo de la métrica en Alberti, o el dolorido sentir de Luis Cernuda. Inclusive Gerardo Diego, pese a su devoción creacionista, compone multitud de poemas de un barroquismo sabio y elaborado. Ahora bien, Vicente Aleixandre, sin abandonar por entero la tradición hispánica, representa —desde *Ambito* y *Espadas como labios*— algo muy diferente. Su poesía es la única que, desde el primer momento, se lanza sin vacilar por los caminos del moderno superrealismo.

Antes de comenzar el análisis valorativo de lo que el superrealismo de Aleixandre significa en la lírica española de la década de los veinte cabe hacerse dos preguntas: primera, ¿hasta qué punto el Manifiesto de André Breton con su programa de escritura automática-subconsciente, sus asociaciones alógicas, sus metáforas desconectadas y caprichosas, su subjetivismo a ultranza y su enumeración caótica influye en Aleixandre y en el resto de los superrealistas españoles? Y, segunda, ¿posee el superrealismo una virtud universal gracias a las doctrinas y normas establecidas por André Breton o es, como piensa Poggioli[2] una manifestación de rebeldía anticonformista de distinta norma en cada país y basada, en todos ellos, en un espíritu nacional?

En cuanto a la primera cuestión cabría aseverar que los superrealistas del siglo XX, y naturalmente los peninsulares, deben mucho a Breton. Inclusive aquellos —casos de Alberti y Lorca— que lo aceptan con alguna tardanza y le imprimen una desviación hacia temas de contenido ampliamente social. Pero conviene no olvidar que la influencia antedicha se concreta más bien a la técnica y arquitectura de los poemas y no al alma de los mismos. Con respecto al segundo punto es fácil comprobar que los elementos grotescos, el esoterismo, las conexiones absurdas, el esperpento y la estética negativa, características del moderno superrealismo, han estado siempre vivos a lo largo de la literatura y del arte españoles y han conseguido, cuando se lo han propuesto, destruir las estructuras habituales con tanto encarnizamiento como la vanguardia moderna y con idéntica eficacia. Recuérdense a Quevedo, Goya y Valle-Inclán, para no ir más lejos.[3]

Ciñéndonos ahora a Vicente Aleixandre y a su poesía, desde *Ambito* en adelante, lo que inmediatamente sorprende en ella, bajo la riqueza metafórica, la frondosidad expresiva y la gama extensa de motivos, es el permanente y laberíntico discurrir en torno a un agonismo angustiado, a un afán de humanizar el indomable proteísmo que el universo nos presenta. Un caos sensible pero no inteligible para el hombre. Un caos, por lo tanto, al que hay que penetrar sensual y no intelectualmente. La salvación estaría en entregarse a ese torbellino e incorporarse a él. Esto significaría, espiritualmente hablando, caer en una especie de misticismo panteísta opuesto, en todo y por todo, a cualquier actitud racional.

Nos hallamos pues ante una lírica de transcendente alcance y difícil para el público. La experiencia personal de Aleixandre frente al mundo que imagina y ve es tan induplicable como la emoción que le produce. Sólo podría comprenderse si el lector se colocase no ya en similares circunstancias externas, sino "dentro" del alma del poeta y tratara de participar en sus vivencias. El ejercicio requerido no tiene nada que ver con la comunicación entre autor y lector ni, menos aún, con el propósito de reducir los términos de la poesía a postulados que permitan la captación de su mensaje. Si de veras queremos "entrar" en Aleixandre hemos de establecer con él una "comunión", única medida capaz de proporcionarnos el acercamiento a la densidad de su panorama y al misterio de su palabra.[4]

La época primera de Aleixandre es, a no dudarlo, aquella en que la tendencia superrealista pura aparece más dibujada y precisa. Metáfora, luminosidad, sonido, vocabulario, desorden enumerativo, creativismo lingüístico, relaciones sorprendentes y licencias de todas clases se encadenan revelando una personalidad inconfundible. Podría apuntarse a un cierto paralelismo temático —yo mismo he hablado de ello— entre esta etapa de Aleixandre y el Neruda de *Residencia en la Tierra*. Pero estimo que no se trata de influencias mutuas sino, posiblemente, de inevitables coincidencias surgidas de la esencia misma del superrealismo. Así si examinamos "Sur del Océano" o "Entrada a la madera" de *Residencia en la Tierra* y los comparamos con "La selva y el mar" o "El mar ligero" de Aleixandre, echaremos de ver que ambos escritores utilizan símbolos a veces similares y técnicas bastante próximas, pero actitudes diferentes frente a los fenómenos descritos. Neruda, por ejemplo, nos dice: "De consumida sal y garganta en peligro están hechas las rosas del Océano solo...". Mientras que, para Aleixandre, "El mar palpita como el vilano / como esa facilidad de volar a los cielos...". A lo largo de sus poemas, Neruda acentúa lo descriptivo y estático, Aleixandre, lo vital y dinámico. Por otra parte, la selva del autor sevillano se nos pinta poblada de animales feroces y terribles en perpetua y sangrienta contienda, en tanto que el bosque del chileno se compone, casi exclusivamente, de elementos vegetales húmedos, sumidos en silenciosa tristeza. Además, Neruda posee siempre la conciencia de ver y apreciar cuanto describe como un mundo exterior que él interpreta, pero con el que no se confunde. Por el contrario, Aleixandre, siguiendo su natural impulso de integrarse en el Cosmos, canta dentro de las fronteras de ese universo que le fascina y del que intenta ser parte.

La voluntad de absoluta fusión con el mundo que le rodea es lo que presta a la poesía de Aleixandre su excepcional originalidad, aumentada por el empleo de metáforas extrañas e hiperbólicas. Así —en "La selva y el mar"— nos tropezamos con "tigres del tamaño del odio". Hay en esta imagen una combinación de lo físicamente mensurable y de lo pasionalmente incomensurable que le proporciona inmensa eficacia emotiva, sobre todo cuando la relacionamos con las demás imágenes y símbolos del mismo tipo que campean por el poema intuitivamente concertados. El conjunto, de una dinámica demoníaca, nos sobrecoge con la tensión del fluir selvático en el que vida y muerte, destrucción y amor, constituyen ecuaciones reversibles en un trágico y eterno retorno sin posibles límites a su desenfrenada y ciega carrera.

"La selva y el mar" está incluido en el libro titulado *La destrucción o el amor* que, para mí y a lo menos desde el punto de vista del superrealismo, sigue siendo el máximo acierto de Aleixandre. En otra composición inserta en el mismo libro ("La dicha"), exclama:

> Canto el cielo feliz, el azul que despunta,
> canto la dicha de amar dulces criaturas,
> de amar a lo que nace bajo las piedras limpias,
> agua, flor, hoja, sed, lámina, río o viento,
> amorosa presencia de un día que sé que existe.

Cito esta estrofa porque los motivos fundamentales en que se basa, los objetos poéticos que maneja, nos dan la cifra de un vitalismo prodigioso sustentado sobre el espectáculo de la naturaleza y alentado por el fuego pasional que en el alma despierta. No es cuestión, ahora, de glosar c por b un texto líricamente tan complejo como *La destrucción o el amor*. Tanto más cuanto que los cánones rigurosos de la crítica tradicional serían aquí escasamente aplicables. La intensidad del sentimiento, la densidad poética de los vocablos, la incesante movilidad de los objetos en espacios ilimitados, la avasalladora fantasía, escapan —como la vida misma— a juicios normativos y razonables. Se trata de una poesía vivida en dimensiones ajenas a las convencionales.[5]

La reacción ocurrida en la literatura universal a partir del decenio de los treinta, prolongada y acentuada durante la postguerra, se manifiesta por la convicción de que la pura estética y la creación desinteresada han de subordinarse a determinados principios según los cuales al artista o al escritor no les es lícito mantenerse al margen de los graves problemas que afectan a la humanidad entera. Por lo tanto, el intelectual y el creador deben "comprometerse" a prestar a la sociedad su talento y colocarlo a su servicio. En una palabra, descender de la torre de marfil y participar activamente en la lucha por la libertad y la mejora del hombre. Semejante postura es, desde el punto de vista ético, absolutamente irreprochable. Pero, al pedir esto, se exige también la sumisión del arte y de la literatura a unos principios que sujetan las consideraciones estéticas al triunfo de propósitos de índole política y social que quedan fuera de su órbita. Como consecuencia surge, en muchos casos, una expresión artística y literaria de pretensiones moralizantes, mayoritarias y, de vez en cuando, dema-

JOSE FRANCISCO CIRRE   51

gógicas. A este resultado de la presión populista, suele unirse la autocensura a que obliga. Autocensura que influye de modo negativo
sobre la calidad de la producción.[6]
Precisamente por estos años entra Aleixandre —con *Sombra del
paraíso, Nacimiento último* e *Historia del corazón*— en su segunda
etapa poética. Lo que primero nos sorprende en ella es la falta de concesiones al "compromiso" literario en los términos en que anteriormente lo he definido. Sus versos se mantienen puros, ajenos a cualquier contaminación ideológica y siguiendo la ruta trazada por su
insobornable sensibilidad. El único "compromiso" que acepta es el
que su intuición artística le dicta. Ni por un momento quiero insinuar
que nuestro autor permanezca ajeno a las angustias y desastres que
constituyen el desgraciado patrimonio de la humanidad de por entonces. Pero quizá piensa que encaramarse sobre unos poemas y
tronar desde ellos contra injusticias y barbaries carece de eficacia
combativa especialmente cuando la tónica de la protesta cae en tur-
bulentos efectismos que no ayudan a nadie y reducen la poesía a fáciles silogismos de novela de tesis.
Para mí, la diferencia fundamental entre el Aleixandre de la primera época y el de la segunda se encuentra en que en ésta se acusa un
mayor peso espiritual, una cima madura desde la que empieza a con-
templarse un pasado. El caos en que el poeta se debatía con intención
de penetrarlo y aprehenderlo ha sido, hasta cierto punto, domado y el
Cosmos se contempla en su original aspecto. A este propósito cabe
igualmente afirmar que el poeta se entrega y unifica de manera segura
con la naturaleza:

> Sí, poeta; arroja este libro que pretende encerrar en sus páginas
> un destello del sol,
> y mira a la luz cara a cara, apoyada la cabeza en la roca,
> mientras tus pies remotísimos sienten el beso postrero del poniente
> y tus manos alzadas tocan la dulce luna,
> y tu cabellera colgante deja estela en los astros.
>
> (De "El poeta" en *Sombra del paraíso*)

Esta estrofa supone la revelación de un panteísmo triunfante. Se ha
superado todo complejo de empequeñecimiento ante el Cosmos del
que, desde ahora, el poeta forma parte apoyándose en el firmamento.
La idea del tiempo cobra nuevo vigor en *Historia del corazón*
cuyo tema central —según el propio Aleixandre— es el vivir humano:
"visión del hombre vivido desde la conciencia de la temporalidad"....
"Y visión del amor como símbolo trascendido de solidaridad de los
hombres...".[7]
El sentimiento de temporalidad, a mi modo de ver, reposa en la

existencia y recuerdo de un pasado y por ello lleva anejo un nostálgico añorar. En cuanto al sensualismo amoroso responde a un alto
grado de placer espiritual y físico, nacido de la contemplación y el
goce de seres y paisajes que se nos ofrecen como flor abierta.
Goce igual y común para todos cuantos se aproximen con sensibilidad
virgen al color, a la luz, a la forma y a la materia, que nos devuelven
—centuplicado— nuestro ingenuo amor. Por él y en él nos solidari-
zamos en nuestra humana vivencia con nosotros mismos y con el universo en perfecto sincretismo panteísta.

Para Bousoño la tercera, y última, manera poética de Aleixandre significa una liberación de los antiguos métodos y estructuras líricas
superrealistas cuyo irracionalismo y simbolismo de contenido puramente emocional son reemplazados por lo contradictorio y lo alógico, más comprensibles intelectualmente. Así el autor crea una poesía
sobria, sentenciosa, meditativa, de dimensión espiritualista, cuyo
hondo pathos nace de una perspectiva sentimental enfocada hacia el
pasado. Pasado que deviene indestructible en el continuo discurrir
del tiempo.

Se me figura que los títulos de los más recientes libros de Aleixandre —Diálogos del conocimiento, Poemas de la consumación— son
bastante explícitos en cuanto a la intención que los origina. Leyendo
despacio y entre líneas los poemas en ellos contenidos, uno se pregunta si en medio de tanta aparente paradoja, de tanta aseveración
más o menos esotérica, no se vislumbra, además del evidente cambio
de técnica, una modificación en la actitud del autor frente al mundo
y la vida. Estamos, quizá, a un paso o, tal vez, dentro de una postura
estoica. Esa postura en la que suelen caer, a la larga, los escritores
andaluces.

En prueba parcial de lo dicho bastaría con reproducir este verso,
citado por Bousoño,[8] y tomado del poema "Los amantes viejos":
"Nadie se mueve, si camina, y fluye / quien se detuvo."

El análisis de la anterior sentencia nos revela un territorio íntimo
formado de pasadas experiencias, medidas gracias a una elaboración
reflexiva y muy lejos de la impresión directa y momentánea. Los sentimientos, a través del tiempo y la distancia, se concretan, aquilatan y
definen alcanzando un seguro nivel de permanencia. Es posible que,
pese al ingente valor de sus previas creaciones, sea este último el mejor
y más perdurable de los Aleixandres y tal vez el más original. Sin
duda las dos primeras etapas ofrecen una brillantez, un empuje renovador, un arrastre vital, deslumbradores y fáciles de descubrir. En la
postrera, el poeta inclinado sobre sí mismo nos da la cifra auténtica
de su pensar y su existir.

Resumiendo nuestro juicio sobre Aleixandre podríamos caracterizar los tres períodos considerados en su poesía como correspondientes a tres actitudes en las que respectivamente predominan el ímpetu y anhelo de incorporarse a un universo caótico y comprenderlo, el vivir ese mundo desde dentro y ya entendido y casi dominado gozarlo con plena sensualidad panteísta y, finalmente, el meditar sobre lo visto, lo sentido y lo vivido, totalizando el fruto de su experiencia.

Dentro de la lírica española de su generación, y a partir de *Ambito*, fuera de ciertas vacilaciones iniciales normales en todo poeta, Aleixandre me ha parecido siempre el más convencido de la necesidad de romper con tradiciones más o menos blandas o normativas y lanzarse a pecho descubierto por la senda revolucionaria en las letras. Y comprendió desde buen principio que, para su propósito, el superrealismo era lo más eficaz.

Concebido tal como Aleixandre lo hace —permítaseme insistir en ello— el superrealismo es, —mutatis mutandis— la legítima e inevitable continuación del romanticismo. Un romanticismo que no se detiene en la estentórea disconformidad de la protesta, ni cae en la añoranza enfermiza de un pretérito más imaginado que real, sino que con poderoso embate trata de destrozar la engañosa apariencia que se nos brinda para descubrir ocultas verdades.

Es innegable la transcendencia de esta poesía que desde el plano individual va subiendo a categorías universales que a todos nos engloban. Los aspectos lúdicos y caprichosos con los cuales parece iniciarse van adquiriendo sin cesar una consistencia firmísima cada vez más enraizada en el alma del hombre. Aquí no hay nada de lo que Ortega y Gasset entendía por deshumanización del arte. Por el contrario, el arte se humaniza, o rehumaniza, recorriendo una angustiada ruta en la que, intuición tras intuición, se nos descifran enigmas y se nos proporciona, amplísima y serena, la dimensión del ser, del sentir y del vivir.

Aleixandre nos ha entregado su profecía, su mensaje. Dentro de su generación sería injusto y arriesgado el intento de establecer una escala de valores, pero lo que sí se puede afirmar es que en cualquier tiempo y lugar sus poemas responderán al anhelo del hombre de conocerse y conocer su destino. En este sentido el poeta ha logrado cumplidamente la misión que se impuso.

WAYNE STATE UNIVERSITY

Notas

[1] *Forma y espíritu de una lírica española* (México, D.F.: Gráfica Panamericana, 1950).

[2] Renato Poggioli, *Teoria dell Arte d'avanguardia* (Bologna: 1962).

[3] Véase Paul Ilie, *The Surrealist Mode in Spanish Literature* (Ann Arbor: The University of Michigan Press, 1968).

[4] Actitud imprescindible si, realmente, nos interesa "entender" cualquier clase de poesía. Con mayor motivo ésta, dado su carácter sensualista, individual y caótico. Remito a quien me lea al libro de Carlos Bousoño, *Poesía de Vicente Aleixandre* (Madrid: Editorial Gredos, 3a edición, 1968). El citado texto constituye un estudio crítico insuperable y exhaustivo.

[5] El propio Aleixandre dice que (después de una larga enfermedad) la mayor parte de *La destrucción o el amor* se compuso en los finales del 32 y durante el curso del 33 "en un verdadero renacer de fuerzas y apetito vital". *Mis poemas mejores* (Madrid: Ed. Gredos, 1956), p. 49.

[6] Claro está que hay, y ha habido siempre, escritores y artistas mayoritarios que, con toda espontaneidad y manteniendo un máximo nivel, han coincidido con la ideología y el sentimiento populares en sus países y han sabido impulsarlos hacia formas superiores, como sucede en el barroco español. Pero ésta es otra cuestión y nada tiene que ver con lo arriba dicho.

[7] Vicente Aleixandre, *Mis poemas mejores* (Madrid: Ed. Gredos, 1956), p. 139.

[8] Véase el excelente ensayo de Bousoño, "Las técnicas irracionalistas de Aleixandre", *Insula*, Nos. 374-75 (1978). (Versión inglesa en la sección V de este libro.)

UNA AVENTURA HACIA
EL CONOCIMIENTO: LA POESIA
DE VICENTE ALEIXANDRE

José Olivio Jiménez

En 1950 escribe Vicente Aleixandre: "La pasión del conocimiento (y deberíamos poder añadir: y la de la justicia) está ínsita en el artista completo" (II, 659).[1] Y en otro sitio del mismo texto, titulado "Poesía, moral, público", añade: "Fuente de amor, fuente de conocimiento; fuente de iluminación, fuente de descubrimiento; fuente de verdad, fuente de consuelo; fuente de esperanza, fuente de sed, fuente de vida. Si alguna vez la poesía no es eso, no es nada" (II, 666). Es ésta una declaración en la que conviene detenerse y observar cómo Aleixandre, para sugerir el vasto sentido de la poesía, organiza dos series paralelas de nociones: una, presidida por el objetivo del conocimiento (con los sucedáneos o enmascaramientos que lo implican: descubrimiento, iluminación, verdad); otra, regida por el propósito de expresar la existencia del hombre (y las tensiones emocionales inmediatas que a ésta acompañan: amor, consuelo, esperanza, sed), para al cabo confundirlas en un solo y último acorde: la vida. Y más escuetamente las volverá a reunir e identificar en un poema de esos mismos años ("La oscuridad", de *Historia del corazón*), donde encontramos ya esta sentencia definitoria: *Conocer, penetrar, indagar: una pasión que dura toda la vida* (I, 727). Y siempre, para describir la función en principio intelectiva del *conocimiento*, acerca a este término, caldeándolo de alta temperatura cordial, la palabra de mayor temblor humano posible: *pasión*.

    Una consecuencia natural se desprende en su obra: puesto que la vida le ha durado, le va durando, esta pasión del conocimiento se ha acrecentado y ha invadido poderosamente toda su poesía última. Ya situados en esta perspectiva, resulta tentador mirar hacia atrás en su trabajo poético y ver cómo a todo su través se ha venido manifestando esa pasión. Esta aproximación parcial, que muy esquemáticamente por ahora intentaré aquí —o sea recorrer la obra aleixandrina desde su intuición de la poesía como ejercicio de la pasión del conocimiento, como una aventura hacia el conocimiento—, no pretende, desde luego, desconocer los varios estudios integrales sobre su obra. Es más, con alguno de ellos —particularmente con el definitivo libro de Carlos Bousoño *La poesía de Vicente Aleixandre*, tercera edición aumentada (Madrid: Gredos, 1977)— ciertas áreas de tangencias en los señalamientos serán lógicamente inevitables, y además tan familiares al lector, que apenas necesitaré de alguna incidental mención específica de esas tangencias.

Claro es que al hablar Aleixandre del conocimiento, es legítimo pensar que por tal se refiere a la forma de éste que al autor le es propia: al del conocimiento poético, aquella por la que el creador, mediante la palabra, intenta desde la emoción penetrar e iluminar el sentido de su propia experiencia vital.[2] Pero no menos evidente ha sido su nada secreta aspiración por arribar a alguna suerte de conocimiento de algún modo objetivo y, por tanto, de validez comunitaria y servicial —intersubjetiva y, por tanto, abierta a los demás—, pues al efecto debemos recordar otro de sus más cálidos axiomas: "Servir: la única libertad de la poesía" ("Poesía, moral, público", II, 661). Hemos de partir teniendo muy en cuenta la propia trayectoria total del poeta. Y no olvidar que ésta, en su conjunto, tiende un arco que va desde una poesía de exultante sensorialidad pánica y de temple fuertemente emocional y aun apasionado —en la cual lo que por "pensamiento" estricto aceptamos generalmente pareciera como difuso y resistido a todo empeño de nitida demarcación racional— a un verso de ya más explícita intencionalidad reflexiva (sus libros últimos). A la vista de esa trayectoria cabría aplicarle, entre los posibles modos de entender el proceso cognoscitivo, aquel que lo concibe como el tránsito por el cual los datos inmediatos de los sentidos —gozosa o sombríamente aprehendidos en los tramos primeros de su obra— quedan asumidos y (todo lo escépticamente que en Aleixandre sea esperable) reelaborados en nociones de conciencia: su poesía final.

En formulación que metodológicamente conviene adelantar, sin profundizar en ella por ahora, diríase que aquella fase inicial de recepción sensorial de la realidad (de otro modo: el registro del mundo) corresponde an Aleixandre, como principio al menos, a la acción de *conocer*, propia de la juventud y signo de vida; lo que de ello resulte, y la conciencia pueda macerar y transmutar a posesión o haber del hombre, deviene *saber*: estado (no acción) de sabiduría o ciencia, patrimonio de la vejez y anticipo de muerte. Tómese lo anterior, sin embargo, como una distinción nada rigurosa y sólo ancilar, manejable únicamente como punto de partida y, por modo continuo, siempre provisional: palimpsesto es más bien sobre el que la existencia, y la poesía que la expresa, escribirán sus más enérgicas correcciones, incluso llegando a borrar tal distinción. Mas este será ya el punto final de nuestra incursión, y no debemos de entrada precipitarlo.

Ese recorrido cruzará, de modo lógicamente más rápido en sus comienzos, las tres grandes etapas de la poesía aleixandrina, tan conocidas que resulta dispensable demorarse ahora en su prolija descripción. Mas sí será adecuado separar esas etapas y, sobre todo, "rotularlas" de una manera derechamente idónea a nuestros fines, para que así vayan dando cuerpo al esquema que de aquí pueda surgir. En la primera de ellas, al poeta se le siente sostenido sobre un impulso que, en este momento, designaremos de modo escueto como de *comunión*; la segunda aparece dominada con mayor energía que nunca por el tan característico empeño aleixandrino de *comunicación*; y la tercera, integrada por sus cuadernos últimos, se revela como dirigida ya con muy intensa decisión por la urgente e insoslayable voluntad de *conocimiento*.

Hay que aclarar en seguida el sentido de estas tres rotulaciones básicas, hasta aquí enunciadas de manera simplista y aun elíptica en exceso, apuntando de paso su casi biológica vinculación con la órbita vital del poeta. Esa suerte de vinculación, que no supone descender a detalles biográficos o anecdóticos, no es inoperante en el caso de Aleixandre. Este —y ya conocemos la raíz romántica de su doctrina estética— ha expresado, y ha vivido, su idea de la total inseparabilidad de vida y obra, para él absolutamente indivisibles.[3] Y se impone proceder de este modo, porque si bien esa pasión o voluntad de conocimiento se apodera mayoritariamente de su poesía más cercana, conoce también de continuados y anteriores afloramientos (que van de lo más diluido a lo más preciso), los cuales se hacen progresivamente mayores a través aun de las dos estaciones previas aludidas. Y todas esas estaciones, las tres, se articulan y emergen por naturalísimo modo de los estadios de la vida del poeta con los que cronológicamente se corresponden.

Ese itinerario y tal correspondencia podrían sintetizarse así. Innecesariedad, primero, de la formulación, como tal formulación, de esa voluntad, la del conocimiento, pues se está inmerso aún en una actividad que es superior y más rica que cualquier proclamación: se la está viviendo, se está experimentando el conocimiento en tanto que aprehensión de la realidad por los sentidos y la emoción: etapa de la juventud y de *comunión* con aquello —el reino primario, pero total, de la materia— cuya vivencia identificativa parecería serle suficiente. Sugestión después, y ya hacia la entrada en la madurez, de que al hombre no le es bastante cumplirse en la disolución del yo dentro de esa realidad otra que es el universo material, el cosmos físico, y concienciación por ello de que el *otro* ("lo otro") requiere de más inmediatas concreciones: es ese yo urgido al mismo tiempo del otro humanamente encarnado; es el "yo es otro" que intuyera profundamente Rimbaud. Conocer será ahora conocer*se* tanto como, indefectiblemente, *re*conocerse en los demás: etapa de la *comunicación*, superación humilde del vigoroso panteísmo vitalista anterior y aceptación amorosa y necesaria del prójimo. Y, por fin, ganadas ya esas dos formas radicales, pero dialécticas, de identificación —con la materia, con el hombre— apuntará, soberana, la duda epistemológica: ¿Se los ha conocido en verdad? ¿Me he conocido al conocerlos? Y si he logrado ese conocimiento, y lo tengo ya sustanciado en saber, ¿qué valor puedo concederle a esta sabiduría? Es la única inquietud vital, pero inquietud que linda con el más febril desasosiego, que da sentido a la por otra parte tan rica como letal serenidad de la vejez.[4] Agotada la sorpresa que es el vivir, resta sólo meditar en lo que su ciencia sea: etapa del *conocimiento* o, mejor, etapa en que sólo el inquirir con nerviosidad sobre el conocimiento y la sabiduría, como algo que ciertamente no se resuelva en cómodo quietismo, será aún signo tangible de vida.

Nuevo y más apretado resumen. Inicialmente *comunión*, en su alcance casi sacrametal de participación común en una realidad que se trasciende —la realidad elemental y virgen de la materia—, y de fusión y confusión con esa realidad: acto que es en sí mismo misterio y conocimiento total que jubilosamente me borra, por lo cual toda especulación razonante sale sobrando. *Comunicación*, más tarde, como medio de intercambiar con los hombres alguna y solidaria verdad, por pobre que fuere, pero que, sin embargo, no me anule y permita conocerme en mi facticidad humana mediante el reconocimiento en los otros. *Conocimiento*, por último, como objetivo ya específico de la sola actividad humana posible, la de la reflexión: ardua intelección, pues, sobre el mismo proceso cognoscitivo que ha acompañado al vivir, sobre sus adquisiciones y su validez. Y de estas reducciones generales, puramente teóricas hasta el momento, habrá de accederse ahora a sus constataciones directas en la obra y el pensamiento poético de Aleixandre. Y hago constar que en todo lo hasta aquí dicho he evitado cuidadosamente, como para poder ir creando después una cierta intriga, sugerir cuál será la sustancia (¿cierre o apertura?) verdaderamente final de esa aventura que iremos siguiendo en estas páginas.

Comunión: conocimiento total

La primera zona de la obra aleixandrina se extiende desde *Pasión de la tierra* (1928-29) y *Espadas como labios* (1930-31), hasta *La destrucción o el amor* (1933-34) y *Mundo a solas* (1935-36). Son los libros juveniles del poeta, escritos antes de la guerra civil, y sin olvidar demasiado el inicial de los suyos, *Ambito* (aparecido en 1928), y sobre el cual sólo la crítica más reciente —Pere Gimferrer, Guillermo Carnero— ha notado cómo, a pesar de su tan distinta forma de dicción, prefigura ya actitudes y rasgos básicos de la cosmovisión posterior y distintiva del poeta. Referido a esta primera época, Aleixandre ha dicho: "Si un pensamiento central existe en la obra del poeta..., acaso sea el de la unidad amorosa del mundo." Unión inextricable de intuiciones e impulsos —el mundo, el amor— que él mismo se encarga al momento de clarificar cuando precisa que el mundo se le aparece siempre como "reducido a una sustancia única que el poeta llama amor" ("Dos poemas y un comentario", II, 650). Será así este principio, o sea el de la "unidad amorosa del mundo", el pensamiento *intuitivo* que actuará como eje de su obra de entonces. Se comprende en ella la importancia del amor, como amor-pasión y como fuerza de destrucción y deslimitación mediante la cual se revive esa más enérgica fuerza erótica, sagrada y soberbia del cosmos. No importa que el objeto del amor sea agigantadamente el mundo mismo y sus seres naturales más violentos, o sea la entidad individualizada de la amada —el cosmos y la amada son aquí la misma cosa—, el amor es sentido allí como la única vislumbre cierta de lo absoluto. Y aun, y aquí coincidiendo textualmente con nuestra circunstancial terminología valorativa, llega a definir al amor como "un intento de comunión con lo absoluto" ("En la vida del poeta: el amor y la poesía", II, 422), y a la poesía, como "una forma del conocimiento amoroso" ("Poesía, comunicación", II, 669).

Recordemos de *La destrucción o el amor* el primer verso del poema "Las águilas": *El mundo encierra la verdad de la vida*, frente a la melancólica mentira de la sangre (I, 420). Y en otra pieza del mismo libro, "Unidad en ella", nos dice que nada, por el amor, *nunca podrá destruir la unidad de este mundo* (I, 332). No se requerirán más confirmaciones de esta apasionada verdad que el poeta joven intuye, y la cual es tan esencial en su pensamiento poético de esos años, que no puede pasar inadvertida a los lectores ni lo ha pasado a la crítica. Interesan más aquellos momentos en los cuales queda explicitada rotundamente cómo la violencia del amor, sentido así como apertura hacia lo absoluto y total, absorbe y anula la conciencia personal —nivel único donde habría de efectuarse la función del racional conocimiento humano—. Si el sentimiento dominante en la unión mística —y aquí no estamos sino ante una mística de la materia— es el de la más perfecta indeterminación u obnubilación del yo, a efectos de esa absorbente unión, ningún resquicio encontrará la mente para racionalizar en tal instante lo vivido, lo que se vive; esto es, para tratar de convertir simultáneamente la experiencia en conocimiento. En el poema "Ven siempre, ven", uno de los de más intenso erotismo de la colección recien citada, se siente plenamente la atracción del cosmos, que reclama por las vias de la destrucción o la muerte, y ante la cual esa otra atracción inmediata de la amada es algo así como un "simulacro".[5] El poeta proclama entonces abiertamente, como lo haría el místico en trance semejante, la condicionada anulación de su capacidad cognoscitiva racional, paso indispensablemente previo a la absoluta y misteriosa fusión entrevista. Un largo versículo de ese poema lo declara así: *Pero tú no te acerques, tu frente destellante, carbón encendido que me arrebata a la propria conciencia* (I, 339). El pasaje es diamantino: el rapto de la conciencia ardida por el efluvio igneo —*carbón encendido*— de la fuerza erótica, obstruye toda necesidad o aun posibilidad de inquietudes reflexivas e inquisitivas. El amor, como vivencia de la comunión con el mundo, es así, y sobre todo, *conocimiento total*, rebasador de límites y acallador de importunas preguntas. O, en todo casi, su única respuesta.

Porque si alguna vez encontramos en esta época un poema que pareciese animado por la urgencia de conocimiento —y ello sucede en el expresivamente titulado "Quiero saber"— no se tarda en comprender que tal urgencia sólo lo es de asegurarse la posibilidad de esa unidad amorosa entre los amantes, que recreará la englobadora y total unidad amorosa de y con el mundo. Una estrofa bastará para comprobarlo:

> Quiero saber si un puente es hierro o es anhelo,
> esa dificultad de unir dos carnes íntimas,
> esa separación de los pechos tocados
> por una flecha nueva surtida entre lo verde (I, 358).

Esta exigencia —pues el poema reitera una y otra vez, como *leit-*

motiv, su título: "Quiero saber"— encierra ya una duda, desde luego, porque no debe caerse en la ingenuidad de presumir en toda esta poesía primera de Aleixandre una inocente y feroz alegría, un optimismo ciego. Están en ella también, como taladrando esos impulsos, las contrarréplicas intelectivas y emocionales que denotan la debilidad (¿el orgullo?) y la curiosidad mismas —esos dones oscuros y "humanísimos" de aquel reptil primero del paraíso— de quien aquellos impulsos vive. Están, así, la ardiente "evasión hacia el fondo" (título primero de *Pasión de la tierra*), la ironía de *Espadas como labios*, las ráfagas de pesimismo que se escuchan en *La destrucción o el amor* y la ya sin límites desolación de *Mundo o solas*. Esa dialéctica entre afirmación vital e ignorancia o impotencia del hombre, que habrá de verse continuada en toda la obra de Aleixandre, es la que concede a ésta su inmediato dramatismo y su mayor grandeza y verdad, librándola tanto de insostenibles entusiasmos candorosos como de empecinadas negaciones aniquiladoras. Vale decir: aproximándola a lo real de la existencia; y no por fácil eclecticismo sino por su fiel acuerdo a lo inestable —altura y servidumbre— de la condición humana.

Pero la fe en el amor, como vehículo de acceso a la comunión con el mundo, no se doblega. Y esta comunión suplanta el conocimiento aprehensible por la razón, o es ya conocimiento total. Aleixandre mismo le concede esta jerarquía altísima. La pasión de vinculación amorosa con la realidad, ha escrito, "no será una pasión limitada y circunscrita sino que aspira a ser totalizadora, explicadora, resolutoria en sí misma" ("En la vida del poeta...", II, 407). Repárese en las dos calificaciones últimas, *explicadora* y *resolutoria*, y sobre todo, en la anterior: *totalizadora*. Esa pasión amorosa sería así el único modo de colmar la otra pasión, la del conocimiento, pues que *todo* lo abarca, explica y resuelve sin dejar frustradoras ansiedades en quien la experimenta. De haber detenido aquí su exploración en el conocimiento, hasta ahora sólo emocional e intuitiva, Aleixandre la habría dejado en un momento apical y glorioso. Pero la razón —los años— fueron clavando sus tenaces preguntas, sus urgentes demandas, y la visión de gloria comenzó lentamente a desvanecerse. Es lo que, poco a poco, hemos de ir viendo desde ahora.

Comunicación: reconocimiento

La segunda gran parcela de la poesía aleixandrina, al menos a los efectos concretos de nuestro tema, aparece integrada por tres libros: *Sombra del paraíso* (1944), *Historia del corazón* (1954) y *En un vasto dominio* (1962), los cuales a su vez dibujan entre sí, como ya se advertirá, una gradación ascensional en la rigurosa preocupación del conocimiento. *Sombra del paraíso*, por lo que tiene *a)* de canto de las míticas fuerzas aurorales del mundo, pero *b)* entonado desde su pérdida (por lo tanto, desde la historia), es un libro-eje, un libro-bisagra en la evolución de Aleixandre; y ésta es la razón por la cual se lo ha ubicado dentro de una u otra de las dos primeras etapas de esa evolución.

Por los motivos que muy pronto he de desarrollar, se verá que la quiebra espiritual que allí se apunta (la desconfianza en la unidad cósmica *hombre-mundo*, hasta entonces e incluso en ese mismo libro invocada) nos lo hace útil como punto de partida de un nuevo escorzo en el afán cognoscitivo del poeta. Y sin embargo, esta colección contiene todavía textos donde todo lo dicho en el apartado anterior parecería alcanzar su más radiante culminación. Gonzalo Sobejano, en un trabajo consultado por deferencia suya ("*Sombra del paraíso*: Ayer y hoy") que se recoge en este mismo volumen, observa con cuidado su composición inicial, "El poeta", y la describe con términos fácilmente asimilables a los que más atrás hemos empleado:

"... para posesionarse de la fuerza de la vida es menester pasar más allá de la palabra y *comulgar* real e inmediatamente con la naturaleza pues no otro sentido que el de esa *comunión* sugieren los versos últimos de 'El poeta' en que el cuerpo del hombre se estira desde los pies remotísimos hasta las manos alzadas de la luna (...), cubriendo la extensión del orbe en un abrazo fundente". (Los subrayados en esta cita son míos.)

Mas también en *Sombra del paraíso* se insinúa un nuevo esguince, ya anticipado en la introducción de este estudio: la búsqueda de la *otredad* del poeta comienza a desplazarse ahora del magnífico pero inapresable cosmos material a esa otra realidad más cercana y entrañable que es el hombre. Bien que sea diferente el objetivo, le sostiene el mismo ensueño nostálgico y utópico de unión con algo que trascienda al poeta; si bien aclarando que *nostalgia* y *utopía* no son en Aleixandre signos de la humana debilidad sino, según la justa explicación que para ellas propone Ortega y Gasset, expresiones de una vitalidad poderosa del espíritu. Hay también en *Sombra del paraíso* otra pieza, la titulada "No basta", que avisa ya sobre la insuficiencia de aquella cósmica nostalgia anterior. Tal insuficiencia empieza a sugerirse así: *Sobre la tierra mi bulto cayó. Los cielos eran / sólo conciencia mía, soledad absoluta* (I, 596). La realidad del mundo —aquí evocada por la presencia de *la tierra* y *los cielos*— no se presenta ahora como meta de la unitiva proyección ansiada por el hombre, sino como un cuerpo resistente y opaco, acaso con no otra existencia que la de una pura creación de la conciencia a solas. Y la asociación es aquí inminente con el José Gorostiza de *Muerte sin fin* cuando, en un instante de este poema, aquél exclama: *Inteligencia, soledad en llamas.* Aleixandre continúa, dentro de la misma composición suya mencionada, ahondando en su sospecha de *que el mar no baste, que no basten los bosques* (...) *que no baste, madre, el amor,* / *como no baste el mundo* (I, 597).[6] En crisis, pues, aquella fe en la amorosa unidad del universo, habrá de asumir una más modesta forma de conocimiento y salvación: la que le ofrezcan los otros hombres, como sostén mutuo dentro del común desvalimiento que a todos une en la orfandad de su temporal e "intrascendente" condición.

Por eso, el autor de *Sombra de paraíso* inicia entonces un gesto indicativo hacia muy concretas figuras humanas: el padre, la madre, los "hijos de los campos" (y no sobrará advertir que, dentro de la obra aleixandrina, aparece aquí por primera vez, todavía con las gigantescas proporciones de su poesía anterior, la presencia del *poeta* como tal, que desde ahora presidirá todas sus colecciones futuras y siempre en consonancia con las particulares modulaciones de la visión del mundo que a través de cada una de esas colecciones se expresan). Los "hijos de los campos" —título de otro poema de este libro— merece particular atención: en su limpia desnudez son casi aún tierra misma, y el poeta los ve —pero a *ellos* ya, en su esfuerzo y su limitación, y no sólo en tanto que puras emanaciones de la tierra— *como la verdad más profunda* y como la *certeza única* de sus ojos (I, 585). Y es que el hombre de esos años, espoleado por una aguda conciencia temporalista y existencial (se está ya en la posguerra española, y en los albores de la europea o mundial) depone ímpetus más trascendentes, y se reclama con mayor necesariedad alguna forma de "histórica" y cabal identificación, que sólo le aparece alcanzable en el encuentro con el otro humano: la pareja amorosa, el hombre conocido y cercano, o la nueva utopía de la entera humanidad. Encuentro que es, de tal modo, proyección de sí en el prójimo: reconocimiento que es solidaridad, que es comunicación. "Y el poeta, cumpliéndose, —aclara Aleixandre refiriéndose explícitamente a este esguince— ha trascendido, en un acto de fusión con lo otro (el universo, los hombres), que es también un acto de propio reconocimiento" ("Prólogo y Notas a *Mis poemas mejores*", II, 539).

Este nuevo giro cuajará definitivamente en *Historia del corazón,* verdadero arranque de la que, valiéndonos de un módulo definitorio de la época, podríamos tildar como la poesía "historicista" de Aleixandre. Estamos ya en la década del 50, cuando el autor prodiga insistentemente, bajo formulaciones sólo levemente diversas, su *dictum* de que "poesía es comunicación".[7] A la luz de la lectura que aquí se va proponiendo. este énfasis en la comunicación, no siempre rectamente entendido como en la nota anterior sugiero, pareciera en rigor nacido de un estímulo que no es producto único de una coyuntural necesidad histórico-estética (como lo fue, por ejemplo, la voluntad de hablar "para la inmensa mayoría"). Pues Aleixandre, en esas mismas declaraciones suyas de entonces, si bien une copulativamente "Poesía" y "comunicación" (no poesía y contenido, o poesía y mensaje), era bien consciente de que aquélla sólo se cumple, sólo *se hace,* a través de caminos que le son excluyentemente intrínsecos. Valdrá la pena no olvidar un poco difundido consejo suyo, que sin embargo se contiene en el mismo texto ("Poesía, moral, público") de donde hemos extraído otras opiniones. Dice allí: "Conviene recordarlo siempre. En poesía, el contenido, por densidad que pretenda poseer, si carece de la irisación poética que hubiera hecho posible tanto su alumbramiento como su comunicación, no existe. Es una gárrula suplantación" (II, 662). Es, por tanto, en otro nivel —no opuesto, pero sí más allá de una circunstancial profesión de poética— donde habrá de buscarse la razón última por la cual Aleixandre, que en el pasaje anterior ha dado una categoría superior y apriorística a lo que él llama la *irisación* o el *alumbramiento,* exalta no obstante la comunicación, y con la continuidad y vehemencia que ya se ha consignado. Y es que ella, la comunicación, se le presenta como otro medio de designar el apetito de identidad, personal y comunitaria, que sólo se logra en el reconocimiento. La palabra —el único instrumento que como poeta posee para tenderse hacia los hombres— se le convierte entonces en la pátina o espejo que ha de bruñir con aquellas tensiones compartibles (el amor, la temporalidad, la historia, la solidaridad) para que los otros, al reflejarse en ese espejo junto al poeta, vean devueltas en una sus múltiples imágenes respectivas. La poesía se hará así el cumplimiento de una comunidad de condición y destino, que a todos dé siquiera una brizna de luz hacia su pequeña pero unánime verdad.

Historia del corazón ofrece el más amplio registro de ese ardoroso afán de reconocimiento; y Carlos Bousoño dedica toda una sección ("Colectividad y reconocimiento") de su libro citado, a documentar tal designio en dicho volumen del poeta. La expresa voz, *reconocimiento,* se repite tercamente. (En "El poeta canta por todos", se convoca ese único corazón unánime del mundo humano *donde tú puedes escucharte, donde tú, con asombro, te reconoces* (I, 717). Es el mismo movimiento que en otra pieza, "La plaza", declara que allí, entre los otros, *cada uno puede mirarse, y puede alegrarse y puede reconocerse* (I, 712). Y ya en el terreno de la inmediata relación con la persona amada, y en el poema "La explosión", la vida es concebida como *una gran tarde toda del amor,* bañada de *una gran luz en que los dos nos reconociéramos* (I, 771). Que ese reconocimiento entraña literalmente conocimiento lo suscribe el final de una glosa del propio Aleixandre a otro poema de ese libro, "Mano entregada". En el contacto prolongado con esa mano amada, dice el autor que siente "la invasión misteriosa, el adentramiento inexplicable, la comunión en el silencio del puro amor, en fin, el conocimiento" ("Dos poemas y un comentario", II, 654). Y a *Historia del corazón* pertenece precisamente aquel verso muy al principio recordado —*Conocer, penetrar, indagar, una pasión que dura toda la vida*—, y el cual proyecta ya el magno despliegue del libro siguiente.

Es éste, *En un vasto dominio*, de importancia extrema en la evolución del pensamiento poético de Aleixandre. Tal importancia estriba en que, como Jano, esa colección se nos muestra provista de dos rostros y dos miradas. Al desarrollar su tema central —la materia vista en sí misma como historia, cuya culminación más alta es el espíritu del hombre—, *En un vasto dominio* sintetiza de modo magistral las dos grandes extensiones anteriores ya descritas. La atención del poeta, puesta primero en el cosmos material y centrada después en el cosmos humano, acaba por descubrir la existencia de una materia única, vasta y sola, dentro de la cual el tiempo no actúa como destructor o enemigo sino como agente y hacedor de esa misma realidad. Unos versos de este libro pueden traducirnos este descubrimiento: *Todo es materia: tiempo, / espacio; carne y obra* ("Materia única", I, 963), en los que se hace corresponder pulcramente el espacio o la materia (la carne) y el tiempo (el esfuerzo, la obra). Esa materia, y por la acción del tiempo, choca como espumas en las miríadas de cristalizaciones históricas que son, ante todo, el cuerpo mismo del hombre, y después los hechos de los hombres a lo largo de los siglos sin dejar por ello de ser materia —si bien materia siempre trascendida—. Esta es la mirada por la que *En un vasto dominio* se vuelve al pasado en la obra de su autor, y lo resume. Pero lo que allí se dice —y nunca Aleixandre *ha dicho* tanto en ninguno de sus libros— nos alcanza como el producto de una ardida reflexión; y por aquí en su poesía, básicamente sostenida hasta entonces en la triada sensorialidad-imaginación-afectividad, se entra una carga de pensamiento perfectamente sopesable como tal. Es ya ahora, definitivamente, una poesía de pensamiento; y es ésta la otra faz de esa entrega que mira al futuro inmediato del quehacer poético de su autor —su etapa última— y lo abre.

Y aún más: ese pensamiento se afina ya hacia una meditación sobre el acto mismo del conocer. Por eso comienza aquí, y de un modo tan vivo que es su verdadero alumbramiento, la oposición dialéctica entre "conocer" y "saber" sobre la que se concentrará en seguida el interés del poeta. Sin más comentarios por ahora, y sólo para que queden tensos los hilos de nuestra exposición, aíslo dos de esos momentos de *En un vasto dominio*, realmente alborales de la ya específica preocupación gnoseológica actual del autor. Uno de ellos ocurre en el poema "Amarga boca", cuando ésta es presentada así, a base del juego antinómico entre ambas acciones: *Boca que acaso supo / y conoció, o no sabe / porque no conocer es saber último* (I, 827). Y el titulado "Tabla y mano" nos da un *close-up* de ésta, la mano, cuando palpa y recorre la madera de una mesa. Dice de la mano: *Y su materia reúne / lo que es, y toca y sabe, aunque siga ignorándolo* (I, 853). Y es así cómo la segunda gran etapa de Aleixandre, que emergió con la aceptación humilde del reconocimiento (del conocimiento propio a través del encuentro con el otro), concluyó atraída por la tentación bíblica que empuja a la fruta prohibida del conocimiento en sí, a paladear su brillo fascinante pero cegador. No es de extrañar que los resultados lleven algo, o mucho, del castigo esperable para esta por otra parte tan humana soberbia. Y ya estamos a las puertas del final de esa aventura: un final en el que sólo se escuchará la más impenetrable pero a la vez la más proveedora de las voces.

Conocimiento: urgencia, escepticismo, relatividad

Indagar en la urgencia del conocimiento, en la posibilidad de su adquisición y en la validez de sus conquistas es, como se ha anunciado, el sustrato de los dos últimos libros de Aleixandre: *Poemas de la consumación* (1968) y *Diálogos del conocimiento* (1974): los dos tiempos sucesivos de un mismo movimiento poético-intelectivo que, por debajo de sus particulares concreciones temáticas, puede por definición calificarse de epistemológico y metafísico. En su armazón argumental, el primero de ellos, *Poemas de la consumación*, está vertebrado en torno a un tema central, la exaltación y elegía de la juventud: exaltación porque esa juventud resulta proclamada como la única realidad valiosa dentro del vértigo voraz de la existencia; elegía, porque tal proclamación se emite desde la vejez del poeta —tiene éste ya 70 años cuando los publica— y sabe y reconoce como perdida aquella misma riqueza de que también él gozó un día. De un modo casi paradigmático, el poema "Los jóvenes y los viejos" expande imaginativamente esta oposición, y por necesario interés ilustrativo se reproduce aquí la estrofa final de esa composición. Y obsérvese cómo la juventud es concebida bajo imágenes de energía, pujanza y brillantez (también de inconciencia) que sugieren un arrebatado movimiento cuesta arriba; a la vejez, en cambio, sólo le caben la serena

contemplación, la estabilidad del lento andar y una ilusoria fijeza.
Dice esa estrofa:

> Es el verdor primero de la estación temprana.
> Un río juvenil, más bien niñez de un manantial cercano,
> y el verdor incipiente: robles tiernos,
> bosque hacia el puerto en ascensión ligera.
> Ligerísima. Mas no van ya los viejos a su ritmo.
> Y allí los jóvenes que se adelantan pasan
> sin ver, y siguen, sin mirarles.
> Los ancianos los miran. Son estables
> éstos, los que al extremo de la vida,
> en el borde del fin, quedan suspensos,
> sin caer, cual por siempre.
> Mientras las juveniles sombras pasan, ellos sí, consumibles,
>   inestables,
> urgidos de la sed que un soplo sacia (II, 34).

Pero ese tema, objetivo y universal en su formulación y en tantas
piezas del libro, va imbricado al examen del propio vivir del poeta,
quien repasa su existencia desde la altura de su edad. Es el libro acaso
más lírico del autor, por ello también el más introspectivo; y su pudo-
roso ademán se resuelve en algo insólito para un poeta de generoso
estro, no exento en ocasiones de un cierto énfasis verbal. Y es que
aquí llega Aleixandre a un punto extremo de máxima economía expresiva: el poema se abrevia en longitud, el verso se aprieta, la palabra se condensa y ajusta. La dicción se hace incluso sentenciosa, y
los aforismos ("falsos aforismos" los llama con razón Pere Gimferrer
y ya quedará claro después por qué) se acumulan y precipitan en tur-
bulento alud, como sucedáneo en la letra de la inquietud que por lo
hondo aguija al espíritu.

Y es que la pregunta capital que cobra cuerpo en estos poemas y
que prepara la que, ya dispuesta a relativizarse en sus respuestas, aparecerá de nuevo en *Diálogos del conocimiento,* es de la más afilada
incisividad y podría recibirse así: ¿Basta el pensamiento puro, lo existente bajo la forma solipsista de criatura meramente pensada? Este
es, a mi juicio, el *subtexto* verdadero, axial y agónico, de *Poemas de
la consumación.* Los "asuntos" poemáticos, con frecuencia reitera-
tivos entre sí, nos darán sus adecuados y matizados *pretextos.* Y la
palabra en vilo —la caída ininterrumpida de los tantos aforismos
mencionados, las violentas y voluntarias contradicciones, el ceñidí-
simo lenguaje despojado en puro hueso y puro nervio— va tejiendo el
texto real del libro, que en consecuencia resulta lo más distante de un
discurso cerrado, unívoco y de perfiles conclusos (a pesar de la deli-
mitación perfecta de cada uno de los poemas). La gran hazaña de

Aleixandre en este volumen, al combinar sin embargo tantas composiciones aisladamente terminadas en sí (y lo mismo puede decirse de *Diálogos del conocimiento*), ha sido la de hilvanar una gran escritura abierta, multívoca, devorándose insaciablemente a sí misma e inflexiblemente disparada hacia el único espacio donde su atomizado mensaje podría encontrar su justa resonancia: el silencio, del cual cada poema y cada verso son como sus ecos, imperturbablemente deshaciéndose, pero también *hablándonos* fielmente. Y ya a esto, desde un principio sólo sugerido, habremos de llegar.

La contestación a la pregunta líneas arriba adelantada (¿*Basta el pensamiento puro...?*) es a un tiempo dual en *Poemas de la consumación*, como lo ha sido en la cultura filosófica de Occidente. Desde el punto de vista existencial no basta. *El pensamiento solo no es visible* ("Quien fue", II, 54), se nos dice una vez. Y en otra: *La luz pensada engaña* ("El límite", II, 88), a la par que en el mismo poema se afirma que *los brillos temporales ponen / color, verdad* —con lo que esto último implica de afirmación de la vida y los sentidos cualesquiera que sean sus formas de mentir. Pero en otros momentos se imponen como pesarosas estas mentiras de la aparencial realidad; y entonces el poeta, angustiado por ellas, parecería reclamar y aun exaltar la bondad absoluta de esa otra categoría del pensamiento puro y, ya aquí desde un ángulo metafísico, poder incluso defenderla como la única belleza verdadera y posible. En el poema "Los jóvenes" se leen estos versos:

> La luz
> sigue feliz, ah, no tocada
> pues
> quien no nació no mancha. Todo luces,
> creídos: oh pensamiento inmaculado.
> Bellos, como el intacto pensamiento solo (II, 57).

Esta dualidad radical entre el esplendor del pensamiento nítido y la engañosa pero nutricia verdad de los sentidos, hacia uno y otro de cuyos extremos parece oscilar el poeta, es la polaridad resumidora de tantas formas de contradicción como aquí se adensan. Hay que destacar, no obstante, que antes de que las opuestas proposiciones comiencen a tejer su vivaz contrapunto (y su anulación mutua como en seguida se dirá), cada una de ellas resulta asentida en particular por el lector; y es que en su aislada recepción, todas rezuman verdades inmediatas (y parciales) de la existencia. Aleixandre dice en un solo verso: *La criatura pensada existe. Mas no basta* ("Quien fue"); haciendo que en la interacción de sus segmentos, la sentencia total inicie un movimiento de exclusión en sí misma. Mas es cierto que "lo pensado" existe; también lo es que no baste. (Y podría aducir otros casos de oposición mucho más extremosos en estos *Poemas* —algunos se verán después—, pero me valgo de estos ejemplos ahora por moverse sobre las mismas intuiciones contenidas en las instancias recién comentadas.) Ocurre sencillamente que el poeta se complace en hacer entrar en juego a la vez esas dos perspectivas indicadas —la metafísica y la existencial— acercándolas con tan corpórea proximidad que muy pronto confluyen en lo que no puede tolerarse sino como abierta contradicción.

Y estas contradicciones acabarán por anublar u oscurecer el sentido mismo de aquello cuyo esclarecimiento pareciera estarse intentando. Como uno de los recursos para tal sugestión, Aleixandre vuelve a echar mano ahora de su característica *o* identificativa; es decir, la conjunción *o* no usada para denotar exclusión, alternativa o disyunción, sino para igualar o establecer una correspondencia. La misma *o* que regía, por ejemplo y ya desde su título global, *La destrucción o el amor*; sólo que allí equiparaba por lo general nociones de índole cósmica, contribuyendo a reafirmar la impresión de aquella anhelada unidad amorosa del mundo (y del ser en el mundo). Ahora, en cambio, trátase de colocar en un mismo nivel, axiológico y cognoscitivo, conceptualizaciones existenciales frenéticamente opuestas, con lo cual vendrá, en una inmediata aprehensión racional, a insinuar una tenebrosísima insustancialidad de lo real. Un verso de "El pasado: Villa Pura", de estos *Poemas*, sostiene: *todo persiste, o muerto* (II, 41), borrando así la distinción, que la razón exigiría, entre continuidad y extinción. Más sistemático es su uso en el poema "Cercano a la muerte", donde cada vez que empezamos a apresar una verdad positiva se nos viene encima una palabra o frase de sentido diametralmente contrario, introducida por esa *o* feroz destinada a aniquilar el asomo de realidad incoado en la truncada cláusula anterior. Este es un fragmento ejemplar al respecto:

> No es la tristeza lo que la vida arrumba
> o acerca, cuando los pasos muchos son, y duran.
> Allá el monte, aquí la vidriada ciudad
> o es un reflejo de ese sol larguísimo
> que urde respuestas
> a distancia
> para los labios que, viviendo, viven
> o recuerdan.
> La majestad de la memoria es aire
> después, o antes... (II, 83).

Desde la perspectiva acremente iluminadora de los años, la realidad se resuelve en una general pero oscura identificación ontológica. Parecería que todo es uno y lo mismo (ya llegaremos a comprobar que la conclusión última es, por el contrario, obstinadamente incompatible con cualquier sugestión de unidad, pero, aun así, no se trata de aquel exultante temple que tal vislumbre intuitiva alcanzaba en la más luminosa poesía primera del autor, sino que avanza hacia nosotros como marca por el lenguaje de esa insustancialidad que lo real, incognoscible o "insignificante", opone a las demandas de la razón. La muy personal *o* identificativa de Aleixandre gana aquí, por la magnitud sombría de la experiencia que asimila y confunde, su más nihilista significación existencial y metafísica.

Y a veces ni siquiera necesitará de esa conjunción identificativa, aquí ya abiertamente desrealizadora, y el efecto es el mismo: afantasmar totalmente la visión que parecía llamada a cobrar entidad verbal. Notemos, en el pasaje final del poema "El pasado: Villa Pura", antes mencionado, la violenta agresión de la más elemental lógica con que las palabras van subvirtiendo y perforando el fragmento de realidad que se supone descrito:

> Las hojas han caído, o de la tierra al árbol
> subieron hoy
> y aun fingen
> pasión, estar, subir. Y cruzo
> y no dan sombra
> pues que son (II, 42).

Las hojas *son*, y al mismo tiempo *no dan sombra*, cuando el hecho de proyectar esa sombra sería objetivamente una de las ratificaciones de su ser o existencia. Y son iguales, para el contemplador, las hojas caídas y las que al árbol se lanzaron (las que allí nacieron), y aun el estar de éstas es sólo una apasionada ficción. De nuevo la realidad queda, más que desdibujada, abolida: el ojo de la razón no la alcanza en su sinrazón.

Un inventario y una catalogación más detenidos de esas variadísimas formas de desrealización anuladora que se dan en *Poemas de la consumación*, es lo que intenté en un ensayo anterior mío.[8] Pero he necesitado ahora de los pocos ejemplos anteriores para que no advenga de modo arbitrario esta provisional conclusión, que espero después verificar algo más. O sea, que la enseñanza última de ese libro pudiera resumirse así: el conocimiento inmediato es imposible ya que la realidad aparente es insensata, o sólo entrega un equívoco sentido al escrutinio racional del hombre. Porque cualquier formulación conceptual de lo aprehendido, y basta con que nos situemos desde otra perspectiva, puede quedar al punto desmentida por otra opuesta, y que asoma con iguales visos de veracidad. Aleixandre, en suma, toma en *Poemas de la consumación* una actitud que filosóficamente se alinearía, en cuanto al problema del conocimiento, en la posición del escepticismo.

Mas las piezas de ese libro con su resonancia nihilista (y ya se hizo notar que *Poemas de la consumación* es tal vez el más lírico entre todos los de Aleixandre) fueron concebidas desde una sola conciencia: la suya y personal del autor. Hasta donde esto fuere posible, diríase que allí "el poeta no cantó por todos". Por ello pudo en un momento, el cual en rigor fue simultáneo al de la composición de aquellos poemas, intuir que, desde una tesitura más objetiva, las cadenas paralelas y contrarias de verdades que en aquel volumen chocaban y se deshacían entre sí, podrían tener, ambas, igual autonomía y validez. Presintió para corporizar poemáticamente tal intuición, la necesidad de desdoblar la sola voz que había modulado aquellas oposiciones mutuamente negadoras; es decir, comprendió la necesidad de crear dos voces, dos personajes, y que cada uno de éstos incorporase, respectiva y *relativamente*, uno y otro de los hostiles planteamientos que batallaban en *Poemas de la consumación*. Vio la magna apertura de su tema, se irguió sobre el pesimismo, escuchó la llamada afirmativa de la vida a la que había sido siempre tan sensible y la cual le reclama ahora también sus derechos. Y levantó sobre el papel esas voces y esos personajes: *Diálogos del conocimiento* nació de tal apertura y *relativización*.

No ensayó, sin embargo, un verdadero diálogo. Más bien trenzó monólogos (así los considera), y armó catorce extensos poemas que son en verdad seudo-diálogos. Véanse aquí, y sólo para destacar sus oposiciones inherentes, algunos motivos temáticos de esas supuestas conversaciones. Entre una maja egoístamente realizada en sí misma, y una vieja que sólo entiende la vida cuando es generosamente compartida por el amor ("La maja y la vieja", siguiendo un asunto de Goya). Entre dos poetas jóvenes pero de talante frontalmente distinto, que muy pronto habremos de escuchar: "Dos vidas". Entre el íntimo Marcel y el mundano Swann, en un desdoblamiento de Proust: "Aquel camino de Swann". Entre un joven bailarín, lleno de sensual apetencia por la vida, y un demoníaco e irónico director de escena: "Quien baila se consuma". Entre un *él*, dominado por una reciente invasión de duda y ensimismamiento, y una *ella* que le contradice mediante una crédula y armónica sincronía con la realidad: "Los amantes viejos". Esos personajes no se escuchan entre sí, o parecen no escucharse. La dialéctica de sus posiciones no llega a adquirir un dinamismo lineal o temporal, sino un adensamiento en el

sentido de la profundidad. Es decir: las sucesivas y alternadas inter-
venciones de estos sordos dialogantes, sus palabras, actúan a modo
de manchas sonoras y yuxtapuestas, lanzadas al espacio blanco de
la página. Y estas manchas vienen a fundirse, como sobre la retina
de un espectador visual, en la sensibilidad de quien lee ese tiempo
transfundido a espacio que es el poema. Con ello, el logro final se
consigue mediante una suerte de "impresionismo" acústico-intelec-
tual de gran eficacia y originalidad. La poesía, proceso en sí temporal, parece moverse aquí en virtud de antítesis de signo bidimen-
sional, como en la pintura, a las cuales se suma una tercera dimensión inteléctica que dará la sensación de relieve o perspectiva: ese
otro proceso no menos creador que es el acto de leer —revelando
así una distinta y muy moderna toma de posición frente a la escritura.

Ello en cuanto a la técnica. Pero ésta no ha nacido de un acto
gratuito —nada funciona así en la obra de Aleixandre— sino que
se ve motivada desde el centro mismo de su visión poética. Aquí,
en los *Diálogos del conocimiento*, aquél asoció estrechamente el
problema del conocer con el de la actitud ante la vida; observó las
posibles reacciones, a su vez duales, ante uno y otra, y les dio a ambas igual crédito. De haber concedido a los dos participantes la oportunidad de una intercomunicación rigurosa y progresivamente dialéctica (del tipo de la ensayada por Luis Cernuda en su extraordi-
nario poema "Noche del hombre y su demonio") era esperable que,
oyéndose y por ello rectificándose mutuamente esos personajes, se
llegase, si no a algún acuerdo definitivo, por lo menos a una continua
interferencia y a un cierto asentimiento aproximado; y ello sería contrario a la relatividad que aquí se intenta sugerir (aunque sobre esto
habremos de volver, para ratificar matizadamente en algo lo mismo
que acabamos de sospechar). De todos modos, aquel sustentante con-
frontamiento de *Poemas de la consumación* se ha abierto ahora en
todas sus impiicaciones: tensión entre vida mental y vida factual,
entre las ideas y los hechos, entre pensamiento y realidad aparencial; o llevando todo ello a sus últimas consecuencias, entre solipsismo y sensorialidad. En el poema "dos vidas", único de estos diálogos
cuya ilustración fragmentaria me permitiré, se pone en labios de
un "joven poeta primero", idealista y escéptico hasta el más turba-
dor solipsismo, las siguientes palabras:

> De espaldas a la mar, ciegos los ojos,
> tapiado ya el oído, a solas pienso.
> Sé lo que sé, e ignoro si he sabido.
> El monte, la verdad, la carne, el odio,
> como el agua en un vaso, acepta el brillo,

y allí se descompone. ¡Bebe el agua!
Y duerme. Duerme, y el despertar tu sueño sea (II, 189).

Y sin haberle escuchado, un "joven poeta segundo", embriagado de confianza en el mundo físico de los sentidos, la posibilidad humana de la comunicación y la esperanza de algún conocimiento, replica de este modo:

El día amanece. ¡Cuánto anduve, y creo!
Creer, vivir. El sol cruje hoy visible.
Ah, mis sentidos. Corresponden ciertos
con tu verdad, mundo besado y vívido.
Sobre esta porción vivo. Aquí tentable,
esta porción del mundo me aposenta.
Y yo la toco. Y su certeza avanza.
En mi limitación me siento libre (II, 189-190).

La inquietud que en *Poemas de la consumación* yacía en torno a la posición del hombre frente a la realidad y el conocimiento (aquella interrogante que había quedado enunciada así: ¿Basta la criatura meramente pensada?), va haciéndose en estos *Diálogos* cada vez más explícita y punzadora. ¿Dónde está la verdad? ¿Cuál es el camino hacia ella? ¿En la disposición del espíritu por la cual éste, replegándose en sí mismo como el "joven poeta primero", sólo acepta como rasgos de esa verdad lo que en tal ensimismamiento concibe? ¿O bien abriéndose gozosamente hacia lo real, como el otro poeta, y facilitando el encuentro fecundo de nuestros sentidos con las cosas? A pesar de su no menos tenaz pesimismo, Aleixandre ha sido también un cantor siempre fervoroso de la vida natural en toda su pujanza y brillantez, y parecería ahora inclinado a no soslayar esta segunda posibilidad; pero su misma experiencia, su sabiduría, le hace respetar la otra vía o dirección y darle también carta legítima de naturaleza. No brinda soluciones: sabe que no puede. Lo único que le es dable será dejarnos plantadas en el texto las arduas cuestiones para que éstas, en una ulterior ocasión, entablen tal vez su efectivo diálogo en el ánimo de quien lee o escucha. Las numerosas y aun opuestas lecturas permitirán igual variedad de interpretaciones.[9]

Así, si respecto a *Poemas de la consumación* pudo hablarse de un escepticismo epistemológico, ahora, en *Diálogos del conocimiento*, nos asomamos a un modo de relativismo gnoseológico-vital, esto es, ejercido desde la vida integral (pues no es ya sólo un hombre "cercano a la muerte" quien en ellos habla), y por tanto no excluidor de sus imperativos. Hay también algo más sutil, y ello es la matización ratificadora que sólo hace muy poco prometí. Vimos que en estos *Diálogos* no hay, estructuralmente, una progresiva intercomunicación entre las respectivas propuestas de los hablantes. Sin embargo, se adivinan en esas propuestas —y no sólo en el muy obvio caso de "Aquel camino de Swann", donde ocurre más un desdoblamiento que un discurso paralelo y polar— unos muy finos vasos comunicantes entre los dos portadores de las diferentes verdades, o versiones relativas de la verdad; o sea, entre esos dos hablantes. Con mayor claridad: que, por fugaces momentos, vienen esos hablantes a coincidir; y tales descubrimientos son unas de las delicias mayores que los poemas reservan a quien los recorre cuidadosamente. Diríase que el autor percibe como igualmente dogmática cualquier oposición que se alzase como tajante y excluyente, y sobre esta convicción va entrelineando esta otra más firme confirmación de la relatividad del conocimiento: no hay verdad absoluta, ni aun dentro de aquel que crea profesar conscientemente la suya, y la defienda como tal. Siempre esa verdad personal estaría minada por aquello que la vida opone a la razón, el azar a la conciencia, y donde ese alguien tal vez ni se reconocería si tratase de ser consistente o coherente con la hipotética certeza que supone haber alcanzado. Estas incidentales "concesiones" que se deslizan de uno a otro personaje en los *Diálogos*, dan pie para ver en ellas, y del modo más patente, la marca humana de lo que en términos de pura lógica sólo podría entenderse como flagrante contradicción. Aunque ya forzosamente adelantada varias veces tal cuestión, se impone acercarse ahora, de más directo modo, a este significativo aspecto de la poesía reciente de Aleixandre. (En lo adelante combinamos, en las ejemplificaciones, pasajes de ambos libros; por lo cual en la identificación añadimos, para distinguir respectivamente su procedencia cuando sea necesario, las siglas *PC* para *Poemas de la consumación* y *DC* para *Diálogos del conocimiento*.)

Conocer es fenomenológicamente, de aquí se partió, "aprehender" un objeto de la realidad y trasmutarlo sólidamente a un dato —a unos datos— de la conciencia. Si ese objeto es complejo, heterogéneo, plurivalente e irreductible —la vida—, el proceso cognoscitivo hacia él dirigido está destinado a un seguro extravío por un sinfín de laberintos. De aquí la raíz de las múltiples contradicciones alógicas de estos dos libros últimos de Aleixandre, y las de mayor relieve son las que pretenden condensar en aparentes aforismos aquella dialéctica entre "conocer" y "saber" que emergía desde *En un vasto dominio*. Guillermo Carnero ha tratado de descodificar esa aforística nebulosa dialéctica concluyendo que el poeta emplea *conocer* para implicar el impulso dinámico hacia la verdad que es menester y oficio de la juventud; y por ello lo opone a *saber*, como designativo de ese conocimiento ya adquirido y sustanciado a posesión estática e inútil, único don irónico de la vejez.[10] Recuérdese que, aun advirtiendo allí que ello se asumía sólo de modo provisional (pues sabía ya que a este planteamiento más riguroso de ahora íbamos a llegar), de esa misma distinción se partió, como andadura, muy al principio de este ensayo. Glosando a Carnero, y no ciertamente traicionando a Aleixandre, convinimos entonces en que conocer —o lo que a tal impele: la ignorancia o la duda— será así signo de vida; saber, de todo lo que a la vida niega. En verdad que el poeta los maneja de ese modo casi arquetípico en múltiples ocasiones, y acaso la instancia en ese sentido más doctrinal sea ésta: *El hombre duda. El viejo sabe. Sólo en niño conoce* ("El cometa", *PC*, II, 59); y quien se interese por un repertorio casi completo de tales postulaciones, debe consultar el inteligente estudio de Guillermo Carnero.

Sin embargo, la ecuación formulada por éste parecería más bien nacida del empeño (occidental digamos) de poner orden y luz en lo confuso e indistinto. Porque Aleixandre transgrede voluntariamente esa misma ecuación en un número de veces que me temo no puedan considerarse excepción, ni aun en el alcance *extensivo* (englobador del opuesto: *saber* como saber + conocer, por ejemplo, y viceversa), que Carnero meticulosamente observa pero que él considera sólo como "ocasional". Reproduzco sólo algunas ilustraciones de esa transgresión. Una, que semejaría desmoronar ya en su base la cuidada arquitectura dialéctica al sostener que *Saber es conocer* ("Conocimiento de Rubén Darío", *PC*, II, 67). Y en este mismo poema, aunque dicho crítico señala la sentencia *Quien vive sabe* como ejemplo de ese uso extensivo mencionado (por el cual *saber* puede englobar a *conocer*), la negación que tal enunciado opone a las tantas ocasiones en que *saber* es esgrimido como sello de muerte —v.gr.: *Ignorar es vivir. Saber, morirlo* ("Ayer", *PC*, II, 84); *Conocer es amar. Saber, morir* ("Los amantes viejos", *DC*, II, 121)—, la negación, decía, es tan tremenda que difícilmente puede ser asimilada a un incidental desvío de la programada "teoría" cumplida en otros casos.[11] Una transgresión más: *Saber es alentar con los ojos abiertos* ("Sin fe", *PC*, II, 49), cuyo predicado —"alentar con los ojos abiertos"— debía corresponder más bien a *conocer* puesto que *saber* es, casi sistemáticamente, sinónimo de muerte. Y esta última, para cuyo entendimiento como transgresión hay que advertir que en la hipótesis que aquí discutimos, *mirar* es tal en Gracián, atributo o condición de la voluntad de conocimiento: *Quien no mira, conoce* ("Esperas", *PC*, II, 76). Otras numerosas ejemplificaciones podrían aquí traerse, pero lo observado parece suficiente para nuestros propósitos.

No obstante, ¿se quiere con todo esto —que no supone rechazar de plano la atinada y paciente teorización de Carnero— significar que en la intuición germinal del poeta no estuvo esa impecable distinción entre *saber* y *conocer* propuesta por el crítico? Remedando el propio estilo sentencioso y antinómico de Aleixandre en estos libros, aventuraríamos que aquella distinción *estuvo pero no está*. O sea, que tal matización afloró como principio racional un día así vislumbrado; pero que no siempre se cumple, sin embargo, en todos los poemas, los cuales recogen la experiencia factual de la vida, donde su autor aprendió que toda objetivación unificadora de la verdad se confunde y autodestruye en su mismo impulso. Todo, al cabo, se relativiza; aún más, hasta aquí: todo se resiste negativamente a amoldarse al nostálgico rasero tranquilizador de esa unificadora urgencia racional del hombre.

Por su parte, Pere Gimferrer ha destacado la preeminencia de lo alógico en estos volúmenes, aunque con prudencia no se ha empeñado en una sistemática conceptualización de sus contenidos sino que se ha limitado a notariar suficientemente y a aceptar esa alogicidad.[12] Cabe ésta ser destacada en el seno de una misma proposición —del tipo de *Quien pudo ser no fue* en vecindad a *Quien fue no ha sido* ("Quien fue", *PC*, II, 53)— pero con mayor frecuencia habrá de ser detectada contextualmente dentro del libro, o de los dos libros que aquí vamos examinando conjuntamente. Como cuando, por ejemplo, enfrentamos esta afirmación: *La juventud no engaña. Brilla sola* ("Límites y espejo", *PC* II, 74) con esta otra: *La juventud engaña / con veraces palabras*, de un texto cercano ("Algo cruza", *PC*, II, 71), y que es a su vez contradictoria en sí misma. Incluso es de sugestión alógica su manejo transgresor de la frecuente intertextualidad que se practica en estos volúmenes. Un viejo y querido verso de Aleixandre (*Vivir, vivir, el sol cruje invisible*) del poema "Vida" de *La destrucción o el amor* (I, 345) se repite varias veces ahora, unas literalmente, pero en otra, como pudimos observar en uno de los pasajes reproducido de "Dos vidas", de estos *Diálogos*, en su forma opuesta: *El sol cruje hoy visible*. Y Gimferrer, en su estudio, ha ensayado una explicación satisfactoria del uso harto notorio de la propia intertextualidad en esta región de la obra aleixandrina

Hay incluso momentos altamente reveladores de la impotencia última que esta alogicidad acusa. Así, también en "Algo cruza", dos versos parecen darnos la clave del por qué, en el poeta, de esa sistemática despreocupación por tender algún hilo nítidamente racional —el verbo férreamente conductor de ideaciones e intuiciones— que nos brinde algún apoyo en estos suelos movedizos sobre los que estamos siempre a punto de caer. Dicen esos versos: *Obtener lo que obtienes es palabra baldía. | Es lo mismo y distinto* (II, 71). Esta última declaración nos invita, en un primer calado reflexivo al que como lectores "racionales" tenemos derecho, a tratar de ahondar algo más en este alogicismo tan impunemente exhibido. No es, como en los lejanos tiempos de *La destrucción o el amor*, que todo sea, como ya se dijo, "uno y lo mismo": identificación cósmico-ontológica de totalizadoras proporciones tanto como de positivas resonancias en el ánimo. Ahora, entre "lo mismo" y "lo distinto" (términos por definición inconjugables entre sí) sólo puede concebirse una alógica y en principio poco estimulante sustancia unificadora que los abarque. No será el Ser universal, idéntico a sí mismo e idéntico en todas sus individualizadas concreciones. Más bien sus reversos negativos: la Nada, aquella negra pizarra de Martín-Mairena sobre la que, si a alguna creación se aspira, hay que *borrar primero y dibujar después*. Mas Aleixandre tacha incluso esa posibilidad, aunque la documenta: el esfuerzo del hombre en su vivir y en su designio de conocer, y del poeta que en su escritura tal esfuerzo registra, si presididos por la razón, se resuelve en *palabra baldía*: condenación, y del más turbador efecto, tanto de aquel empeño como del lenguaje que lo expresa. Habrá que erguirse a un horizonte más profundo, tratando de explorar en esa sabiduría "recóndita", "cavernosa", "sibilina" y "misteriosa", como Carlos Bousoño califica a la que habla a través de esta alogicidad del Aleixandre último.[13] Por aquí se divisa la cima final hacia la que, desde sus inicios, nuestras pesquisas pretendín arribar.

Silencio: conocimiento supremo

Pero antes de allí llegar, quisiera arriesgar lo que, en una primera asunción, esa alógica sabiduría parece dar a entender. Descontado es que no se trata de una resurrección del irracionalismo expresivo de los años juveniles del poeta, de ninguna suerte de neo-surrealismo (como bien puntualiza Bousoño en su artículo recién citado). Estamos ahora frente a una alogicidad de tipo conceptual: la formulación racional de opuestas (y supuestas) certezas que, al golpearse de modo tan brutal en sí y entre sí —*Quien muere vive, y dura* ("Quien hace vive", *PC*, II, 89); *Quien vive, muere. Quien murió, aún respira* ("Los amantes viejos", *DC*, II, 117)— quedan como pulverizadas, dejándonos una oscura desazón gnoseológica en calidad de única "sugerencia".[14] Así entendida, —en este inicial calado reflexivo al que me referí—, la alogicidad abona el terreno donde se inscribirá el discurso del absurdo y la insensatez, de lo indistinto y neblinoso, de lo uno confundido con lo contrario en un mismo movimiento que la razón rechaza; y ese discurso se alza al cabo como metáfora del sinsentido de la vida y la imposibilidad del conocimiento. Este saldo negativo, trasladando intuiciones de la mística a lenguaje epistemológico, corresponde aún naturalmente a una vía purgativa del sujeto cognoscente, a una simbólica noche de los sentidos que vale aquí igual a una noche de la conciencia. Tal vaciado de significación sólo se revela como tal a través de varias y atentas lecturas (pues en los textos, ciertamente, esa vía purgativa y su rebasamiento, que paso ya a pergeñar, andan fidelísimamente inextricados).

Porque lo que en última instancia ocurre en estos poemas, al denunciar la impotencia de la palabra mediante esa velocísima y nerviosa precipitación de proposiciones alógicas y de arduas contradicciones, es que quede proferida la virtud y necesidad última del silencio como nivel supremo del conocimiento. Pues ese silencio abisal pero luminoso brota, en fin de cuentas, de la paradoja —tal como la describiera Kierkegaard. La paradoja, cuando sólo sometida al examen de la mente, no es más que la violentación más o menos agreste de los dictados de la lógica; y todas las paradojas posibles —y por tanto aquéllas a las que remiten las contradicciones sintéticas de Aleixandre en estos libros— son susceptibles, después de un mayor o menor esfuerzo, de una traducción conceptual aproximada (como muchas de las que en su ensayo clarifica Gimferrer con feliz resultado). Pero la suma de todas las paradojas aleixandrinas acaban por configurar una paradoja: *la* paradoja global, total, unitaria, para la que el poeta ha encontrado cientos de formulaciones. Pero presiento que importa menos luchar a brazo partido para que cada una de estas formulaciones arroje su particular significación, que intentar penetrar hacia el cabal entendimiento de aquella paradoja primera, intuicional, absorbente y pluriferante. Y para ello hay que subir a un más elevado punto de mira: hay que ascender el "monte Carmelo" del espíritu, más allá de la razón y las palabras. Al espíritu —y en ello consiste, según Max Scheler, su poder creador y su alcance mayores— le cabe sólo la capacidad de la objetivación: el espíritu ahonda y sobrepasa, trascendiéndola, la inmediatez de lo suelto y disperso, y apresa lo múltiple en su absoluto sentido único y, para decirlo ya sin ambages, metafísico. La materia contemplada por Aleixandre en estos poemas no es otra cosa que la realidad misma, la vida misma; su objetivo profundo, sin embargo, es alumbrar su (posible) sustancia permanente, descubrir su proyección y destino últimos. Y ese objetivo bordea ya lo eterno (no importa que la respuesta avistada envolviese la más abrumadora negación de la eternidad), pues el mismo hecho de habérselo propuesto es marca ya de la más aguda insuficiencia respecto a todo lo limitado, caedizo y temporal de la existencia. Bordea lo metafísico, pero traspasar esa frontera es sólo intentable con un instrumento —la palabra— por demás *humano, demasiado humano* como bien ya vio Nietzsche. Y aquí adviene la iluminación ejemplar de Kierkegaard, para quien cuando en el pensador subjetivo ocurre el encuentro de la palabra con lo eterno —con su necesidad, intuición o vislumbre— le sobreviene, sin posibilidad evasiva, el imperio abrupto y sobrecogedor de la paradoja, "esa chispa que brota al roce de lo eterno con el lenguaje, los efectos de cuyo choque son indecibles".[15] No es otra aquella paradoja primera, intuicional y unitaria a la que antes aludí.

Indagar, mediante la débil palabra, en el conocimiento último, supone así una colisión con lo secreto y trascendente: fatalidad de signo por definición negativo. Y tal fatalidad puede corporizarse en esa extremada figura "voluntaria" del lenguaje que lleva en sí su propia negación: la paradoja. Y éstas, aun factibles de ser detectadas a nivel léxico, no componen entre todas sino uno de los rostros, acaso el más volitivo, de ese chispazo de lo indecible, a pesar de la carga verbal de lo dicho. La paradoja dice y desmiente, se anula en sí misma, pero nos deja *un no sé qué*: importa más por esa semántica marginalidad connotativa suya, de mucha mayor riqueza que su arbitraria denotación auto-anuladora. De modo que lo que comienza por ser una transgresión racional culmina en una señal positiva hacia lo absoluto: la oquedad conceptual de la paradoja no será ya vacío sino inquietud y dinamismo y ensanchamiento. Pues lo que aquélla connota es un índice de apertura hacia ese ámbito mayor en el que sólo la elocuencia verdadera podría encontrar su única pureza: el silencio. Aleixandre incluso lo nombra, y lo instala a veces explícitamente en el centro del poema. Quien hacia el pasado contempla la vida, *sólo ve un silencio* ("Ayer", *PC*, II, 84). Y el apocalipsis de la existencia, con gran fuerza imaginativa recreado en otro poema, queda resumido así: *Suena la espuma igual, sólo a silencio* ("Si alguien me hubiera dicho", *PC*, II, 60). Y no es extraño que algunos poemas se cierren con variaciones de esta decisión: *Y callo*, con la que expresamente clausura varias composiciones.

Y nos encontramos ya en el ápice de esa ascensión hacia el conocimiento que estos libros últimos de Aleixandre entregan: el silencio no necesariamente nombrado (aunque con frecuencia, como acaba de verse, también literalmente lo invoque) sino construido o armado con los pobres materiales mismos de la escritura: un silencio que queda vibrando en el chispeante pero huidizo resplandor de la palabra viva, escrita y borrada simultáneamente mediante ese sutil manejo de la paradoja. "La poesía hace lo que dice", sentenció alguna vez Pedro Salinas. Aleixandre *hace* el silencio, no *dice* el silencio (como se ha hecho moda y monotonía últimamente: un nuevo "slogan" literario de la época). Aleixandre *borra* lo que escribe, pero no tiene que repetir mostrenca y machaconamente en sus versos que *está borrando*. Me explico algo más: No le hace un guiño malicioso al lector para que éste le sorprenda (y le aplauda) en el momento mismo cuando difumina lo que traza; se limita, lacónicamente, a invitarnos a intuir lo borrado, lo que hay que borrar, en tanto que deja refulgente la palabra tensa e intensa con que inscribe a la vez el discurso y su reverso. Protagonista mayor de la modernidad en la poesía hispánica (que él, con otros, ayudó a abrir desde los años de *Pasión de la tierra*), no tiene por ello que afanarse en reclamar su adscripción a la modernidad prodigando tópicos y muletillas. (Una posible definición de un auténtico poeta mayor: aquél que pertenece hondamente a su tiempo, pero que se nos muestra inmune a los tics de su tiempo.)

Y es desde el silencio donde nos está hablando esa sabiduría recóndita del último Aleixandre, para cuya recepción y paladeo no bastarán ya los ojos de los sentidos corporales (aquéllos que halagó *Sombra del paraíso*), ni los ojos húmedos de la emoción (para los cuales dictó *Historia del corazón*), ni los ojos del entendimiento racional (que se abrieron ávidos ante *En un vasto dominio*). Ya lo auguró tempranamente Góngora: *Otro instrumento es quien tira / de los sentidos mejores*. Aleixandre escribe ahora para esos "sentidos mejores" del espíritu (estamos aquí en su poesía de más alta espiritualidad), que son los únicos capaces de captar —en palabras de Andrés Sánchez-Robayna— "esa zona en la que, una vez cruzado el lenguaje, el silencio es una síntesis, el tejido de un saber *otro*, que se tiende como un conocimiento que nada sabe".[16] Un saber *otro*: más allá de los límites de la palabra y la pobreza de la razón; un saber que, no necesariamente con dolor o frustración, es un no-saber de insondables dimensiones, igualmente oscuro y luminoso en un mismo y altísimo grado de intensidad y lucidez. Y he aquí, por fin, el salto final en esta poesía a la vía unitiva, a la unión con el silencio donde impera ese saber y no-saber que es ya posesión definitiva y suprema. Y no es casual que hayamos tenido que recurrir, una y otra vez, a voces e intuiciones de la mística, porque ese callar —añade el crítico recién citado— "está lleno de sentido o es el sentido mismo".[17] Un comentario de Albert Schweitzer, leído al azar y cuya pro-

cedencia no puedo precisar ahora, me viene a la mente ante las sugestiones motivadas por esta coda de la poesía de Aleixandre: "Todo
pensamiento que es pensado hasta el final termina en la mística".

De modo que el acorde que queda resonando en estos libros, si
grave en verdad, no es tan negativo como de nuestra más demorada
descripción de aquella primera etapa purgativa se pudiera haber
sospechado. En un momento de caída moral —el que corresponde a
Poemas de la consumación, donde hay versos como éstos: *Y en el
cielo nocturno, cuajado de livideces huecas, | no hay sino dolor,
| pues hay memoria, y soledad, y olvido* ("Si alguien me hubiera
dicho", II, 60)— el poeta pareció ceder a un obligado nihilismo
epistemológico, correlato del vacío existencial: no sin razón el autor
considera ese libro como uno de los más "trágicos" de los suyos.
Mas ya se vio cómo, en los *Diálogos del conocimiento*, hubo de levantarse sobre sí mismo y plantearse el problema del conocer desde
la comprensión paralela de la dual (de la plural) realidad, en una
voluntad de incluir también el costado positivo de tales empeños.
Se trata de un ademán que entraña una superación, siquiera parcial,
de aquel nihilismo; y bastaría recordar cómo en el poema final ("Quien
baila se consuma") de esa colección, el "bailarín" que encarna la
asumida plenitud de la existencia, pronuncia en su última interven-
ción este designio fragante y auroral: *Con la rosa en la mano adelan-
to mi vida* (II, 255).

Y el poeta concluyó, y tal se desprendería de una aproximación
primera a estos *Diálogos*, que si el conocimiento no es posible como
absoluto humano, sí lo es en un sentido de urgencia personal. Pero
ni entonces pontificó: relativizó la verdad y dejó allí, palpitantes,
las formas variadas y aun opuestas de la verdad. Y ni tampoco aquí
cejó en su cuestionamiento implacable, no ya sólo de la realidad
sino del precario instrumento —la palabra humana— que intenta
conocerla y expresarla. Y por aquí, como se ha ido viendo, sí asoma
la lectura final, la más secreta: cuando Aleixandre se sintió atrapado
en el callejón sin salida de la débil razón y el lenguaje insuficiente
—derrota prevista desde un principio—, sacó fuerzas de flaqueza,
se desentendió de ellos (más: los violentó y barrenó con la nobilísima
serenidad de quien ya no puede sino volverse hacia el misterio) y se
rebeló contra su servidumbre. Se situó, pues sólo cuenta con él, en
el lenguaje, pero también más allá de él; y aupóse así heroicamente
al saber mayor: el de ese un silencio de que todo lenguaje vivo y todo
saber humano se nutren. Si en los años mozos presintió en la comunión cósmica una forma del conocimiento *total*, al cabo la experiencia y la sabiduría le llevaron a intuir en el silencio un acceso al cono-

cimiento *supremo*. Y aquí nos deja, inquietos pero reconfortados, escuchando las confusas pero a la larga clarísimas voces de una palabra, la del poeta, cuyo destino siempre, como el de toda palabra, es el acallamiento.

* * *

Final de la aventura, que en cada una de sus fases naciera de la estación vital correlativa. Y sea ésta acaso la ética implícita, no expuesta, que de ella hoy derivamos: Que cada hombre, concorde paralelamente a esas etapas, mire al mundo de la creación, o mire al mundo del otro y de los otros, o mire hacia los fondos últimos de su propia conciencia. Que mire siempre (mirar es preguntar y es vivir) para que así se mueva, basta que se mueva, hacia alguna forma de verdad, no importa lo limitada o relativa que ella fuere. Que no le importe el desaliento. Ni que tema muchísimo menos, pues es la conquista mayor, resguardarse (callado, *sagement*) en el silencio, esa morada activa de la más honda sabiduría.

En resumen y conclusión: el enunciado *pasión del conocimiento*, de donde iniciamos nuestro recorrido, no implica en Vicente Aleixandre una exaltación ciega del improbable o cuando más relativo conocimiento. Subraya y acentúa más bien, y de aquí su humana grandeza, un gesto enérgicamente afirmativo sobre el primer término de esa ecuación, que es a la larga el más importante: la pasión, esa pasión hacia el conocimiento por la que el hombre puede alzarse a su más alta dignidad.

CITY UNIVERSITY OF NEW YORK

Notas

[1]Las citas de Vicente Aleixandre se hacen siempre por sus *Obras completas*, 2a. edición, 2 vols. (Madrid: Aguilar, 1978). Indicamos en caracteres romanos el número del volumen, y en arábigos el de la página correspondiente. Para facilitar la localización del texto de donde procede la cita (verso o prosa) en otras ediciones de Aleixandre, consignamos igualmente, en todos los casos, el título del mismo.

[2]Al término de un reciente libro suyo, en que aborda el problema del conocimiento en tres poetas hispanoamericanos (Borges, Lezama Lima y Octavio Paz), resume Ramón Xirau uno de los puntos de los que la poesía puede acercarse e identificarse al conocimiento. Al efecto escribe: "La poesía es una función cognoscitiva. Conocer significa aquí, como habrá podido verse en el contexto de los varios capítulos precedentes, *penetrar*, es decir *intuir*; significa también dirigirse a obtener una

imagen del mundo, un cierto sentido de la vida, un conocer que, fundado en la emoción, es también una visión del universo y acaso una metafísica. El conocimiento poético, rítmico, amoroso, emotivo, conceptual está en las palabras; va también más allá de ellas." Xirau, *Poesía y conocimiento* (México: Cuadernos de Joaquín Mortiz, 1978), p. 137. Conocido este libro después de redactado mi ensayo, debo consignar siquiera en nota este recto entendimiento de la poesía como medio de conocimiento puesto que a ese entendimiento, creo, se ajusta mi enfoque; especialmente cuando en mis páginas finales vengo a sugerir que la vía hacia el conocimiento último —y metafísico— que desbroza la poesía más cercana de Aleixandre se dibuja tanto en las palabras (o por las palabras) como *más allá de ellas.*

[3]Dice Aleixandre: "Si alguien nos dijera que la poesía puede sustituir a la vida, volveríamos la cabeza con repugnancia" ("Poesía, moral, público", II, 664). Y algo más adelante añade: "La poesía, cualquiera que sea su signo, siempre es vida" (665).

[4]Que desde fecha muy temprana en su vida Aleixandre asoció la sabiduría a la vejez (como opuestas a la frescura impetuosa de la juventud), al tiempo que por ello mismo contemplaba a aquéllas con desconfianza y aun tristeza, se revela en estas líneas de una "Carta publicada a Dámaso Alonso" en 1940: Sólo me falta, ay, lo único que de veras importa: el cuerpo joven, ligero, sin el cual lo demás se convierte, después de todo, en sabiduría, lo más lejano de la juventud..." (II, 647).

[5]Hablando de "la aspiración amorosa de la realidad viva" en *La destrucción o el amor,* aclara el propio Aleixandre: "¿Y el amor humano? El amor humano, en esta misma poesía, si por un lado es como un ardiente *simulacro* de esa *confusión última* que sólo abren las puertas de la *muerte* ... " ("Dos poemas y un comentario", II, 650). Los subrayados son míos.

[6]Este poema, "No basta", ha sido por lo común y de modo correcto interpretado en una dimensión trascendente o metafísica. Y es que tampoco basta (en un verso que, por efectos de nuestro tema, hemos extraído de la cita pero que no es posible soslayar) *una mirada oscura llena de humano misterio;* con la obvia conclusión de que "no basta" nada de todo lo que el hombre puede tener a su inmediato alcance. Leído en sus estrictos contornos, este poema y algunos otros de *Sombra del paraíso,* admiten ciertamente esa interpretación metafísica; vista, sin embargo, en el contexto dinámico de la poesía posterior de Aleixandre (historicista, temporalista, solidaria), esa insuficiencia de la totalidad —insuficiencia nostálgica de "la integración pánica exaltada tantas veces", anota Gonzalo Sobejano— que este texto suscribe, aparecerá como la secreta fuerza motriz que a su autor le llevó a explorar nuevos modos de identificación y conocimiento más inmediatos, hacederos y reconfortantes. El verso suprimido por nosotros (*una mirada oscura llena de humano misterio*) apunta, si bien por negatividad, a una presencia amorosa; y de una fuerte presencia amorosa está colmada precisamente la nueva poesía que por entonces iniciaba Aleixandre. Pero en ésta, el amor humano no se presentará ya bajo ese prisma de tenebrosidad o enigma que tal verso sugiere, sino como soporte, apoyo, seguridad y confianza: la persona amada no será ya, en *Historia del corazón,* sino la más cálida y próxima encarnación de la otredad humana.

[7]Entre 1949 y 1958 son reiteradísimas las declaraciones en tal sentido, y transcribimos aquí sólo unas pocas de ellas. De 1949: "...y en este poder de comunicación está el secreto de la poesía, que, cada vez estamos más seguros de ello, no consiste tanto en ofrecer belleza cuanto en alcanzar propagación, comunicación profunda del alma con los hombres" ("En la vida del poeta ...", II, 400). En 1958 sostiene rotundamente que *poesía es comunicación* ("En un acto de poesía en la Universidad de Sevilla", II, 670). Pero que tal lema, no siempre correctamente interpretado en

esos años, implicaba algo más profundo y sustancial, —ese "algo" que se va persi-
guiendo en este ensayo—, lo revela el final de un texto intermedio de ese mismo período ("Poesía, comunicación", de 1951). El autor imagina en él un diálogo lírico-re-
flexivo, que concluye así: "—¿Qué es para usted entonces la poesía?— Una forma
del conocimiento amoroso" (II, 669). Es decir, una página en prosa que parecía abrir-
se como un alegato hacia la *comunicación*, remata con la proclamación del *conocimiento* como fin último de la poesía. Insistimos en esta documentación para devol-
ver a sus justos límites el entendimiento aleixandrino de la comunicación, no como
empresa opuesta a la faena ardua y primera del conocimiento sino como un modo
cordial de éste —al menos en la zona de su obra en que ahora nos hallamos, que únicamente se rebelaba contra la investigación poética solipsista, "exquisita" y hermética.

[8]Es el titulado "La poesía actual de Vicente Aleixandre: Sobre *Poemas de la consumación*", incluido en el libro *Diez años de poesía española, 1960-1970* (Madrid:
Insula, 1972), pp. 305-27.

[9]Ramón Xirau, en su libro citado en la nota 2, apunta otro nivel de la posible
relación entre poesía y conocimiento: aquél que se produce en el (multiplicado) cola-
borador o recreador del acto poético, o sea el lector, los lectores. Y de ese nivel dice:
" ... entender el poema mediante una lectura personal que si es profunda podrá muchas
veces descubrir lo que el poeta mismo a veces ignoraba haber escrito" (*Poesía y conocimiento*, p. 29). Y si, como recordamos, el conocimiento poético está en las palabras
pero también *más allá* de ellas, ese *más allá* configura un territorio de posesión plural
para todos los que a él accedan. Sin calificar de profunda mi lectura de Aleixandre,
tanto ésta como la de los otros críticos con los cuales parcialmente coincido (y a
quienes en alguna ocasión literalmente citaré) pueden ser nuestra paralela aventura
hacia el conocimiento, emprendida desde este otro nivel no menos inquietante de
lectores.

[10]Véase Guillermo Carnero, " 'Conocer' y 'saber' en *Poemas de la consumación*
y *Diálogos del conocimiento* de Vicente Aleixandre", en *Vicente Aleixandre*, ed. José
Luis Cano (Madrid: Serie "El Escritor y la Crítica", Taurus, 1977), pp. 274-82.

[11]Al hilo de estas reflexiones creo que, particularmente en *Diálogos del conocimiento*, es importante que todo intento de racionalización de las contradicciones
parta de la posición ante la vida que encarnan los opuestos personajes que tales contradicciones emiten. En ese mismo poema, "Los amantes viejos", *ella*, la crédula,
afirma: *Existir es brillar*; y, como un eco invertido, *él*, el otro personaje ensimismado
y agónico, proclama: *Quien viva, muere (DC,* II, 117). Dije, no obstante, que hay
que *partir* de esa dualidad vital de los hablantes; no, como ya antes sugerí en el texto,
que tal dualidad resuelva enteramente las contradicciones (pues no son infrecuentes
éstas dentro de un mismo "dialogante").

[12]Pere Gimferrer, "La poesía última de Vicente Aleixandre", en *Vicente Aleixandre* (libro citado en la nota 10), pp. 265-73.

[13]Carlos Bousoño, "Las técnicas irracionalistas de Vicente Aleixandre", *Insula*,
No. 374-375 (enero-febrero 1978), p. 30. Todos los críticos que se han ocupado, siquiera incidentalmente, de esta poesía última de Aleixandre, reflejan ante ella semejante impresión de extrañeza. Manuel Durán, por ejemplo, repara que aquí las frases
del poeta "become brief, mysterious, contradictory", y sostiene que los *flashes* de
iluminación de esos dos libros "remind me of Heraclitus, of the Oriental mystics,
of Schopenhauer ("Vicente Aleixandre, Last of the Romantics: The 1977 Nobel
Prize for Literature", en *World Literature Today*, Vol. 52, No. 2 (Spring 1978), pp.206
-07).

[14]Tratando de hacer ver cómo, enfrentado a las verdades últimas, aun el filósofo

tiene que llevar el concepto "más allá del concepto mismo", encuentro en Xirau unas sugestiones afines a las que de esta poesía de Aleixandre se desprenden: "Cuando Hegel tiene que hablar del Espíritu Absoluto —realidad última— no puede definirlo: tiene que hacer que los conceptos entrechoquen entre sí." Y cita, como ilustraciones, un pasaje de la *Fenomenología del espíritu* de aquél y otro más reciente de Wittgenstein, sobreabundantes ambos en esos choques de conceptos mediante los cuales se trata de expresar lo indecible (*Poesía y conocimiento*, pp. 139-40).

[15]Sören Kierkegaard, *Post-Scriptum aux Miettes Philosophiques*, trad. al francés de P. Petit (París: Gallimard, 1941), p. 135.

[16]Andrés Sánchez-Robₑyna, "Borde final, conocimiento", *Insula*, No. 374-375 (enero-febrero, 1978), p. 7.

[17]Antes que nadie, Pere Gimferrer acerío a sugerir profundamente el nacimiento y sentido del silencio en esta poesía reciente de Aleixandre: " ... me parece innegable que el último Aleixandre, y en particular el de *Diálogos del conocimiento*, se propone hablar, precisamente, de aquello que se resiste a ser nombrado. De ahí esta esgrima ininterrumpida de enmascaramientos y desenmascaramientos verbales, de proposiciones que, imposibles en el plano de los hechos objetivos, existen sólo en el poder de las palabras, son puros entes del lenguaje, y crean un tumulto que equivale al silencio y lo suscita" (art. cit. en la nota 12, p. 267). Inteligentes observaciones sobre la dialéctica (o mejor, interrelación activa) entre el hablar y el callar, entre la elocuencia y el silencio, puede encontrarse también en el ensayo de Arturo del Villar, "Conocimiento y existencia en el último Aleixandre", *Insula* (núm. citado en las notas 13 y 16), pp. 14 y 16.

LOS TITULOS DE LOS LIBROS
DE POESIA DE VICENTE ALEIXANDRE

Gustavo Correa

Si consideramos la totalidad de la creación poética de Vicente Aleixandre como un extenso texto poético que abarca diversidad de modulaciones, según las diversas etapas de su producción, podemos concluir que sus varios libros de poesía constituirán los segmentos del texto global. A su vez, los títulos de los varios libros vendrán, en ese caso, a ser marcadores semánticos que actúan a manera de indicios paradigmáticos que contribuyen al desciframiento de los segmentos (los varios libros de poesía) y que, por otra parte, dan luz sobre el progresivo desarrollo de la visión total del autor. Ahora bien, los títulos de los varios libros contribuirán también al esclarecimiento de los poemas en cada libro, puesto que han de actuar como indicios intencionadamente escogidos por el poeta para recapitular su visión poética en cada uno de estos segmentos. Creemos que este es el caso del poeta Vicente Aleixandre. Sin embargo, por ser estos indicios semánticos con frecuencia parciales y, en algunos casos, ambiguos o solamente propuestos con una intención de significado en latencia, su cabal sentido sólo podrá ser esclarecido, a su turno, en función de los sentidos particulares de los poemas. En este último nivel, los títulos de los poemas singulares cumplirán, así, una función similar en el esclarecimiento del sentido del poema mismo y remitirán, a su turno, al título del libro en que éste se encuentra, completando y enriqueciendo su significado. Por otra parte, los títulos singulares de los poemas se hallarán dentro de la esfera semántica del título del libro, el cual servirá de guía a estos últimos para su correcta interpretación y la de los poemas. Es decir, tanto los títulos de los poemas como los de los libros se hallarán situados en series de interrelaciones verticales de las unidades menores (los poemas) a las unidades mayores de los segmentos textuales (los libros), y de éstos a la significación de la obra total. Nos limitaremos, en el caso presente, a los títulos de la obra poética aleixandrina, en tanto que indicadores semánticos de cada uno de ellos y en tanto que constituyen eslabones que señalan la trayectoria de la evolución poética del autor.

El primer título, *Ambito* (1928), indica que el contenido de los poemas se halla relacionado con el ambiente que rodea a la conciencia del poeta. El vocablo *ámbito* significa precisamente "contorno", "círculo", espacio que rodea a la persona en el cual ésta vive y se desenvuelve.[1] En el primer libro de Aleixandre, este "ámbito" es específicamente el de la noche oscura, el de la nocturnidad, en tanto que ésta constituye el ambiente que le permite a la conciencia aislarse del mundo exterior y concentrarse, por el contrario, en sí misma, proceso éste que lleva a la exploración de los centros más profundos de la afectividad. Esta iluminación de la conciencia cobra expresión en la final formulación del poema, la cual suele coincidir, en el ámbito exterior, con la presencia del alba que anuncia un nuevo día. No hay duda que esta manera de visión se halla relacionada con el ambiente de lo nocturno que es característico de la poesía de Mallarmé. Los poemas de *Ambito* se hallan distribuidos en siete secciones, cada una de las cuales contiene el subtítulo "Noche" como una de sus partes. Toda la sección primera, además, lleva el título de "Noche inicial", y el último poema de la sección séptima se halla bajo el subtítulo de "Noche final". El título de este último poema, "Posesión", constituye una clave en la comprensión del libro, por significar que el acto de posesión de la noche por el poeta equivale a la asimilación de los "densos zumos", de "la pulpa ardiente" de esta noche que ha madurado en plenitud. La condición de maduración de la noche y de asimilación de sus jugos cobra expresión en la creación del poema.

El título del segundo libro de Aleixandre, *Pasión de la tierra* (1928-1929), indica que el poeta explora el mundo de su afectividad, en tanto que se presenta a su conciencia como pasión elemental, constituida ésta por una primaria fundamentación terrestre. Pasión, en este caso, significa movimiento, impulso pasional, el cual puede ser, ya un sentir agudo y doloroso, ya una posible experiencia de placer. Tal movimiento pasional implica, además, un inevitable tenderse hacia fuera. El sintagma nominal bimembre *Pasión de la tierra*, constituido por el núcleo de la frase "pasión" y el determinante en construcción preposicional "de la tierra", es indicativo de un proceso de objetivación de los contenidos de conciencia. Esto es, el objeto sobre el cual se vierte la mirada del poeta (objeto que se halla plenamente objetivado en el título) es su propia pasión, la cual resulta participar de la condición de lo terrestre. El determinante en genitivo "de la tierra" no expresa posesión ni pertenencia, sino calidad y sustancialidad, referidas éstas al núcleo "pasión". El sintagma del título es, así, doblemente aclarador de significado. Por una parte, señala, metafóricamente, que la pasión del poeta es, en su elementalidad, como la de la tierra, ya que después de todo ésta es productora de formas elementales de vida. Por otra, constituye el connotador de lo que viene a ser la sustancialidad materialmente terrestre del contenido pasional. El sintagma es, por tanto, un importante indicador semántico en el proceso de interpretación de los poemas. En el libro predominan, en efecto, las imágenes que se hallan densamente relacionadas con la condición de lo terrestre: agua subterránea, lugares oscuros, objetos enterrados, raíces de plantas y de árboles, savia contenida, presencia de reptiles, peces y animales viscosos. Dentro de este habitáculo se libra la lucha de la criatura que pugna violentamente por nacer. Tal mundo caótico es revelador de un contenido profundo de conciencia irracional, al nivel de la pasión primaria, y se halla expresado lingüísticamente en una sintaxis fragmentaria, incompleta, falta de orden lógico y acumuladora de elementos heterogéneos. Los poemas de *Pasión de la tierra* constituyen, así, la etapa subterránea de la conciencia del poeta, la más destacadamente surrealista de la producción del autor.

El título *Espadas como labios* (1932), del siguiente libro, presenta una estructura sintáctica invertida, cuyo orden normal, al nivel de una oración nominal corriente, podría ser: "labios que cortan como espadas" o "labios cortantes como espadas". Una posterior etapa transformacional nos dará la identificación metafórica que se halla a la base de la estructura significativa del título: "los labios son espadas". La expresión abreviada "labios como espadas" implica la supresión del elemento verbal de la oración que, en este caso, se halla reemplazado por el nexo de comparación "como", indicador de identidad. Ahora bien, la inversión (o más bien transformación) "espadas como labios" indica que la estructura profunda se halla constituida por el núcleo de una afectividad agresivamente heridora, cuya manera de manifestación primordial es la del instrumento cortante "espadas" y subsidiariamente la de ser los labios los efectivos transmisores de la afectividad. En contraste con el mundo subterráneo e informe de *Pasión de la tierra*, los poemas de *Espadas como labios* hacen explícito el hecho de que la criatura ha nacido a ras de tierra y puede dejar oír su voz con plenitud. Esto es, la voz del poeta puede ser expresada a través de unos labios que cortan como espadas (los labios tienen forma de espadas y son, además, intermediarios en la expresión de la afectividad, como también órganos necesarios en la constitución de la palabra oral). El primer poema de la colección lleva precisamente el título "Mi voz", cuyo tema es fundamentalmente el de haber nacido el poeta, en virtud de la presencia de la amada, a saber, del objeto que constituye el término de su afectividad: "He nacido" (expresión que se repite varias veces en el poema). Asimismo, en el poema "Nacimiento último" de este libro, se halla reiterada la aventura jubilosa del nacer y la apertura hacia las extensiones del horizonte. *Espadas como labios* contiene, sin embargo, la oscilación entre un contenido de afectividad duramente reprimida (compárese con "El vals") y otra que encuentra su salida al exterior y coincide con la resonancia afirmativa de la voz del poeta.

Con el siguiente título, *La destrucción o el amor* (1935), nos encontramos con una transformación sintáctica similar a la de *Espadas como labios*, aunque de índole más acentuadamente identificadora entre los términos de la construcción bimembre. Si el título del libro anterior era esencialmente matafórico, el del presente es primordialmente definitorio. Esto es, el amor es destrucción, si bien la conciencia capta en primer término el hecho de la destrucción y en segundo el contenido de la afectividad que es el causante de la destrucción. También aquí, como en el caso anterior, Aleixandre muestra su capacidad para modelar el lenguaje a los contenidos primarios de la conciencia. La conjunción "o" abandona su función adversativa para convertirse en signo linguístico de identificación. El sintagma *La destrucción o el amor* es, por otra parte, un preciso indicador semántico para los poemas de este libro, en tanto que el amor se cumple como experiencia de gran intensidad pasional que lleva al poeta a sentir en su conciencia la identidad con el cosmos, a través de su unión con la persona de la amada. Sin embargo, el proceso de la destrucción del ser, al convertirse este último en lo que no es, o sea, al adquirir la apercepción del cosmos como parte constitutiva de su conciencia, equivale, después de todo, a un movimiento de expansión de la misma. Por tanto, el término "destrucción" que inicialmente encierra un sentido negativo, viene a revelar aquí una significación altamente positiva. Se trata, en efecto, de una experiencia de "destrucción" que es propiamente un aumento intensivo de conciencia. Por otra parte, tal aumento de conciencia se proyecta en imágenes expansivas de vuelo, movimiento acelerado, atracción gravitacional de mundos planetarios, fragmentación de orbes, aniquilación en el fuego, violencia corporal. En *La destrucción o el amor*, el contenido pasional es captado como acción destructora, al mismo tiempo que como fuerza expansiva de la propia conciencia.

En dialéctico contraste con la curva de expansión de la conciencia que es característica de los poemas de *La destrucción o el amor*, el título del siguiente libro, *Mundo a solas* (1934-1936), indica que la conciencia del poeta se halla privada de comunicación con la amada y experimenta, por consiguiente, un movimiento de retracción sobre sí misma, en disasociación completa con el cosmos. Semánticamente, el adverbio "a solas" del título es indicador de aislamiento, de carencia de compañía. La conciencia debe enfrentarse al mundo en radical soledad, con el conocimiento de su propia desolación. Por tal razón, prevalecen en los poemas de este libro las imágenes de la petrificación de paisajes lunares, de mares limitados y empequeñecidos con lechos calcáreos, de distancias que no es posible alcanzar, de sombras, de ríos con peces podridos, de encerramiento en lugares oscuros y de hundimiento bajo tierra. El vuelo ascensional se ha convertido en trayectoria de descenso y de disminución empequeñecedora. El título *Mundo o solas* es significativo, por consiguiente, de una visión que expresa la enajenación y el vacío en la conciencia del poeta.

En *Sombra del paraíso* (1944), el sentimiento de enajenación se hace aún más patente con el descubrimiento de la propia finitud, de la temporalidad del ser y de la esencial orfandad del hombre en este mundo. El título del libro es especialmente significativo por indicar precisamente que el poeta se halla fuera del ámbito del paraíso y que tan sólo le es dado contemplar su sombra. Esto es, la conciencia no experimenta el paraíso, sino que lo reconstruye en el recuerdo. Ahora bien, la lejanía indicada por el vocablo "sombra" es igualmente de carácter especial y temporal. La conciencia del poeta contempla espacios mágicamente iluminados que se hallan situados en el mundo ya lejano de la niñez. Lo que pueden llamarse poemas paradisíacos ("Criaturas en la aurora", "El río", "Primavera en la tierra", "Luna del paraíso", "Mar del paraíso", "Ciudad del paraíso") se refieren efectivamente a paisajes de la región de Málaga donde transcurrió la niñez del poeta, pero los cuales son vistos ahora en elegíaca rememoración. Los poemas "Padre mío" y "No basta" expresan, por otra parte, la radical orfandad del poeta frente al mundo. El título del libro proyecta, así, con toda precisión, el carácter de ser la experiencia del paraíso tan sólo una sombra reflejada, en forma de recuerdo, en la conciencia del poeta, sin verdadera consistencia. El objeto luminoso es contemplado en la sombra que ha dejado, a su paso fugaz. La noción de "sombra" entraña, así, no solamente una percepción visual de objeto reflejado en mancha oscura, sino que es significativo, al mismo tiempo, de un contenido de conciencia que se caracteriza por su inanidad y apariencia puramente refleja. El signo lingüístico "sombra" encierra, por tanto, una inicial intención metafórica, mas revela también una dimensión abstracta como portador de una función cognoscitiva.

En la evolución poética de Vicente Aleixandre, el título del siguiente libro, *Historia del corazón* (1954), es revelador de una nueva manera de apercepción de la realidad que se caracteriza por la conciencia de la temporalidad. *Historia*, en este caso, quiere decir, en efecto, apercepción historiada, realidad concretamente vivida y experimentada en la sucesión temporal. La modalidad un tanto abstracta de la conciencia, en su actitud de contemplación en *Sombra del paraíso*, pasa a ser aquí historia cotidiana de experiencias menudas, compartidas momento a momento en compañía de la amada. Por esta razón se trata de una "historia" que es singularmente "del corazón", esto es, historia amorosa que consiste en el compartir solidario de mutuas experiencias. Numerosos poemas ("El alma", "Tierra del mar", "Certeza", "La explosión", "Ascensión del vivir") muestran una trayectoria de vida en plenitud que luego declina hacia el debilitamiento físico y, finalmente, al envejecimiento de los amantes. Puesto que la transitoriedad temporal es sentida al mismo tiempo como finitud y como desamparo, los dos amantes se sostienen el uno al otro con compasiva expresión de ternura. Por otra parte, la "historia del corazón" es también historia compasiva de solidaridad con el resto de los hombres. La sección segunda del libro que se titula "La mirada extensiva" y la cuarta llamada "la mirada infantil" revelan el sentimiento entrañadamente fraternal y solidario del poeta con los demás y, en particular, con los seres débiles y los menos afortunados en este mundo. El título *Historia del corazón* revela, así, por una parte, un contenido de conciencia en el cual ésta se ve a sí misma como temporalidad y acabamiento y, por otra, un contenido de afectividad compasiva y solidaria en relación con la amada y con el resto de los hombres.

Este sentimiento de solidaridad compasiva se continúa en el siguiente libro, *En un vasto dominio* (1962), cuyo título es indicativo primordialmente de la amplitud de la mirada del poeta que ahora incluye la inmensa vastedad de la "materia única", la que constantemente se vierte en nuevas formas. El "vasto dominio" se halla constituido, así, por la materia orgánica, productora del hálito vital, que se renueva, decae, muere y vuelve a renovarse, simultáneamente, en infinitud de casos y en manifestaciones sin término en el tiempo y en el espacio. Sin embargo, este "vasto dominio" es principalmente el del cuerpo humano, cuya solidaridad con el cosmos se realiza en el dominio de las formas orgánicas. Tales formas son, al mismo tiempo, productoras de cuerpos bellos, pero también de los brotes de conciencia y de manifestaciones ejemplares en el mundo del espíritu. Cada uno de los órganos del cuerpo ("El vientre", "El brazo", "La sangre", "La pierna", "El sexo", "El pelo") es, además, sabia concreción de la materia única. En *En un vasto dominio*, la conciencia capta la vastedad de su fundamentación orgánica y la historia, sin término, de su propia espiritualidad, siempre renovada en la conciencia individual y colectiva.

Podemos advertir, por otra parte, un rasgo de particular dimensión autobiográfica en el título del siguiente libro de Aleixandre, *Poemas de la consumación* (1968).[2] El vocablo "consumación" que indica la realización completa y terminada de algo notable, viene a significar, en este caso, la consumación de la vida del poeta, esto es, el acercamiento al cierre de su trayectoria vital. Lo "consumado" es lo que se encuentra definitivamente cumplido y realizado. Los *Poemas de la consumación* se enfrentan, así, con el hecho ineludible del envejecimiento y la cercanía de la muerte. Por esta razón, se caracterizan estos poemas por sus imágenes de nocturnidad (de sentido diametralmente opuesto a las de su primer libro), la presencia de signos cósmicos que se hallan desprovistos de vitalidad y de fuerza, y el predominio del recuerdo como contenido de conciencia. Las ráfagas de luz iluminan la conciencia en un fondo de total oscuridad. El destino del poeta se presenta como clarividencia de una "conciencia erguida" que ya se encuentra al borde de su propia extinción. La consumación final es contemplada, por otra parte, por el poeta, como sucesión de pensamientos ("Pensamientos finales") que lentamente van cayendo, en la misma forma en que van cayendo las hojas de un árbol en la estación del otoño, y también como final abolición de la memoria. Sólo le resta al poeta darse cuenta que la extinción de su propia conciencia se efectúa como una sombra que pasa: "Con dignidad murió. Su sombra cruza" (últimas palabras del poema último, "El olvido"). El título del último poema de esta colección viene a ser un indicador del contenido semántico de la consumación.

Con *Diálogos del conocimiento* (1974),[3] Aleixandre introduce una nueva modalidad de forma poética (la del diálogo) y una nueva manera de conocimiento poético. Los "diálogos" se verifican en la forma de monólogos fragmentarios, yuxtapuestos en sus varias partes los unos a los otros, y entreverados entre sí. Las voces dialogantes corresponden, así, a figuras que proyectan modalidades específicas y antitéticas de la conciencia poética. Tales monólogos dialogados hacen visibles, además, realidades y juicios que con frecuencia resultan ser contradictorios, mas, al mismo tiempo, igualmente válidos, que tienen que ver con la existencia humana, el mundo, la vocación y la naturaleza misma del conocer. Por tal razón los diálogos presentan un contenido de introspección y de meditación. Por otra parte, los *Diálogos* revelan, a través de sus figuras antitéticas, el oscilar de las generaciones, el emerger y la evanescencia de la conciencia, el conocer por el sentir y el vivir en contraposición con el saber abstracto. Gracias a estos diálogos es posible la afirmación de los contrarios, en una manera de conocimiento que es a la vez metafísico y poético. Las figuras dialogantes constituyen imágenes de la función del conocer poético.

Esta inquisición en la función semántica de los títulos de las obras poéticas de Aleixandre nos ha permitido fijar la evolución del poeta y conocer la naturaleza de su visión del mundo. Los títulos actúan como valiosos indicadores en su interrelación vertical y progresiva entre los poemas singulares, los libros de poesía y la obra total. La evolución poética de Aleixandre revela la trayectoria de una conciencia poética que capta el significado de la vida humana en su paso por este mundo, en sus diversas dimensiones de fuerza física, intenso contenido pasional, afectividad llena de ternura, manifestación excelsa de espiritualidad, aislamiento en el cosmos, solidaridad con los demás, sentimiento de acabamiento. Ante todo, la conciencia poética capta su propio destino de nacimiento, expansibilidad, identificación con el cosmos, subida a las alturas, descenso, concentración en sí misma y extinción. El mundo poético de Aleixandre es una clarividente iluminación de nuestro propio vivir.

YALE UNIVERSITY

Notas

[1] Véase María Moliner, *Diccionario de uso del español* (Madrid: Gredos, 1966). Para los títulos de las obras poéticas y de los poemas tenemos en cuenta las *Obras completas* de Vicente Aleixandre (Madrid: Aguilar, 1968).

[2] *Poemas de la consumación* (Barcelona: Plaza y Janés, 1968).

[3] *Diálogos del conocimiento* (Barcelona: Plaza y Janés, 1974).

IV. *Principal Works*

AMBITO DENTRO DE LA OBRA
DE VICENTE ALEIXANDRE

Guillermo Carnero

La obra de Vicente Aleixandre tiene, entre otras características demostrativas de su grandeza, la de ser inagotable para el lector y el crítico. Mucho se ha escrito sobre ella, y puede decirse que las grandes líneas de su intelección están ya trazadas, gradias a Carlos Bousoño; pero siempre qudará en la poesía de Aleixandre algo que destacar, algo en que profundizar, porque la lectura de un gran poeta nunca puede darse por terminada.

Desde ese punto de vista quiero proponer aquí una relectura del primer libro de Aleixandre, *Ambito*, aparecido en 1928. Una obra que no ha recibido la atención que merece por parte de la crítica, lo cual se debe, en mi opinión, no a que se trate de una obra primeriza (su autor tiene 30 años en el momento de publicarla) sino a que es en cierto modo inclasificable dentro de los esquemas en los que se inserta la producción poética de la Generación llamada del 27, tomada en conjunto. La tradición y la metodología académicas, al lado de sus enormes ventajas y logros (el principal de ellos es proporcionar visiones de conjunto de los fenómenos literarios), pierde algo de su eficacia ante las obras singulares, que se resisten a ser introducidas en los compartimentos válidos desde un punto de vista estadístico, y a ser explicadas por referencia a los parámetros obtenidos por legítima inducción científica. Quedan así en la sombra los autores que no han seguido la tónica de su tiempo (tanto los retrasados como los precursores) y, para el caso de un autor codificado, aquellas obras que no encajan en la evolución "típica" que sobre él se proyecta. Por esta última razón ha quedado *Ambito* como alma de Garibay dentro de la producción poética de la Generación (término que utilizo como moneda corriente y no sin reservas que no viene al caso exponer aquí) que solemos llamar del 27.

En efecto, hasta que la politización marca a esta "generación" (y si hay una piedra de toque para probar la ineficacia del término, es ésta) se admite que ha pasado por dos etapas anteriores: primero, herencia del ultraísmo y poesía pura; segundo, recepción del superrealismo. Tomemos pues la obra de Aleixandre anterior a la Guerra Civil, y veremos que *Ambito* no se deja incluir en ninguna de esas dos etapas: queda como una obra inclasificada, es decir, marginada. Si Aleixandre no hubiera seguido escribiendo, es de suponer que la crítica habría relegado *Ambito* al cuarto trastero donde reposan Moreno Villa, Domenchina, Bacarisse, Tomás Morales y tantos otros, por motivos fundamentalmente ajenos a su calidad literaria: porque no encajan en el lecho de Procusto de las generaciones y de las tendencias literarias.

En el caso de Aleixandre hay un motivo más. La envergadura de su obra superrealista (uno de los casos más claros de la repercusión en España del movimiento francés, al margen de todas las distinciones que puedan y quieran hacerse) ha centrado en ella el inicio de la significación literaria de su autor, quedando *Ambito* como perro sin amo, porque también le estaban cerradas las puertas del redil "puro" donde adquieren carta de naturaleza y derecho de ciudadanía los primeros libros de Salinas o de Gerardo Diego, por mucho que la evolución posterior de sus autores se haya alejado de ellos.

La injusticia para con *Ambito* es grave; se trata de un libro en el que está contenido en germen el pensamiento y la motivación centrales de toda la obra de su autor, incluyendo en ello sus dos últimas publicaciones, *Poemas de la consumación* y *Diálogos del conocimiento*; de un libro en el que se anticipa la inmediata adhesión de Aleixandre al superrealismo, lo que supone que *Espadas como labios* y *Pasión de la tierra* han de ser explicados no como resultado de una mera influencia exterior, sino también como hito de una trayectoria personal.

Se ha dicho acertadamente que uno de los rasgos distintivos de la poesía de Aleixandre es el tema de la identidad de destino y esencia entre el ser humano y la Naturaleza (elementos y fuerzas cósmicos, seres inanimados y animados). En "Niñez", sexto poema de *Ambito*, el poeta se imagina niño, viniendo por primera vez a tener conciencia de la realidad. Y esa realidad es de las más elementales del mundo natural: la arena. Su contaco produce júbilo y transmite vida, crea —el poeta interpreta sus sensaciones del pasado— un proyecto de vida exaltada. En "Forma", el mismo niño recreado toca con los dedos la huella de sus pies en la arena y al llevarse la mano al pecho se reconoce a sí mismo por mediación de la Naturaleza. Esa sensación de comunión está más intensamente expresada en "Campo": el poeta imagina a la Naturaleza como un instrumento musical, cuya caja de resonancia es él mismo. Los sones que aquélla emite lo hacen a su vez vibrar armónicamente: "Suprema vibración de los hilos / finos, en el viento / atados a mi frente / sonora en el silencio".

La incomunicación con la Naturaleza equivale en *Ambito* a una privación de vida. En "Juventud" las paredes de la habitación son, para el cuerpo joven encerrado en ellas, "clausura de esperanza". Pero a ese cuerpo "se le caerán un día / límites". Estará desnudo, en el amplio sentido que esta palabra tiene para Aleixandre, y que engloba todas las facetas de la libertad. Una libertad que entra en conflicto con la cultura negadora de lo espontáneo, de lo animal, de lo instintivo y de lo erótico. Si recordamos que a dar una rotunda formulación de estos conceptos ha dedicado Aleixandre su último libro, la anticipación que de ellos hay en *Ambito* merece ser tenida en cuenta: demuestra la pasmosa coherencia de una obra escrita a lo largo de cincuenta años pero explicable como unidad. En otro poema de este primer libro, "Integra", la inmersión en la noche se siente con tanta acuidad reintegradora que el propio cuerpo no es reconocido como tal por lo que tiene de privativo: "Cuerpo / mío, basta; si yo mismo / ya no soy tú". En "Posesión" la conciencia se ha evadido de los límites del cuerpo; sobre la lengua —dice el poeta— siente el sabor del alba. En otro poema que lleva por título precisamente "Alba", nos hallamos frente a un canto a la Naturaleza en sí misma, al margen de todo panteísmo explícito; contemplarla, gozarse en su espectáculo y describirlo le parece al poeta suficiente.

El universo poético de *Ambito* se halla poblado de suscitaciones eróticas, y como es característico en Aleixandre ese erotismo es un impulso que va más allá de la sexualidad, sin negarla, animado por un anhelo más abarcador: suprimir el aislamiento entre los seres y entre los reinos del ser. Podríamos hablar de dos momentos en lo que se refiere al yo presente en el texto aleixandrino. Uno primero *purgativo*, que consiste en romper los límites del ser individual, en desnudarse de las trabas de la conciencia y de la cultura, simbolizadas por esa habitación clausurada fuera de la cual bulle la vida en sus múltiples formas, dentro de la cual alienta la vida individual que aspira a realizarse saliendo de sí misma. Otro *unitivo*, que hace al hombre común con los demás hombres, con los animales y el cosmos entero. El desbordante panteísmo de Aleixandre conferirá el carisma de la vida incluso a las meras fuerzas de la naturaleza y a los seres inanimados. Me atrevería a decir que el mero existir desprovisto de conciencia —recuérdese el papel negativo de la conciencia en *Diálogos del conocimiento*— es para Aleixandre carencia de trabas a la comunicación identificativa a que aspira el hombre lastrado por su autoconciencia de ser distinto. Si desprendiéndose de ella, lo que equivale a aproximarse a la simplicidad de la naturaleza, se acerca el hombre a sus semejantes, es lógico que en *Ambito* ésta se plantee como un vínculo comunicativo. Así lo dice el poema "El viento": "Si te das al viento / date toda hecha / viento contra viento / y tómame en él / y viérteme el cuerpo".

El poeta de *Ambito* es un resuelto cantor de la Naturaleza, hasta el punto de que, como ya he dicho a propósito de "Alba", aparece con rango de asunto único, despojada —para los límites estrictos de algunos poemas, aunque evidentemente el contexto opera en el sentido de homogeneizarlos a los restantes— incluso de la dimensión ética explícita que para Aleixandre tiene la confrontación entre el mundo natural y el humano. Veamos el poema "Voces":

> ....
> Valle resonante
> centrado en las ondas
> intactas del día.
> Fontanar de la honda
> vida, entre la oscura
> noche ....
> ....
> Tersa maravilla
> de sus aguas ...

El poema es un canto a la elementalidad de la Naturaleza; mejor dicho, es una descripción apasionada de un cierto aspecto de ella. El poema no dice más, simplemente describe. Claro que al leerlo, aun exento, no puede evitarse el pensar en la intención que su asunto adquiere en la tradición literaria española: mundo natural, bello, perfecto y puro por oposición a mundo humano (no en cuanto a lo sustancial del hombre sino a lo accesorio, aunque inevitable, de la organización social). Pero "Voces", despojado de su contexto amplio —la totalidad de la obra de Aleixandre y la tradición bucólica en la literatura española— y estricto —el conjunto de poemas que forman *Ambito*— es un texto en que la mera descripción se rondondea. Elevación de la Naturaleza a tema exclusivo: no cabe más fervor.

En "Cabeza en el recuerdo", el rostro humano es asimilado al prado idílico magistralmente evocado por Berceo. Un ser humano, en su elementalidad rescatada por el amor, es visto como una parcela privilegiada de esa naturaleza "cobdiçiaduera", el extremo positivo del maniqueísmo ético de Aleixandre: "Tu cuerpo al fondo tierra me parece / un paisaje de sur abierto en aspa". La identidad, en sus recursos estilísticos (fórmula "A no B": "sombra fresca, no verde" —"Si A, B": "si bella, si armoniosa, firme", esta segunda vez en el poema "Alba") procede de la poesía del Siglo de Oro.

No es casual que la delectación erótico-estética produzca en Aleixandre ese mecanismo asociativo, de corte panteísta; en varios lugares de *Ambito* ha dejado constancia de cómo la trascendencia de la Naturaleza es tanta que en ella misma ésta no se agota: "Campo, ¿qué espero? / Definición que aguardo" ("Campo").

Una de las características mayores, por no decir la fundamental, del concepto aleixandrino del mundo se encuentra ya formulada en *Ambito*: la identificación entre el Cosmos y el ser humano, en lo que éste tiene de fugazmente angélico, de ocasionalmente puro. Tal identificación, desencadenadora de mecanismos visionarios en la que se concreta, a lo largo de toda su obra, el irracionalismo de Aleixandre, tiene lugar en *Ambito* mediante dos procedimientos recíprocos: atribución de cualidades cósmicas al hombre y de cualidades humanas al Cosmos.

Así, *hay un temblor de aguas en la frente* y las ideas *surgen en bandadas, albeantes*, en el poema "Idea". Del cuerpo dice, en "Cinemática", que venía *a ramalazos de viento*, y se lo equipara a un *meteoro* y un *cometa*. "Rotunda afirmas la vida / tuya, noche...", en el poema "Agosto"; ahí también "Luceros, noche, centellas / se ven partirte del cuerpo". La identificación se lleva al máximo en el poema, ya citado, "Cabeza en el recuerdo", donde el cuerpo amado adquiere dimensiones cósmicas, ya que su rostro es el ameno bosquecillo donde se sitúa el poeta, y el resto del cuerpo, todo el paisaje que distingue la vista hasta el horizonte; identificación del cuerpo tendido con la tierra (la común horizontalidad), por el mecanismo asociativo que, cuando erguido, lo hará asimilable a las montañas y cuerpos celestes. Veamos un solo ejemplo de la continuidad de la identidad entre todos los reinos del ser en *Pasión de la tierra*: "Secciónamecon perfección, y mis mitades vivíparas se arrastrarán por la tierra cárdena".

Del mismo modo que el ser humano más excelso adquiere los atributos de lo incontaminado natural, el universo se humaniza. El viento "late" en el poema "Cerrada", el brillo de la luna se derrama como sangre de una herida en "Riña", y la noche tiene un cuerpo. Tenemos *viento de carne* en "El viento"; "la noche tiene sentidos", dice textualmente "Agosto"; el frío "se echa de espaldas" en "In-

tegra". En "Mar y aurora" el amanecer es visto como un gran cefa-
lópodo que lentamente va desplegando sus tentáculos y palpando el
paisaje. El mar tiene, en el poema "Mar y noche", torso, miembros
y músculos. En resumen: la Naturaleza es, en todas sus manifestaciones, comunicante, por una profunda y superior identidad que
entre sus componentes (elementos naturales, animales y hombre
cuando regenerado por el amor) establece la pupila del poeta. Identidad que es de carácter ético: la primacía de lo elemental, puro e
incontaminado sobre sus contrarios. (El odio a la civilización, a la
organización social, que tal actitud conlleva, es una de las características del movimiento superrealista, que ve en ellas una poderosa
maquinaria llamada a deshumanizar y embrutecer al hombre.)

El hermanamiento entre el Cosmos y el ser humano es, pues, de
índole afectiva, y se manifiesta en una liberación de la capacidad
erótica, que la civilización yugula. Unas veces el acto erótico que reintegra a los orígenes es protagonizado por el ser humano, de una
parte, y la naturaleza misma de otra. Así, en el poema "Cerrada",
la noche oprime a un cuerpo como el abrazo de un amante:

> La sombra a plomo ciñe,
> fría, sobre tu seno,
> su seda grave, negra,
> cerrada. Queda opreso
> el bulto así en materia
> de noche...

Y lo mismo en "Cinemática": "se arremolinaba el viento / en torno
tuyo". Ese amor cósmico tiene ya el típico rasgo aleixandrino de
presentarse como una agresión o una amenaza: *amenaza de aceros
de viento*, en "Cinemática". En otros casos, la Naturaleza sirve de
puente, de tránsito en la aspiración afectiva que lleva a un ser humano
hacia otro:

> Si te das al viento,
> date toda hecha
> viento contra viento,
> y tómame en él
> y viérteme el cuerpo ("El viento")

Ambito no debe ser considerado un libro primerizo y falto de
significación. No es una obra de menor cuantía, ni un precedente
prescindible, ni un intento en el que Aleixandre no hubiera encontrado aún sus temas fundamentales. Creo que, al contrario, es un
proyecto de toda su poesía hasta hoy, la cual, como se ha señalado,
se sustenta en un motivo fundamental: la reivindicación de la elementalidad y animalidad del ser humano frente a la represión cultural

y social. Motivo éste que encontramos abrumadoramente en *Ambito*, y que aparece en su más diáfana formulación en *En un vasto dominio,* siendo el hasta ahora último mensaje de Aleixandre, en *Diálogos del conocimiento.*

Pero el significado de *Ambito* no se agota en haber formulado la clave de la visión del mundo y la actitud ética de Aleixandre. Como ya he dicho antes, hay en este libro indicios de la inmediata adhesión de su autor al superrealismo.

La dificultad con que se tropieza a la hora de definir el superrealismo español no ha sido resuelta. Los poetas del 27 no fueron aficionados a las declaraciones programáticas, con la excepción de las formulaciones teóricas de Dámaso Alonso a propósito de Góngora (me estoy refiriendo a los años 30) y esa limitación está bien manifiesta en las poéticas de la célebre antología de Gerardo Diego. Recientemente (nota preliminar a su antología de *Poesía superrealista,* 1971), Aleixandre ha negado su adscripción al movimiento francés, que ya en 1925 fue radicalmente criticado por Huidobro en *Manifestes.* La cronología, por otro lado parece negar la independencia del suprerrealismo español.

Si para llegar a la extrema crítica del lenguaje de la que surge la práctica superrealista era necesario un grado suficiente de conciencia política, lo mismo que lo era partir de la base de que el lenguaje es un resultado y un reflejo de la infraestructura (en lo cual se anticipó a Breton el grupo dadaísta de Zurich en la persona de Hugo Ball), y esa crítica política del lenguaje no se encontrase en los poetas del 27, habríamos de deducir que en la poesía española anterior a la Guerra Civil faltaban las bases imprescindibles para que nuestro superrealismo pueda ser considerado autónomo. Ahora bien, creo que esa conciencia y esa crítica están ya en *Ambito,* aunque oscurecidas por el hecho de que los poetas del 27 no se expresaron teóricamente en manifiestos como los que jalonan la ruta del superrealismo francés.

La adscripción de determinada etapa de la obra de Aleixandre a una actitud identificable con el superrealismo francés puede admitirse con dos precauciones que han sido senaladas por Carlos Bousoño en *La poesía de Vicente Aleixandre* (ed. de 1968, pp. 208 y ss.): primera, reconocer que su máximo se encuentra en los libros escritos entre 1928 y 1935, es decir, *Espadas como labios, Pasión de la tierra* y *La destrucción o el amor*; segunda, que el superrealismo *sui generis* de Vicente Aleixandre es, por su mitigación y personalidad, un rasgo de estilo que no puede limitarse a la adscripción pasajera a una corriente literaria, sino que de modo más o menos visible vertebra toda su obra, con una consecuencia mayor: la intensificación del fenómeno visionario y consiguiente erradicación o minimización de la imagen tradicional. A otro nivel, la grandiosidad de la concepción aleixandrina del mundo hubo de exigir, para ser expresada, un continente métrico-rítmico a su medida, el insuperable verso libre que sólo puede parangonarse con el de *Poeta en Nueva York*.

Ambito es sumamente significativo a la hora de calificar el superrealismo de Alexandre, a la hora de distinguir qué le era consustancial en la escritura de los libros de 1928-35. En efecto, la cosmovisión del superrealismo aleixandrino se encuentra ya en este primer libro y permanece desde entonces como algo distintivo del quehacer de su autor, mientras que la ruptura a nivel estilístico que se produce entre *Ambito* y *Pasión de la tierra* (empezado en 1928, antes que *Espadas como labios*, aunque publicado después), y que sería la mayor prueba de la influencia del superrealismo francés en Aleixandre, ha sido luego rechazada por la posterior escritura del poeta. La expresión aparentemente automática de *Pasión* ha cedido el paso a una rotunda conciencia creadora, lúcida en cuanto a la selección y disposición del material poético, cuyos resultados son distintos de los que los superrealistas propugnaban (y en cambio, los resultados de la escritura automática francesa fueron, con pocas excepciones, de una banalidad e insustancialidad paradigmáticas). Un inconsciente buen sentido llevó al Aleixandre de *Pasión de la tierra* a apartarse del fetichismo automatista, aunque la tendencia hacia él introdujera en su obra unas distorsiones permanentes y fructíferas. En resumen: tenemos en *Ambito* no escritura automática pero sí irracionalismo, en germen los mecanismos visionarios y en toda su pujanza el panteísmo erótico.

Si el vitalismo naturalista de *Ambito* enlaza este libro con la obra posterior de su autor, también lo acerca (por su enfatización de la represión que la sociedad efectúa contra la realización humana en el terreno de lo instintivo y lo erótico) a los postulados de acción política del superrealismo francés, en sus primeros momentos, antes de que Breton conduzca esa postura hacia la militancia efectiva en el Partido Comunista francés. Militancia que como es sabido fue conflictiva y de corta duración, y dio paso, tras el acercamiento a Trotsky, a las formulaciones de la *Oda a Charles Fourier*, que han de entenderse, en mi opinión, como una forma de anarquismo. Y anarquismo es el rótulo que habríamos de poner, desde un punto de vista político, a las ideas de Aleixandre acerca de la relación hombre-sociedad, tal como están formuladas poéticamente desde *Ambito*.

Hay pues una comunidad de pensamiento profundo entre el

Aleixandre de 1928 y el movimiento superrealista francés. Lo que distingue a *Ambito* de la escritura para-superrealista de *Pasión de la tierra* es la factura de las imágenes. Las de *Ambito* son visuales, plásticas y concretas y no desdeñan el cuño clásico, como ya se ha señalado. Podría decirse que como consecuencia de la sacralización de la naturaleza y de lo real y elemental, la escritura de *Ambito* declara su fidelidad a los objetos y cosas reales; así la metaforización se mantiene dentro de unos límites de inteligibilidad y visualidad.

La imagen de *Pasión de la tierra* es más desorientadora. El referente es nebuloso cuando no indescifrable; en las cadenas sintagmáticas, cada término suele ampliar el significado posible de los anteriores, en lugar de precisarlo (restringirlo), dando lugar a espirales de significado totalmente divergentes. Como dice Paul Ilie al ocuparse del superrealismo aleixandrino, en *Pasión de la tierra* "hemos sobrepasado incluso la tenue lógica de la metáfora" (*Los surrealistas españoles*, Madrid: 1972, p. 73). El sistema de referencias es imprecisable y movedizo, incluso desde una definición del significado tan amplia como la que utiliza Bousoño para caracterizar los procesos visionarios por oposición a las imágenes tradicionales.

La disolución del significado en *Pasión de la tierra* es un experimento extremoso. Y diría que desde *Ambito* el poeta está viendo surgir en su interior una visión del mundo todavía en ebullición. Cuando se serene en él se le revelará riquísima de matices, tan rica que ha ido dando nacimiento, en prodigiosa continuidad, a toda su obra hasta hoy. Matices que para ser expresados en todas sus formas habían de exigir una mayor sumisión al código de la lengua: distorsionado sí, pero no pulverizado.

No quiero dejar de señalar un poema de este primer libro de Aleixandre que me parece totalmente emparentado con el concepto superrealista de escritura; es el titulado "Idea". No es un texto superrealista, pero señala la escritura superrealista sin que en él se encarne. En efecto, la frente (de un ser humano, en este caso el poeta mismo) es equiparada a un mar agitado, del que emerge "la limpia imagen, pensamiento / marino...". Tal imagen es *intacta* (lo que la asimila al Cosmos elemental, incontaminado de civilización), *secreta*, y surge *de un fondo submarino*, dotada de *gracia*. Más arriba, en el aire, hay *ideas en bandada*. Cuando la imagen submarina sale a la superficie, *inflamada de ciencia*, se encuentra *desgarrada* del paisaje *total y profundo*. Es decir que el poema alude al paso de una imagen al consciente, donde se la formula en palabras: dice el poema que es la *lengua* quien opera el desgarramiento (de la imagen) del paisaje profundo de donde procede. Por la formulación lingüística adquiere ciencia, pero pierde la elementalidad, la verdad y la pureza propias de sus orígenes. Podemos entender el poema como un elogio de la escritura automática, o más acertadamente como una constatación de que la presión social se manifiesta como la imposición de un lenguaje, entre otras formas. Al margen de ello, es sobrecogedor ver cómo esta intuición de *Ambito* se concreta en el último de los libros de Aleixandre, *Diálogos del conocimiento*, que expresa, entre otras cosas, una añoranza de la sensación pura, del sentimiento borboteante, destruido en el proceso de adquisición de sabiduría que supone la formulación de su experiencia por medio de palabras.

Resumiendo, la significación de *Ambito* dentro de la obra de Aleixandre me parece sustentada en los siguientes hechos:

1º En este primer libro tenemos ya formulada en esencia la idea central que explica toda la obra de su autor: la reivindicación del mundo de los instintos y del erotismo, por el cual se realiza en plenitud el ser humano; la identificación del hombre, en su más puro sentido, con la Naturaleza en todas sus formas; la acusación hecha a las normas culturales y a la organización social de apartar al hombre de esa concreción de su destino originario.

2º *Ambito* permite apreciar lo que hay de genuinamente personal en la etapa superrealista aleixandrina. Ya que si en el terreno de la expresión puede haber contaminación con el superrealismo francés, en el más importante terreno de las formas de pensamiento que están en la base de la escritura superrealista, Aleixandre ha llegado por su cuenta a formulaciones equivalentes, antes de *Pasión de la tierra*. Formulaciones cuyo carácter no adventicio ni venido de fuera viene demostrado por la persistencia hasta su obra última, hoy.

VALENCIA

DESCENT AND CASTRATION

Paul Ilie

In the last chapter,* the two types of grotesque found in Machado and Solana were seen to begin with a psychic disturbance within the artist which later became externalized in literary form. The question now is to determine to what degree this is relevant to the emergence of surrealism from its Romantic background. In other words, in what way does this disturbed psychological state proceed from a previous Romantic disposition, and how does it develop into an even more disturbed "surreality"? The poetry of Vicente Aleixandre provides the best opportunity for analyzing this problem since his early works are a mixture of both aesthetic modes. Although Aleixandre did not cultivate the grotesque, his distortions follow the same spiritual pattern set by Machado. That is, the end result is a self alienated from nature, with implications that lead directly to a surrealistic atmosphere.

Aleixandre's poetic world has a murkiness which allows only the vaguest of physical and emotional contours to be seen. There are several reasons for this gloom, notwithstanding the poet's description of his work as an aspiration toward light. First, concrete objects —vegetation, fauna, meteorological and mineral states—are never depicted for their intrinsic value. Instead, they are made to induce the shapeless obscurities of feeling that are the real subjects of his poems. Furthermore, these tangible phenomena of nature serve an elusive, nonmaterial frame of reference. That is, they refract everything, sunlight included, through the turgid twilight of the poet's sentiment. And finally, there is neither chromatic variation nor

---

* This article is Chapter 3 of *The Surrealist Mode in Spanish Literature* (Ann Arbor: Univ. of Michigan Press, 1968), reprinted with permission of the publisher.

lineal precision, so that Aleixandre's vocabulary fails to create any visual appeal. His words have a substantive richness only, making them a perfect medium for the grey and groping masses that haunt his early verse.

Nevertheless, the poet's frequent claim to be aspiring toward light confirms the basic tenebrosity of his surrealist verse.[1] The two extremes of his perceptual experience are brittle sunlight and lymphatic darkness, and each poem dated before 1931 aches with yearning to escape the second in order to reach the first. Aleixandre writes from the damp pits of the imagination, straining for the "tremulous celestial light" which is also the "fervid hope of an unquenchable breast."[2] And yet, his condition is one of submergence, like a creature of the sea with "feet enmired in muck," who knows the "impossibility of ripping loose from the abyss" (312). The imagery of eyeless birds, hidden jungle life, unlit stars, and triumphant sea is not just conceived imaginatively, but seeps forth from the irrational crevices of Aleixandre's mind. His search for understanding, symbolized by a parallel imagery of wings, angels, and heavenly bodies, is caused by his original hermetic state, which in turn produces not only a deeply private literature but one whose conflictive titles (*Espadas como labios, La destrucción o el amor*) suggest the difficulty of our gaining access.[3]

However, Aleixandre is essentially a Romantic, and through this sentimental crack in his linguistic armor, we can penetrate to the artistic nerve endings of his inner life. There is an unashamed lyricism in his expression, but it is covered over by a vaguely ominous rhetoric. And yet it is just this rhetoric which we must learn to decipher, for it conceals a human suffering that is almost unrecognizable as being human. Nature, for example, fluctuates between peace and violence, prefiguring a tension between herself and man. Then too, there are word polarities (*harmonious, wounding, gentle, crushing, flower stems, teeth*) which set the poems' intelligibility slightly off balance. Finally, as the natural setting intensifies its divisive state, Aleixandre invests it with references drawn from the human realm. This has the effect of abstracting what is human in the poet's world and transferring it to an inanimate sphere. A good instance is the image of time. In the hot one o'clock light, a "sheaf of sharp-edged lances"—the sun's arrows—is tied by a "band of transparent time" (129). Generally speaking, the sense of time is curiously abstract in Aleixandre, especially for a poet so obsessed with organic destruction. He merely witnesses time's visible mark on the concrete world, even though its meaningful impact is felt on his own troubled spirit.[4]

As a result, there is an ever-widening gulf between man and nature as the qualities of each tend to separate and become denaturalized.

This process is interesting to watch. First, Aleixandre withdraws from the physical landscape into his memory, the "clear valley of absences," where the "humid" solitude suspends him over the full river of time (138). This physical removal, however, is compensated by a strong mental plasticity, in this case the texture of loneliness felt moistly above a temporal expanse of water. Thus, we find the poet and his inner reality on one side, and the concrete world of matter on the other.

The second step in the process of detachment is to affirm the supremacy of subjective states. Aleixandre discovers "subtle waves of memory" that flow over a "subterranean riverbed" (90). These blur the edges of reality, causing time to dominate space and matter. The mental evasion here is aided by linguistic confusion in the form of a Gongoristic syntax, which acts as a veil over the description. Also undermined is the fidelity to verbal logic ("parentheses oppress words"), and metaphors reflect reality in terms of the dislocation between substance and psyche. For example, a landscape is real, but a river carries "forgotten, submerged ideas," and "at the bottom of it, your body seems like earth." Thus, we find a mind that is abandoning its rational categories and inserting reality into the abstract framework of memory. At the same time, the mind's metaphorical categories have taken the process of decay and turned it into an abstraction. These interchanges have little to do with the traditional subjectivism of Romantic metaphors; rather, the image has been stirred up from the subconscious dregs of mind and time. As a result, the boundary between the two realities disappears, and we discover that the antithesis of body and earth produces strange syntheses: "flesh: horizon"; "arms of copper"; "torsoed lights"; "the marble's frozen skin wounds the light" (90-91).[5]

The poet's alienation from nature is mirrored by nature's own state of frequent conflict. This dissociation is used by surrealists to create an objectified representation of reality that reflects neither man nor nature. Aleixandre, however, is just on the brink of this surreality. He withdraws first into himself and then, more abstractly, into memory. In his private awareness, he is anguished. Thus, when he relies on the world of objects for images to express his inner experience, those objects are only useful in their violent phases, or to the extent that they can be twisted into unnatural states. In themselves, they have no value, and are of little interest for the clues they might furnish to the meaning of reality.

Aleixandre, then, is concerned only with his own reality, which consists of the way he articulates his feelings with the raw material of the outer world. Hence, he occupies a position midway between the post-Romanticists—whose crisis we observed in Machado—and surrealists like Lorca. That is, he is no longer disturbed by the fallacies of subjectivism, but he is not detached enough to abandon it altogether. Remaining basically Romantic, therefore, he is of interest to us because he turns the phenomenal world into a lexicon for self-expression. To Aleixandre, objects are only important for the nominalistic conversion to which he submits them, and they are evoked not for their qualities or effects, but in order to become verbal images. In theory, things have an outer dimension; but in fact, the poet experiences the word, not the thing. Consequently, the image is more than a symbol. It no longer represents the object, but controls an association of meanings that have nothing to do with the outer world. There is only one reality now, surreality, in which words create their own logic and emotion without reference to objective phenomena.

This is especially true of *Pasión de la tierra*, which is incomprehensible if we attempt to infer meaning from the normal logic of things. In fact, the book is not only metaphorically difficult but it is pictorially deficient as well. Aleixandre's surrealism is peculiarly nonrepresentational, and his word symbols are so hermetic that the ordinary visual connotations of his imagery have no bearing. There is much plasticity, of course, but this is a different matter, as will be seen. Aside from the barest of graphic outlines, the images offer none of the sensorial qualities that are implied in the term "imagery." Everything is conceptualized, even the mood. The poet's feeling has no real dimension, and the sensation of inner violence is confined to the linguistic realm.

As Aleixandre enters his surrealistic period, the separation of language from experience grows more complex. For one thing, the motif of submergence continues to herald the poet's spiritual condition. For example, references to caverns and the sea allude to emotional states rather than to nature. Then too, the poet's subjectivity comes to be less important in itself and more a part of the technique used to describe it. Style becomes all-consuming, and there is no longer any subject matter left to be stylized. Since the poetic allusions are ambiguous, they create mood more than meaning. And since private experience is divorced from reality, it too loses its interest as a subject. All we are left with is a subjective *mode*—a style and a technique which function at the heart of the poem. There are no ideas, feelings, or perceptions as such. There is, however, an emotional subjectivism based on the ambiguity of style and reference. For example, in *Espadas como labios* we find sentiments described without the support of any logical or empirical structure. The feeling of sadness is "a hole in the earth, gently dug out by words"; it is "like a well in water, a dry well that probes the breadth of sand"; and, finally, "sadness does not always become a flower that grows until it reaches air, springing forth" (257-58). The effectiveness of this imagery cannot be denied. What is important is that its vividness has no reality. The phenomenal world is not mentioned here, nor is the poet's perception of that world. What does appear is a paradox of graphic abstraction, an earthen well and a sandy beach that exist in a limbo between private emotion and objective reality.

Thus, what began as an alienation of self from nature ends as a dissociation of language from reality. Whether we define reality as a personal or a phenomenal world is irrelevant; in either case it is difficult to relate expression to experience of any sort. Where no distinction is made between "a well in water" and "a dry well," we have gone beyond even the tenuous logic of metaphor. And when no effort is made to separate objects from concepts, then the referential system of poetry has become confused. Take, for example, the phrase, "Mother, mother, this wound, this hand touching at a well or errancy open in my breast." To identify "wound" with "hand" may stretch the imagination, but we can admit that some vague emotional connection might justify the equation. Moreover, both nouns are qualitatively equal: they are human, made of flesh, and part of the same person. On the other hand, the identification of "well or errancy open in my breast" abandons all semantic sense. The reader is disconcerted until he realizes that the physical emptiness of the well corresponds to the conceptual emptiness of errancy. But by this time the mood has already been established, and the disorientation is carried into effect.

In the same poem, the use of metaphor intensifies the lyricism while sustaining the absurd break with reality. In one case, the description deals with some light seacraft floating on the waves: As light as nubile birds, as loving as ciphers, like that last desire to kiss the shore or a lonely man's afflicted bearing, or a stray foot." These comparisons are comprehensible only through an act of vague intuition, but the poet's psychological state is clearly perceived. Still sharper is the declaration: "It is I, holding my loving heart outside like a wire." This jarring metaphor is right in the spirit of surrealism, even up to the wire material and its echoes of mechanical springs. Nevertheless, the poem fails to create a total subjectivity because it has no central theme or event linking metaphorical expression to the self. Instead, it erects a psychological screen which allows one emotion to pass through a mesh of equally conditioned allusions. The emotional conditioner is the concept of sadness that is attached to neutral objects such as a hole in the earth or a well. The latter are transformed into symbols of the poet's spirit, disturbing symbols due to the fact that they give no indication of why they have been selected. In other words, the screen of associations makes us breathe the filtered air of the poem's emotions without letting us see the substantial cause of these feelings. It produces further unease by excluding both logical and metaphorical meaning. Of course, it does not enter completely into the absurd, for we can, after all, understand the poem. But no logic or metaphor is possible in a context where ciphers are loving or where words dig holes in the ground.

From what has been said, we may conclude that Aleixandre's technique is an arbitrary emotionalism of neutralities. He communicates feelings by placing neutral nouns in disconcerting contexts in order to tip the balance of emotional uniformity slightly off center. The results vary from pathos to terror, but they are always without an imagistic or intellectual core. Consequently, each poem is, in itself, often incomprehensible. But as a group, they reveal certain obsessive motifs that recur in fixed emotional patterns. For example, the sea symbolizes the poet's entire psychological world, and ships are the rational and irrational activities that occur in it. The notion of hollowness or cavity is a form of inwardly falling subjectivity. And the various types of personal affliction—breast wound, heart of wire, stray foot——project an image of the poet's vulnerability and spiritual inadequacy. Apart from these symbols, meaning is also determined by the technique of making unlike terms synonymous. Relationships such as "sadness or a hole," and "a well or errancy" establish a semantic identity between disparate concepts. This use of *or* is frequent in Aleixandre, with the result that certain poems can serve as glossaries of synonyms that help to deduce the meaning of other obscure poems.

Once these patterns are recognized, the task of providing an exegesis of the poetry is less formidable. But beyond the specific themes, there exists a general attitude toward poetic activity that is relevant to the surrealistic mode. Aleixandre has a poet's "afflicted bearing." He often wanders or errs, misleading himself and his readers in both feeling and idea. Full of pain, his self-exploration hurts as might a clumsy hand on an open wound. At certain moments, he sees himself submerged in an ocean of intimacy. For example, he describes a motionless swordfish that cannot bore through the shadows under the sea. The fish "feels on its flesh the chill of the sea depths where blackness gives no love" (311). This image is a marine version of the poet's own striving for sunlight. The fish, filled with a "moaning sadness," rolls a tear into the water and filters with its gills the "deceptive fantasy of a dream." The poet's Romantic sensibility is submerged to a depth where his only faculties are the dark processes of the dream. Unlike the upper waters, his level has no "fresh yellow algae for the sun to gild." Nevertheless, the sea floor provides the foundation for a mountain whose crests agitate in a "dark dream." Thus, the sea impedes the fish's conscious effort to penetrate its shadows, but allows the unconscious dream mechanism to operate.

Aleixandre's wish is to be liberated from the darker half of his existence. Although he has his "feet enmired in muck," he longs "to rise, green-winged, above the dry abyss, and lightly flee unfrightened into the burning sun." This duality, of course, cannot be overcome, since it represents the poet's inherent capacity for both rational and spontaneous creative activity. His yearning is for freedom and light, the Romantic quest for a pure expression of love. But Aleixandre cannot be a Romantic poet, for he is too aware of his roots in the irrational. His poetry is immersed in dark water that "crushes the wing of a drowned nightingale, the beak that sang of love's evasion" (311-12). This symbolism transcends Aleixandre's stated desire for escape, telling us why he must follow the road to surrealism. His power of flight has been crippled, his song drowned in the subterranean waters of his mind. Even his swordfish fails to penetrate the watery shadows. Moreover, Aleixandre is aware of his own impotence and reflects this fact in his images of bodily injury. Self-exploration extends to experimentation with metaphorical distortion. What is a problem of poetic creation for the man becomes a projection of multileveled allusions: fish, metal, sea, wing, insects, earth. These imagistic patterns of obsession reach their climax in the collection of prose poems *Pasión de la tierra*, which will occupy us for the remainder of this chapter.

Aleixandre's surrealism results from his failure to reach the starting point of Romantic aspiration. Like Machado, he is skeptical of poetry's value as an accurate expression of sentiment: "I am dying because I don't know whether form can perceive the sunlight, or if the depths of the sea can be found in a ring." Recognizing the limitations of technique, he doubts whether any formal vehicle is strong enough to support feelings of such magnitude. And again like Machado, he has private fears about his own ability to perform poetic functions. The fact that he is dying as an artist is explained by his excessive study of his soul's anatomy. The incisions into his emotional matrix have been cut too deeply, and "in my hand I have a breathing lung and a broken head which has given birth to two live serpents" (159). Aleixandre now looks at himself objectively, with the vital organs of his existence alive but dismembered in his hands, producing monsters. What he sees is largely an image of self-mutilation, but one which began with his sense of inner failure.[6] It is only natural that he express his inadequacy by sexual symbolism, as did Machado before him. Finding himself locked up within himself, he seeks creative release. The repression is designated by symbols of immersion ("I am lost in the ocean"), while the outlet takes a violent form ("to break this crystal of a world that creates us" [201]). Aleixandre needs to free "this wild song which I carry in a ring inside me," his inner circle of feelings. But the usual art forms are insufficient for expressing beauty or for breaking through his emotional wall "because I don't like cages for canaries, because I detest gold-filled teeth and tears that don't open other doors" (201).

The need to overcome the polarity of internal and external realms and to penetrate the latter creates a great conflict for Aleixandre. His art form does not open the hearts of others, and his broken spirit has given birth to two monsters. He has waited so long in this condition that his "beard of time has woven two faces, a windmill of scissors with which I may interrupt my life of silence" (211). Thus, his voiceless passion rages in repression. He feels the impotence of the situation and, not being able to break out of his cell, he strikes out at himself. He cuts off his life with a pair of scissors, finding this to be the only relief from his silence. We have already seen Aleixandre compare silence to a dry well, defective teeth, and a crushed wing that contrasted to the green wings of song. But these themes of sterility and castration are more than mere representations of artistic failure; they are willful acts against the self. The poet must procreate, but in order to do so, he needs a "muscular wing made of firmness, whose edge is not afraid to wound the sky-prison, the dark storm clouds in the whitened heights above" (211). He yearns to shatter the very heaven with his song, aspiring to reach the horizon of the sky-receptacle, "that instantaneous zenith which at its highest makes pendulum and blood beat as one."

The convergence of these themes at the dense core of Aleixandre's problems results in a tangle of emotions. The marriage of poet and universe, the procreative act, the appearance of blood, and the upsurge of hope are all involved in *Pasión de la tierra*. In a moment of depression and self-doubt, the same motifs of blood and breakage appear: "Trying to come into existence was a dense growth of palpitating nothingness, and the blood's rhythm beat against the window, asking the sky's blueness for a shattering of hope" (176). The wish for happiness is now a desire for poetic potency. Conversely, hopelessness and nothingness are devoid of color and sensation. Thus, in the midst of bold and troubling imagery, graphic, sensorial elements fade into abstraction. Meanwhile, the poet's struggle with his self-destructive symbolism leads him back to his own reality ("I am a windmill of roads that leads me to myself" [198]).

Given the erotic overtones of the imagery, it is not surprising that a biologically oriented vocabulary should be used. This kind of rhetoric is deeply ingrained in the surrealist tradition, as we see in Dali's primitive metamorphoses. What is strange, however, is that the physiological effect has no reality of its own. Aleixandre's uncertainty about his poetic prowess is projected beyond his subjective self, and yet not quite into exterior reality. The imagery hangs in a nether world of abstract carnality. For example, he asks, "Where is my brightness, my fund of truth, my polished surge that moans, almost harp-like to the Aeolian sob of flesh?" (198). This combination of idealistic faith in his artistic qualities and insecurity about his actual performance shows up in the vocabulary. Both beautiful and ugly elements are used, in conceptual and concrete allusions. And yet the texture as a whole belongs nowhere, except in a realm that can only be called surreality.

This principle of physiological abstraction makes possible a title such as "The Sea is Not a Sheet of Paper." In this poem we may caress a melody ("what a lovely thigh!), and note the antithetical relationship of musicality to physiology. Yet, the beauty of a lyric can be so sensual that it approaches the erotic. Thus, "the sky emits its protest like ectoplasm. Shut your eyes, ugliness, and lament your misfortune. I am he who invents the affirmation of shoulders, who accuses the subsoil of its open guilt" (185). The constant ambivalence of poetic sensibility permeates the imagery. Self-affirmation, poetic yearning, idealism (sky, shoulders) fight against self-doubt, inner failure, and loathing of the lower depths. Meanwhile, the poet searches underground anyway, ferreting out hidden and sometimes shameful things. Here are the subliminal impediments to his artistic flight, the sediment that mires his feet. He cautions us, "Don't fall asleep on the water, for the harps will lower you into the abyss" (182). It is a mistake to be lulled by the depths of the self, because this is not the way to lyrical expression. Subterranean life is treacherous to a sensitive temperament, arousing destructive tendencies in spite of the vitality found therein. As Aleixandre says, "the eyes of fish are deaf and they beat opaquely against your heart." Whether beneath the soil, under the sea, or within the human heart, it is not always possible to utilize the elements that lie there teeming with poetic viability. Emotions change as one probes deeper, and "beneath the waters, the green of one's eyes is mourning." Still further down, the horror at the roots of the soul paralyzes the creative impulse: rotten fish are not a still life" (182-83).

Paradoxically, Aleixandre warns against using material which becomes, in spite of him, the substance of his surrealist verse. (he is a surrealist without knowing it, because his poetry contains the very allusions which his Romantic temperament opposes. In other words, Aleixandre strives romantically for heaven and beauty, and so urges against subsoil and decay. But these references to fish and foulness, ectoplasm and evil, all help to compose the special sensibility of his surrealism. He imagines himself to be like a songbird, and promises a "final chastity" wherein the "cross of memory" will be burned, and he will be forgiven for unspeakable sins "that throb beneath the earth" (195). And yet, his manner of describing the bird is surrealistic: its music comes from a guitar held by snowy fingertips. So too is the underground throbbing more appropriate to surrealist than to Romantic imagery. The traditional nightingale "no longer has parlance with the moon, but seeks waters, not mirrors, withdrawn shadows in which to hide his trembling wing." Thus we find that solitude and dark meditation are no longer possible. That Aleixandre considers this lamentable is a fact which confirms his romantic nature. But the symbols of submersion (water) and anti-narcissism ("not mirrors") belong to the rhetoric of surrealism.

By dwelling on the inability to achieve Romantic flight, Aleixandre brings inevitably to his poetry an obsessional imagery. Since the central issue is his own talent, many of his poems can be read as surrealist analyses of poetic selfhood. The nightingale that avoids the moon and withdraws from its own reflection is the poet who cannot face his own failure. He does not fulfill his aspirations, and so his verse reflects self-hatred and death. The desire to hide his trembling wing in water, where it will not be seen is a type of self-effacement in which he denies his own image. He becomes more destructive by describing the bird's death amid indifference and unfulfilled desire. And finally, in an act of punishment, he envisions a castrated metamorphosis of himself as the nightingale: "a mutilated trunk where your thought fails, decapitated by the ax of that tenuous sigh which has been effectively rendered impotent by his own Romanticism.

This deep-seated concern for artistic virility is manifest everywhere. The "hunger for loquacity and force" links physical action with verbal prowess. The poet fears losing his power of thought, but knows that it is already lost in the limbo between the banal sentimentality of Romanticism and the deaf eyes of surrealism. With slightly deranged vehemence, he exclaims, "I am fed up with deafness and with lights, with sad, second-rate accordions and with the raptures of wood that put an end to governesses." And, gravest of all, he says "I am afraid of being left with my head hanging like a drop [of water] on my chest, and of the sky decapitating me for good" (177-78). Here, then, is the psychosymbolic expression of the poet's identity and the definition of his activity. The fantasy of being beheaded focuses attention on the basic mechanism of self-affirmation. The head is the source of the poet's strength, and the locus of action and ego fulfillment as well. What began as a blunting of sensibility in the area of perception and poetic expression, now threatens to become a total extirpation of power. Moreover, the irony is that the poet is robbed of his energy by the sky, an element of nature for which he has striven and has attempted to describe artistically.

Elsewhere, the castration theme appears along side of mutilated natural phenomena. When this occurs, the entire complex of symbols representing poetic theory comes into view. In one case, Aleixandre writes:

> I remember that one day a siren, who was colored green like the Moon, took out her wounded breast—parted in two like a mouth—and tried to kiss me upon the dead shadow, upon the still, trailing waters. Her other breast was missing. No abysses were flying. No. An eloquent rose, a petal of flesh, hung from her neck and was drowned in the purple water, while her forehead above, shadowed by throbbing wings, was laden with sleep...(149).

We find here a transference of the motifs that were previously identified with the poet himself. Nature has acquired the characteristics of humanity. A rose is now flesh, the poet's wings are associated with the siren, the siren herself has suffered an amputation. There is also a repetition of the self-mutilation image. The breast that is split in half corresponds to the poet's broken head that gave birth to two serpents. The artist's inner failure is here projected upon an independent figure, but the horror of truncating a life-giving organ is again imprinted upon Aleixandre as the breast kisses him.

Thus, it is clear that the problem of creativity grows progressively more irrational. The poet's spiritual agony can only be characterized by the violence of a visceral terminology. He depicts the external world in terms of physiological abnormality in order to reflect the torture of his own mind. However, he realizes that he has twisted his very real feelings into unreality by creating a deformed natural world, whose beauty he had originally aspired to represent. Hence, his self-confidence is undermined, and his anxieties concerning his powers of articulation take the form of castration fantasies. But even fear can be put to good artistic use. If the poet's rational processes have become disjoined, he may proclaim an aesthetic of unhinged visions instead. As Aleixandre advises: "Seek not that story which chronicles the madness of the Moon, the color of its brightness when it has earned its rest. Consistency of spirit consists solely of forgetting limits and seeking the form of nubile girls when the time is unripe, seeking the birth of light at nightfall" (171). In other words, the traditional quest for Romantic sensibility should be abandoned in favor of still more irrational situations. This provides the justification for writing surrealist verse, since the precept suggested is to ignore normal limits, which is to say, not to prescribe rational limitations for poetry. Hence the reference to looking for light when evening falls, indicating that other forms of meaning should be elucidated in the darkness of irrationalism.

Aleixandre's credo is stated with explicit symbolism later in the same poem. He tells of his subterranean creativity, which developed after he had done violence to himself and his ineffective Romanticism:

> My arm is an expedition in silence. My arm is an outstretched heart dragging its lamentation like a vice. Because it doesn't have the knife, the sharp wing which sunk beneath the ground after parting my forehead in two. Therefore, I'll drag myself like a nard, like a flower growing in search of the earth's bowels because it has forgotten that the day is up above (172).

This negative-sounding passage is actually strong in affirmation. What claims attention are the working conditions of a surrealist poet who has forgotten what daylight is like, but who can exist as an underground flower anyway. He laments his affliction, calling it a vice, but this judgment is made in reference to his private emotion. On the aesthetic level, the flower is engaged in a search of its own, in the earth's bowels, symbolizing an active poetic life. The wing represents, as always, the strength by which Aleixandre can soar above his condition into the light. Its capacity for a masculine role is made clear by the knife comparison, although here the wing is sunk beneath the ground. The knife-wing can turn upon its master and mutilate him, but the cleaved forehead is still a source of poetic inspiration. The surrealist nard will still flourish, even though it grows in the crevice of a self-inflicted wound.

A final aspect of the castration theme is the association of love with the writing of poetry. They are both acts of pleasure-seeking and the imposition of the self. Love and poetry also have in common the creative impulse, but Aleixandre deforms this kinship by introducing the element of destruction. In a poem called "Soul Under Water," the affirmative side of the eros-poiesis relationship is revealed. The poet is in the middle of the sea, liberated from the accidents of reality. He recognizes the dark descents of his soul, but delights in the joy of being free under water. He admires the sky and the stiff, high shipmasts. The only danger comes from the beams of light that are capable of beheading him, but he is unafraid and listens to the water music and says that love will save him (207). The mild eroticism of this fantasy is countered by a highly sexual scene elsewhere, in which the fear of injury is elaborately detailed:

> I love you, I love you, I don't love you. On your lips earth and fire taste like a lost death. A rain of petals crushes my spinal column. I'll drag myself like a serpent. The dry tongue of a well dug from empty space raises its fury and beats my brow. I break my skull and fall down. I open my eyes against the moist sky. The world rains down its hollow reeds. I have loved you. I. Where are you, for my solitude is no dwelling place. Cut me into perfect sections, and my viviparous halves will drag themselves along the purple earth (152).

In view of the symbolic background already discussed, this passage requires little exegesis. My point is that Aleixandre's image of himself is usually destructive. Moreover, his fantasies with regard to lovemaking and poetry cast him in the role of a victim and a violated poet. Instead of his operating upon the world, the world crushes him with its component parts. The very ethereal elements that should go into his verse (petals) attack him rather than submit to his poetic rule. Aleixandre is spiritually isolated, and his imagination invents ambiguous references to insulate him against his fears: wells, enclosures, physiological parts. The descriptive violence that ensues in these scenes of despair is an expression of rage at his frustration, and at the same time an evaluation of himself as helpless and disabled.

The obscurity and frequent senselessness of *Pasión de la tierra* must be explained in terms of these dualities. Actor-victim, love-poetry, creativity-destruction are three axes that spin simultaneously. Further, their motion is interior, taking place in the submerged state of the poet. There is, consequently, little need for orienting his material toward reality: "there are so many inner brightnesses that I want to ignore the number of stars" that exist (210). The surrealist foundation of this subjectivity rests on the poet's psychological need to create deformed images to represent his attitudes.

In most cases, Aleixandre's imagery is sober and disturbing. But at times he exhibits the lighter half of surrealism's harlequinesque mask. One of the book's prominent motifs is the deck of playing cards. The time to take out the deck is also the "hour for observing the oily sheen of the moon on the round, swollen-cheeked face of a bundled king. Upon the old velvet cloth, a crown of lyricism would have the effect of a delayed melancholy..." (190). The king on the playing card represents the slick emotionalism of a superficially convincing yet identifiably artificial type. Kings and aces are on the verge of bursting into laughter, their sterile mascarade being of sporting value, but otherwise unsuitable for genuine lyrical expression. Sometimes Aleixandre himself feels that he too is inauthentic, riding a horse on a joker card, and yet, trying to escape his falsehood while on this same horse (177).

There is a tragic sense underneath this lightness, of course, but it does not prevent the depiction of people as cardboard figures or mask-bearing phantoms. Some are made of sticks and poles, others have nickel-plated heads or are simply mannequins (176). Existence itself is as fragile as an empty eggshell (181), and the poet's sense of the grotesque begins to form when his private state of sensitivity clashes with the circus-like chaos of the natural world (168). Aleixandre is always capable of hope, one day crying but laughing the next (209, 211), and insisting on the importance of reason in a world without logic. He affirms the purity of light in a world of eyeless people (184), although the value of his poetry consists of its murkiness. Referring to himself as "dead reason," he suggests the ambiguity of the role played by rational thought. Thus, reason must be amplified by a call to the irrational heart to search for eyes, in order that the forces of life ("the fountains of daylight") might reaffirm the meaning of existence by allowing the name of life to resound in the hollow of darkness (185).

Now that we have reconstructed the main obsessive patterns from an undifferentiated mass of associations, we must remind ourselves that Aleixandre did not intend to state a poetic credo in *Pa-*

sión de la tierra. The fact that we have found some coherence amid the obscurity does not mean that he had been working from a carefully formulated set of precepts. His poetry represents an essentially emotional universe, one whose subjectivity does not admit rational access. Each poem is a king of Romantic "soul-state" whose cluster of feelings is more important than any conceptual value that might be deduced. But neither feeling nor concept is significant in comparison to the presence of word associations and their psychological effect. The atmosphere created by symbols and motifs is of greater import than either the poems' rational meaning or their possible relevance to the poet's private world. Thus, no matter how clever we are in detecting the artistic foundation of the poetry, the latter is intended to stand or fall on the evocative power of its psychological impact. Similarly, the poet's emotions are secondary to the motifs themselves, whose purpose is to create a mood rather than to convey meaning.

We may conclude by noting several other motifs that seem to function extrasymbolically, with no apparent significance other than to induce an atmosphere. One of these is the fish, which in part follows the larger analogy of sea and mind. The fish operates as a supplement to images of motion and unpleasant textures. In most cases it assumes an aggressive role, or else retains an ominous quality that falls somewhere between vagueness and undesirable immediacy. Where it is palpably viscous, its mass is suited to the poet's nonvisual condition of groping and listening to the flow of water. And where it has no sensorial role, it imparts adverse moral traits and destructive tendencies. The poet introduces similarly ominous threads that have no relevance to each other, but which enable him to draw a tight web of chilling events and objects. In one passage where "there are fish that do not breathe," he refers to "an asphyxiation coming out of my mouth" (151). Another passage tells of a similar disaster: "A river of blood, a sea of blood is this kiss dashed against your lips" (151). Two lovers wait in a room whose "bloodless walls were not of cold marble," and where "a curtain of smoke became all blood" (153). Every example suggests the idea of a barrier or repression, and when the poet describes disillusion, he likens it to clear lagoons that turn into "torn breasts, wretched coagulated blood that breaks open into cracks" (197).

The obsessive nature of the poems is in part due to the eye motif. Eyes are either sightless, or they follow people, or they become the antithesis of beauty. Sometimes they fade from the scene (154) and lapse into a detrimental condition for the sake of a better artistic expression. For example, since eyesight is the instrument of rational analysis, surrealist verse is best served by the absence of both light and the faculty of sight (182, 205). In one passage, the motifs of eyes, blood, and love are fused into a multileveled mosaic of associations: "Upon your breast some letters in fresh blood say that the time for kisses has not come. . . . One autumn afternoon a nubile heart, gushing light in the absence of eyes, goes asking for darkness without contact, souls that know no sensation" (184). Love and blood are linked, and elsewhere in the passage, both are related to artistic activity. The poet refers to himself as "dead reason," and he covers his eyes while urging his heart to remember colors. Thus, he advocates aesthetic perception by memory or by some other nonvisual form of experience. The young heart gushes light even when blind, and the poet himself wants to be loved by a beautiful but blind body. He feels reassured by the fact that "forms remain in spite of this sun which dries out throats" (185). This echo of the parched blood motif, mentioned earlier, is also part of the castration theme, as is the idea of blindness in general. Thus, the thirst for creativity goes unrelieved by love and sensation, just as love goes unsatisfied for lack of kisses and spiritual contact.

At this complex point, the card game motif is associated with the poet's shut eyes, and new thematic relationships are opened. There is a chaotic interplay of serious intentions ("false appearance of youth, showing its swollen fingertips in a masked sterility"), and the awareness of pastiche ("I now have my solitaire. Here is the final figure. . .that can be stuck into the white earth like a sick rosebush, where its eyes will never open" [191]). This passage is, however, one of the less complicated examples, in spite of the abundance and confusion of its motifs. Its meaning is not as important as the fact that it demonstrates the book's structure. Each motif proliferates minor ones, many of which can be traced to other contexts. The point is not so much that we can infer patterns of meaning and function, but rather that Aleixandre is offering a structural form which suggests a coherent psychological meaning.

It is easy to dismiss *Pasión de la tierra* as a senseless and amorphous welter of words.[7] Often it does appear to be this, and it is true that the work is Aleixandre's least admired effort. Yet, this is not because it is without surrealist value, but because its symbols spill over with great wastefulness. There is neither control nor direction among its metaphors, and without this the possibility of meaning disappears. That the symbols are intelligible is, I hope, clear from the passages that we have examined. But for the most part, each sentence speaks on several levels at the same time without further elaboration within a given poem. When we trace a motif through several poems, we may get an inkling as to the meaning of the motif, but this does not usually help to explain the poems individually.

For this reason, it is tempting to reject *Pasión de la tierra* as an aberration, especially since Aleixandre has provided similar themes in more accessible books of verse. Yet this very similarity is what confirms the validity of his surrealistic collection. If some motifs can be examined analytically, the majority of them may be experienced intuitively. The text should be confronted as if it were an unreal world of words, a jungle of references that have no application outside the range of the reader's mind. Thus, any sensitive reading cannot help but arouse the uneasy conviction that everything is all vaguely familiar, but that just as we are on the verge of understanding, it slips out of reach again. *Pasión de la tierra* constitutes the triumph of the irrational over the impenetrable. Since there are some aspects of the book that yield to analysis, we may not dismiss it as incomprehensible. Rather, it leads us to the frontier of reality, where we must stop and contemplate the zone of nonreason by means of intuition.

THE UNIVERSITY OF MICHIGAN

Notes

[1]Aleixandre's critics have found it necessary to qualify his surrealism because he was not influenced by the French school. P. Salinas calls him a neo-Romantic, observing that his internal logic keeps him from being a surrealist. Salinas also declares: "*Espadas como labios* y *La destrucción o el amor* significaron la plena incorporación del surrealismo a la poesía castellana. Mas el surrealismo de A. no era tanto un surrealismo de escuela o de fórmulas como una posición poética afirmada sobre un fondo personal...romántico" ("V. A. entre la destrucción y el amor." *Literatura española siglo XX* [Mexico: 1949], p. 217).

D. Alonso writes: ". . .esta poesía de V. A., como toda la poesía superrealista en lo que más o menos está emparentada, forma parte de un vasto movimiento literario y científico, que no sé si calificar de hiper-realista o hipo-realista...encuentra su paralelo y hasta cierto punto su base, en los intentos psicológicos de los años últimos, el psicoanálisis... Es una necesidad de la época, repito, y esto explica el hecho de que V. A. pudiera escribir un libro superrealista de poemas en prosa (publicado en 1935), sin intención ninguna de 'hacer superrealismo' y sin conocer directamente la escuela francesa" (*Ensayos sobre poesía española.* pp. 356-58). However, Alonso was more willing in 1935 to admit that A.'s poetry was "más o menos emparentada con el *surréalisme* francés y su pretendido automatismo" ("V. A. *La destrucción o el amor*," *Revista de Occidente* [June 1935], p. 340.

[2] *Poesías completas* (Madrid: 1960), p. 344.

[3] The only full-length study of these works is C. Bousoño's *La poesía ,de V. A.* (Madrid: 1956). He finds that the "ingredientes suprarrealistas visibles" in *Pasión de la tierra* stem from the visionary tradition of Spanish literature, and A.'s knowledge of Rimbaud and Joyce. See especially his discussion of imagery and Freudian dream symbolism, pp. 167-78.

[4] On the suspension of time and other dimensions of reality for the sake of linguistic imaginativeness and in order to cultivate the sensual word, see L. F. Vivanco, "El espesor del mundo en la poesía de V. A.," *Introducción a la poesía española contemporánea* (Madrid: 1957). pp. 341-83. This essay is one of the best written on A.

[5] However, as Rodríguez Alcalde remarks, "El surrealismo español, que paradójicamente cuenta con más insignes figuras que el propio surrealismo francés, no fue nunca fiel a un estrecho concepto de la escritura automática, pues incluso V. A., que en *Espadas como labios* o en *Pasión de la tierra* parece seguir con entusiasmo las normas surrealistas, ha dicho categóricamente: 'No he creído nunca en lo estrictamente onírico, en la escritura automática, en la abolición de la conciencia creadora' " (*Vida y sentido de la poesía actual*, pp. 202-3).

[6] For a different approach to the imagery of self-destruction as it fits into the development of A.'s poetry from surrealism to pantheism, see C. Zardoya. *Poesía española contemporánea*, pp. 439-598.

[7] A. himself says of this work: "Es poesía 'en estado naciente', con un mínimo de elaboración. Hace tiempo que sé, aunque entonces no tuviera conciencia de ello, lo que este libro debe a la lectura de un psicólogo de vasta repercusión literaria [Freud], que yo acababa de realizar justamente por aquellos años" (*Mis poemas mejores* [Madrid: 1956], p. 30).

PASION DE LA TIERRA Y
ESPADAS COMO LABIOS:
ASPECTOS COSMOVISIONARIOS Y
SIMBOLOGIA SURREALISTAS

Yolanda Novo Villaverde

Partiendo de la constatación en el Aleixandre de *Pasión de la tierra* (1935) y *Espadas como labios* (1932)[1] de una serie de actitudes y tonalidades surrealistas que tienen operatividad en el seno de su cosmovisión romántica general, quisiera indagar —ciñéndome a estos dos libros más estrictamente surreales— en dos cuestiones a mi entender centrales: la primera, el contenido de esa serie de impulsos existenciales que se aparecen como indicios de dicha visión, que, a su vez, actúa de plataforma básica de aquellas perspectivas surreales; la segunda, la presencia de una simbología de características específicamente surrealistas.

Respecto al primer punto a tratar, considero que la concepción del cosmos como un ámbito ambivalente y dialéctico similar al caos primigenio justifica en gran medida la presencia constante de esa zona de deseos —el subconsciente humano— donde todo está unido, a la que se remite una y otra vez en una especie de "descenso a los infiernos" en que se revela el desorden amalgamante de lo distinto y lo igual simultáneamente. De aquí proviene la impresión fragmentaria que se vivencia tras la lectura de estas dos obras, en las cuales el desbordamiento lingüístico corre parejo al acrecentado desorden espiritual del poeta (en cuya *mente* se agolpa la totalidad del ser y de la vida) y a la superación de las leyes físicas de nuestra naturaleza (vid. "Los truenos están bajo tierra", PT, 112). Es precisamente en la *conciencia* del poeta donde se alumbra y suscita este universo de contrastes en que todo, *memoria* y *sentidos*, está contrapuesto y en tensión. En otras palabras, el universo de PT y EL está generado por la conciencia en un largo recorrido a través de ella —ya desolada, ya esperanzada— que motiva el choque de la misma con el mundo de las sensaciones. Granados coincide con Villena[2] en señalar que en PT el "paraíso" surreal perseguido reside en la imaginación. Ello explica los antagonismos presentes en estos libros: *tacto* (brazo, mano, dedos) / *frente* (sien) : *ojo* / *pensamiento*, antinomias que simbolizan el conflicto inicial idea / mundo externo del que nacen todos los poemas: "cuando sobre las frentes las ideas son dedos" (EL, 100); "Pensamientos, barcos, pesares pasan, entran por los ojos" (PT, 190).

En última instancia, ello es provocado por el afán de totalidad que mueve al poeta ("Quiero un bosque una luna quiero todo ¿me entiendes?..." (EL, 78), ya que todo es uno y uno es todo: monismo cosmogónico[3] que al hacer prevalecer la unidad primigenia de lo existente propugna la analogía y correspondencia universal —similar a la que el romanticismo recoge del neoplatonismo y de corrientes ocultistas— como visión de lo contradictorio bajo el principio de identidad. Fronteras, límites y formas (el vocabulario se reitera: *límite, término, forma, limitación orilla, pared, muro borde*) obstaculizan la realización del individuo y por ello han de ser quebrados; de esta contienda surge todo un mundo de disonancias y tensiones (yo-mundo, vida-muerte, luz-sombra, amor-desamor), la exuberancia de objetos dispares, la muerte (Thanatos) y el amor (Eros) igualados por su función deslimitadora, así como la latencia de lo ya ido o de lo aún no presente pero que ya reside en la realidad que se presiente y en la que se nombra.

Obviamente, esto conduce a la instauración de lo originario esencial puro, donde la plenitud es total: afán de pureza absoluta y de infinito inmortal proyectados en lo primitivo, en lo natural. Pero el hombre está disminuido e incapacitado para conocer las esencias de un ámbito en que todo se mueve, transcurre y carece de formas. Las metamorfosis de seres y cosas tienen su razón última en este intento por atrapar lo inasible y por asumir la naturaleza del caos inicial. Por otro lado, el deseo de alcanzar la virginidad primigenia (vid. "El frío", EL, 92 y "Acaba", EL, 75) se manifiesta en la presencia de las fuerzas telúricas primarias (sol, luna, mar, cielo, río, viento), en la búsqueda de la plenitud de lo no separado, en la urgenica por expresar el funcionamiento de una mente inmaculada ante el acto originario del habla: "virginal" en tanto que es lugar de integración de opuestos y puede llegar a "la instantánea comunicación con el centro" (PT, 107).

Esta necesidad de atrapar la plenitud existencial produce un
choque con lo real instituido que lleva al poeta a rebelarse. Inadaptación, ansias de libertad y rebelión se proyectan a partir de aquí en
ese "viaje hacia lo otro", hacia un "absoluto" edénico que a modo
de surrealidad[4] integra lo latente y lo manifiesto, pero que se evade
en todo instante de la órbita del ser humano limitado. Toda la poesía
de Aleixandre —y en ello la similitud con Cernuda es total— se configura como un intento de alcanzarla, como expresión de un deseo,
de un buscar en sí mismo que se erige en la esencia del ser en el mundo: afán de iluminar lo oculto, de acceder a lo cósmico universal,
al sueño y al sexo como exponentes de las ansias reprimidas del individuo. El paralelo entre la actitud anhelante y la sensual hacia
todo lo creado (vid. "El solitario", PT, 163; "Partida", EL, 48) con
la vivencia del amor como fuerza totalizante e intento de comunicación con lo absoluto es integral, por ello la muerte no se presenta
como final definitivo sino como modo de acceso a una nueva forma
de vida.

A esa surrealidad se llega por lo concreto, trascendiéndolo y
recreándolo (en forma degradante o sublimadora) mediante un acto
azaroso en el que se revelan indicios y huellas de lo virtual, de ese
lado oculto de la realidad que palpita en las apariencias de las cosas
y que es sentido como "necesario" por la atracción magnética que
ejerce sobre lo real, a pesar de ser un imposible lógico. A esta revelación de lo irreal en lo real Busuioceanu[5] la denomina "epifanismo":
"un denso crecimiento de nadas palpitantes" (PT, 146). Se trata
de la "contraimagen de positividad"[6] de valores telúricos que, en
el caso de Aleixandre, adquiere perfiles utópicos, tales la reconciliación del hombre con el todo, su fusión con el universo. Asimismo,
la inmersión en el mundo del sueño como puente de la realidad con
lo deseado proviene del rechazo inicial, que al anhelar destruir hábitos mentales mecánicos aboca a una quiebra de la lógica del discurso
y de la naturaleza objetiva: "¿Por qué dos huesos largos hacen de
cuerdas y sostienen a un ángel niño, redondo (...) que espera deshacerse en siete mariposas...?" (PT, 135). En suma, encontramos en
la visión de Aleixandre una pasión cósmica y una ética de lo natural
que en su raíz responden a estímulos plenamente surrealistas. Es
decir, nostalgia y utopía concluyen en una surrealidad.

Dejando a un lado las características definitorias de la óptica
romántica[7] del poeta en la que se inscriben esos elementos surreales,
detengámos en un aspecto de los mismos a mi parecer medular: las

coincidencias con el surrealismo más ortodoxo en lo que atañe a la concepción de la poesía y del lenguaje poético, a la función que juegan el autor y el lector en ese universo poético surreal.

En primer lugar, se detecta la pertenencia de esta poesía a una estética dialética, asumidora de todas las divergencias, con la última mirada puesta en una belleza absoluta, pura e inasible que incluye también a lo que ya posee entidad. Es una estética viva, reflejo artístico de la libertad soñada, campo de la imaginación y de la escritura en libertad. La poesía se encarna, por consiguiente, en la vida como producto de la liberación de la mente por la palabra.

El poeta, en una libertad mental y emocional total, deja fluir su fantasía creadora y su imaginación a fin de descubrir e iluminar ese otro lado de la realidad: la poesía es "vaticinio" de algo.[8] Como vidente del caos del ser y del mundo, su primer acto es dejar que aflore el de su propia mente, recuperando ese estado virginal origen de nuevos hábitos de expresión y comprensión ("una conciencia sin funda", PT, 128) cuyo objetivo es "ese decir palabras sin sentido" (EL, 45). Pero la palabra pronunciada, emitida, adquiere unos contornos, una forma y contenido diferenciados que provocan la frustración e impotencia del poeta ante el mismo instante de la escritura, en el cual todo sentimiento, incluidos los inefables, se nominaliza y de-limita. Es así que se dan íntimamente conjugados un continuo recrear el acto original del nacimiento del lenguaje ("Despojándome las sienes de unas paredes de nieve, de un reguero de sangre que me hiciera la tarde más caída, lograré explicarte mi inocencia" [PT, 128]) y las imágenes de automutilación del poeta, símbolos de su fracaso en ese momento de proyección del yo que es el acto de escribir: "No aprenderé las palabras que me están rozando / ni desliaré mi lengua de debajo de mis pisadas / Pienso seguir así hasta que el agua se alce / hasta que mi piel desprendida deje sueltos los ríos" (El, 103). Puede afirmarse sin ambages que se trata de una *poesía del lenguaje*[9] en sus relaciones con el pensamiento que a veces llega a la temática del metalenguaje (vid. el poema de EL titulado "Palabras", p. 85, cuyo motivo central es la relación idea-palabra).

Precisamente en *Espadas como labios* esta cuestión es meridiana: continuamente se sugiere el problema de la creatividad, del empleo de una lenguaje generador y procreador por su fuerza imaginativa y su necesidad interna de desarrollo, de su nacimiento como materia viva; también la consiguiente frustración que los límites de la palabra exteriorizada implica es un tema típicamente surrealista, ya que si lenguaje es comunicación, su insuficiencia en este sentido cuestiona dos principios básicos de la poética surreal: la función de la potencia metafórica del mismo para crear una surrealidad y la posesión innata de las fuerzas subconscientes del lenguaje de la comunidad humana. Es más, si un aspecto típicamente surrealista del ámbito aleixandrino es la integración de los rastros de lo latente en lo "ya ido", o sea, de las "vacías presencias" que evocan la cercana actualización de algo que puja por manifestarse, esto se plasmará en un "decir negativo" cercano al de la mítica: se trata de la negación como metáfora de la ausencia, de lo que se resiste a adquirir contornos delimitados, incluidos los verbales, de una forma de acceder a la realidad añorada negándola,[10] de aquí la insistencia en el adverbio de negación ("*no* nombres *no* agonía", EL, 50).

En nuestro poeta este "leit-motiv" adquiere matices peculiares. Al no admitir los esquemas lógicos de la razón trata de estimular al máximo su flexibilidad mental a fin de vencer las resistencias lógico-conceptuales y encontrar la palabra justa y perfecta, la palabra dinamizadora de la materia. Por tanto, el yo poético simula hablar en estado salvaje, como inventando los sonidos —este tono de primitivismo en el acceso del individuo a la expresión verbal-oral es muy claro en "Mi voz" y "La palabra", poemas de EL en los que la lucha con el verbo se ejecuta con ansiedad, que el uso de imperativos e infinitivos subraya— y entregándose a una verborrea inconsciente e indiscriminada para salvar a las palabras de su aislamiento inerme. El poeta queda así transformado en ese "babbler" o charlatán que la cita de Byron[11] que abre EL se encarga de recordarnos, en un mero hacedor y emisor de sonidos que puja por suplantar a los objetos sin conseguirlo. Deviene entonces la derrota: ese dictado verbal es insuficiente para expresar lo inefable, la vida misma en su elementalidad compleja, por ello el poeta intenta imitar la voz de la naturaleza.

Los objetos del entorno real rebasan sin cesar —y la hacen estallar— esa su envoltura (la palabra *cáscara* es frecuente) que son los nombres ("porque ignora todavía el bulto de las letras / esos lingotes de carne que no pueden envolverse con nada", EL, 108), pues con el uso se deterioran, pierden vitalidad y quedan como "lana marchita", "arena machacada", "torpe vientre hinchado", "palabra que se pierde como arena" (EL, 85). En esta desilusión se integra el antagonismo ya aludido *idea / sentido*, dado que la palabra, por el mero hecho de proceder de la conciencia, es una entidad abstracta, mientras que del contacto sensual, por contra, surge la pasión desencadenante de una vida en plenitud que permite ser sentida en toda su intensidad. Ello posibilita la contraposición, frecuente en EL, de *frente | manos.* Dicha problemática cobrará una nueva dimensión en el Aleixandre de *Diálogos del conocimiento.* (1974).

Desconfianza, entonces, del poeta en la poesía (vid. "Palabras", EL, 85), en su propio utillaje creador que para él tiene el valor de "medio" que facilita la intuición de una surrealidad ajena al cosmos material convencional y su lógica, así como el de vehículo de auto-identificación con un modelo ideal ("Soy dicen un jardín cultivado / (...) todo lo que se nombra o sonríe", EL, 77): de algún modo viene a decírsenos que las palabras en sus relaciones adquieren un poder cuasi-mágico que exorciza al que las maneja. Tal vez esto explique que el nacimiento a la expresión del poeta en aquellos poemas mencionados sea visto como una elevación hacia la luz ("Entonces son posibles ya las luces...", EL, 45). El vocabulario relacionado con el acto de comunicación lingüística es muy rico: *boca, labios, lengua, garganta, oído, voz, dientes, nombre, sonido, palabra, decir, hablar, cantar, pronunciar, escuchar...*

Si la poesía surrealista ensalza la libertad expresiva, no se puede pasar por alto el espinoso problema de la "voluntad artística" en este tipo de producción del poeta que me ocupa, en cuyos libros se detectan unos materiales informes, indiferenciados, pero ¿organizados consciente y deliberadamente? En otras palabras, ¿automatismo psíquico puro o conciencia del acto artístico, con la consiguiente manipulación de la materia poética?[12] Pienso que en nuestro caso existe un cierto grado de automatismo[13]: las asociaciones de las palabras son subconscientes pero lo son voluntariamente, en la medida en que el autor así lo dispone; es ese "orden dentro del desorden" que Villena, al referirse a PT, califica de "escritura automática controlada"[14] porque todo gira en torno a una sugerencia generadora de las recurrencias de palabras, construcciones y ritmos que hacen del poema un organismo unitario. En "La forma y el infinito" (PT, 136) la alusión inicial a la llegada de la noche marca el significado del conjunto del poema.

La irracionalidad y el carácter connotativo de este tipo de discurso provocan en el lector efectos de sorpresa y de aprehensión recreadora del texto, acentuados por el hermetismo, que no es sino producto de la ruptura parcial del código lingüístico establecido sin facilitar sus claves de comprensión nuevas y extensibles a todos los lectores, aunque hoy en gran parte las poseemos en un plano *simbólico* en virtud de la condición intertextual de las obras sucesivas de Aleixandre, que las esclarecen si se efectúa una lectura de las mismas de adelante hacia atrás.

Consecuentemente nos hallamos ante un lenguaje poético que

quiere ser reflejo del estado naciente del mismo. Por eso cada palabra encierra en sí un valor dinámico, una capacidad interna de crecimiento que, unida a la limitación que supone el solo hecho de ser pronunciada, configura un vehículo expresivo que se crea y autodestruye ilimitadamente. Mas, por encima de esos instantes de desconfianza en la palabra ya mencionados ("la palabra la palabra la palabra qué torpe vientre hinchado", EL, 85), el poeta se niega a aceptar ese encasillamiento verbal y confía en la potencialidad constante de la lengua —he aquí una ambigüedad típicamente surreal—, en su actividad y expresividad imaginativa, en la magia de la palabra, incluso de la todavía no nominalizada: "Yo espío la palabra que circula, la que sé que un día tomará la forma de mi corazón" (PT, 153). Y al no asumir esos contornos limitadores, tratará de destruir las formas del lenguaje poético recibido utilizando un sistema referencial muy confuso para una materia poética que remonta lo real, que es caótica: la lógica del absurdo y de lo onírico hacen fallar toda ley de relación. Ello ha llevado a hablar de barroquismo en estos libros de Aleixandre; pero barroquismo es igual aquí a fragmentarismo, a lenguaje tensivo: "Acabaré besando las rodillas como un papel para cartas con luto en que escribir mi renuncia (...) hasta que se seque bajo la brisa templada que estoy sintiendo crecer en las raíces de mis miradas sin punta" (PT, 178).

En este contexto se comprenden las afirmaciones del propio poeta de que "poesía es una profunda verdad comunicada", "No hay palabras 'no poéticas' y palabras 'poéticas' (...) Es su imantación necesaria lo que decide su cualificación en el acto de la creación fiel".[15]

El valor poético del lenguaje está, por tanto, en función de la expresión y transmisión de lo elemental humano. Todo se subordina a este fin, y poco importa la presencia de vocablos vulgares, de lo grotesco, de imágenes irracionales. En definitiva, la poesía es comunicación porque puede —y debe de— "ser hecha por todos" (Lautréamont), dirigirse al patrimonio humano común: el subconsciente.

Pasando al otro aspecto surreal indicado al principio, la *simbología* que estos libros encierran, deseo precisar que la entiendo como una consecuencia de lo hasta aquí dicho. Un contenido informe, proteico, fragmentario, conlleva la quiebra del principio de representación y la no existencia de temas delimitados. Por esto mismo el texto es un conjunto de motivos indeterminados con carácter simbólico. Entresaco de las obras que estoy tratando aquellos "leitmotivs" fundamentales desde mi perspectiva: amor a la vida, igualdad de pasión amorosa y muerte, supremacía de lo telúrico frente al mundo civilizado de cartón piedra, rastreo de las zonas más abismales del yo y el nacimiento de la palabra como primer acto de amor.

Veamos ahora los símbolos que por su recurrencia son los más significativos de algo que trasciende su referente lógico, sin olvidar que toda interpretación será siempre subjetiva y parcial debido al carácter polivalente de los signos, a su valor dialéctico de suma de tesis y antítesis. No obstante, en cuanto que el simbolismo es resultado de un sistema peculiar de analogías nacido del subconsciente del autor, de la imagen de su mundo interior que genera un universo emocional propio e intransferible, se detecta la presencia de unas constantes simbólicas que dan cohesión a los símbolos entre sí y otorgan un margen de coincidencia a las distintas interpretaciones críticas.[16]

El hecho de que estos libros procedan como resultado del subconsciente, del sueño, a través del cual se manifiestan contenidos del inconsciente colectivo, permiten una lectura arquetípica de los mismos según las teorías de Jung. El sueño implica el regreso del "ego" al estado integrativo (previo al proceso de individuación) con el fin de recobrar elementos de la polaridad sexual (masculinos, simbolizados por la luz, y femeninos, simbolizados por la serpiente o uroboros) suprimidos en ese paso al "yo" en el que predominan valores conscientes. Es lógico, por tanto, que en primer lugar encontremos significantes de elementos naturales que remiten a significados insospechados, ya que el arquetipo de La Gran Madre en su aspecto positivo aunador de vida y tumba porque engendra, pare y destruye lo creado a un tiempo, se identifica con La Madre Naturaleza y, en general, se representa por animales y/o plantas.

El *mar* no es un simple telón de fondo. Aparece como símbolo polisémico siempre con connotaciones positivas: unas veces, es la fuerza de la vida que mueve el universo y el hombre (vid. "Resaca", EL, 66), los recuerdos hacia los que se evade el autor (esos fondos marinos en los que se refugia en busca de su ser perdido), y su vastedad evoca la libertad de pensamiento, la plenitud atrapada sólo en algunos instantes ("Ansiedad para el día", PT, 179); otras, es el elemento puro, originario, siempre en movimiento (ondas, espumas) y origen de la vida, que como un regazo maternal[17] acoge al ser perdido ("Playa ignorante", EL, 103) y añora la fusión con él. La fauna y la flora marinas (peces, caracolas, delfines, tiburones, gaviotas, cangrejos, algas) forman parte del entramado simbólico del mar, así como los *barcos* (navíos, veleros) que lo surcan —símbolos de la libertad, del ansia de lo desconocido— y las mitológicas sirenas, tan frecuentes en PT ("El cabello de las sirenas en mis tobillos", PT, 156), que además de evocar el falo, simbolizan la ambiguedad por su constitución física, así como la frialdad y soledad que culminan en la muerte (vid. "Circuito", EL, 50) puesto que las sirenas corresponden al aspecto negativo del arquetipo de la madre/amazona.

El *agua* del río simboliza el eterno fluir heraclitiano de las cosas, que a su vez entra en relación con el materialismo cosmovisionario de Alexaindre, con su agnosticismo y su creencia en una materia única que nace, se diluye y se reencuentra en un ciclo sin fin en el cual lo temporal se hace intemporal al revitalizarse continuamente. Es decir, el tiempo es una entidad abstracta producto de la apelación simultánea a realidades diversas en el ámbito del espacio y de la memoria. Las coordenadas temporales son de por sí limitadoras de ese todo que está en transformación y dinamismo constante: "todo transcurre —mármol y sonidos—" (EL, 54), "va y viene en forma de belleza en forma de transcurso" (EL, 101). De aquí el deseo tan patente en *Espadas como labios* de petrificar la realidad, de inmovilizar los instantes ("haciendo al tiempo justamente un instante a vista de pájaro", EL, 102) para de algún modo situarse en un tiempo primigenio (ese *anteayer distante* reiterado) continuamente traído en forma de recuerdos, en el que "la eternidad era el minuto" (EL, 63) y no tenía lugar la fugacidad del momento. Se vivencia un tiempo edénico, de cielo infinito o de eternidad soñada (vid. "En el fondo del pozo", EL, 62) en el que los indicios de concreción no tienen cabida: las referencias a estaciones son casi nulas, más todavía que en PT, donde la primavera (121), el otoño (158), el verano (145) y el invierno (152) son aludidos directamente. En EL sólo se perciben indicaciones indirectas e implícitas de la noche, el día, la frialdad y el calor.

Por consiguiente, para nuestro poeta todo es uno e igual a sí mismo, cada elemento es una forma aparente de esa sustancia primera fenoménica. Lo cual posibilita un predominio de lo multiforme y proteico así como de las dislocaciones del mundo físico y de las esencias, que no por eso dejan de ser lo que son en virtud de la mencionada visión totalizadora, traslucida a nivel del lenguaje por la insistente partícula *todo* con valor colectivo ("En ese instante último en que todo lo uniforme pronuncia la palabra", EL, 76) y de la conjunción *o* con función igualativa.

Volviendo al motivo del agua, lo líquido es soporte del sueño y de la ficción; estancada es símbolo de inmersión en uno mismo —aquí se inserta la imagen del *pozo*—, de la tendencia solipsista y narcisista a refugiarse en la mente, en la memoria de uno mismo, explicitada asimismo por sensaciones de ahogo y actos de sumersión (el motivo de las *jaulas* de PT es significativo en este punto), por sensaciones de cerrazón y asfixia provocadas, si se analiza su causa desde otro ángulo, por una visión unilateral del mundo con base en el desorden de la conciencia, tal como si el cuerpo del poeta estuviese oprimido en un reducto hermético, cerrado, desde el que luchase por definirse, por saber quién es a ciencia cierta.

Relacionado con esta problemática de la autoidentificación está el símbolo del *espejo* (recurrente también en variantes léxicas: vidrio, agua, cristal, acero, vidrieras, brillo, nácar...), en el que se aúnan tanto el carácter de lo que reverbera como el del objeto reflejado. Para Depretis[18] se trata de un símbolo generado por imágenes óptico-tangibles en las que se produce un doble proceso de identificación entre la realidad externa introyectada y la interna que se vierte hacia afuera. Es, pues, una búsqueda por parte del yo de modelos exteriores en los que reconocerse, pero deformándolos al mismo tiempo para adaptarlos a su fantasía imaginativa inconsciente. Las connotaciones simbólicas del espejo —imagen muy cara a los surrealistas franceses, Char por ejemplo— son múltiples: desde estados de ánimo del autor ("vidrieras sordas van a empezar su centelleo", EL, 93), de dinámica espacial ("la ascensión sobre el cristal final donde me pierda?", PT, 190) y temporal orientada a la evocación nostalgiosa del pasado o al futuro ("me encontré con el vidrio nunca visto", EL, 68), de autoconocimiento cuasi-narcisista, atemporal e inmóvil en que el "yo" se desdoble de la realidad y de sí mismo ("Porque voy a romper este cristal de mundo que nos crea", PT, 181) hasta un símbolo del estatismo que asume realidad (lo que se refleja) y ficción (lo reflejado) frente al instinto de aniquilamiento ([mis ojos] "son hoy ya quieto espejo para sombra", PT, 152), de un retorno afectivo a la materia originaria, a la "madre" (vid. "Madre madre", EL, 83) frente al instinto de aniquilamiento; por último, el espejo es trasunto de lo atemporal y sólido que soporta los efectos del tiempo ("Servicial como un espejo que conservase en el rostro que se mira las mejillas de nácar", PT, 118).

En suma, la temática del espejo —tan polivalente y ambiguo— pone en evidencia el predominio de lo ficcionalizado sobre lo real, si bien en el caso de "vidio", "cristal" y "agua" la transparencia deja filtrar parcialmente la realidad aunque sigan obstaculizando —y deformando por tanto— este tránsito: "todos aquí besando el cristal mágico" (EL, 109). Nuestro poeta ha dicho al respecto:

Para mí, el espejo es como un abismo inmóvil, que es lo ignoto, lo desconocido, el fondo donde uno no puede tocar el fin. El espejo devuelve una imagen que no tiene la vida real, pero que tiene otra subvida; subvida que no aciertas a definir. Es, en una palabra, el misterio; misterio por su estaticismo, por su inmovilidad acechante, amenazadora.[19]

La *luz* (sol) aparece en contextos que hablan de lo permanente, unitario y eterno. Es símbolo de energía y plenitud, frente a la *noche* (luna), lado oscuro de la vida que va ligado a la soledad, la muerte, la tristeza (vid. el paso de la noche a la luz en el poema "Mi voz", EL, 45, donde acaece la salida del aislamiento a la claridad vital intuida y/o vislumbrada). La dicotomía *día / noche*[20] y sus efectos de luminosidad / oscuridad son símbolos eróticos de posesión: el ámbito de luz por su potencia germinadora, y la sombra por su relación con la fecundidad. Uno y otra, pues, dejan de ser "marcos" decorativos en estos libros para confundirse con elementos de la vida afectiva del poeta. El simbolismo de la luna ha sido interpretado por Villena[21] como imagen surrealista del "vacío humano" causado por la frialdad, desolación, muerte, misterio y tonos sombríos que evoca; su inserción en la noche la hace propicia a la tragedia. Por otro lado, su carácter reverberante —devuelve la luz que recibe del sol— reconduce una vez más al motivo del espejo en que se desdobla el poeta. Por estar relacionada la luna con el color verde ("Aquí hay una sombra verde, aquí yo descansaría si el peso de las reservas a mi espalda no impidiese a la luna salir", PT, 164) remite a la descomposición orgánica; y a causa de su misterioso lado oculto al hombre, viene a simbolizar "el otro lado" de la vida, lo que está "detrás" o "debajo", lo que constantemente se esconde y evade a una visión superficial y unilateral, en fin, la surrealidad latente en lo concreto.

La pasión cósmica se simboliza en el *viento* (ver "El solitario", PT, 163) y en las *estrellas*. El tiempo expresa no sólo la fugacidad de las cosas sino también la disgregación de aquello que tiende a unirse ("En el fondo del pozo", EL, 62). El *cielo*, plenitud de lo redondo que gira continuamente,[22] es ese horizonte de búsqueda y liberación hacia el cual se dirige el poeta para elevarse sobre sí mismo y sus limitaciones como si fuera una *nube*: simboliza un "arriba" pleno e inmarcesible cuyas luces (estrellas) hacen señas al hombre para que éste vuele a lo desconocido, "hacia el azul", como en el poema de PT que lleva este título (p. 193).

La *tierra*, lo telúrico, se asimila, como el mar, al mito de la tierra-madre: de ella se nace, a ella se vuelve y nos protege con su bóveda celeste, es fuente de fecundidad y de vida cíclica. Por esto en las visiones bajo tierra[23] el poeta se encuentra en un medio entrañable, natural. Véase el poema "Madre madre" (EL, 83).

Al lado de los elementos celestes aparece un conglomerado de animales —motivos poéticos preferidos por los surrealistas franceses— como acompañantes del ser humano y símbolos de algunas de sus actitudes. Para Depretis, el crítico que ha prestado una atención más detenida al bestiario aleixandrino,[24] éste es símbolo de la multiplicidad de sentimientos del autor, e ilustra su filosofía particular en gran medida. En Aleixandre, los animales suelen ser símbolos de instintos agresivos (tigre, cobra, lobo) y defensivos (canario, hormiga, caracola), es decir, de las fuerzas instintivas y pasionales en libertad. Pero a causa de la alteración surreal de las leyes físico-espacio-temporales del mundo objetivo, el zoo aleixandrino posee por un lado dimensiones irreales ("una inmensa mariposa de brillos", EL, 101), y por otro se mueve en un habitat vital que no siempre coincide con el biotopo de la especie ("Un pez dormido en el regazo no puede sonreír", PT, 179). En ambos casos, ello proviene del intento surrealista de quebrantar las distinctiones en que se presenta el universo real, para lo cual es frecuente que los animales se concreten en objetos opuestos o antagónicos de sus propiedades esenciales: "pez de lata" (EL, 172), "golondrinas de plomo" EL, 75).

La presencia de animales en una variada gama que va de larvas y seres ambiguos (sirenas, por ejemplo) a los volátiles, acuáticos y terráqueos, adquiere, pues, un valor fundamentalmente simbólico de la imagen del mundo del poeta, de sus apetencias sexuales (serpientes, pájaros), de sus frustraciones, de aislamiento (caracol, hormiga, gusano, escarabajo) y de subterraneidad (cocodrilo, foca, delfín), así como de las ansias de libertad (caballo, paloma, águila, pájaro, ave), de la limpieza de un mundo natural no viciado, etc.... Todos ellos son, en suma, trasuntos de la situación conflictiva de nuestro poeta; de los presentes en PT y EL,[25] *pájaro* y *pez* sobrepasan en recurrencia a los restantes. El primero, el más reiterado y aludido también por sus partes (pico, ala, pluma) encierra una triple connotación: 1) el dinamismo interior del poeta, sus procesos inconscientes y su vida afectiva, 2) la pulsión vital y sus mutaciones: el devenir del universo, la palpitación de lo vivo, la existencia siempre escurridiza, 3) alusiones fálicas. Sus vuelos y recorridos vienen a representar los del individuo inestable que "planea" sobre la realidad objetiva atraído por ella y rehuyéndola a la vez ("hecho aliento de pájaro / he volado sobre los amaneceres espinosos / sobre lo que no puede tocarse con las manos", EL, 111). Capacidad de elevación que simbolizan también otros animales alados (*gaviotas, avispas, abejas, mari-*

posas ...); pero con frecuencia el intento es fallido, las alas se quiebran y el ser se recluye bajo tierra, en sí mismo, arrastrándose ("La ira cuando no existe", PT, 139) como un ciego incapaz de captar y emitir destellos vehementes.

Al hablar de este "arrastrarse" el motivo de la serpiente[26] es el más nítido. Es símbolo de la polaridad sexual femenina (madre), del estado inconsciente del ego. Como tal connota el movimiento eterno, circular, cíclico, en el que todo transcurre y se proyecta hasta el infinito, resbala —como ocurre con los reptiles— y toma nuevas formas confirmando así el dinamismo de lo primordial ("La noche se hará de repente pecho, suspiro, cadencia de los dientes", PT, 173) y la incapacidad para alcanzar las esencias por parte del hombre. Recordemos en este punto que el uroboros (la serpiente que se muerde la cola) encierra valores de contención y protección como si sugiriese un recipiente que contiene y genera la vida trascendiendo, renovando y fertilizando lo que se degrada, al tiempo que alude a la ambigüedad vida-muerte. Asimismo, la serpiente actúa como imagen de la subterraneidad del poeta que le imposibilita para ver un "arriba" de luz, del caos de su psique inferior y de sus anhelos de infinitud y amor integral. Estamos, por tanto, ante un símbolo de amplio significado; en la serpiente se refugia unas veces el autor para liberarse de la angustia ("¡Surte! Pitón horrible, séme, que yo me sea en ti. Que pueda yo, envolviéndome, crujirme, ahogarme, deshacerme. Surtiré de mi cadáver alzando mis anillos", PT, 135), otras es sentida como motivo de opresión hiriente, a modo de fusta ("látigo redondo de carne", PT, 168).

Por ello uno de los estadios de metamorfosis[27] del ser es el de ofidio ("Me arrastro sin sonido", EL, 46; "Soy largo, largo. Yazgo en la tierra, y sobro. Podría rodearla, atarla, ceñirla...", PT, 134): cualquier parte del cuerpo toma esta forma (vid. "Del engaño y renuncia", PT, 175) y el vocabulario relativo a dicho animal recorre estos poemas repetidamente: *arrastrarse, arrollarse, espiral, ondular, viscoso, anillos, espiras, cintas, enroscarse, alargarse, aovillada* ...; incluso las actividades del individuo humano se asemejan a movimientos de los reptiles: surtir, arrastrarse, rodear, ceñir, dar vueltas ...

Las *flores*, por su pertenencia al mundo natural, aparecen en una gama variada conformando ese paisaje abstracto en que cada poema transcurre: rosa, azucena, nardo, jazmín, cardo, nenúfar, violeta, siempreviva ... Energía vital, savia y vida que corren por el aire y bajo tierra: dualidad surrealista del movimiento subterráneo y aéreo ("Por eso me arrastraré como nardo, como flor que crece en busca de las entrañas del suelo, porque ha olvidado que el día está en lo alto", PT, 140; "Esa flor que hacia abajo busca el cielo", EL, 78). Asimismo, las flores sugieren imágenes fálicas ("Flor, recórreme con tu escala de sonrisa, llegando al rojo, al amarillo, al decisivo 'sí' ", PT, 173).

Del cuerpo humano sus diferentes partes adquieren matices simbólicos, sin que perdamos de vista que el desnudo se antepone siempre por su frescura al vestido, evocador de un mundo coercitivo. *Cabeza* (frente, boca, ojos), *brazos* (manos, axilas, codos, dedos), *pecho* (espalda), *cintura* y *piernas* (muslos, tobillos, talón) son palabras que recorren en abundancia estos poemas. *Ojo* y *espalda* simbolizan la sensibilidad para sentir los estímulos que incitan a la búsqueda de la plenitud: "boca arriba" con los ojos, que si se mantienen despiertos son vehículo de conocimiento; "boca abajo" para realizar una visión entera (no partida) de las cosas, de lo alto y lo bajo, de la claridad y la oscuridad, siempre y cuando se mantenga la espalda alerta al peso de la vida que se sueña ("que una espalda es contacto es frío seco / es sueño siempre aunque la frente esté cerrada", EL, 63), pues de lo contrario culmina en el desamor ("cuánto sobre la espalda se sienten los besos que no se han dado", PT, 118). El *talón,* al igual que la espalda, materializa la visión "por atrás".

El motivo del ojo es clave. Si esta poesía está escrita en prosecución de la luminosidad desde los abismos de la mente, el ojo es medio de conocimiento sensible y racional de la realidad, captador de sensaciones y conceptos a un tiempo (ver "Suicidio", EL, 99). Sin embargo, no siempre es posible conservar la visión, síntoma de esperanza; cuando la soledad acecha, el ser queda ciego y sus movimientos son a tientas, abandonándose al riesgo del andar sin apoyo ni guía (en "Fulguración del as", PT, 117, se expresa la vacilación *luz* [= plenitud] / *ceguera* [= desesperanza], y de nuevo la luz como confianza en lo soñado). La cintura (caderas) se relaciona con un "doblarse" que o bien simboliza la proyección amorosa hacia el otro ("Dos cinturas amándose", EL, 53) o bien el cansancio del fracaso por no poder crecer hacia lo alto ("Fracasaré como una cintura que se dobla. Mis ojos saben que la insistencia no da luz", PT, 128). En el primer párrafo del poema "Fuga a caballo" (PT, 148) son nítidos esos valores de espalda-ojos-cintura.

Los *labios,* vehículo de contacto amoroso (beso) poseen igualmente un valor ambivalente: la integración en lo natural y el anhelo de posesión sexual —aquí se reiteran las palabras *dientes, garganta, lengua, boca, labio, beso*— junto con la destrucción de fronteras que el amor implica ("Tierra y fuego en tus labios saben a muerte perdida", PT, 112). Quisiera dejar claro que, en este punto, el amor en Aleixandre viene a ser un término sintético que significa un conjunto de ambiguedades y multivalencias: autoconservación (vida), autolaceramiento del propio físico (heridas, suicidio) y autonegación (Después de todo yo no soy más que una evidencia [...] Soy lo que soy: tu nombre extendido", PT, 106) que conducen a los confines de la condición humana; arrojamiento en lo otro y distinto que entraña anulación (muerte) y continuidad de una vida en otra. Esta visión del amor está inserta en una concepción materialista y dialéctica del mundo, pues "L'amato è costante e precario ad un tempo, unico e diverso, essere e possibile".[28] Semejante al místico, el sentir amoroso implica la muerte, mas la diferencia estriba en "la naturaleza de esa 'verdadera' vida que se alcanza, y aún en la naturaleza de esa falsa muerte",[29] ya que ésta no conlleva una marginación de lo natural —caso de la vivencia mística— sino la fusión con ello. El amor es un sentimiento que apela al mundo en toda su complejidad inabarcable, que confirma el dinamismo vital por sí mismo, sin someterlo a la subjetividad del que ama. En definitiva, la pasión amorosa es proyección hacia el exterior que acarrea destrucción toda vez que el objeto amoroso penetra en el sujeto amante, por ello la antinomia fusión / disolución se desvanece.

El instinto erótico masculino recorre PT y EL, libros en los que el amor suele reducirse al contacto sexual como vía de salida de uno mismo. Pero la imposibilidad de llevar esto a cabo genera castraciones, masturbaciones (vid. el poema "Fábula que no duele", PT, 172), impotencia sexual ("¿Por qué me tocas, si sabes que no puedo responderte?", PT, 130) y tristeza por la pérdida del ego fálico ("Una tristeza del tamaño de un pájaro", EL, 86). De este predominio del sexo nacen imágenes sensitivas que evocan la libido: en ellas, *pez, pájaro, nave, serpiente, junco, flores, as* significan el falo. El órgano sexual femenino está sugerido por un abundante léxico: *yemas, pulpa, botones, caja, nuez, anillo, argolla* ... El acto sexual es aludido por verbos del tipo *rasgar, pinchar, pisar, cantar, decir la palabra* (vid. "El vals", EL, 59, poema en el que se menta el semen —ese "licor si blanco"— y cunnilinguos). Dicha expansión erótica[30] tiende a potenciar toda una serie de imágenes que recogen la percepción de los sentidos y que Depretis, en el libro ya citado, divide en visuales, cromáticas, táctiles, auditivas, olfativas y gustativas.

Dentro del simbolismo de destrucción, amorosa o no, hallamos las heridas y automutilaciones ("¡Qué dirán los músculos que nos hemos arrancado a manotazos tirándolos sobre las sillas!", PT, 104) en las cuales, además de implicar el intento de invocar a lo ilimitado, a la ausencia de toda frontera hasta el punto de situarse siempre en los *bordes* (límites, términos, orillas) de las cosas para alumbrar la otredad surreal que tras ellos se encuentra, explicitan el fracaso personal en esta empresa por la impotencia para salir de uno mismo. El individuo ha quedado en una ribera de la surrealidad sin dar el salto definitivo, si bien con frecuencia los objetos resultantes de ese acto punitivo (alas seccionadas, huevos perforados, lenguas pisadas, pieles desprendidas, pechos partidos, gargantas y cabezas rotas, órbitas oculares desnudas) adquieren el valor simbólico opuesto; es decir, la herida es el incentivo que ayuda a reaccionar ante la "luz" y la bonanza que acechan, a lanzarse al riesgo de amar ("las gargantas partidas por el beso", EL, 86) y, por consiguiente, de sufrir. Apertura de los sentidos bellamente expresada en el poema tantas veces aludido "Madre madre" (EL, 83). Los materiales y objetos hirientes (espinas, púas, clavos, arpones, puntas, cuchillos, lanzas, erizos, pinchos, tenazas, puñales, espadas, tijeras, agujas, cactos, berbiquís ...) se asocian tanto a actos de ternura y ruptura de trabas ("qué fácil confundir un beso y un coágulo", EL, 107) como a los "extremos" de las cosas —lo que explica la insistencia en las palabras *punta* y *ápice*—, a sus contornos, a la frontera de esos ámbitos cerrados e irrespirables que dan cuenta de la asfixia interna del poeta y que lo dejan siempre en vilo (de aquí las evocaciones de *columpios, trapecios, balanceos*) en esta contienda arriesgada contra lo real cotidiano. Y ello porque precisa darse, buscar fuera de sí: en "El amor padecido" (PT, 195) se acumulan estas sugerencias. Los verbos "punzar" y "seccionar" refuerzan expresivamente este simbolismo de lo hiriente. Asimismo, en conexión con estas tendencias de ataque están símbolos agresivos de todo aquello que ata, oprime en sus redes y agobia: *cintas, argollas, cabellos, hilos, arañas.*

La dureza de los límites, así como la frialdad de un mundo sin amor, se desplaza hacia la *piedra* y los *metales*[31]: resistencia que lo opaco opone a la vida auténtica, a las metamorfosis diluidoras de contornos, al nacimiento de la palabra; *piedra, roca,* incluso una pequeña *arena*, pueden impedir cualquier fusión: "Un gris un polvo gris parado impediría siempre el beso sobre la tierra" (EL, 75). Dureza e insensibilidad de *lo pétreo*, símbolo de la cerrazón individual, de la mentira de la sociedad, de la ausencia de calor humano: "dolor de sangre en risco / insensible a los dientes" (EL, 99). Lo metálico, fuerte y frío a un tiempo, resume esa parcela de soledad, de indigencia del hombre vuelto hacia sí, carente de energías para hacer frente a un medio ambiente agresivo, ajeno a su naturaleza perdida; *plata, plomo, níquel, alambre, minio, estaño, lata* ... están asociados siempre al dolor: "he visto golondrinas de plomo triste anidadas en ojos"

(EL, 75). Frialdad a la que una piedra compacta y cristalina como el *mármol* (tan recurrente en EL) aúna la solidez. En "Superficie del cansancio" y "Reconocimiento" (PT, 99 y 104) lo metálico confirma esa atmósfera ausente de amor a causa de la indiferencia gélida de la mujer amada, dibujada a través de significantes del campo semántico de lo frío.

Para finalizar, dentro de los símbolos con operatividad en estos libros sitúo los *objetos fláccidos, caídos,* que presentan la tendencia a mostrar la continuidad esencial de los objetos, a que sus siluetas se difuminen para poder hacer realidad el "resbaladizo infinito" (EL, 69) que "cuelga", se hace mórbido (de *goma,* de *cera,* EL, 63 y 60), se distiende y pierde consistencia porque trata de fundirse con su entorno: "y de mi tos caída como una pieza / no se esperaría un latido sino un adiós yacente" (EL, 75), "mientras caídas luces que resbalan" (EL, 87), "Blancura de un paisaje de suspiros" (EL, 89), "que resbalan todas las dudas al tiempo que la garganta se obstruye" (EL, 108). Abundan las comparaciones con objetos que quedan flotando o cayendo: "donde el amor es alga" (EL, 98), "esos cabellos de saliva extensa" (EL, 78), "como una sábana de lluvia" (PT, 121), "porque la lluvia es blanda" (EL, 71), "una mano de goma" (PT, 140), "los silencios de humo" (PT, 140), "Vacila como una columna de tela" (PT, 138). Hernán Galilea[32] relaciona este ámbito "colgante" del mundo surreal aleixandrino —del cual el poema "La forma y el infinito" de PT es el mejor exponente— con las formas blandas de la pintura de Salvador Dalí.

Conectado con este universo está el vacío, las formas huecas, que, como en el caso precedente, muestran algo latente y sin trabas. Se trata de señales de "lo ya ido" y de lo que permanece oculto a una visión superficial, simbolizados por huevos sin contenido, máscaras, hoyos, cascos, caracolas, pozos, cáscaras, vainas, ecos, cañas y maderas huecas, cámaras en las que se ha hecho el vacío, velos, sombras ..., todo un mundo inconsistente al que se aplican calificativos de suavidad y vaguedad ("oh dulce corazón que he perdido y que, como un gran hueco de latido, no atiendes ya en la rama!", PT, 194; "Amor / como la ida / como el vacío tenue que no besa", EL, 87) y que evocan las características del papel, del lienzo, de la seda. Junto a este sentido, esas formas engloban otro: la exteriorización del silencio, de la soledad y de la muerte; en el poema tantas veces mentado "Madre madre" (EL, 83), esta sugerencia es meridiana, al igual que en "El color de la nada" (PT, 145) donde la yuxtaposición de lo metálico y lo vacío acentúan la atmósfera de vacuidad solitaria que se intenta plasmar.

En fin, la *desnudez* se presenta como imagen de la pureza, de elementalidad. Véanse los poemas de EL "Acaba" (75), "Poema de amor" (71) y "Con todo respeto" (104).

Ciertamente, la trama simbólica del mundo surrealista aleixandrino consiste preferentemente en un simbolismo de sensaciones en el cual lo más significativo son las relaciones que la mente[33] establece entre los elementos de esa nueva surrealidad a que se desea acceder. Simbología polivalente, plurifuncional, pero con una cohesión que le viene dada por las pautas y motivos que se suceden a fin de dar salida a idénticas emociones, por no detallar aquí el simbolismo antropológico que muchos temas conllevan y que habría que analizar más detenidamente. Mensaje simbólico connotado como comunicación de un estado emotivo concreto, mas no único, hecho éste en el que estriba la dificultad de una comprensión racional del mismo y que no agota la diversidad de interpretaciones. La atmósfera de indicios es de mayor relevancia que el sentido lógico de los significantes, ya que se pretende inducir un estado de ánimo y no transmitir conceptos. Como muy certeramente señala Puccini,

> la tendenza a usare nomi che designano oggetti concretti, ecc... é nella poesia di Aleixandre di quell'epoca [la de PT y EL] —come già nella pittura metafisica e nella pittura surrealista— un preciso alludere all'*aldilà degli oggetti*, alla loro *irrazionale alterità*, alla loro effettuale apparenza.[34]

Por lo mismo, en el vocabulario que he citado como más significativo se hallan referencias a esos aspectos cosmovisionarios. Los vocablos remiten al paisaje, al reino animal, vegetal y mineral, a la presencia del cuerpo humano, al ámbito del amor y de la destrucción, a la emanación de lo que se insinúa como ser, a los límites del mundo y a la imposibilidad de solidaridad comunicativa en una sociedad artificial. No es mi pretensión estudiar al detalle ahora la frecuencia de las palabras dentro de los campos significativos en que se agrupan, pero sí estimo ilustrativo de lo hasta aquí expuesto un breve análisis del nivel léxico de uno de los dos libros, *Espadas como labios*, por ejemplo, donde podemos delimitar los siguientes ámbitos semánticos:

Humano (cualidades humanas y partes del cuerpo): frente, ojos, pies, talones, cabeza, boca (lengua, labios, dientes, saliva, garganta), espalda, brazo, vientre, piernas, cabellos, venas, pulso, párpado, besar, acariciar ...

Animal: vocablos denominadores de los animales ya citados y cualidades del mundo animal en general, incluido el hombre: pisar, colmillo, latir, andar, coágulo, saliva, sangre.

Vegetal: árboles, flores, frutos (la palabra *nuez* es recurrente).
Color: predominan el azul, rojo (carmín, cárdeno, morado) y blanco (nácar), seguidos del verde y el amarillo. El color en la obra no posee una función comparativa sino que representa una emoción o idea.
Objetos cotidianos: serrín, abanico, tacones, faldas, bandeja, tartas, cartón, muñecas.
Lo cósmico: sol, luna, mar, aire, brisa, nube, lluvia, río.
Dureza / Morbidez: dentro del campo semántico de la opacidad hallamos un léxico referido a lo inorgánico, tanto metálico como mineral: lámina, plomo, acero, nácar, roca, piedra, concha, mármol, carbón, acero, bronce .... Referido a lo blando: espuma, saliva, pluma, cera, humo, goma, seda.
Visual / Táctil: ojos, luz, mirada / manos, caricias, yemas, beso, tocar.
Libertad / Límites: elevar, dominar, volar sobre, horizonte, no-límites, viaje, viajero, viajar / aplastar, borde, límites, forma, frontera, término, muralla, pared.
Pureza / Impureza: doncella, núbil, inocencia, candor / pisar.
Calor / Frío: sol, llama, luz, fuego / nieve, frío.

En suma, en EL en general el léxico base remite al universo de lo animal-vegetal-mineral-cósmico, pues una visión de la vida desde el prisma de la superioridad de lo elemental ha de reflejarse en el vocabulario, tanto abstracto como concreto, bien genérico, bien específico, ya que tanto uno como otro se sitúan en un mismo plano por los surrealistas.

Con esta somera digresión, que no agota exhaustivamente todo el léxico de EL, tan sólo quiero indicar que los significantes, con toda su riqueza polisémica, arrojan luz sobre el mundo surreal de nuestro poeta. Las consecuencias estilísticas de éste se traducen a todos los niveles del lenguaje: fonético, morfológico, sintáctico y léxico. Estamos ante un lenguaje poético conformado por palabras en libertad, ambiguas y sugerentes, que se relacionan y organizan de modo intuitivo en sintagmas insólitos que proyectan a la surrealidad deseada.

* * *

La cuestión clave en que se centra lo hasta aquí dicho es, a mi entender, si el surrealismo tuvo en Aleixandre un carácter sustancial o se limitó, al menos en estos dos libros estudiados, a una tentativa superficial de ocasión. ¿Adquirió una función libertadora o sirvió de marco opresor de unas fuerzas internas que se canalizaban en un lenguaje de moda? En este poeta es el surrealismo el que encaja en su visión del mundo y expresión personales, pues la sensibilidad surrealista era el producto natural de un compromiso propio del autor. En él no se redujo a una novedad técnica de escritura —a "esa misteriosa manera de decir" que Cernuda apunta— sino que se extendió a una ética rebelde en conexión con la romántica que lo aproximó a los presupuestos teóricos de la escuela francesa. No tuvo, por tanto, una cosmovisión surrealista a la manera más ortodoxa, pero sí estuvo en posesión de unas actitudes vitales y poéticas cercanas a ella que potenciaron un lenguaje surreal como vehículo expresivo de las mismas. Se trata de un ángulo de visión surreal (el de la anarquía interna del poeta) de la totalidad del universo incorporada a su mundo poético singular, y que será integrado en gran parte de su producción poética posterior.

Llegamos así a la intertextualidad que en páginas pasadas apunté como nota destacada de la "opera omnia" aleixandrina. Bodini, Valente y Gimferrer sobre otros han insistido en ella, y estas palabras del autor en 1959 la confirman: "en cada libro mío se rastrea el anterior y se anticipa el siguiente",[35] hecho que facilita aquella lectura "hacia atrás" que al comienzo de este trabajo mencionaba. En los libros subsiguientes a la etapa surreal más estricta ha quedado una "manera" de escritura surrealista en la cual el poeta se reconoce todavía. Por ello, en 1971, declara como casi coincidentes su poesía surreal primera en el tiempo y el irracionalismo de los últimos libros, *Poemas de la consumación* (1968) y *Diálogos del conocimiento* (1974): "El irracionalismo de estas últimas poesías enlaza con el superrealismo de la etapa inicial y lleva a este irracionalismo a unas más alzadas fronteras".[36]

Quiere esto decir que el autor es consciente del influjo de su obra más hermética en el panorama poético español a partir de los años sesenta, que el tributo y admiración asumida de las jóvenes generaciones nos confirma.

UNIVERSIDAD DE SANTIAGO DE COMPOSTELA

Notas

[1]Cito *Pasión de la tierra* por la edición crítica de L. A. de Villena (Madrid: Narcea, Col. Bitácora, 1976). Para *Espadas como labios* sigo la edición de J. L. Cano (Madrid: Castalia, 1972), por su fidelidad a la primera de 1932. Al referirme a estos dos libros utilizo las abreviaturas PT y EL, respectivamente, seguidas de la página que corresponde a la cita.

[2]Cfr. Villena, L. A., "La luna, astro final del 'primer Aleixandre' (Algo sobre 'Mundo a solas')", *Insula*, Nos. 368-369 (julio-agosto, 1977), pp. 8 y 33; y Granados, V., *La poesía de Vicente Aleixandre (Formación y evolución)* (Madrid: Cupsa Editorial, 1977). Para este último, "la expresión de la vida se hace conciencia y ésta encuentra un medio de salvación en la palabra", p. 198.

[3]O panteísmo según la mayoría de los críticos, término que soy reacia a emplear por su muy estricto significado filosófico no ajustado al concepto aleixandrino. Granados, en *op. cit.*, p. 126, se refiere a él como el "moderno deseo expuesto por los surrealistas".

[4]Cfr. Aleixandre, V., *Obras completas* (Madrid: Aguilar, 1968), p. 1559: "ese choque del que brota la apasionada luz del poema, es su patética actividad cotidiana: fuga o destino hacia un generoso reino, plenitud o realidad soberana, *realidad suprasensible*" (el subrayado es mío). Se trata de una definición personal e intuitiva de la surrealidad sin aludir conscientemente a ella.

[5]Busuioceanu, A., "El epifanismo de V. Aleixandre", *Insula*, No. 39 (marzo, 1949), Madrid.

[6]Vid. Camacho Guizado, E., "La gran negación y su contraimagen en la poesía de la generación del 27", en AA.VV., *Studia Hispanica in honorem R. Lapesa*, tomo II (Madrid: Gredos, 1972), pp. 157-70.

[7]Considero que precisamente el romanticismo que subyace en las obras surreales de Aleixandre —todavía diluido en los libros a que me refiero en actitudes vitales surrealistas— hace de este autor nuestro surreal más profundo y auténtico. Así lo admite Macrí al afirmar que "solo in questo poeta il 'superrealismo' é esperienza perenne e completa dell'intima personalità", vid. Macrí, O., *Poesia spagnola del '900*, 2t. (Milano: Aldo Garzanti editore, 1974), t. l, p. 51. No me detengo a señalar al detalle las notas que determinan esta cosmovisión, pero sí quiero indicar que al hablar de "romanticismo" en Aleixandre lo remito siempre al parámetro de los grandes románticos europeos del siglo XIX.

[8]Para nuestro poeta "Poesía es clarividente fusión con lo creado, con *lo que acaso no tiene nombre*", Aleixandre, V., *O. C.*, p. 1558 (subrayado mío).

[9]Esta cuestión la han tratado Sánchez Robayna, A., "Notas a la 'Antología total' de V. Aleixandre", *Insula*, No. 361 (diciembre, 1976) y Villena, L. A., *art. cit.* Para este último "la cosmovisión aleixandrina —sin discusión, al menos, la del 'primer Aleixandre' —se sustenta, trabadamente, indisolublemente, en el lenguaje. Ya que (...) su universo, por ser de ideas o de sensaciones, no es espejo de realidad sea cual sea la deformación o floritura del vidrio, sino espejo de lenguaje", p. 8.

[10]Han insistido en esta "filosofía de la negatividad" en Aleixandre sobre todo Gimferrer, en el prólogo a la *Antología total* del poeta (Barcelona: Seix Barral, 1975), y Sánchez Robayna, *ibidem*. Bousoño y J. M. Valverde han abordado el plano lingüístico de la misma. Ese "decir negativo" está en relación íntima con lo innombrable o inefable surreal.

[11]"What is a poet? What is he worth? What does he do? He is a babbler."

[12]La limitación de este breve trabajo me impide profundizar en la problemática

subyacente a la escritura automática surreal. Sólo deseo aclarar someramente que son falsas las simplificaciones que hacen sinónimos a automatismo y surrealismo. La escritura automática fue una técnica, entre otras, muy utilizada en Francia en los comienzos del movimiento, pero una vez demostrado que era el estado idóneo para revelar la fuente original del lenguaje, su uso se amplió y enriqueció desde un procedimiento a un estado inicial de pureza en el instante creador que afectaba, claro está, a significantes y significado.

[13]Cernuda habla de "ritmo automático", vid. Cernuda, L., "V. Aleixandre, 1955", *Crítica, ensayos, evocaciones* (Barcelona: Seix Barral, 1970), pp. 225-33. Coincide con Salinas en mis consideraciones al hablar de automatismo con relación a los materiales empleados y no a la génesis del poema, vid. Salinas, P., *Literatura española siglo XX* (Madrid: Alianza, 1972), 2a. Puccini, D., *La parola poetica di Vicente Aleixandre* (Roma: Bulzoni ed., 1971), dice que Aleixandre "ha sempre dimostrato una vigile coscienza dei propri mezzi e in specie dei propri fini", pp. 17-18. En este punto, la lucidez del propio poeta en nota preliminar a su antología *Poesía superrealista* (Barcelona: Barral, 1972), p. 7, es total. Para Depretis, G., *Lo zoo di specchi* (Univ. di Torino: 1976), "All'irriflessività dell'estetica surrealista si contrappone nel poeta la neccesità di dirigere il propio stato emotivo e di dar spazio alla riflessione, tutelandosi dalla fredda meccanicità della scrittura automatica", p. 17.

[14]Villena, L. A., prólogo a *Pasión de la tierra, op. cit.*, pp. 60-61.

[15]Aleixandre, V., *O. C.,* pp. 1460 y 1581-83. Y a renglón seguido añade: "Y esta comunicación tiene un supuesto: el idóneo corazón *múltiple* donde puede despertar íntegra *una masa de vida participada*" (subrayados míos).

[16]Sobre la cuestión de los mitos personales, vid. Mauron, Ch., *Des métaphores obsédantes au mythe personnel* (Introduction à la psychocritique) (París: Librairie J. Corti, 1962). Para una interpretación psicoanalítica de las primeras obras de Aleixandre, vid. el capítulo titulado "Freud, surrealism and the sea", en Schwartz, K., *Vicente Aleixandre* (New York: Twayne, 1970).

[17]El mito antropológico del mar-madre, tan recurrente en literatura, viene remarcado en PT y EL por el carácter femenino del sustantivo "mar": *la* mar es más frecuente que *el* mar. Ese valor está potenciado por el de sus sustitutos, igualmente femeninos en su mayoría: *las* ondas, *la* playa, *la* espuma.

[18]El crítico que lo ha estudiado más certera y detenidamente, vid. *op. cit.*, pp. 69-86.

[19]Opiniones recogidas por Depretis en una entrevista con el poeta en su casa de Madrid el mes de junio de 1974. Vid. Depretis, G., *op. cit.*, p. 80.

[20]Cfr. Fernández Leborans, María Jesús, *Campo semántico y connotación* (Madrid: Cupsa, 1977), cáps. III-VI, en los que estudia los antónimos luz / oscuridad con relación a la mística española.

[21]Villena, L. A., "La luna, astro...", *art. cit.*

[22]La abundancia de referencias a un "centro" ("yo me muevo y si giro me busco oh centro oh centro", EL, 72), a "giros" ("son latidos ocultos de un giro que no llega", EL, 89), a lo que rueda porque es redondo —he aquí lo circular como símbolo de perfección— al igual que la bóveda celeste ("todos piedras redondas como cielo", EL, 110), se inserta asimismo en la concepción aleixandrina del universo como un todo armónico, que algunos críticos catalogan como "neoplatonismo". Apuntalan esta valoración las alusiones continuas a espejos y reflejos, así como la recurrencia de la palabra "música" ("Esta música sapiencia del oído", EL, 88) que, a modo de

armonía pitagórica, viene a resumir esta visión del cosmos primigenio como algo perfecto en sí.

[23]Las visiones de "enterrado" (vid. "En el fondo del pozo", EL, 62; "El alma bajo el agua", PT, 189), muy frecuentes en estos libros, refuerzan, por añadidura, el ideal surrealista de visión de la faceta ausente de la realidad habitual, del afán de transparentarla. No hay que olvidar a este respecto que en el año 1929 el poeta aludía a su futuro libro PT con el significativo título de "La evasión hacia el fondo", más tarde cambiado por el actual.

[24]Cfr. Depretis, G., *op. cit.*, pp. 19-45, y apéndice.

[25]Por orden de mayor a menor frecuencia son los siguientes: *pájaro, pez, mariposa, ave, serpiente, toro, caracol, sirena, araña, avispa.* Predominan las variedades volátiles y terráqueas sobre las acuáticas, lo que puede interpretarse como indicio de una doble visión globalizante: de la claridad y de la oscuridad.

[26]Cfr. Valente, J. A., "El poder de la serpiente", en *Las palabras de la tribu* (Madrid: Siglo XXI, 1971), pp. 170-84. Se refiere Valente al ciclo que inaugura *Pasión de la tierra* formado por PT, EL y *La destrucción o el amor.*

[27]Las metamorfosis y distorsiones en el mundo aleixandrino de estos libros son otro elemento de entronque con el universo surrealista —en el caso de Aleixandre hay fuertes resonancias de Lautréamont y de José María Hinojosa—, en una gama que abarca desde transformaciones del poeta (que abocan generalmente al narcisismo) y del mundo que le rodea ("Yo tengo un brazo muy largo, precisamente redondo, que me llega hasta el cuello, me da siete vueltas y surte luego ignorando de dónde viene, recién nacido, presto a cazar pájaros incogibles", PT, 177) hasta cambios continuos ("Una dulce cabeza una flor de carbón navegan solas", EL, 66) y falla de toda ley de consistencia (abundan las palabras *columpio, trapecio, balanceo*): "Sosteniendo al cielo derrumbado como un sollozo retenido", EL, 107). Nótese en el primer ejemplo citado la asimilación brazo=serpiente.

[28]Depretis, G., *op. cit.*, p. 83.

[29]Costa Gómez, A., "El amor en la cosmología de Vicente Aleixandre", *La Estafeta Literaria*, No. 623 (1-XI-1977), pp. 16-19, p. 18.

[30]Cfr. Amusco, A., "El motivo erótico en 'Espadas como labios' de Vicente Aleixandre", *Insula* No. 361, año XXXI (diciembre, 1976). Para este crítico los seres que se marginan del contacto erótico están vistos por el poeta como algo muerto e inerte.

[31]Apunto a este respecto que un rasgo propio de la poesía surrealista es la preferencia por un léxico relativo a la materia inorgánica.

[32]Galilea, Hernán, *La poesía superrealista de Vicente Aleixandre* (Santiago de Chile: Ed. Universitaria, Col. El Espejo de Papel, 1971).

[33]Y en este punto remito a la consideración inicial de que la poesía surreal de Aleixandre surte de la tensión de opuestos acaecida en la conciencia del poeta.

[34]Cfr. Puccini, D., Introduzione a Aleixandre, V., *Trionfo dell'amore* (Antologia e studio critico) (Milano: Edizione Accademia, 1972), p. 19. Los subrayados son míos.

[35]Aleixandre, V., en entrevista del año 59 realizada por Mañach, "Visitas españolas: V. Aleixandre", *Insula*, año XV, No. 162 (mayo, 1960).

[36]Aleixandre, V., Nota preliminar a *Poesía superrealista*, p. 7.

LAS RECURRENCIAS EN
LA DESTRUCCION O EL AMOR

Alejandro Amusco

Las investigaciones de Detlev W. Schumann, de Amado Alonso y de Leo Spitzer sobre el llamado "estilo enumerativo" en la lírica moderna, aunque disten ya de nosotros más de treinta y cinco años, siguen vigentes y están en la base de todo nuevo intento de aproximación al tema.

Pese a la validez del método por ellos empleado, no es factible seguirlo en este estudio de las recurrencias en *La destrucción o el amor*[1] por dos razones: ni voy a considerar la "enumeración" como un recurso aislado, como algo independiente dentro del poema —pues la estructura cerrada y completa que éste presupone obliga a calibrar todo recurso en función de la unidad final—, ni tampoco pretendo entrar en el análisis conceptual de cada bloque enumerativo. Esto último, tratándose de enumeraciones irracionales ("caóticas" para Spitzer, "Heterogéneas" para Schumann, "disjecta membra" para A. Alonso), entrañaría un esfuerzo infructuoso. Porque ¿qué es la moderna enumeración, qué significa, dentro de una poesía de signo irracionalista como la que, en esta obra, Vicente Aleixandre realiza? Reparemos en ello: cuando el autor nombra y reúne una serie de elementos disímiles, como: *crespones transparentes, sombra, pesos, marfiles, tormentas alargadas, lo morado cautivo* (p. 51), o en otro lugar: *una dulce hormiguita color naranja, una guitarra muda en la noche, una mujer tendida como las conchas, un mar como dos labios por la arena* (p. 48), comprendemos que tan dispares asociaciones son posibles en cuanto que sus distintos elementos forman parte de un mismo conjunto: el mundo. La enumeración irracional equivale, en consecuencia, a un largo *etcétera*

—como apuntó Valéry[2]— por el que se nos da el todo. Resulta entonces que cualquier enumeración irracional es: 1) una sinécdoque —la parte (esto es, la enumeración misma) reemplaza al todo—; y 2) un caso especial de sinonimia: lógico, ya que, insistimos, no hay ninguna enumeración irracional que no "signifique" ese todo. Creo que será suficiente, para ilustrar lo que afirmamos, comparar una estrofa del poema dedicado por Pablo Neruda a la muerte de su amigo Alberto Rojas Jiménez con unos versos de *La destrucción o el amor*:

> Bajo las tumbas, bajo las cenizas
> bajo los caracoles congelados,
> bajo las últimas aguas terrestres,
> vienes volando.

Neruda, mediante las cuatro enumeraciones anafóricas, expresa "totalidad", podrían ser retraducidas al lenguaje ordinario, más simplemente, por "Bajo *todas* las cosas...".[3] En el fragmento aleixandrino:

> Bajo cintas o arrugas
> bajo papeles color de vino añejo,
> bajo láminas de esmeralda de las que no sale ya música,
> la huella de una lágrima (...)
> se ha ido levemente apagando (p. 68)

la recurrencia irracional apunta igualmente hacia una significación total: "Bajo *todo* lo que el tiempo ha ido consumiendo ..."

Entre la enumeración irracional y la que denominaríamos "normal" se advierten, a la vista de lo anterior, unas diferencias que me parece oportuno tratar. Si nos fijamos, cuando se enumeran, por ejemplo, los útiles de trabajo que hallamos sobre una mesa, el resultado es siempre una serie limitada (limitación que impone el mismo número de objetos), pero, a la vez, completa. Frente a esta serie —la de la enumeración normal—, la irracionalista va más allá de sí misma; de alguna manera, si hablar de infinito no fuera una hipérbole, diría que tiende a ser una serie infinita, o bien, en términos más reales, ilimitada. Añadimos: ilimitada conceptualmente, y, a causa de ello, y dada la imposibilidad de una representación escrita, la más parcial de cuantas enumeraciones consideremos.

Bien mirada, la enumeración irracional es mucho menos artificiosa que la normal. La coherencia que impera en ésta es fruto de una selección y un ordenamiento racional, hecho *ex profeso*, y, en tal sentido, no ha de extrañar el frecuente uso hasta el siglo XIX de las series enumerativas normales en la literatura. Se trataba, claro está, de un "artificio" de estilo —bastante elaborado por cierto.[4] Mucho menos sofisticada, sin embargo, la enumeración irracional ha necesitado el advenimiento del Romanticismo y, con él, la quiebra de la antigua censura estética, para —lo que no deja de ser harto curioso— poder mostrarse en toda su directa, fresca y simple naturalidad. Digamos que los escritores anteriores al romanticismo no supieron ver la realidad, en líneas generales, tal cual se les ofrecía, sino mediatizada por el orden.

En las modernas enumeraciones no sólo se aspira a expresar el todo, como queda dicho; también, a modo de condensación, se llega en ocasiones, y sin rodeos, a nombrarlo. Restablecer, tras la multiplicidad, el sentido de lo unitario era para Spitzer la causa de la aparición de ese "todo".[5] Desde luego, así es, pero hay algo más. Entiendo que la inclusión del indefinido absoluto al final (a veces no al final sino al comienzo) de la secuencia enumerativa lleva aparejada una intención esclarecedora o justificadora de lo tan heterogéneamente enumerado. Así, cuando Aleixandre habla de

> (...) un cielo en el que unos dientes sonríen
> en el que unos brazos se alargan, en que un sol amanece
> en que una música total canta invadiéndolo *todo* (p. 39)

la mención al todo, reforzada por la proximidad del calificativo "total", justifica plenamente esa agrupación de términos no uniformes: *dientes, brazos, sol y música.* Otro caso, idéntico, por la expresa inclusión del pronombre, es el del poema "Humana voz":

> Duele la cicatriz de la luz,
> duele en el suelo la misma sombra de los dientes,
> duele *todo* (p. 61).

A partir de su tercer verso —"duele todo"— los elementos enumerados a lo largo de la composición (*la cicatriz de la luz, la sombra de los dientes,* [un] *zapato triste, las plumas del gallo, el alma,* [una] *avispa,* y aún más de una docena que letánicamente se despliegan) quedan explicados por la unidad, además de integrados en ella.

"El mundo todo es uno", dice taxativamente el poeta ("Quiero saber", p. 50). Y cualesquiera que sean los elementos que se citen, siempre pertenecerán a ese conjunto que constituye *el mundo.* Por eso, no es extraño encontrar esta palabra —mundo— desempeñando la doble función, conjuntiva y explicativa, que acabamos de ver: "El mar, la tierra, el cielo, el fuego, el viento", comienza enumerando el poema "La luz" (p. 59), para inmediatamente añadir "*el mundo* permanente en que vivimos". El vocablo sintetizador puede llegar a una justificación muy explícita de la serie enumerativa, como ocurre en estos versos: "(...) el cartón, las cuerdas, las falsas telas, / la dolorosa arpillera, *el mundo rechazado*" (p. 39).

En según qué contextos, el uso del pronombre indefinido obedece a una finalidad bien distinta a la hasta ahora descrita. Afirmaría que incluso opuesta: no explica, sino que complica el texto. Son casos en los que la enumeración prolonga, sin restricción alguna por parte del indefinido, su naturaleza caótica e irracional. (En "Plenitud" (p. 67), leemos: "Una tarde de otoño (...) Una sonrisa caliente (...) Una nube redonda (...): *todo lo que es un paño ante los ojos"*. Y en otro lugar:

> (Tu corazón no es tan delgado) que no permita sangre,
> y navíos azules,
> y un adiós de un pañuelo que de pronto se para.
> *Todo lo que un pájaro esconde entre su pluma* (p. 49).

El irracionalismo no queda en estas muestras sofrenado por el vocablo "todo": antes al contrario, éste se convierte en nuevo estímulo propagador de aquél, acentuándolo.

Ernst Robert Curtius, en su trabajo sobre *El estilo poético medieval y el barroco* fue de los primeros investigadores que centraron su atención sobre el clásico esquema aditivo. Pese a ser "un artificiosísimo procedimiento de ordenación", según palabras de Dámaso Alonso,[6] más propio por ello de la poética de la clasicidad que no de la técnica irracionalista, nos asombra encontrarlo precisamente en un libro como *La destrucción o el amor*, que, aunque obra de superrealismo atenuado, se inserta sin discusión en el ciclo superrealista de Aleixandre. El tipo de correlación empleado es el diseminativo-recolectivo incompleto, tan certeramente estudiado en la poesía española contemporánea por Carlos Bousoño.[7] No son tantos, desde luego, como Bousoño cree, los poemas de *La destrucción o el amor* que adoptan este esquema de composición interna. La pluralidad recolectiva (así él la denomina) de la última estrofa no cumple satisfactoriamente, por ser mínimo el número de sustantivos que retoma, en algunos poemas que cita: "Corazón negro" (p. 69), "Eterno secreto" (p. 71) y "Que así invade" (p. 107). También considero descartable "La selva y el mar" (p. 9), cuyos versos finales no tienen suficiente poder de reiteración, ni literal ni conceptualmente. Sí, en cambio, responden al sistema de diseminación y posterior reagrupamiento enumerativo "Corazón en suspenso" (p. 52) y "Se querían" (p. 125), este último con recolección algo más cuantiosa de lo que el comentarista nos manifiesta: "lecho" y "música", miembros diseminados en las líneas 5 y 29, también están contenidos en la estrofa de recopilación.[8]

A esta breve lista hay que agregar dos títulos: "Junio" (p. 33) y "Paisaje" (p. 42). En ellos la estructura correlativa destaca con mayor evidencia y se cumple incluso con mayor rigor que en algunos de los anteriores. Veamos el primero:

Junio

(1) Mar, oculta pared,
(2) *pez* mecido entre un aire o suspiro,
(3) en ese agua surtida de una mirada
(4) que cuelga entre los *árboles*, oh *pez* plata, oh espejo.

(5) *Junio* caliente viento o flores mece,
(6) corro o *niñas*, brazos como besos,
(7) sueltas manos de *junio* que aparecen
(8) de pronto en una nieve que aún me llora.

(9) Cuerdas, dientes temblando en las ramas;
(10) una ciudad, la rueda, su perfume;
(11) mar, bosque de lo verde, verde altura,
(12) mar que crece en los hombros como un calor constante.

(13) Yo no sé si este hilo que sostiene
(14) dos corazones, láminas o un viento,
(15) sabe ceder a un rumor de campanas,
(16) péndulo dulce a un viento estremecido.

(17) *Niñas* sólo perfiles, dulcemente
(18) ladeados, avanzan —miedo, miedo—;
(19) dos corazones tristes suenan, laten,
(20) rumor de unas campanas sin destino.

(21) *Junio*, fugaz, alegre primavera,
(22) *árboles* de lo vivo, *peces*, pájaros,
(23) *niñas* color azúcar devanando
(24) un agua que refleja un cielo inútil.

Los sustantivos que en la sexta estrofa componen la enumeración son seis, de los cuales cuatro ("Junio", "árboles", "peces" y "niñas") ya habían sido nombrados: aparte de en el título, "Junio" aparece en la quinta y séptima línea; en la cuarta, "árboles"; en segunda y cuarta, "pez"; y "niñas" en sexta y decimoséptima. Libres de reiteración, "primavera" y "pájaros" completan la serie enumerativa; muy forzada sería la lectura conceptual, o por condensación, que los incluyese como elementos recoleccionados.

En "Paisaje", la última estrofa consta de ocho sustantivos nucleares:

Pájaro, *nube* o *dedo* que escribe sin memoria;
luna de noche que pisan unos desnudos pies;

> *carne* o *fruta, mirada* que en tierra finge un río;
> *corazón* que en la boca bate como las alas.

A excepción de "dedo", "luna" y "fruta", todos los demás se encuentran esparcidos por el texto:

> *pájaro:* verso 27
> *nube:* verso 23
> *carne:* verso 7
> *mirada:* verso 26
> *corazón:* versos 12 y 23

No deja de ser paradójico que un recurso de tal sistematicidad se ejercite en una poesía de índole asistemática, alógica y, en apariencia, absolutamente libre. Pero, como todo lo que es, es por algo, y este principio también rige con entero peso dentro del poema, la pregunta no se hace esperar: ¿Por qué ha empleado el autor —consciente o instintivamente (en eso no vamos a reparar aquí, y además carece de interés)— semejante fórmula de construcción poética? Bousoño adelanta una respuesta bien precisa:

> Junto a la repetición de ciertas frases, junto a la anáfora y otras apoyaturas semejantes [la correlación se muestra] como un elemento fortificador de la estructura poemática que impide el derrumbamiento de ésta. La correlación será una de las 'formas' en que el poema se vacía y por la que se sostiene. Vendrá a resultar uno de tantos recursos de que el poeta puede usar para sustituir el artificio de la rima.[9]

Sin duda, la facultad estructurante y la de sustitutivo de la rima son bastante definidoras del procedimiento comentado. La rima implica repetición, y en virtud de ello contribuye, acaso con más efectividad que cualquier otro medio, a establecer los soportes vertebradores de la composición. No es que pretenda defender la rima frente al versículo libre; sólo constato un hecho. De tal manera que cuando se llegó, con la eclosión del simbolismo, al olvido de ese apoyo, el poeta hubo de ingeniárselas para encontrar un factor constructivo igualmente eficaz. Como ya se sabe, no encontró uno sino varios. No es momento de hablar de los "formalistas" y de los análisis que emprendieron a partir de los nuevos descubrimientos (transracionalidad, eufonía, dinamia, interactividad, etc...). Sólo recordaré a Jakobson y su afirmación fundamental: la función poética recae predominantemente en la función reiterativa del lenguaje. Lo que quiere decir que la arquitectura del poema, su entramado, es producto de una minuciosa labor de réplica. El escritor no escribe, más bien reescribe, su texto. Lo cual nos lleva a considerar que se ha cumplido un ciclo: desechada la rima, otra reiteración, más sutil, la reemplaza.

Dejando ya a un lado la función constructiva o estructuradora de la reiteración, adentrémonos en el estudio de otro de sus más relevantes aspectos: el rítmico. ¿Qué hay de especial, en la estrofa que a continuación proponemos, para que por su ritmo nos llame tan acusadamente la atención?

> Vivir allá en las faldas de las montañas
> donde el mar se confunde con lo escarpado,
> donde las laderas verdes tan pronto son el agua
> como son la mejilla inmensa donde se reflejan los soles,
> donde el mundo encuentra un eco entre su música,
> espejo donde el más mínimo pájaro no se escapa,
> donde se refleja la dicha de la perfecta creación que
>   transcurre (p. 128).

Si como decimos lo que nos llama la atención es su ritmo, o sea, la frecuencia sucesiva de ciertas unidades, habría que empezar por precisar cuáles son éstas. Por lo pronto, no hallamos aquí ni unos acentos regularmente dispuestos (ritmo acentual) ni mucho menos unas cantidades silábicas que nos permitan conjeturar la existencia de unas secuencias métricas (ritmo versicular). Pero al repasar despacio esas siete líneas, una curiosa cadena de palabras —responsable del ritmo— queda al descubierto. Así es en esquema:

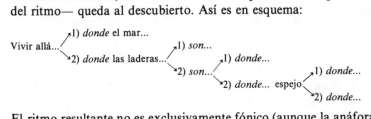

El ritmo resultante no es exclusivamente fónico (aunque la anáfora sea acusada), ni exclusivamente sintáctico (aun cuando la proliferación bimembre de todos los elementos pares de la cadena no pase desapercibida), ni tampoco conceptual; es un ritmo que participa y dimana de estos tres, consecuencia de la triple dimensión —fónica, funcional y conceptual— de la palabra.

Todo el fragmento deviene en un bloque rítmico que alcanza su máximo rendimiento más allá de sí mismo, al contacto con los otros bloques del poema. Este ritmo, que puede coincidir casualmente con el de la estrofa, como en el ejemplo visto, no ha sido nunca estudiado pese a su capital operatividad. Con el major de los escrúpulos se han analizado desde pequeños sintagmas hasta muy extensas composiciones completas, mas se ha desconocido o, cuando no, subestimado el ritmo de los bloques recurrentes.

La destrucción o el amor es el libro de Aleixandre que más descansa en tal sistema rítmico. De los cincuenta y cuatro poemas que lo componen, treinta y dos (casi el 60%) lo emplean.[10] Son los únicos que interesan para el estudio del ritmo de bloques, pues el resto está integrado por composiciones sin alternancias, de bloque recurrente único.

La indagación en el nuevo ritmo se vería tremendamente facilitada si transcribiésemos en fórmulas claras y precisas unas recurrencias que resultan, en el texto, muy confusas. Hay que empezar, para ello, por delimitar y clasificar esas recurrencias, las cuales, a su vez, dan origen a los distintos bloques recurrentes. De la conjugación y alternancia de ellos, de sus combinaciones o contrastes, surge el latido del poema.

En *La destrucción o el amor*, una de las más frecuentes recurrencias es la anáfora, en todas sus variedades: principal, derivada, distributiva, apositiva, por elisión, por sinonimia, continua, trenzada y variable. Veámoslas.

1) *Anáfora principal:* es la anáfora propiamente dicha; la transcribiremos sirviéndonos de la numeración arábiga.

> *Te llamas* vivo ser,
> *te llamas* corazón que me entiende sin que yo sospeche,
> *te llamas* quien escribe en el agua un anhelo, una vida,
> *te llamas* quien suspira mirando el azul de los cielos (p. 42).

> Transcripción de este bloque: 1 2 3 4

2) *Anáfora derivada:* a diferencia de la principal, no inicia verso y frase; la transcribimos utilizando las letras mayúsculas, con un subíndice indicador del orden (A_1 A_2 A_3 ..., B_1 B_2 B_3 ..., etc.).

> Quiero vivir, vivir *como* la hierba dura,
> *como* el cierzo o la nieve, *como* el carbón vigilante,
> *como* el futuro de un niño que todavía no nace,
> *como* el contacto de los amantes cuando la luna los ignora (p. 92).

> Transcripción: A_1 A_2 A_3 A_4 A_5

3) *Anáfora distributiva:* se basa en el paralelismo sintáctico. No siempre es necesario hacer constar su carácter distributivo mediante nuevos signos, sino sólo cuando entraña nuevas recurrencias; éstas, entonces, se indican con letras minúsculas (a_1 a_2 a_3 ..., b_1 b_2 b_3 ..., etc.) y en caso de que la cadena sea larga, también con letras del alfabeto griego (α_1 α_2 α_3 ..., β_1 β_2 β_3 ..., etc.).

(...) ese polvillo fino
que se alborota   mintiendo la fantasía   de un sueño
└──┘ └──────┘
ANAFORA
│
ANAFORA
└──────┘
que se aplaca monótono   cubriendo el lecho   quieto   (p. 23).

Transcripción: A₁ A₂

En medio de los adioses de los pañuelos blancos
llega la aurora *con* su desnudo de bronce,[11]
con esa dureza juvenil
que a veces resiste hasta el mismo amor.

Llega con su cuerpo sonoro
donde sólo los besos resultan todavía fríos,
pero *donde* el sol se rompe ardientemente (p. 40).

Transcripción: A₁ (a₁ a₂) A₂ (a₃ (α₁ α₂))

4) *Anáfora apositiva:* se trata siempre de una anáfora derivada cuyo sustantivo nuclear desempeña la función de aposición; se consigna igual que la anáfora derivada, pero anteponiendo al subíndice una *x*.

Tu generoso cuerpo, *agua* rugiente,
agua que cae como cascada joven,
agua que es tan sencillo beber de madrugada (pp. 57-58).

Transcripción: Aₓ₁ Aₓ₂ Aₓ₃

5) *Anáfora por elisión:* en casos aislados, la fiel representación del movimiento rítmico exige, por el sentido, que se considere un determinado sintagma como anafórico; éste se distinguirá del resto únicamente por llevar una *E*, antepuesta al subíndice si es anáfora derivada, y pospuesta al número de orden si es anáfora principal.

Canto el cielo feliz [*canto*] el azul que despunta,
canto la dicha de amar dulces criaturas (p. 80).

Transcripción: 1 2ₑ 3

(...) inventa los ramajes más altos,
donde los colmillos de música,
donde las garras poderosas, [*donde*] el amor que se clava (p. 11).

Transcripción: A₁ A₂ Aₑ₃

6) *Anáfora por sinonimia:* como la precedente. viene originada por el sentido del decurso, y al ser representada se especifica con la letra *S*.

Contemplando ahora mismo estos tiernos animalitos (...)
Mirando esta nuestra propia piel (p. 60).

Transcripción: 1 2ₛ

7) *Anáfora continua:* es aquella que no cambia; recorre de principio a fin todo el poema, estructurándolo. En *La destrucción o el amor* hay diez composiciones (el 18.52%) que se someten a este esquema de reiteración sin alternancia: "Después de la muerte" (p. 14), "El mar ligero" (p. 21), "Sin luz" (p. 23), "Quiero saber" (p. 50), "Humana voz" (p. 61), "La luna es una ausencia" (p. 99), "Quiero pisar" (p. 101), "El escarabajo" (p. 110), "La noche" (p. 123) y "Se querían" (p. 125).

8) *Anáfora trenzada:* podría definirse como dos anáforas que discurren alternativa e independientemente. Es procedimiento complejo. Ni la anáfora continua ni ésta serán objeto de nuestro estudio. Sólo en tres poemas —"Nube feliz" (p. 117), "Las águilas" (p. 121) y "Total amor" (p. 127)— ha sido utilizada. Representa un 5.56% del libro.

9) *Anáfora variable:* diremos que una composición forma "anáfora variable" cuando, entre sus bloques recurrentes, figuren varios de los tipos anafóricos definidos, a excepción de la anáfora continua y la trenzada. Las composiciones de *La destrucción o el amor* que aquí importan pertenecen todas a este grupo.

Tanto la *recurrencia por reduplicación* (situada al comienzo del verso) como la *recurrencia epifórica* (situada al final) se consideran, a efectos rítmicos, constituidas por un solo miembro. La primera es muy frecuente en Aleixandre: "*Deja, deja* que mire ..." (p. 19), "*Ven, ven, ven* como el carbón extinto ..." (p. 29). La segunda es rara: "No me esperéis mañana —*olvido, olvido*—" (p. 37), "Cuerpo feliz moreno que naces, *voy*, me *voy*" (p. 118). Ninguna de las dos requiere formulación, ya que equivalen —repetimos— a un solo segmento rítmico. Es como si se tratase de una nota musical sostenida.

Diferente es la *recurrencia conduplicativa*, que sí precisa ser representada a pesar de su similitud con las anteriores. Su finalidad es prolongar un segmento rítmico adosándole otro que comenzará por la misma palabra con que termina aquél. Su transcripción, siempre igual, es *RR*.

> (El ave misteriosa)
> se refugia en el pecho de ese cartón *besado*,
> *besado* por la luna que pasa sin sonido (pp. 71-72).

Sobre la *enumeración* ya hemos tratado. Se asemeja a la anáfora en cuanto que también es acumulación de sintagmas, pero se distingue de ella por no reiterar ningún vocablo. Estos sintagmas los contemplaremos exclusivamente como secuencias rítmicas, sin reparar para nada en su aspecto gramatical.[12] La enumeración la transcribiremos mediante números romanos. Siete secuencias o segmentos conforman el siguiente bloque enumerativo:

```
     I      II      III
   Junio, fugaz, alegre primavera,
          IV        V     VI
   árboles de lo vivo, peces, pájaros,
   VII
   niñas ...
```

Transcripción: I II III IV V VI VII

No volveremos a hablar de la enumeración irracional ni de la normal, estudiadas al principio de este trabajo, y que no es preciso distinguir entre sí al transcribirse. Quisiéramos únicamente mencionar las otras dos variedades enumerativas de mayor resalte: *la distributiva*, que genera cadenas anafóricas derivadas, como se ve en el siguiente fragmento:

> Eras *hermosa como* la dificultad de respirar en un
>   cuarto cerrado.[13]
> *Transparente como* la repugnancia a un sol libérrimo,
> *tibia como* ese suelo donde nadie ha pisado,
> *lenta como* el cansancio que rinde al aire quieto (p. 74).

Transcripción: I (A1) II (A2) III (A3) IV (A4)

Y *la apositiva:* ésta, como indica su nombre, ejerce la función de aposición y, al igual que las anáforas de esta clase, lleva una *x* al pie del número de orden que le corresponde:

> Tu *frente* destellante, *carbón* encendido que me arrebata
>   a la propia conciencia,
> *duelo* fulgúreo en que de pronto siento la tentación de
>   morir (p. 29).

Transcripción: I (IIx IIIx)

Para concluir, citaremos un último tipo de recurrencia: *la aposición*; en ella, el sustantivo nuclear que aparece como apuesto es equivalente al que está determinando, de ahí que sea conceptualmente repetitivo. Su signo de recurrencia es la letra mayúscula *X*. La encontramos a menudo como cierre del bloque recurrente.

> La celeste marca del amor en un campo desierto
> *donde* hace unos minutos lucharon dos deseos,
> *donde* todavía por el cielo un último *pájaro* se escapa,
> caliente *pluma* que unas manos han retenido (p. 71).

Transcripción: A1 A2(X)

La traslación a fórmula de los distintos bloques que se dan en los poemas anafóricos variables de *La destrucción o el amor*, es ahora perfectamente factible gracias a estos signos. A manera de ejercicio resumidor, formularemos uno de ellos: "El frío" (pp. 87-88).

(Advertimos que, a la hora de realizar estos análisis, para evitar prejuicios de lectura derivados de la muchas veces arbitraria puntuación ortográfica y disposición estrófica adoptadas por el autor, es conveniente copiar primero el texto sin hacer distinción de mayúsculas ni de separaciones estróficas, y con abolición total de los signos de puntuación. No obstante, en consideración a la novedad de este ejercicio, respetaremos la presentación original.)

Viento (I) negro secreto que (A1) sopla entre los huesos,
sangre (II) del mar que (A2) tengo entre mis venas cerradas,
océano (III) absoluto que (A3) soy cuando, dormido,
irradio verde o fría una ardiente pregunta.

Viento (IV) de mar que (A4) ensalza mi cuerpo hasta (a1) sus cúmulos,
hasta (a2) el ápice aéreo de sus claras espumas,
donde ya la materia cabrillea, o lucero,
cuerpo (V) que (A5) aspira a un (a1) cielo, a una (a2) luz propia (I)
y fija (II).

Cuántas veces (1) de noche rodando entre las nubes (I), o acaso bajo
tierra (II),
o bogando con forma de pez vivo (III),
o rugiendo en el bosque como fauce o marfil (IV);
cuántas veces (2) arena (I), gota de agua (II) o voz sólo (III),
cuántas (3E), inmensa mano que oprime un mundo alterno.

Soy tu sombra (I), camino (X) que me lleva a ese (B1) límite,
a ese (B2) abismo sobre (b1) el que el pie osaría,
sobre (b2) el que acaso quisiera volar como (β1) cabeza,
como (β2) sólo una idea o una gota de sangre.

Sangre (RR) o sol que se funden en el feroz encuentro,
cuando (C1) el amor destella a un choque silencioso,
cuando (C2) amar es luchar con una (c1) forma impura,
un (c2) duro acero vivo que nos refleja siempre.

Matar la limpia superficie (I) sobre la cual golpeamos,
bruñido aliento (IIx) que (D1) empañan los besos (I), no los pájaros (II),
superficie (IIIx) que (D2) copia un cielo estremecido,
como ese duro estanque donde no calan piedras.

Látigo (IV) de los hombres que (D3) se asoma a (d1) un espejo,
a (d2) ese bárbaro amor de lo impasible o entero,
donde los dedos mueren como láminas siempre,
suplicando, gastados, un volumen perdido.

¡Ah maravilla loca de (E1) hollar el frío presente,
de (E2) colocar los pies desnudos sobre el fuego,

de (E_3) sentir en los huesos el hielo que nos sube
hasta notar ya blanco el corazón inmóvil!

Todavía (1) encendida una lengua de nieve
surte por una boca, como árbol o unas ramas.
Todavía (2) las luces (I), las estrellas (II), el viso (III),
mandan luz (1), mandan aire (2), mandan amor o carne (3).

Transcripción:

1) $\longrightarrow$ I (A_1) II (A_2) III (A_3^+) IV (A_4 (a_1 a_2)) V (A_5 (a_1 a_2
   ... (I II)))

2) $\longrightarrow$ 1 (I II III IV) 2 (I II III) 3_E^+

3) $\longrightarrow$ I (X (B_1 B_2 (b_1 b_2 (β_1 β_2 RR (C_1 C_2 (c_1 c_2))))))

4) $\longrightarrow$ I (II_x (D_1 (I II)) III_x (D_2^+) IV (D_3 (d_1 d_2^+))

5) $\longrightarrow$ E_1 E_2 E_3^+

6) $\longrightarrow$ 1 2 (I II III)

7) $\longrightarrow$ 1 2 3

Un texto admite diversos grados de profundidad en su reducción a fórmulas de recurrencia. Por supuesto que la reducción que
hemos efectuado no es la más "estrecha" que se pueda hacer, aunque
trasluce con suficiencia las más importantes reiteraciones.

A continuación, hay que definir globalmente cada bloque transcrito. Para ello atenderemos, por un lado, a la clase y al número de
los elementos principales que configuran el bloque recurrente, y por
otro, al número de elementos (sin importarnos ahora su naturaleza)
contenidos en el paréntesis de cierre. En función de lo primero, esto
es, de la clase que vertebra la recurrencia y de su número de elementos (par o impar), se deduce que todo bloque recurrente habrá de
ser: o Anafórico principal (par o impar): su representación es un 1;
o Anafórico derivado (par o impar): su representación es una A; o
Enumerativo (par o impar): se representa por I.[14]

No estaría completamente definido cada bloque si no reparáse-
mos en sus elementos finales. Suelen ir estos, como se ha dicho, en-
cerrados en un paréntesis. Si dentro de él hubiera, a su vez, nuevos
paréntesis, sólo consideraríamos el último. Cuando el número de
elementos es par, el bloque lo definiremos como "abierto"; cuando
impar, como "cerrado".

Aunque carece de complejidad, la casuística con respecto a la
abertura o cerrazón del bloque recurrente no acaba aquí. Otras posibilidades son:

1) *Paréntesis de un solo elemento sin prolongación*[15]: o queda
simplificado [A_1 A_2 (a_1) A_3 (a_2)] $\longrightarrow$ bloque "cerrado", o bien, si va
dentro de un paréntesis múltiple, se cuentan también los elementos

del paréntesis que inmediatamente le antecede [1 2 (A_1 A_2 (a_1 a_2 (α_1)))] $\longrightarrow$ bloque "cerrado".

2) *Paréntesis con el último elemento en prolongación:* se cuenta como si hubiera un elemento más [A_1 A_2 (a_1 a_2^+)] $\longrightarrow$ bloque "cerrado".

3) *Ultimo elemento en prolongación (sin paréntesis):* se cuenta también como si hubiera otro elemento [A_1 A_2 A_3^+] $\longrightarrow$ bloque "abierto".

En conclusión, los siete bloques de que se compone el poema anteriormente transcrito se definirán de manera global así:

1) $\longrightarrow$ I, impar abierto
2) $\longrightarrow$ 1, impar abierto
3) $\longrightarrow$ I, par abierto
4) $\longrightarrow$ I, par cerrado
5) $\longrightarrow$ A, impar abierto
6) $\longrightarrow$ 1, par cerrado
7) $\longrightarrow$ 1, impar

Carecería de sentido todo el esfuerzo realizado para lograr la formulación clara y concisa de los bloques recurrentes, si nos quedáramos en ese estadio. Es preciso que vayamos algo más allá para encontrar la verdadera finalidad de nuestra labor. Una cuantización de los resultados y un detenido examen de los mismos nos permite exponer, en principio, cinco fenómenos con la mayor exactitud:

1er. fenómeno: *Tendencia a la paridad de los bloques recurrentes.* Exceptuando el bloque final de cada composición, que merece ser tratado en el siguiente punto, los demás, en general, tienden a estar formados por un número par de elementos principales. De 157 bloques —descontados los finales—, 100 son pares: 63.69%.

2º fenómeno: *Tendencia a la imparidad del bloque recurrente final.* En oposición a la anterior tendencia, el último bloque del poema suele ser impar. De 32 bloques, 19 son impares: 59.37%, cifra que contrasta significativamente con el porcentaje de más arriba.

3er. fenómeno: *Tendencia a la proliferación de los elementos pares.* De forma casi sistemática, los elementos pares de las recurrencias tienden a formar cadenas más o menos largas. Valga de ejemplo el poema "A ti, viva" (pp. 46-47).

Bloque anafórico principal par abierto.

$$
\begin{array}{c}
\text{D}_1 \qquad\qquad \text{E}_1 \Big\langle \begin{array}{c} \text{I} \\ \text{II} \end{array} \\[6pt]
1 \Big\langle {}^{\text{D}_2} {}_{\text{d}_1} \quad 2\text{s} \Big\langle \\[6pt]
\qquad \text{d}_2^{+} \qquad \text{E}_2 \Big\langle \begin{array}{c} \text{I} \\ \text{II}^{+} \end{array}
\end{array}
$$

Bloque anafórico principal par cerrado.

$$
\text{I} \quad \text{II} \Big\langle \begin{array}{c} \text{F}_1 \\ \text{F}_2 \end{array}
$$

Bloque enumerativo par cerrado.

$$
\text{G}_1 \quad \text{G}_2 \Big\langle \begin{array}{c} \text{g}_1 \\ \text{g}_2 \\ \text{g}_3 \\ \text{g}_4^{+} \end{array}
$$

Bloque anafórico derivado par cerrado.

Frente a sólo tres proliferaciones en elementos impares, se encuentran siete (sobre un total de siete) en pares.

4º fenómeno: *Tendencia a la prolongación del último elemento.* Muy generalizada. Sea cual sea el último elemento del bloque recurrente, rara vez no aparece inserto en una frase de amplia línea melódica. El alargamiento de la frase a menudo estriba en una bimembración (a veces trimembración), en una aposición, en una subordinación (introducida muy frecuentemente por: *cuando, como, frente, donde, mientras, porque, que*), o en la adición de un complemento preposicional (introducido las más de las veces por: *en, entre, para, sin, sobre, tras,* y *hasta*).

> ¡Ah maravilla loca *de* (A1) hollar el frío presente,
> *de* (A2) colocar los pies desnudos sobre el fuego,
> *de* (A3) sentir en los huesos el hielo que nos sube
> *hasta* (+) notar ya blanco el corazón inmóvil! (p. 88).

Transcripción: A1 A2 A3

¡ .... de (A1) ————— ,	⟵ 1er. segmento rítmico
de (A2) ——————— ,	⟵ 2º segmento rítmico
de (A3) ——————— ¡}	3er. segmento rítmico
——————————— ! }	⟵ (prolongado)

5º fenómeno: *Tendencia a la compensación.*
Decimos que un bloque sufre "compensación" cuando, estando compuesto de un número par de elementos principales, el número de segmentos rítmicos terminales (los de la prolongación) es, por el contrario, impar; y viceversa: cuando siendo impar el bloque, su ter-

minación es par. Esta tendencia a la compensación se acentúa considerablemente en el bloque final.

El 64.34% de los bloques no finales está compensado (prescindimos de los que carecen de prolongación). En los del final, el porcentaje de bloques compensados (descontando también los no prolongados) asciende al 72%.

En resumen, cada bloque tiende a ser, si es que tiene prolongación, o par cerrado, o impar abierto.

Estos cinco fenómenos, habituales en los poemas anafóricos variables de *La destrucción o el amor:*

> Tendencia a la paridad de los bloques recurrentes
> Tendencia a la imparidad del bloque final
> Tendencia a la proliferación de los elementos pares
> Tendencia a la prolongación del último elemento
> Tendencia a la compensación de los bloques

crean inevitablemente un modo muy particular y uniforme de desarrollo poemático, un esquema constructivo constante, con poco margen para la variación, y lo que es esencial: un ritmo. Un ritmo único que para cualquier lector de *La destrucción o el amor* es fácil de reconocer y distinguir, pero no de explicar. Ahora podemos explicarlo y hasta demostrarlo. Muy cierto el aforismo pitagórico: "Todo es armonía y número".

BARCELONA

Notas

[1]Utilizo la edición de Losada de 1967; las citas tras los poemas remiten a ella.

[2]Véase en *Littérature* el pensamiento que aparece bajo el título "El caetera, et caetera". *Oeuvres completes* (París: La Pléyade, Editions Gallimard, 1960).

[3]Cf. Amado Alonso, *Poesía y estilo de Pablo Neruda* (Buenos Aires: Editorial Sudamericana, 1968), p. 325.

[4]Sobre la enumeración medieval, véase Carlos Bousoño, *El irracionalismo poético (El símbolo)* (Madrid: Ed. Gredos, 1977), pp. 265-81.

[5]*Lingüística e historia literaria*, 2a. ed. (Madrid: Ed. Gredos, 1974), pp. 277 y ss.

[6]*Seis calas en la expresión literaria española* (en colaboración con Carlos Bousoño) (Madrid: Ed. Gredos, 1970), p. 48.

[7]*Ibidem*, pp. 229-78.

[8]*Ibidem*, pág. 261.

[9]*Ibidem*, pág. 252.

[10]Véase al final del Apéndice la tabla de distribución de los poemas.

[11]Adoptamos la coma que seguramente fue omitida por errata en esta edición y que aparece en *Obras completas* (Madrid: Aguilar, 1968), p. 349.

[12]Consideraremos como un solo segmento el formado por dos palabras que estén vinculadas por la conjunción *o:* "alas (I), nombre o dolor (II), pena (III)" (p. 75): serie trimembre. No así cuando la presencia de la *o* acompaña igualmente a otros miembros de la serie enumerativa: "una luna (I) o una sangre (II) o un beso al cabo (III)" (p. 53): trimembre; "Todo es alfombra (I) o césped (II) o el amor (III), o el castigo (IV)" (p. 58): tetramembre.

[13]Subsanamos la errata y ponemos punto siguiendo la disposición de las *O. C.*, p. 378.

[14]Otros posibles bloques, muy particulares, se transcriben por la letra mayúscula *O*.

[15]La prolongación de un elemento se hace constar sobreponiéndole un signo +; se habla de ella poco después.

Apéndice

Con la formulación de los 32 poemas anafóricos variables
de *La destrucción o el amor*

Signos convencionales de recurrencia

1 2 3 4 ...	ANAFORAS PRINCIPALES
A_1 A_2 A_3 A_4 ... B_1 B_2 B_3 B_4 ... C_1 C_2 C_3 C_4 ... etc.	ANAFORAS DERIVADAS
A_{x1} A_{x2} A_{x3} A_{x4} ... B_{x1} B_{x2} B_{x3} B_{x4} ... etc.	ANAFORAS APOSITIVAS
a_1 a_2 a_3 a_4 ... b_1 b_2 b_3 b_4 ... etc. α_1 α_2 α_3 α_4 ... β_1 β_2 β_3 β_4 ... etc.	PROLIFERACIONES ANAFORICAS
R R	CONDUPLICACION
I II III IV ...	ENUMERACION
I_x II_x III_x IV_x ...	ENUMERACION APOSITIVA

X ————————————→ APOSICION

+ ————————————→ PROLONGACION

Signos convencionales para los bloques recurrentes

I ————————————→ BLOQUE ANAFORICO PRINCIPAL

A ————————————→ BLOQUE ANAFORICO DERIVADO

I ————————————→ BLOQUE ENUMERATIVO

O ————————————→ OTROS BLOQUES

1. *LA SELVA Y EL MAR*

I II (A_1) III (A_2^+) .... I, impar abierto

I II$^+$ .... I, par cerrado

B_1 B_2^+ .... A, par cerrado

I (C_1 C_2^+) II$^+$ .... I, par cerrado

I II III (D_1) IV (D_2) V (D_3) VI (D_4) VII ...

... (D_5) VIII$_x$ (D_6^+) IX (I_x II$_x$ (III$_x^+$) .... I, impar abierto

I (II$_x$ III$_x$ IV$_x$ V$_x$) .... I, impar (cerrado)*

E_1 E_2 E_{E3} (e_1) E_{E4} (e_2) .... A, par (abierto)

F_1 F_2^+ .... A, par cerrado

I (X (G_1 G_2^+)) .... I, par cerrado

2. *NO BUSQUES, NO*

1 (A_1) 2 (A_2) 3 (A_3^+) .... 1, impar abierto

B_1 B_2^+ .... A, par cerrado

I II III IV$^+$ .... I, par cerrado

1 (C_1 (c_1)) 2 (C_2 (c_2)) .... 1, impar abierto

D_1 D_2 (I II$^+$)) .... A, par cerrado

E_1 E_2 E_3 (e_1 e_2) .... A, impar abierto

4. *NOCHE SINFONICA*

I (A_1 A_2) II III (B_1 B_2 B_3 (I II)) .... I, impar abierto

I (C_1 C_2^+) II .... I, par (abierto)

1s (I_x (D_1) II$_x$ III$_x$) 2 (D_2)   3 4 5 ...

<u>I II III</u>

I, impar (cerrado)

... 6 (D_3) .... 1, par (abierto)

---

* Los bloques cuya abertura o cerrazón se consigna entre paréntesis, como en este caso, carecen de proliferación o prolongación terminal.

5. *UNIDAD EN ELLA*

I II (A_1 A_2^+) ....   I, par cerrado

I II_x III_x (B_1) IV_x (B_2 (b_1 b_2)) ....   I, par abierto

C_1 C_2 C_3 C_4 (I II) ....   A, par abierto

1 (I II) 2 (I II) ....   1, par abierto

1 2 3 (I_x II_x^+) ....   1, impar cerrado

D_1 D_2 D_3 ....   A, impar (cerrado)

E_1 E_2 E_3 RR (F_1 F_2) ....   A, impar abierto

8. *MINA*

1 2 3 ....   1, impar (cerrado)

1 (A_1 (a_1 a_2 a_3^+)) 2 (A_2 (I II)) 3 (X (A_3 A_4)) ...

... 4 (A_5 (a_1 a_2)) 5_E (A_6^+) ....   1, impar abierto

1 (B_1 B_2 (b_1 b_2^+)) 2 (C_1 C_2 (c_1 c_2)) ...

3 (C_3 (X (E_1 E_2))) 4 (F_1 ...

... $\underline{D_1\ D_2\ (I\ II\ III)}$

A, par cerrado

... F_2 F_3 (f_1 f_2 (I II))) ....   1, par abierto

9. *VEN SIEMPRE, VEN*

1 (I II III IV V (A_1) VI (A_2) VII (B_1 B_2^+))

$\underline{I\ II\ (C_1\ C_2^+)}$ ...

I, par cerrado

... 2 (I II_x III_x (D_1 D_2 D_3)) 3 (E_1 E_2 (X^+))   1, impar abierto

1 (F_1 (f_1)) 2 (F_2 (f_2)) 3 (F_3 (f_1 f_2)) 4 5 (I II^+) ...

6 (F_4 (f_1 f_2 f_3)) 7 (I II) 8 9 (G_1 (I II III ...

... IV)) 10 (G_2^-) ....   1, par abierto

12. *MAÑANA NO VIVIRE*

1 (I_x (A_1) II_x (A_2^+)) 2 (B_1 B_2^+) 3 (I_x II_x III_x) ...

... 4_E (I II . C_1 C_2) ....   1, par abierto

I (X) ....   I, par (abierto)

I II III^+ ....   I, impar abierto

1 2 3^+ ....   1, impar abierto

I II III ....   I, impar (cerrado)

13. *VEN, VEN TU*

A_1 A_2 A_3 RR A_4 A_5^+ ....   A, impar abierto

1 2 (B_1 B_2 B_3^+) ....   1, par abierto

I II III^+ ....   I, impar abierto

C_1 C_2 (c_1) C_3 (c_2) ....   A, impar (cerrado)
D_1 D_2 D_3 (d_1) D_4 (d_2) D_5 (d_3) D_6 (d_4) D_7 (d_5)
... D_8 (d_6) D_9 (d_7) D_{10} $(d_1$ d_2 d_3 $d_4)$ .....   A, par abierto
I II III IV V^+ ....   I, impar abierto

14. AURORA INSUMISA

A_1 $(a_1$ $a_2^+)$ A_2 $(a_3$ $(\alpha_1$ $\alpha_2^+))$ ....   A, par cerrado
1 2 3 ....   I, impar (cerrado)
I II III IV^+ ....   I, par cerrado
I (I II) II $(B_1$ B_2 $B_3^+)$ ....   I, par abierto
I $(C_1$ C_2 $C_3)$ II III_x IV_x V (I II) VI VII VIII_x I, par (abierto)

15. PAISAJE

A_1 $(a_1$ $a_2)$ A_2 (X^+) ....   A, par abierto
1 2 ....   I, par (abierto)
I II III IV V VI_x ....   I, par (abierto)
I II ....   I, par (abierto)
1 2 3 $(B_1$ $B_2)$ 4 ....   I, par (abierto)
C_1 (c_1) C_2 (c_2) ....   A, par (abierto)
RR (X^+) ....   O, impar abierto
D_1 $(d_1$ $d_2)$ D_2 (X) ....   A, par cerrado
I II III (E_1) IV (E_2) V VI (E_3) VII (E_4) .....   I, impar (cerrado)

17. A TI, VIVA

1 $(A_1$ A_2 $(a_1$ $a_2))$ 2 $(I_x$ (B_1) II_x $(B_2))$ 3 (I ...
... $(X^+))$ 4 $(C_1$ C_2 $(c_1$ c_2 (X (I II))))) ......   I, par abierto
1 $(D_1$ D_2 $(d_1$ $d_2^+))$ 2_s $(E_1$ (I II) E_2 (I $II^+))$ ....   I, par cerrado
I II $(F_1$ $F_2^+)$ ....   I, par cerrado
G_1 G_2 $(g_1$ g_2 g_3 $g_4^+)$ ....   A, par cerrado

18. ORILLAS DEL MAR

A_1 (I II III IV V (B_1) VI (B_2) VII $(B_3$. X) ...
... VIII IX) A_2 (I II) A_3 (I II) ....   A, impar abierto
C_1 C_2 C_3 RR (I II III) (X) ....   A, impar abierto
I II $(D_1$ $D_2^+)$ III (I II) ....   I, impar abierto

21. A LA MUERTA

1 (I II III $(A_1$ A_2 $(a_1$ $a_2^+)))$ 2 $(B_1$ B_2 (b_1) B_3 ...
... $(b_2^+))$ ....   I, par abierto

1 (C_{x1} C_{x2} C_{x3}^+)

<u>1 2 (I II III)</u>   <u>1 2 (D_1 D_2 . E_1 E_2)</u> ...

  1, par cerrado   1, par abierto

... 2 (F_1 (I_x II_x III_x (F_2))) 3 (F_3 F_4 (f_1 f_2^+))   1, impar cerrado

I II III IV ....   I, par (abierto)

RR^+ ....   O, par cerrado

22. *LA LUZ*

I II III IV V VI VII (A_1 A_2) VIII ....   I, par (abierto)

1 2 (B_1 B_2 B_3^+) 3 (B_4 (b_1 b_2)) 4 (B_5^+) ....   1, par abierto

I II III^+ ....   I, impar abierto

1 (C_1 C_2 C_3^+) 2_S (D_1 D_2) ....   1, par abierto

I (E_{x1} E_{x2} . F_1 F_2) ....   I, impar abierto

1 (G_1 G_2 G_3 G_4) 2 (H_1 H_2) ....   1, par abierto

I II_x III_x (I_1 I_2^+) ....   I, impar cerrado

J_1 J_2 (j_1) J_3 (j_2) J_4 (j_3) J_5 (j_4) ....   A, impar (cerrado)

24. *CANCION A UNA MUCHACHA MUERTA*

1 (A_1) 2 (A_2) 3_S (X) 4 (B_1 B_2 . I II III IV^+) ...

... 5 (I II^+) ....   1, impar cerrado

1 (X (C_1 C_2 . D_1 (d_1 d_2) D_2)

      <u>1 2 3 (E_1) 4 5 (E_2) 6 (E_3)</u> ...

      1, par (abierto)

... 2 (I_x (E_4) II_x (E_5) III_x (E_6) IV_x (E_7)) ..   1, par abierto

25. *TRISTEZA O PAJARO*

1 (I II (I II III)) 2 (I II^+) ....   1, par cerrado

A_1 (a_1) A_2 (b_1 b_2 (a_2^+)) A_3 (b_3 (a_3)) ....   A, impar abierto

I (X (C_1 C_2^+)) ....   I, par cerrado

26. *PLENITUD*

I II (A_1) III (A_2) IV (A_3) ....   I, par (abierto)

I II (B_1 B_2 (b_1 b_2^+)) ....   I, par cerrado

I II III (C_1 C_2 (I II)) ....   I, impar abierto

1 2 (D_1) 3 (D_2) ....   1, impar (cerrado)

E_1 E_2 E_3 E_4 ....   A, par (abierto)

I II (F_1) III (F_2) . G_1 G_2^+ ....   I, impar cerrado

1 2 (I II III IV) ....   1, par abierto

H_1 H_2 ....   A, par (abierto)

I_1 I_2 I_3 I_4 ....   A, par (abierto)

1 2_E 3 4_E 5_E 6_E 7 (J_1 J_2) ....   1, impar abierto

28. *ETERNO SECRETO*

A_1 A_2 (X) ....   A, par cerrado

B_1 B_2 (b_1 b_2 (I II III$^+$)) ....   A, par abierto

1 (X (C_1 C_2 . RR$^+$)) 2_S (I_x (D_1) II_x III_x (D_2...
... (d_1 d_2^+)))) ....   1, par cerrado

1 (E_1 E_2 (e_1 e_2 e_3)) 2 (I_x II_x III_x IV_x (F_1 F_2^+))   1, par cerrado

30. *LA VENTANA*

1 (A_1) 2 (A_2) ....   1, par (abierto)

I (II_x III_x IV_x)

$$\underline{\text{I } (B_1)\ \text{ II } (B_2)\ \text{ III } (B_3)\ \text{ IV } (B_4)}...$$
I, par (abierto)

... V (VI_x VII_x^+) VIII (C_1 . I II) IX ...
... (C_2 . X_x (C_3) XI_x) ....   I, impar abierto

1 (I_x II_x III_x IV_x^+) 2 (I_x II_x III_x IV_x^+) ....   1, par cerrado

I II III IV V (D_1 D_2) ....   I, impar abierto

I II III (E_1) IV (E_2) V (E_3) ....   I, impar (cerrado)

31. *LA DICHA*

I II III ....   I, impar (cerrado)

I II III IV V (VI_x) VII (VIII) ....   I, par (abierto)

I II III IV (A_1 A_2) ....   1, par abierto

1 (I_x II_x III_x (B_1 B_2 (b_1 b_2^+))) 2 (I_x II_x III_x ...
... IV_x V_x^+) ....   1, par abierto

I RR II III IV (C_1 C_2) ....   I, par abierto

I (D_{x1} D_{x2} D_{x3} (d_1 d_2 d_3)) ....   I, par cerrado

E_1 E_2 (RR (RR (I II . I II))) ....   A, par abierto

1 2_E 3 (F_1 F_2 (I II III IV V VI VII_x)) ......   1, impar cerrado

32. *TRIUNFO DEL AMOR*

A_1 (I II) A_2 A_3 ....   A, impar (cerrado)

$$\underline{\text{I } (X^+)}\qquad \underline{1\ 2}$$
I, par cerrado 1, par (abierto)

B_1 B_2 B_3 ....   A, impar (cerrado)

1 2^+ ....   1, par cerrado

RR ....   O, par (abierto)

I II III IV V ....   I, impar (cerrado)

C_1 C_2 (I II . c_1 c_2) ....   A, par abierto

D_1 D_2 (I II III IV (I II)) ....   A, par abierto

I II III IV V VI (I II III IV$^+$) ....   I, par cerrado

1 2 3 (X) 4⁺ ....   1, impar abierto
1 (I II) 2 (I II) ....   1, par abierto
1 (E₁ (I II) E₂ (I II III)) 2ₑ (F₁ (I II III ...
... IV)) 3ₑ (F₂ (f₁ f₂)) ....   1, impar abierto

33. *SOBRE LA MISMA TIERRA*

I II III IV⁺ V VI (A₁) VIIₓ (A₂) VIII (B₁ B₂ ...
... (b₁ b₂)) ....   I, par abierto
1 (C₁ (c₁ c₂) C₂ (X⁺)) 2 (C₃ C₄ (c₁ c₂⁺)) ......   1, par cerrado
1 2 (I (X⁺)) ....   1, par abierto
D₁ D₂ D₃⁺ ....   A, impar abierto
RR (E₁ E₂ (e₁) E₃ (e₂⁺)) ....   O, par abierto
I II III (F₁ F₂ (I II III (I II))) ....   I, impar abierto

34. *EL FRIO*

I (A₁) II (A₂) III (A₃⁺) IV (A₄ (a₁ a₂)) V (A₅ ...
... (a₁ a₂ (I II))) ....   I, impar abierto
1 (I II III IV) 2 (I II III) 3ₑ⁺ ....   1, impar abierto
I (X (B₁ B₂ (b₁ b₂ (β₁ β₂ . RR (C₁ C₂ ...
... (c₁ c₂)))))) ....   I, par abierto
I (IIₓ (D₁ (I II)) IIIₓ (D₂⁺) IV (D₃ (d₁ d₂⁺)) ...   I, par cerrado
E₁ E₂ E₃⁺ ....   A, impar abierto
1 2 (I II III) ....   1, par cerrado
1 2 3 ....   1, impar (cerrado)

35. *SOY EL DESTINO*

A₁ A₂ (I II⁺) ....   A, par cerrado
1 2ₛ (X⁺) 3ₛ (I IIₓ IIIₓ) 4ₛ 5ₛ (B₁ B₂ B₃ B₄⁺) ...
... 6ₛ (I II III (C₁ C₂⁺)) ....   1, par cerrado
D₁ D₂ D₃ D₄ D₅ ....   A, impar (cerrado)
1 (E₁ . X (E₂)) 2 (E₃ . X (E₄ E₅ E₆ (I II))) ...
... 3 (E₇) 4 5ₑ (E₈) 6ₑ (E₉) 7ₑ (E₁₀) ......   1, impar (cerrado)
F₁ F₂ (f₁ f₂⁺) ....   A, par cerrado

37. *MAR EN LA TIERRA*

A₁ A₂⁺ ....   A, par cerrado
B₁ B₂⁺ ....   A, par cerrado
Cₛ₁ (c₁) Cₛ₂ (c₂ c₃ c₄) Cₛ₃ (I II (D₁ D₂ (I II)))   A, impar abierto
1 (E₁ E₂ (e₁ e₂)) 2 (E₃ (e₁ e₂) E₄ E₅⁺) ....   1, par abierto
F₁ F₂ (f₁ f₂ (φ₁ φ₂)) F₃ (f₁ f₂ (Iₓ (G₁) IIₓ ...
... (G₂ G₃))) ....   A, impar abierto

40. *SOLO MORIR DE DIA*

I II III IV V VI (A_1 A_2 (X))	I, par cerrado
1 (B_{x1} (I II) B_{x2}^+) 2 (C_1 C_2 (c_1) C_3 (c_2))	1, par cerrado
I II III	I, impar (cerrado)
1 2 3 RR (I_x II_x (I II))	1, impar abierto
1 (D_1 (RR (d_1 d_2 . d_1 d_2 (I II)))) 2 (D_2 D_3 ...	
... D_4 (I II)) 3 (E_1 E_2 . D_5 (I II (I II III)))	1, impar cerrado

41. *COBRA*

1 (I II) 2^+	1, par cerrado
I (A_1) II (I II III)	I, par cerrado
I (II_x (A_2) III_x^+ IV (A_3) V (A_4) VI (A_5) VII ..	I, impar (cerrado)
I II (X^+)	I, impar abierto
B_1 (I II III) B_2 (I II (b_1 b_2)) B_3^+.	A, impar abierto

$$\underline{\text{I II III IV}}$$
I, par (abierto)

42. *QUE ASI INVADE*

I II III IV (A_1 A_2)	I, par abierto
I II (I II) III^+	I, impar abierto
1 2 3 (C_1 (c_1) C_2 (c_2 (I II))) 4 (C_3 (c_3)) .	1, par abierto

$$\underline{B_1 \ B_2}$$
A, par (abierto)

I II III	I, impar (cerrado)
D_1 D_2 D_3^+	A, impar abierto
E_1 E_2^+	A, par cerrado
F_1 F_2	A, par (abierto)
G_1 G_2 G_3^+	A, impar abierto
H_1 H_2 H_3	A, impar (cerrado)
I_1 I_2 I_3 (i_1 i_2 i_3 i_4 (ι_1 ι_2 ι_3 ι_4^+))	A, impar cerrado

51. *HAY MAS*

I II III IV V (A_1 A_2)	I, impar abierto
I II	I, par (abierto)
B_1 B_2 (RR (C_1 C_2))	A, par abierto
I II III (D_1 D_2) IV (E_1 E_2)	I, par abierto

52. *EL DESNUDO*

A_1 A_2 (a_1) A_3 (a_2) A_4 (a_3)	A, par (abierto)
1 (X (B_1 B_2 B_3 B_4)) 2 (X (C_1 C_2^+))	1, par cerrado

1 (D$_1$ (d$_1$)) 2 (D$_2$ D$_3$ (d$_2$ d$_3$ (X))) . . . .   1, par cerrado
E$_1$ E$_2$ E$_3$ (X$^+$) . . . .   A, impar abierto

53. CERRADA PUERTA

1 (I II III IV) 2$^+$ 3$_S$ (X (A$_1$ A$_2^+$)) . . . .   1, impar cerrado
1$^+$ 2 (D$_1$ D$_2$) .   1, par cerrado
<u>I II (B$_1$ B$_2$) III (C$_1$ C$_2$ (X (I II)))</u>
                I, impar abierto
I II$^+$ III IV (E$_1$ E$_2$) . . . .   I, par abierto
1 2 (F$_1$ F$_2$) . . . .   1, par cerrado

54. LA MUERTE

1 (I$_x$ II$_x$ III$_x$ IV$_x$) 2 (I$_x$ II$_x$ III$_x^+$) . . . .   1, par abierto
1 (I$_x$ II$_x$ III$_x$) 2 (A$_1$ A$_2$ A$_3$ A$_4$ A$_5$) . . . .   1, par cerrado
B$_1$ (X) B$_2$ (X) B$_{E3}^+$ . . . .   A, impar abierto
1 (I II) 2 3$^+$ 4 (C$_1$ C$_2^+$) . . . .   1, par cerrado
1 2 3$^+$ 4 (D$_1$ D$_2$ (d$_1$ d$_2$)) . . . .   1, par abierto
E$_1$ E$_2$ E$_3^+$ . . . .   A, impar abierto

Tabla de distribución de los poemas de
La destrucción o el amor

	Anáfora variable	Anáfora continua	Anáfora trenzada	Enumerativo
1. La selva y el mar	x			
2. No busques, no	x			
3. Después de la muerte		x		
4. Noche sinfónica	x			
5. Unidad en ella	x			
6. El mar ligero		x		
7. Sin luz		x		
8. Mina	x			
9. Ven siempre, ven	x			
10. Junio				x
11. Vida				x
12. Mañana no viviré	x			

	Anáfora variable	Anáfora continua	Anáfora trenzada	Enumerativo
13. Ven, ven tú	x			
14. Aurora insumisa	x			
15. Paisaje	x			
16. Juventud				x
17. A ti, viva	x			
18. Orillas del mar	x			
19. Quiero saber		x		
20. Corazón en suspenso				x
21. A la muerta	x			
22. La luz	x			
23. Humana voz		x		
24. Canción a una muchacha muerta	x			
25. Tristeza o pájaro	x			
26. Plenitud	x			
27. Corazón negro				x
28. Eterno secreto	x			
29. Lenta humedad				x
30. La ventana	x			
31. La dicha	x			
32. Triunfo del amor	x			
33. Sobre la misma tierra	x			
34. El frío	x			
35. Soy el destino	x			
36. Verbena				x
37. Mar en la tierra	x			
38. La luna es una ausencia		x		
39. Quiero pisar		x		
40. Sólo morir de día	x			
41. Cobra	x			
42. Que así invade	x			
43. El escarabajo		x		
44. Cuerpo de piedra				x
45. Nube feliz			x	
46. Hija de la mar				x
47. Las águilas			x	
48. La noche		x		
49. Se querían		x		

	Anáfora variable	Anáfora continua	Anáfora trenzada	Enumerativo
50. Total amor			x	
51. Hay más	x			
52. El desnudo	x			
53. Cerrada puerta	x			
54. La muerte	x			
Número de poemas	32	10	3	9
%	59,25%	18,52%	5,56%	16,67%

SOMBRA DEL PARAISO, AYER Y HOY

Gonzalo Sobejano

Al terminar la guerra civil en 1939, de los nueve grandes poetas del primer tercio de nuestro siglo sólo quedaban en vida seis (muertos Unamuno, Antonio Machado y García Lorca) y sólo permanecía en tierra española uno: Aleixandre (exiliados Juan Ramón Jiménez, Salinas, Guillén, Alberti y Cernuda).

Vicente Aleixandre había publicado antes de la guerra cuatro libros y tenía escrito, aunque no lo publicase hasta 1950, el quinto, titulado *Mundo a solas*. En 1944, el mismo año de *Hijos de la ira*, sale a luz *Sombra del paraíso*. Ambas obras, la de Dámaso Alonso y la de Aleixandre, fueron recibidas por numerosos poetas jóvenes como ejemplos orientadores de lo que en poesía podía hacerse dentro de España. Desde fuera tardarían en llegar y difundirse *Poeta en Nueva York*, de Lorca, la segunda edición de *La realidad y el deseo* y *Las nubes*, de Cernuda, y la tercera edición del *Cántico* de Guillén, por citar sólo libros publicados muy poco antes o muy poco después de los de Alonso y Aleixandre.

No he de referirme aquí a *Hijos de la ira*, donde se quiso ver, entonces y más tarde, una poesía más comprometida con las aciagas circunstancias de la posguerra española y de la guerra mundial que la poesía de *Sombra del paraíso*. Mi intención no es comparar los libros simultáneos de Alonso y de Aleixandre —revulsivo aquél, lenitivo éste—, sino describir *Sombra del paraíso*, leído desde entonces hasta hoy repetidas veces, a la luz abierta entre ayer y hoy.

Sombra del paraíso es un libro escrito de septiembre de 1939 a noviembre de 1943. Libro en el sentido fuerte de la palabra: no una mera colección de poemas, sino una obra en la que las partes se ordenan según cierto propósito constructivo que las dispone en función de una unidad. Esta unidad la anuncia ya el título: *sombra* quiere decir 'apariencia' o 'semejanza', pero con la inevitable connotación de 'oscuridad'; *paraíso* es un ámbito de perfección, ajeno a la caída. Principio, medio y fin del libro aparecen tan claramente que la grafía misma llama la atención sobre ellos: "El poeta", "Mensaje" y "No basta" son tres poemas que, a diferencia de los otros, se imprimen en bastardilla en las primeras ediciones y encuentran su lugar respectivo al frente del volumen, entre las partes tercera y cuarta, y al final de la sexta y última.[1]

Aunque según Archibald MacLeish un poema no haya de significar, sino *ser*, el intérprete debe intentar reconocer en el ser la significación, no para reducir aquél a ésta, sino para compenetrarse mejor con aquél y enriquecer intelectivamente el conocimiento imaginativo y emocional que la poesía entrega.

En el primero de esos tres poemas que podríamos llamar articulatorios, titulado "El poeta", la voz emisora dirige a éste, su destinatario, el libro que a sus manos envía "con ademán de selva" (con la primigenia vitalidad de la naturaleza), pero "donde de repente una gota fresquísima de rocío brilla sobre una rosa", donde late pues un ámbito matinal lo más delicado sobre lo más transitorio, y en el cual el deseo y la tristeza, el cansancio y la oscuridad aparecen también sobre el fondo vespertino de un mundo que agoniza. Reconocido el reino del poeta como reino de amor y de dolor, y habiendo contrastado con el afán y el desgaste del hombre la luz permanente y el aliento perenne del poeta identificado con el cosmos, lo que inicialmente era el envío del libro concluye en una exhortación a su repudio, como si el tradicional tópico de modestia de prólogos y dedicatorias se transformase en un llamamiento a la verdad natural: "Sí, poeta; arroja este libro que pretende encerrar en sus páginas un destello del sol, / y mira la luz cara a cara". Más que dedicar su libro a los poetas, el autor parece dirigirlo a un lector que, si ha de comprenderlo, necesita ser hombre auténtico dotado de poder creativo; pero ya desde el umbral quiere hacerle sentir a este lector-poeta que para posesionarse de la fuerza de la vida es menester pasar más allá de la palabra y comulgar real e inmediatamente con la naturaleza, pues no otro sentido que el de esa comunión sugieren los versos últimos en que el cuerpo del hombre se estira desde los pies remotísimos hasta las manos alzadas a la luna, la cabeza en la roca y la cabellera en los astros, cubriendo la extensión del orbe en un abrazo fundente.

Mediado el volumen, el segundo poema articulatorio, "Mensaje", encamina la voz a un receptor plural: "Amigos, no preguntéis a la gozosa mañana / por qué el sol intangible da su fuerza a los hombres. / Bebed su claro don". Parecen desarrollarse aquí los versos últimos del poema introductorio, invitando a los hombres todos a no inquirir razones, a gozar de lo dado, a abrir los sentidos al esplendor del sol, a la belleza del mar, del amor, de la vida y del deseo: amor, "cósmico afán del hombre". Y, de nuevo, la exhortación a rechazar lo que no sea plenitud directamente vivida:

> ¡Ah! Amigos, arrojad lejos, sin mirar, los artefactos tristes,
> tristes ropas, palabras, palos ciegos, metales,
> y desnudos de majestad y pureza frente al grito del mundo,
> lanzad el cuerpo al abismo de la mar, de la luz, de la dicha
>   inviolada,
> mientras el universo, ascua pura y final, se consume.

Lo desechado incluye materias inanimadas que se interponen entre la desnudez de la criatura y la creación (artefactos, ropas, metales), pero también mediaciones de la conciencia que puedan ser vehículos de engaño: las palabras (en el sentido hamletiano de "palabras, palabras, palabras") y esos "palos ciegos" que, en eficaz sinestesia, sugieren la madera sin savia (troncos desecados), la fuerza bruta (golpes) y la arbitrariedad (palos de ciego). Esta invitación dionisíaca a sumergirse en la dicha terrena coincide con la exhortación inicial al poeta, pero se pronuncia con menor distancia contemplativa, con mayor temperatura erótica y con un urgente arrebato que hermana el deleite de la unión a la conciencia de la destrucción.

Finalmente, el poema epilogal, "No basta", marca la última estación, ya no serenamente animosa como la primera, ni arrebatadamente resuelta como la intermedia, sino adversativa, nostálgica y dolorida. "Pero no basta, no, no basta", empieza el poema, oponiéndose a lo exaltado en los dos anteriores y en la mayoría de los poemas que componen el libro. No bastan la luz, ni el calor del sol, ni el misterio de una mirada, ni los bosques, ni el mar. En medio de la vida, el sujeto tuvo una iluminación: no era la de la tristeza del mundo (espacio del vivir humano), compensada por la "inmensa alegría invasora del universo" (espacio de la naturaleza total). La revelación fue una frente divina, arrugada y sombría, que al resplandor de un relámpago mostraba unos ojos cargados de infinita pesadumbre. La desaparición de esa imagen dejó el cielo vacío. Al perder la visión de la frente divina y sus inmensos ojos bienhechores, donde el mundo alzado quería entero copiarse, el sujeto cayó sobre la tierra sollozando, sintiendo la insuficiencia del mar, de los bosques, de la mirada humana, del amor y del mundo:

> Madre, madre, sobre tu seno hermoso
> echado tiernamente, déjame así decirte
> mi secreto; mira mi lágrima

besarte; madre que todavía me sustentas,
madre cuya profunda sabiduría me sostiene ofrecido.

Con esta figuración de Dios, antropomórfica, el panteísmo
expresado en los dos poemas articulatorios anteriores hace quiebra
en este tercero: la criatura experimenta la necesidad de un Dios personal a través de una visión milagrosa y a través de la nostalgia dejada
por ella. Nostalgia que hace que no baste la fusión con la naturaleza,
esa integración pánica exaltada tantas veces. Y la causa de este sentimiento de insuficiencia no parece ser tanto la querencia tradicional
hacia el Dios cristiano cuanto la comprobación íntima de que fundirse con la naturaleza, disolverse en ella, implica un proceso de
repetición eterna —de eterno retorno— en el que la conciencia individual nunca podría librarse de su experiencia de la finitud, de
su temor a la muerte.[2]

El marco sustentador de *Sombra del paraíso* aparece, según lo
considerado, como un itinerario en tres momentos: 1) exhortación
al lector-poeta a aunarse con la naturaleza; 2) nueva exhortación
a los hombres a sumergirse en la dicha del universo mientras éste
ardiendo de amor se consume; y 3) acogimiento del hombre a la tierra
para en ella consolarse de la ausencia de un Dios personal entrevisto
y desde ella soñar la promesa de Dios. El momento primero y el
intermedio se producen en un tono jubiloso, de himno; el último
emite su reconocimiento en son de elegía. Sin este lamento final,
que por su posición de despedida queda resonando en nosotros,
Sombra del paraíso parecería un libro neopagano; con ese lamento,
ha de verse también el sustrato religioso que comporta. El cántico
al gozo de la inmanencia —fusión del uno en el todo— desemboca
en la queja por la falta de una trascendencia posible: salvación de
la criatura por un creador, de quien ella sea imagen. De este duelo
entrañado en la palabra paradisíaca de Aleixandre, tanto como de
la vía purgativa exclamada por Dámaso Alonso en su diario íntimo
Hijos de la ira, pudo derivar fácilmente en la España de los años
cuarenta una poesía de inclinación religiosa inspirada en el dolor
por la ausencia de Dios y en el ansia de hallarlo. En 1970, Félix Grande se resistía a creer que una concepción panteísta del mundo hubiera
podido influir en la conciencia de la España de posguerra, penetrada
de existencialismo; pero Eugenio de Nora, Dámaso Alonso y Carlos
Bousoño, entre otros, precisaron en fechas anteriores el efecto de
Sombra del paraíso como un huracanado viento de autenticidad y
un aflorar de la emoción directamente humana, según recuerda
Víctor de la Concha.[3] Y para mí es obviamente perceptible el eco

de este libro de Aleixandre en algunos de los mejores que por ese tiempo se publicaron: *El corazón y la tierra* (1946) de Rafael Morales, *Cantos al destino* (1945) de Eugenio de Nora, *Sobre la tierra* (1945) de Vicente Gaos, *Primavera de la muerte* (1946) de Carlos Bousoño, o *Los muertos* (1947) de José Luis Hidalgo.

Recordemos las tres partes primeras de *Sombra del paraíso*, situadas entre la primera y la segunda exhortación a abrazarse con la naturaleza.

La parte primera comienza con el poema "Criaturas en la aurora" y termina con el titulado "Poderío de la noche". La segunda empieza con "Diosa" y concluye con "Los besos". La tercera se inicia con "Primavera en la tierra" y acaba en "Muerte en el paraíso". De estos simples hechos de colocación puede deducirse que las tres partes ofrecen un principio claro y un final oscuro: clara es la aurora (del día y de la creación) que con su luz perfila, pero oscura la noche que borra los perfiles; clara la diosa que con su grandeza diferente aleja, pero oscuros, luminosamente oscuros, los besos que alían a los amantes en una mortal absorción de la vida; clara es la recordada primavera (del año y de la humana existencia) que con su alegría anima y potencia a las criaturas, pero oscura la muerte que como solitario cielo nocturno pone fin al beso y al abrazo del cuerpo amado que se soñó poseer. En "Criaturas en la aurora" se lee:

> El placer no tomaba el temeroso nombre de placer,
> ni el turbio espesor de los bosques hendidos,
> sino la embriagadora nitidez de las cañadas abiertas
> donde la luz se desliza con sencillez de pájaro.

Y en "Muerte en el paraíso":

> Sólo un sueño de vida sentí contra los labios
> ya ponientes, un sueño de luz crepitante,
> un amor que, aún caliente,
> en mi boca abrasaba mi sed, sin darme vida.

Como poeta de linaje romántico, Aleixandre no canta el paraíso desde la posesión sino desde la pérdida, no la belleza del cuerpo o de los elementos por sí sola sino tocada de alma, no el placer sino el deseo. Por eso, en las tres partes de esta primera mitad del libro, y aun en cada poema, la expansión luminosa y la contracción sombría se alternan o se combinan de diversos modos.

En la parte primera, al idílico "Criaturas en la aurora" sigue el poema "Destino trágico", en el que un mar, momentáneamente sentido como dormido tigre, fascina de pronto con su oscuridad y su magia al contemplador, atrayéndolo al fondo poblado de ruiseñores que con sus trinos celebran la incorporación del hombre a la total unidad. En "Sierpe de amor" la serpiente —máscara del amante— se arrastra para besar a la indiferente hermosa con un beso de vida y muerte, de aire y sangre. La visión placentera de "El río" (un río extático fluyendo en un continente "que rompió con la tierra" se experimenta desde una llanura esteparia. En "Nacimiento del amor" se desatan "gozos / de amor, de luz, de plenitud, de espuma", pero trátase de un amor nacido "ya en otoño". Y otra figuración, con vestigios cristianos y miltonianos, y destellos de aquel paradigma del Satán ardiente y triste tan caro a la agonía romántica, aparece en el poema "Arcángel de las tinieblas": imagen de pesadilla maldecida desde la insomne soledad y el "mundo apagado" que insta a recrear la utopía paradisíaca. "Poderío de la noche" viene, en fin, a contrastar la jubilosa visión retrospectiva de "Criaturas en la aurora" con la circunspectiva de un presente anochecer en el que el ala del cielo y el ala del mar van cerrándose poco a poco sobre la soledad. Aunque dentro de este vacío se abre la memoria de la juventud en los días remotos en que "el amor se confundía con la pujanza de la naturaleza radiante", el sujeto percibe en torno suyo una noche "cóncava y desligada", la noche del tiempo "que pliega / lentamente sus silenciosas capas de ceniza".

Al pasar a la parte segunda se advierte que las realidades amorosas, descritas o evocadas, aparecen transferidas a lo que pudiera llamarse su idea platónica, a un dechado perfecto, anterior a aquellas circunstancias que, concretándolas, amenazaran sujetar esas realidades a la desfiguración de lo accidental. Casi todos los poemas, lacónicos y definidores, ostentan en su título el artículo determinativo que eleva a arquetipo lo nombrado: "La verdad", "El desnudo", "La rosa", etc., y es frecuente que los últimos versos denoten esa esencialidad platónica: "menuda rosa pálida / que en esta mano finges / tu imagen en la tierra" ("La rosa").

En la parte tercera todo se halla referido a la niñez, la juventud y el amor. Es la culminación del entusiasmo paradisial, extraído del recuerdo quintaesenciado de la propia vida y de la visualización del deseo; pero en ningún poema está ausente el plano de oscuridad que señale el contraste. El poema inicial "Primavera en la tierra" nos lleva a Hölderlin, precursor de los románticos alemanes. Su comienzo ("Vosotros fuisteis, / espíritus de un alto cielo, / poderes benévolos que presidisteis mi vida, / iluminando mi frente en los feraces días de la alegría juvenil") no creo tenga nada que ver (contra lo insinuado por Leopoldo de Luis) con familiares o compañeros de generación de Aleixandre; en cambio, está muy cerca de la "Canción al destino de Hiperion": "Vosotros paseáis allá arriba, en la luz, / por leve suelo, genios celestiales; / luminosos aires divinos / ligeramente os rozan". Y los versos de la estrofa penúltima del mismo poema ("miro los cielos de plomo pesaroso / y diviso los hierros de las torres que elevaron los hombres / como espectros de todos los deseos efímeros") dudo mucho que aludan a las cárceles de la España de posguerra (contra lo sugerido por el mismo crítico);[4] más probable es que provengan de Hölderlin:

> ¡Ay de mí! ¿Dónde buscar
> durante el invierno las flores,
> dónde el fulgor del sol
> y las sombras del suelo?
> Están los muros en pie
> mudos y fríos, en el viento
> rechinan las veletas ("Mitad de la vida"),

pues no en balde dice Aleixandre que esos hierros de las torres son "como espectros de todos los deseos efímeros".[5] Más importante que estos posibles ecos singulares es la semejanza entre Hölderlin y Aleixandre en esa actitud que consiste en mirar hacia un orbe puro desde un mundo minado de cansancio y hastío. Aquel orbe era para Hölderlin la Grecia antigua, que hizo real en el pasado la hermosura de la juventud y del amor; para Aleixandre son la juventud y el amor en la vida de la humanidad y en la propia vida personal.

Si "Primavera en la tierra" evoca la juventud, "Casi me amabas" demanda amor a una Venus eterna hecha de espuma y de luz, concluyendo con la imagen de la luna instantánea, símbolo en este libro de la comunión en la dicha. En "Los poetas" se nombra a unos "ángeles desterrados / de su celeste origen", que "en la tierra dormían / su paraíso excelso". "Luna del paraíso" e "Hijo del sol", los poemas que siguen, descubren el simbolismo de ambas luminarias en esta obra: la luna sería la beatitud de los sentidos concordes con el alma; el sol, el deseo de la carne alzada a espíritu que clama por lo absoluto. Sigue después "Como serpiente", poema en el que la figura del reptil asume el significado de un ser hondamente sombrío en un paisaje de terrible sequedad: acaso la serpiente, después de haber sido emblema del amante en poema anterior, adopta en éste la función de alegoría de un mal que la naturaleza misma —no la conducta de los hombres— encierra como parte arbitrariamente dañina de su todo. Insistiendo en la penetración en la naturaleza a través de la niñez, la juventud y el amor, el poeta entrega en "Mar del paraíso" la definición del mar: "expresión de un amor que no acaba", y dice lo que el mar fue para el niño: sensación inmediata de un amor lleno de promesas, "rosa del mundo ardiente" que, con la tierra, con la luz y las nubes, componía el acorde vital de la criatura con el cosmos. "Plenitud del amor" retorna al ser amado, visto en su corporeidad, siempre agigantada, con esa dimensión miguelangelesca que preside el libro entero; dimensión, y calidad también, ya que las figuras de Aleixandre podrían describirse con las palabras con que Erwin Panofsky describe las de Michelangelo:

> sus movimientos parecen sofocados desde el principio o paralizados antes de completarse, y sus mayores contorsiones y tensiones musculares nunca se traducen en acción efectiva, ni en locomoción, aunque de otro lado el reposo absoluto se halle tan ausente del mundo de Michelangelo como la acción acabada.[6]

Pero Aleixandre es romántico, y la movilidad potencial de sus figuras se carga de patetismo, de proyección sufriente. Por eso en "Los dormidos" increpa a los que no responden a la nocturna belleza delirante, y en "Muerte en el paraíso" refuerza esa increpación dedicándola al ser amado que tampoco responde, y que deja al amante ante un "muerto azul" bajo la "encendida soledad de la noche".

Es éste el momento en que se inserta el poema "Mensaje", exhortación (según he recordado) a sumergirse en la dicha del universo, pero ahora con marcada conciencia de la consunción.

Las tres partes que forman la segunda mitad de *Sombra del paraíso* se distinguen, en su temática, muy claramente: la cuarta canta los elementos, la quinta el amor, la sexta y última a los otros. Gradación, pues, desde la naturaleza, a través del anhelo erótico, hacia un mundo humano compartido. Trayectoria que responde al compás abierto entre la exhortación erótico-patética de "Mensaje" y la elegía final de "No basta".

En la parte cuarta, siete poemas breves bajo el título de "Los inmortales" exaltan los elementos por encima del tiempo, en un extático paraíso anterior a la vida del hombre; y todos los elementos se subliman en luz. La tierra es cielo y brilla; la gracia del mundo inhabitado va flotando entre la luz dorada; el fuego no abrasa, es sólo luz, "luz inocente"; el aire esplende sin memoria de haber habitado un pecho; y el mar, envuelto en luz, late como un "corazón de dios sin muerte". Entre estos poemas se intercala el poema a la palabra: "...Amaba / alguien. Sin antes ni después. Y el verbo / brotó. ¡Palabra sola y pura / por siempre —¡Amor!— en el espacio bello".

Alzados así los elementos, y el Amor que con su palabra los crea, a una suprema zona luminosa, "sin tiempo", "sin muerte", "sin antes ni después", no muy distinta de la soñada por Juan Ramón Jiménez en *La estación total*, este sueño de eternidad prehumana proyectado por Aleixandre como un miraje ante la insinuada angustia de la consunción deja paso a la parte penúltima del libro (la quinta) donde todos son poemas eróticos de fulgor y de sombra. El paraíso es aquí, ante todo, el cuerpo hermoso contemplado al otro lado de las ondas de un río "como un astro celeste", o sentido como patria verdadera de la que al separarse el cuerpo amante se siente mutilado, en tácita alusión al mito del andrógino. Si la separación del cuerpo suscita un sentimiento de insuficiencia y su recuerdo lejano edifica obstinadas saudades, la ansiedad posesivo-unitiva dibuja otras veces el adorado desnudo como forma fluvial, derramada, espumosa, ígnea, vegetal, todo un mundo en los brazos, o si la indiferencia se interpone, como río helado que "hacia la mar se escurre, / donde nunca el humano beberá con su boca, / aunque un ojo caliente de su hermosura sufra". Se plantea en esta parte una vez más la tensión creativo-aniquilante con que el autor de *La destrucción o el amor* había sabido siempre parafrasear el afán de absoluto que agita a los amantes. Entre la contemplación distante adoradora y la absorción fundente incorporadora, predominan con todo las imágenes de sufrimiento.

Ningún cambio tan brusco, a lo largo del libro, como el que se produce al entrar en su parte sexta y última. El primer poema, "Padre mío" (familiar, emotivo, dedicado a la hermana) se abre al mundo de las relaciones humanas extraeróticas, de consanguinidad o proximidad. La mayor concreción personal e histórica de "Padre mío" no significa que el poeta abandone la perspectiva visionaria, general a las unidades del libro, pues el padre aparece vinculado a la órbita paradísica a través de la infancia del hijo, del pasado auroral de éste, y es contemplado con las habituales proporciones inmensurables: como una montaña, como un bosque: "Oh padre altísimo, oh tierno padre gigantesco". Sin embargo, entre esta grandiosidad sagrada se abre vía un modo de expresar el sentimiento menos despegado de la común medida humana. Al principio, es una confesión de orfandad; en medio, un reconocimiento de que la antigua protección paterna fue como un engendramiento cotidiano; al final, una imagen de desolación en la que el efecto más nuevo no reside en la entrevisión del cadáver del padre sino en la contemplación de la tierra misma como cadáver:

> Pero yo soy de carne todavía. Y mi vida
> es de carne, padre, padre mío. Y aquí estoy,
> solo, sobre la tierra quieta, menudo como entonces, sin verte,
> derribado sobre los inmensos brazos que horriblemente te imitan.

Aunque no uno de los mejores poemas del libro, el titulado "Al hombre" posee especial importancia como revelación del panteísmo aleixandrino. La voz poética convoca a recordar, cuando el sol termina y se esfuma el orgullo del hombre que se creyó distinto del barro, la pertenencia de éste a la tierra, con la que es idéntico ("barro tú en el barro"): la tierra, "inmensa madre que de ti no es distinta" "totalmente perdura". O sea, al caer la noche, al apagarse la vida, el hombre vuelve a la tierra, y ella, no él, es lo que perdura como un todo: el individuo mortal se sume en la tierra, se reintegra en ella.

A ese poema siguen cuatro de los mejores del volumen. "Adiós a los campos" conjuga armoniosamente el tono elegíaco de la despedida y el arrobo de la integración en el cosmos: la conciencia de la transitoriedad del sujeto y la de la eternidad de la materia donde, en el transcurso terreno, sueña, ama y canta el hombre. "Destino de la carne" constituye el testimonio más explícito de la repetición del mundo en el cansancio y en la invidencia del origen. Su forma misma es circular: en medio se proyecta (como negación) la posibilidad de lograr la verdad luminosa del origen, pero el poema, que se abría con un movimiento descendente de la boca al pecho, se cierra con otro ascendente que del pecho hacia la boca sube, sugiriendo el esfuerzo sucesivo, constante y fatigado de los hombres por alcanzar la luz "bajo los cielos hoscos". Una vuelta al mágico recinto de la infancia expresa "Ciudad del paraíso": visión de la ciudad-pájaro en cinco aspectos o momentos: la superficie de la ciudad suspendida entre el mar y el cielo; su expansión de dentro afuera: calles, jardines, flores, palmas, islas, en trayectoria centrífuga de la tierra por el aire hacia el mar; la memoria de un pasado en que el niño, llevado por mano materna, sentía el movimiento, la música y el fulgor del instante; la impresión de la ciudad como sueño de un dios; y su final transfiguración en ciudad etérea, volando por el cielo con sus alas abiertas. "Hijos de los campos", en fin, parece trasponer por única vez al paraíso un motivo laboral. Los agricultores en este himno son como hijos y continuadores de la tierra misma, fieles a ella y en inmediato contacto con ella. Para nada se alude a la pobreza ni al sudor (como poco antes hacía Miguel Hernández): los campesinos tienen aquí una relación casi erótica con la naturaleza: arañando con su arado la tierra "amorosa", reciben del sol ese diario beso madurador que los hace "oscuros y dulces / como la tierra misma".

Un madrigal metafísico a una niña, una invocación al cielo de la mañana desde el medio del camino de la vida, y una promesa repetida de ahesión a la energía recreadora, completan el libro, cuyo poema final, "No basta", da expresión, según hemos recordado, a la nostalgia de un Dios trascendente.

Vista en conjunto, la parte última, aunque mantenga los motivos cardinales del paraíso, pone de relieve valores nuevos: la proximidad entre los hombres y la nostalgia de Dios. Después de *Sombra del paraíso* seguiría Aleixandre el camino de la proximidad humana en sus libros *Historia del corazón* y *En un vasto dominio*,[7] pero poemas como "Destino de la carne" y sobre todo "No basta", *bastan* para comprender la modulación no sólo idílica, sino elegíaca de *Sombra del paraíso*: el amor unitario en la naturaleza elemental —centro temático de la obra— se descubre así como una liberación en lo espontáneo, al otro extremo del vacío señalado por la ausencia de un Dios personal; y entre ambos extremos (erótico-estético aquél, y religioso éste) aflora, sin cobrar aún desarrollo, la solución ética, social e histórica: entre la inmanencia cósmica y la trascendencia divina, la intertrascendencia humana. En el tiempo de su aparición se notaron sobre todo los extremos; hoy podemos percibir entre el gozo paradisíaco y la oquedad divinal, de una manera más nítida, el comienzo de la vía intermedia y, con ello, el carácter céntrico o crucial de *Sombra del paraíso* en la producción de Aleixandre; carácter que Darío Puccini ha designado certeramente como "una búsqueda —y una historia— punteada de renuncias, fracasos y quiebras (de donde el tono elegíaco dominante)".[8]

Desconfié antes de ciertas interpretaciones de Leopoldo de Luis que tendían a destacar en *Sombra del paraíso* alusiones a las circunstancias en que España se hallaba durante los años siguientes a la guerra civil. Si por alusión se entiende ahí referencia trasparente a una realidad histórico-social, en *Sombra del paraíso* (por muy egocéntrico que ello parezca) no hay ninguna alusión ni menos reflejo explícito. Pero todo artista consciente, aunque renuncie a ese tipo de alusiones o reflejos, no puede menos de revelar en su obra una actitud frente al mundo que inevitablemente implica los efectos sobre él ejercidos por la realidad histórico-social en cuyo ámbito vive. Más preciso sería llamar síntoma a esta otra especie de reflejo indirecto. Y valor sintomático no le falta a *Sombra del paraíso*. Vicente Aleixandre, alejado en esos años de sus mejores compañeros en poesía, habitante de una ciudad y una patria en ruinas, consciente de la mordaza impuesta por los vencedores, observador de todo un mundo enzarzado en la más devastadora guerra nunca padecida, aislado en ese exilio interior que a los supervivientes de la República les estaba destinado, expresa en *Sombra del paraíso* el conflicto entre el movimiento íntimo y la inmovilidad externa, entre el deseo de unión y el hecho de la separación; conflicto que se traduce en una nota jamás tan acentuada en su obra como aquí: la ilimitación. El separado pugna por borrar los límites que impiden su fusión con lo otro: aleja, prolonga, dilata, ahonda, magnifica, enaltece, sublima todo en su imaginación. O representa su objeto por modo absoluto, o el objeto mismo representado es absoluto.

En el modelo temático del libro, según he intentado describirlo, hallamos las siguientes correlaciones. El sujeto anhela la fusión de su yo con aquello que, aparencialmente al menos, no es su yo. Ese anhelo se manifiesta a través de todos los temas. La aurora cósmica o edad de oro denuncia indirecta o directamente un mundo humano todo oscuridad y escorias. La niñez y juventud perdidas, remiten a un presente de postración y caducidad; el imaginado cumplimiento del amor pone al descubierto la soledad impotente; las ideas platónicas asumen la perfecta realidad de lo que en la tierra es sólo sombra pasajera; al quintaesenciarse en luz, los elementos alzan el universo a espíritu sin fatiga ni muerte; el paisaje tropical, colmado y esplendoroso, que asoma en tantas estrofas y poemas sitúa a la criatura fuera de la pobreza de otros ámbitos; y en el acercamiento al prójimo y en el lamento por el Dios salvador no confirmado, se delata el desamparo del hombre. Evasión, sí, pero dicho con el título que Aleixandre pensó poner a su libro *Pasión de la tierra*, "evasión hacia el fondo": no, como entonces, hacia el fondo del subconsciente, sino hacia el fondo de la verdad que palpita más lejos, más atrás y más arriba del abatido mundo de las tristes ropas y los artefactos tristes.

Pero esa ilimitación, ese afán de infinitud que distingue el modelo temático, caracteriza también el modelo formal de *Sombra del paraíso*. Carlos Bousoño analizó el estilo poético de Vicente Aleixandre con tan minucioso esmero que apenas puede añadirse algún rasgo a los por él estudiados.[9] Pero creo conveniente advertir que todas esas características poseen el mismo significado último: la ilimitación. Las visiones e imágenes visionarias continuadas que, según Bousoño, forman la mayoría de estos poemas representan una ruptura de los límites de la realidad: las figuras son titánicas, las proporciones "inmensas", el objeto (el cuerpo amado, por ejemplo) se proyecta a una distancia que hay que abolir, las imágenes se mueven impelidas por una apetencia de plenitud y totalidad que hace que sus aspectos se fusionen en complejísimas sinestesias. "¡Todo es hermoso y grande! El mundo está sin límites", dice un verso de "Adiós a los campos" que podría definir el ideal visionario del poeta; y ya me he referido a la calidad miguelangelesca de las figuras en su magnitud y en su ademán de movimiento inmóvil. El versículo, que, como Bousoño dice, tan delicadamente se adapta a la expresión del anhelo, la ondulación, la serenidad y la grandiosidad, no es sino el resultado rítmico de la ilimitación, del movimiento que aspira al sinfín aunque haya de resignarse a acabar. En el orden sintáctico, la plurifurcación de una misma función enunciativa en varias frases que reiteran insistentemente su núcleo semántico, traduce la pulsión del oleaje, el proceso de un comenzar y recomenzar que tarda en resolverse. Igual efecto de prolongación de un dinamismo estorbado poseen la sinonimia de verbos, nombres y adjetivos; el significado indiferenciador de la conjunción "o"; las repetidas negaciones con valor a menudo afirmativo, que mantienen la conciencia a la espera —una y otra vez diferida— de la imagen justa o de la comparación exacta; y la colocación a final de verso o estrofa del verbo en forma personal o en gerundio arrastrado, pues así la frase sólo tardíamente finaliza. Por otra parte, el uso y abuso de los superlativos absolutos y la frecuencia del artículo determinativo que hace del nombre una categoría genérica, transforman lo concreto en abstracto y, al despojarlo de conexiones e indeterminaciones, lo colocan en la cumbre de su significado, no por un empeño de precisión ideal (como en la poesía pura), sino por un ansia de suprema altitud, vencedora de límites. Las anáforas y los comienzos tanteantes constituyen otra prueba de ese dilatado proceso incoativo (comenzar y recomenzar) antes aludido: las olas se mueven prisioneras de su ímpetu y van reformándose y conformándose hasta que vienen a expirar sobre la arena. Lo mismo pudiera predicarse de otros rasgos que Bousoño no registra, como el apóstrofe (cuando el sujeto invoca a otro sujeto que, al no responderle, alarga el llamamiento) y como las exclamaciones (prolongación interjectiva de la emoción). Todo ello, retórica, sí, pero en el sentido de esfuerzo verbal del hombre por convencer a otro de que le escuche y, si es posible, le responda, es decir, le ame.

Toda esta ilimitación hace de *Sombra del paraíso* un himno hipnótico: poesía sagrada versicular que remontándose sobre la tristeza del tiempo dilata sus palabras, frases, estrofas y unidades poemáticas en la atmósfera imaginaria del sueño. Como ejemplo de lo dicho reléase uno de los más bellos poemas del libro, "Ciudad del paraíso", donde se encuentran todos los mencionados temas y formas de la ilimitación. Ilimitación nunca tan sintomática ni tan oportunamente ennoblecedora como en los años de estrechez y miseria en que se escribió *Sombra del paraíso.* Porque (podríamos decir parafraseando a Schiller)[10] si es cierto que la poesía idílica dirige la contemplación hacia atrás y habla más al corazón que al

espíritu, no menos cierto resulta que es ella quien puede ofrecer más
suave alivio, más hospitalario refugio, al ánimo doliente.

UNIVERSITY OF PENNSYLVANIA

Notas

[1]En la segunda edición (Buenos Aires: Losada, 1947), que tengo a la vista, los poemas aludidos aparecen en bastardilla. No ocurre así, en cambio, en la edición tomada aquí como base para todas las citas: Vicente Aleixandre, *Sombra del paraíso*, Ed., introd. y notas de Leopoldo de Luis (Madrid: Castalia, 1976; "Clásicos Castalia", vol. 71).

[2]"El hombre que se coloca en el horizonte histórico tendría derecho a ver en la concepción tradicional de los arquetipos y de la repetición una reintegración extraviada de la historia (de la "libertad" y de la "novedad") en la naturaleza (en la cual todo se repite)." Mircea Eliade, *El mito del eterno retorno*, Trad. de Ricardo Anaya (Madrid: Alianza Editorial, 1972), pág. 142.

[3]Víctor G. de la Concha, *La poesía española de posguerra. Teoría e historia de sus movimientos* (Madrid: Editorial Prensa Española, 1973), págs. 300-304 ("El Soto", vol. 22).

[4]Leopoldo de Luis, en su "Introducción" a la edición citada de *Sombra del paraíso*, da a entender que los primeros versos del poema "Primavera en la tierra", escrito en el sombrío otoño de 1939, pueden referirse nostálgicamente al ámbito de la generación del 27 "formada en un espíritu exultante" (pág. 32), y sobre los versos de la penúltima estrofa del mismo poema dice: "Creo posible un mayor acercamiento a lo real, una nieve y un plomo alusivos a hechos concretos, unos hierros tangibles y privadores de libertad, y unos deseos que fueron efímeros precisamente como consecuencia de todo ello" (ibidem).

[5]Cito por: "Hölderlin", *Cruz y Raya*, núm. 32, noviembre de 1935 (Traducción de Hans Gebser y Luis Cernuda, Notas de Luis Cernuda), reproducido en: *Cruz y Raya. Antología*, Prólogo y selección de Jose Bergamín (Madrid: Ediciones Turner, 1974), págs. 368-98. Lo citado se encuentra en págs. 389 ("Canción al destino de Hiperion") y 392 ("Mitad de la vida", aquí aparece, por error, "restallan las banderas" en lugar de "rechinan las veletas", que es lo correcto).

[6]"...their movements seem to be stifled from the start or paralysed before being completed, and their most terrific contortions and muscular tensions never seem to result in effective action, let alone locomotion. Consummate repose, on the other hand, is as absent from Michelangelo's world as achieved action." Erwin Panofsky, *Studies in Iconography* (New York: Harper Torchbooks, 1967), pág. 177.

[7]José Olivio Jiménez ha estudiado admirablemente ese proceso de desenvolvimiento a través de los dos libros citados y de *Poemas de la consumación*, en: *Cinco poetas del tiempo* (Madrid: Insula, 1972), cáp. I, "Vicente Aleixandre en tres tiempos", págs. 43-122.

[8]Darío Puccini, *La parola poetica di Vicente Aleixandre*, (Roma: M. Bulzoni, 1971), pág. 101.

[9]En su ya clásico libro *La poesía de Vicente Aleixandre* (Madrid: Gredos, 1956; 2a ed., 1968).

[10]Refiriéndose a los idilios pastorales, escribe el poeta alemán: "Weil sie nur durch Aufhebung aller Kunst und nur durch Vereinfachung der menschlichen Natur ihren Zweck ausführen, so haben sie bei dem höchsten Gehalt für das *Herz* allzuwenig für den *Geist*, und ihr einförmiger Kreis ist zu schnell geendigt. Wir können sie daher nur lieben und aufsuchen, wenn wir der Ruhe bedürftig sind, nicht wenn unsere Kräfte nach Bewegung und Tätigkeit streben. Sie können nur dem kranken Gemüte *Heilung*, dem gesunden keine *Nahrung* geben; sie können nicht beleben, nur besänftigen". Friedrich Schiller, *Über naive und sentimentalische Dichtung* [1795] (Stuttgart: Reclam, 1952), pág. 78.

LA EXTREMA CIENCIA DEL VIVIR
EN IMAGENES ESENCIALES:
POEMAS DE LA CONSUMACION

Dario Puccini *

Visto en la perspectiva de una obra reciente (*Poemas de la consumación*, de 1968), *En un vasto dominio* aparece como el último gran homenaje a lo real (cognoscible o probable), o sea, como la cita del poeta con sus menos abstractas presencias vitales. (En este sentido, como veremos, ningún cambio aporta el libro *Retratos con nombre* de 1958-65, incluso "retrato" anterior, aislado, dedicado a Picasso, de 1961, que se mueve substancialmente por el trazado de la obra precedente y que por consiguiente se puede leer como un apéndice, aunque significativo, de *En un vasto dominio*). Hay que subrayar que el lugar más nítido de ese encuentro está precisamente en el primer capítulo dedicado a la representación del cuerpo humano ("Primera incorporación"), donde Aleixandre considera al hombre como el producto más alto de la materia, a la cual otorga (ahora) la máxima confianza en cuanto que le asigna un papel de intrínseca perfectibilidad. No es un azar, pues, que esta parte sea casi la única libre de todo manierismo, porque en ella Aleixandre no necesita recurrir a su auténtica retórica ni a su espléndida mitografía. Pero indudablemente es un hecho considerable el que —gracias a su dictado esencial— se hayan encontrado analogías formales entre "Primera incorporación" y *Poemas de la consumación*, y que se puedan verificar todavía nuevos puntos de contacto ...

---

* Traducción de Elsa Ventosa.

Además, tal coincidencia parcial entre dos series compositivas de intención y signo distintos, si no opuestos, indica que están situadas en el ápice de dos experiencias expresivas a las cuales el poeta accede a través de profundas opciones humanas y marcadas direcciones de poética, ya caracterizadas por una madurez —una verdadera *ripeness*— que no sólo tiene motivaciones biográficas.

Obsérvese el clima y estado de ánimo de donde emanan, o que presuponen, las semblanzas "rebuscadas" en el recuerdo de *Los encuentros* y gran parte de las de *Retratos con nombre*: una predominante aura memorial y evocativa que se remonta a las páginas de *Sombra del paraíso* (en cuanto a los recuerdos de la infancia) y que ahora se va afirmando cada vez más como exigencia de una atenta reflexión sobre el pasado. Y es precisamente esa rebusca del *temps retrouvé* que determina en Aleixandre el tránsito al discurso más obtinado sobre el vivir y sobre el morir, que va a ser el centro emotivo-especulativo de *Poemas de la consumación*.

Sin embargo, a un nivel más circunstancial, Aleixandre entre 1958 y 1965 —es decir, a partir de los "Retratos anónimos" y de otros perfiles sueltos de *En un vasto dominio*— se revela, tanto en la prosa como en el verso, con una vocación de buen retratista, hábil tanto en los rasgos minuciosos o en los detalles precisos como en la "figuración" abstracta, que tiende a captar el sentido más íntimo de una fisonomía. Y si son dos las clases en que se pueden dividir y ordenar *Retratos con nombre* —genéricos y específicos—, es sobre todo en los primeros en donde persiste el empeño descriptivo y en todo caso objetual de *En un vasto dominio*. En efecto se refieren a semblanzas y presencias vivas y reales, casi instantáneas arrancadas del movimiento continuo de la historia o más bien de la crónica cotidana, o también, más concretamente, del fluir de una calle de ciudad o de pueblo. La imagen del movimiento continuo la sugiere a veces el apremio de las olas ("como en la mar las olas" está escrito en "Diversidad temporal" y la metáfora se repite variadamente a lo largo de la poesía y del libro), otras, el caprichoso soplar del viento (y no sólo en la poesía "En el viento"); y olas y viento parece que quieren marcar, separar y mezclar los "destinos diferentes" de los seres humanos. En tal contexto el nombre del hombre o de la mujer que personaliza cada uno de esos "destinos" tiene poca importancia: uno puede llamarse incluso "Francisco López", pero diferenciarse y tener una razón de ser efectiva en cuanto que es "este albañil", o viceversa, la "Niña a la ventana" interpretar su papel como tal y luego tener un nombre cualquiera (Asunta); o también seguir siendo anónimo, como "Un ladrón", cuya figura le interesa al poeta porque en ella nota la decadencia física de un individuo que un tiempo había sido todo ligereza y aguda habilidad; o, en fin, vivir la propia historia como "Manuel, pregonero" o "Marcial, el regresado", más sobresaliente por su particular ocupación o existencia que por su respectiva identidad.

> La historia a veces calla
> los nombres ...
>
> No, no quedan los nombres.
> Unos tienen leyenda. Otros son sólo el viento
> y en él el polvo mismo que se incorpora un día
> en nuevos cuerpos bellos, o en el mar va a perderse.

Muy distinta es la naturaleza del otro amplio grupo de retratos, los que he definido específicos y que tienden a representar personas conocidas y bien concretas, y además cercanas a la vida privada e intelectual del poeta. Son cuatro los caracteres que asumen en el libro: el primero es la dedicatoria, el homenaje e incluso la carta (como la dirigida a Camilo José Cela), debidos a una circunstancia determinada (cumpleaños, muerte, etc.); el segundo, una especie de homenaje implícito, en forma mimética, que se verifica siempre que Aleixandre imita (y también en la versificación) a un poeta (Jorge Guillén —II—, Gustavo Adolfo Bécquer, Gerardo Diego, etc); el tercero, la simple evocación, estrictamente personal ("El abuelo", "Mi hermana Sofía", "Don Rafael o los reyes visigodos" —que se enlaza con el tema del viejo profesor de *Historia del corazón*— y "Mi perro"). Para el homenaje directo Aleixandre usa el *tú* coloquial (en el cumpleaños de Alberti, en la muerte de Carles Riba, etc.); pero el verdadero retrato lo realiza sólo cuando utiliza la tercera persona y objetiviza el "sujeto" que él escoge —y en esto estamos ante el cuarto carácter de *Retratos*—: por ejemplo, en "Un escultor y sus hierros (Angel Ferrant)"; en "Dos caminantes (Amparo y Gabriel Celaya)"; en "Ojos humanos (Gregorio Marañón)", etc.

Algunos poetas amigos, que ya figuraban en *Los encuentros*, vuelven a aparecer en *Retratos* (y son concretamente siete). No obstante la distinta función, incluso semántica, de los dos libros, en casi todos estos retratos, ahora recortados en versos concisos, se nota ese primer tratamiento y evocación inicial. Lo cual demuestra, en primer lugar, la índole íntimamente lírica de la prosa de *Los encuentros*, pero sobre todo la marca profunda, en el universo aleixandrino, del efectivo recuerdo en general y del recuerdo visivo en particular, así como —dado que es la prosa la que alimenta y hace pura la poesía, y no viceversa— la preeminencia de la segunda sobre la primera, según Aleixandre. A veces imágenes enteras se trasladan de la escritura en prosa al verso, con las ramificaciones que siempre adquieren sus imágenes líricas (es lo que Bousoño ha definido "peculiar aspecto arborescente de las imágenes aleixandrinas").

Las más vistosas pertenecen a los respectivos "recuerdos" de Altolaguirre. Aleixandre escribe en prosa: "...Porque el que no haya conocido a Manolito Altoguirre en sus veinte años, poeta y codirector de *Litoral*, no ha conocido lo que todos los que entonces le conocieron *decían* que era: *un ángel, que de un traspiés hubiera caído en la Tierra y que se levantara* aturdido, *sonriente... y pidiendo perdón*". Y en poesía:

> ...Pero ¿Por qué camino había llegado?
> Leyendas diferentes
> *decían*
> *que había caído de un traspiés a la tierra* —¿desde dónde?—,
> y que cuando *se incorporaba*
> al lado estaba de cada uno, sin que nadie supiera cómo,
> *y se alzaba y sonreía, y nos pedía perdón*.

De los versos ha desaparecido el vocablo *ángel*, aunque parece que a él se alude en "caído a la tierra" y en "al lado estaba de cada uno" (como ángel de la guarda), de todas formas aflora a lo largo de la composición. En cambio son especialmente visivos los elementos que transitan desde el "encuentro" hasta el "retrato" en las evocaciones de Gerardo Diego y de Jorge Guillén. Sobre el primero, Aleixandre escribe, en prosa: "Si os acercábais más, os sorprenderíais: sería un rostro por el que una mano hubiese pasado de arriba abajo, borrando calladamente las facciones, dejando sólo el movimiento apurado, silente, de unas pestañas sutiles", que en los versos resulta: "Quedan esas pestañas / ligeras que abanican".

Para el segundo (Jorge Guillén), la osmosis de términos e imágenes es todavía más espesa, hasta tal punto que la poesía tiene casi el aspecto de una paráfasis de la prosa. Y es significativo que Aleixandre declare (en prosa): "la primera vez que le vi no fue en la abierta meseta", y que la poesía se titule precisamente "En la meseta".

En el fondo, de todas las composiciones dedicadas a los amigos pocas están fechadas en el presente y por consiguiente se refieren a la más reciente o última "figuración" del personaje: así, Guillén está "erguido aún", casi como la primera vez que lo había encontrado ("había erguido su cuerpo del todo..."); la "mejilla pálida" o la "mejilla callada" de Dámaso Alonso, hoy, es una clara referencia a la "mejilla carnosa" de entonces; el "retrato" de Carles Riba, que em-

pieza con las palabras "la última vez que yo te vi", parece casi en-
lazarse con la relativa prosa, donde se habla de un primero y de un
segundo encuentro; y en los versos dedicados a Alberti, "Después la
luz o sangre, el viento, el trueno, / los muertos, Rafael, tú los miras-
te", hay casi una fijación de la primera visión del Alberti pintor: "Tinta verde del campo, tinta roja de la *sangre*, y tinta cárdena de la ira y
tinta negra de la *muerte*".

El hecho de que este sector del libro se relacione directamente
con la prosa abiertamente evocativa de *Los encuentros* es una afirmación más de que el elemento portador de *Retratos* es la memoria
con sus facultades activas y solidarias. En la memoria confluyen tanto los retratos específicos como los retratos genéricos; gracias a la
memoria (además creadora) adquiere figura precisa rostros a menudo evanescentes en el pasado (y aquí actúa la "ruptura" que Proust
ha definido *phenomène de mémoire*); participando la memoria, toda
semblanza se colorea de tonos positivos y sobre todo cordiales (a este
nivel el homenaje ya no es un pretexto ocasional); y, en fin, en la
línea de una memoria hecha absoluto toda individualidad se trans-
muta en destino y sirve para marcar consideraciones profundas.
Nótese, por ejemplo, la función de los varios planos y fondos donde
se encuadra el retrato aleixandrino (la referencia pictórica es obli-
gatoria al referirse a Aleixandre). Cuando concluye el retrato del
abuelo con los versos: "Antonio fue su nombre. Aún le recuerdo /
a la orilla de Málaga, y su espuma", o el de Riba con los siguientes:

> Al fondo
> divisable,
> la costa tuya —Cataluña—:
> golpeaba el mar.
> Aún oigo
> golpear, fatal,
> como la mar,
> tu verbo;

y cuando (limitándonos a un solo dato aparentemente exterior)
titula un grupo de poesías "Cuatro retratos a un mismo fondo" (que
es el fondo del circo, ya aludido otras veces en el recurrente adjetivo
"redondo" y otros términos semejantes), y los retratos de Guillén,
de Alberti, y de Aub, "En la meseta", "Allende el mar" y "En la ciudad" respectivamente, resulta claro que el poeta coloca siempre al
hombre en el paisaje, ya porque el paisaje (lugares, cosas, circunstancias) es, para él, una parte activa y determinante del destino humano,
ya porque es un punto de contacto y de complicidad entre lo ajeno y
uno mismo, entre la persona fijada en el retrato y su propia memoria.

Y he aquí que, sometiendo todos estos retratos a la acción, y a veces erosión, de la memoria, Aleixandre se acerca cada vez más a su esencial y obstinado discurso sobre la ciencia del vivir (y del morir) que es el "tema"de *Poemas de la consumación*. No se trata sólo de reflexiones generales, como la que, entre otras, le sugiere el arriesgado ejercicio sobre el alambre de "Un equilibrista".

> De pronto es el vivir, que es ápice a los ojos.
> ¿Miran vivir los que le ven, o asida
> está la vida a un solo soplo que es eterno?
> Suspenso el pie, ¿La vida se levanta
> como un milagro temporal, o es cierta
> su eternidad aquí mostrada en vilo?
> Tan quieta es su verdad, tan firme en sí y por todos.

Y no se trata simplemente de inflexiones autobiográficas, presentes además en la poesía "Cumpleaños (autorretrato sucesivo)", donde se leen versos de este tipo: "Otra cuenta mayúscula. La serenidad concentrada. / El enorme saco de la verdad por primera vez sobre el hombro..."

Sino que se trata también y sobre todo de anticipos de naturaleza estilística y semántica que, por canales precisos, conducen al libro *Poemas*. Esto se puede aprehender, por ejemplo en ciertas innovaciones de sintaxis "irregular" o en ciertos anacolutos que brotan de una evidente voluntad de concisión, como sucede en los versos finales de la poesía dedicada a la hermana "que nació muerta": "Sofía, hermana, niña / que un niño oyó: Mi hermana / que no habló, y aún te escucho".

O también en el uso inequívoco del verbo "consumir", presente en la última poesía de *Retratos*, "A mi perro": "Desde mi sucederse y mi consumirse...", como el adjetivo "consumibles" aplicado a los viejos, en oposición a los jóvenes, o todavía el verbo "consumirse" (una vez más en forma reflexiva) de la composición "Límites y espejo": "... Oh, si vivir es consumirse, ¡muere!". (Naturalmente, en la idea, o más bien en la ponderada adquisición de la idea del "consumirse" hay mucho más que un movimiento semántico; pero de eso habrá que hablar más adelante).

En fin, el caso más sorprendente de flujo entre ambas obras es el hecho de haber tomado (con función distinta) un verso completo ("Pasada el alma, en pie, cruza aún quien vive") de la poesía "En verdad (Dámaso Alonso)" para pasarlo a la composición "Los años" de *Poemas de la consumación*. En la primera el verso ponía fin a la conclusión final sobre la integridad ejemplar y sobre la límpida fe en la verdad del poeta amigo: una reflexión abstracta nacida de una concreta evocación del hombre: "Vivir, vivir. Sentidos, pensamientos, / acciones. El mundo: su verdad. La flecha acierta. / Pasada el alma, en pie, cruza aún quien vive".

En la segunda, en cambio, el mismo verso, colocado al final de la poesía, está al servicio de una pura meditación sobre el tiempo que transcurre, esta vez fijada en la relación entre un *él* envuelto por los años en una "turbia luz circular" (o "fanal odiado", o "cristal o aire circulares", o "cono perpetuo", o "muro ajeno"), y "los demás que libres, pasan y nos ciegan". La experiencia personal y el carácter subjetivo del discurso, aunque estén enmascarados bajo la forma gramatical de la tercera persona del singular, se diluye precisamente en la consideración final: "Pasada el alma, en pie, cruza aún quien vive", quitándole, en este caso, el carácter sentencioso que tenía en el texto primitivo.

El empleo de un verso tan definido y rígido en dos ocasiones cercanas y diferentes y con función distinta denota ciertamente en Aleixandre una notable fidelidad a su campo expresivo y, al mismo tiempo, una gran ductilidad. Y decir ductilidad es poco: parece así que el poeta ha descubierto —con una intuición que coincide con algunas investigaciones semiológicas actuales— la intrínseca disponibilidad de significación de los signos lingüísticos según su posición.

Casi se puede sacar la misma conclusión de otro importante trasplante (dos versos enteros y un hemistiquio), realizado a mayor distancia; se trata de la composición "Vida" de *La destrucción o el amor*. Los dos versos son: "Para morir basta un ruidillo. / El de otro corazón al callarse".

Versos que reparacen idénticos en la poesía "Cumple" de *Poemas de la consumación*. También por esta vez con una colocación distinta. Del mismo modo sucede con el hemistiquio "tarde o pronto o nunca", que aflora como verso inicial de la poesía "Rostro tras el cristal".

Se debe hablar, a propósito de las numerosas referencias interiores de *Poemas de la consumación* (que hay que considerar numerosas en relación a la longitud del libro), de la máxima economía de medios lexicales y lingüísticos y de una estricta continuidad expresiva. Veamos:

La imagen superreal del mar lleno de espinas pasa de la poesía "Unas pocas palabras" —"...y el mar, el mar al fondo, con sus lentas espinas"— a la poesía "Supremo fondo": "...allá la mar, con un barco tan sólo, / bogando en las espinas como olas".

Por tres veces aparece la imagen de las hojas que caen y que el viento dispersa creando una ilusión de nueva vida. (Y por consiguiente una imagen canónica, dado que se habla de la muerte). La primera vez en "El pasado: Villa Pura" —"Las hojas han caído, o de la tierra al árbol / subieron hoy / y aún fingen / pasión, estar, rumor..."—; la segunda vez en "Si alguien me hubiera dicho" —"Y hasta las hojas reflejadas caen. Se caen, y duran. Viven"—, y por tercera vez en "Pensamientos finales" —"...Como las fenecidas hojas caen y vuelven / a caer, si el viento las dispersa".

El verso shakespeariano "Vivir, dormir, morir; soñar acaso" (*Hamlet*), que figura como dístico y fuente de inspiración de la poesía "El poeta se acuerda de su vida", vuelve en "Ayer", con un leve cambio de posición de los términos: "Dormir, vivir, morir...".

En fin, las poesías contiguas "Cercano a la muerte" y "Ayer" se transmiten un amplio contingente de imágenes y de términos (además de un verso igual). La primera se cierra con estos versos:

> La majestad de la memoria es aire
> después, o antes. Los hechos son suspiro.
> Ese telón de sedas amarillas
> que un soplo empuja, y otra luz apaga.

Y la segunda se abre con éstos:

> Ese telón de sedas amarillas
> que un sol aún dora y un suspiro ondea
> En un soplo el ayer vacila, y cruje.

Pero la gran economía de medios lexicales y lingüísticos y de todo el campo expresivo de Aleixandre, en esta fase, se reconoce a simple vista. Las metáforas que emplea en *Poemas de la consumación* están en un número muy limitado de palabras-clave o palabras-medio (de metáfora), entre las cuales se pueden citar los grupos *besos-labios, mar-espumas,* y *viento-aire* (que se amplía hasta *soplo, suspiro,* etc.).

Que quede claro que todas las observaciones hasta ahora realizadas (y otras más que se podrían añadir) derivan del carácter especial de *Poemas de la consumación.* Esta poesía de precisa confesión y de concentrada meditación ontológica y gnoseológica (como siempre, Aleixandre ante el "ser" se plantea el problema y la desgarrada búsqueda del "conocer" y "reconocer") es el fruto tanto de una visión impelente, pero serena, de la muerte, como de una clamorosa, pero contenida, introversión. De ahí, precisamente, su carácter compendioso, y por compendioso, de recapitulación y de exhumación. Toda la obra poética precedente que va de *Espadas como labios* a *Sombra del paraíso,* y en cierto modo a *En un vasto dominio,* parece revivir en medio y dentro de los versos de *Poemas,* ya en forma elíptica y

esotérica, ya en forma explícita y directa (como ya hemos visto).
Con *Poemas* no estamos sólo ante el retorno de metáforas de sabor
o tipo superrealista ("el barro como un guante", "como un alga tus
besos", "estrellas como los peces altos", "luna de madera", etc.); y
no sólo el recobro de algunas expresiones del tradicional repertorio
visionario del poeta ("la caricia del agua en la boca sedienta", "pájaros y clamores, soledad de más besos", "su recuerdo son peces putrefactos al fondo", "la desdecida luna soñolienta", "en un pecho desnudo muere el día, etc.); sino que estamos ante la exhumación,
aunque con un objetivo distinto, de enunciados y motivos de la meditación poética aleixandrina precedente.

A esta última categoría pertenecen los siguientes enunciados
y motivos, puestos en evidencia esporádicamente por la numerosa
proliferación de términos cualificantes: el nombrar como signo del
ser (véanse sobre todo las poesías contiguas "Tienes nombre" y
"Nombre o soplo"); el conocimiento entendido como conciencia de
los límites o del límite (y véanse las poesías "Límites y espejo" y "El
límite"); el redescubrimiento de la soledad existencial (señalada por
la amplia presencia del modo adverbial a solas); el resurgir de la
actitud narcisista (de la cual es indicio claro el término *espejo*); y, en
fin, el sentido de la muerte estrechamente unido al del nacimiento
según la antigua fórmula aleixandrina de la muerte como "nacimiento último" (y de este motivo hay residuos en todo el libro).

Pero mientras en el pasado todas estas proposiciones eran fuente
y estímulo de sentimientos telúricos y primigenios, de optimismo y
vitalismo, o de rechazo, de una actitud visionaria pesimista y trágica,
y de una soledad sin salvación posible, ahora parece que sobre ellas
ha caído el manto de un antiguo y enraizado estoicismo, en este caso
recorrido a través de postulados nuevos, tomados en forma varia de
la filosofía existencialista y de la fenomenología. Y con una consecuencia inevitable: la desaparición de algunos de los más tumul-
tuosos y misteriosos fantasmas poéticos con los que hasta entonces
se relacionaba. Por otra parte, lo que predomina en *Poemas* es una
mirada límpida y severa; Aleixandre ya no tiene defensas; observa
su propia decadencia física y la muerte inminente desde lo alto de
una vejez confesada y desde lo alto de una definitiva conquista de
ripeness.

Desde ese punto de vista *Poemas de la consumación* podrían
fácilmente llevar como subtítulo *Il Taccuino del vecchio*, título de
una de las últimas obras de Ungaretti. Las poesías de Aleixandre,
como las de Ungaretti, están escritas en el umbral de esa "consumación" que es la vejez, anticipación y presentimiento de la muerte.

Pero la analogía con el poeta italiano no acaba ahí. Se diría que al escribir "...Recordar es obsceno; / peor: es triste. Olvidar es morir", Aleixandre tenía presente en la mente un hemistiquio de Ungaretti: "la carità feroce del ricordo"; y que en la poesía titulada (sintomáticamente) "Como Moisés es el viejo", ha parafraseado casi *Il Taccuino*. Véanse los versos del poeta español:

> Como Moisés en lo alto del monte,
> Cada hombre puede ser aquél
> ....
> Para morir basta un ocaso.
> Una porción de sombra en la raya del horizonte.
> Un hormiguear de juventudes, esperanzas, voces.
> Y allá la sucesión, la tierra: el límite.
> Lo que verán los otros;

que recuerdan los del italiano:

> Un attimo interrotto,
> oltre non dura un vivere terreno:
>
> Se s'interrompe sulla cima a un Sinai,
> la legge a chi rimane si rinnova,
> riprende a incrudelire l'illusione.

Sin embargo la relación entre ambos es sólo parcialmente significativa; al máximo sirve para iluminar un contraste: Ungaretti piensa en la Tierra Prometida; Aleixandre no. Es más, Aleixandre cree siempre que el vivir (aun observado desde la sombra de la inminente muerte) es un "hormiguear de juventudes, de esperanzas, de voces"; mientras Ungaretti ante la continuidad de la vida escribe "riprende a incrudelire l'illusione" (esperanza *versus* ilusión). Más que a Ungaretti el Aleixandre de *Poemas* —como se ha sugerido— se asemeja al Montale de los momentos más concisos y epigráficos.

En el fondo, el libro que Aleixandre ha escrito, como en una lenta destilación, entre 1966 y 1968, se presenta como un "camino de perfección" de laica religiosidad, como una progresión espiritual hacia certezas completamente terrenas y materiales y, al mismo tiempo, como un gradual y riguroso sondeo cognoscitivo de sucesos: del descubrimiento manifiesto de la "consumación" de la materia humana, de la decadencia física y de la impúdica vejez, al pasado recorrido con la mirada del viejo, hasta la más escueta "preparación" a la muerte, a la digna muerte, en el sereno olvido. La última poesía del libro es la límpida conclusión de ese camino de resultados lineales: tiene por título "El olvido" y pasa de un "tú" autoparenético, es más, autosuasorio, a un "él" objetivado, alejado (ya que la muerte es ausencia):

No es tu final como una copa vana
que hay que apurar. Arroja el casco, y muere.
Por eso lentamente levantas en tu mano
un brillo o su mención, y arden tus dedos,
como una nieve súbita.
Está y no estuvo, pero estuvo y calla.
El frío quema y en tus ojos nace
su memoria. Recordar es obsceno;
peor: es triste. Olvidar es morir.

Con dignidad murió. Su sombra cruza.

A pesar de su rigurosidad y trazado evidentemente lineal (casi como si contara una historia) y a pesar de su naturaleza si no precisamente antirromántica ciertamente con escasez de las acostumbradas expresiones neorrománticas, el libro de los *Poemas* queda, parcialmente, envuelto en un difuso halo de ambigüedad o de arcano, derivado de algunos de sus principales caracteres secundarios.

El primero de los cuales consiste en el hecho de que Aleixandre quiere transcribir fielmente las contradicciones del ser y del conocer, y además los conflictos no resueltos que sobrecogen al hombre ante la muerte. Un ejemplo de esa transcripción minuciosa lo da el verso *Está y no estuvo, pero estuvo y calla* de la poesía recién citada. Según la versión de Tentori Montalto Aleixandre lo explica de este modo:

> En el cáliz de la memoria, al término de la vida, se siente el brillar de la vida, el calor que ya quema como la nieve. En los dedos que sostienen el cáliz se siente ese calor, ese esplendor que quema, pero como la nieve (porque va a morir), está y *no estuvo*, porque fue una realidad efímera; pero todavía se siente, por eso se dice que *está*; y *calla* porque apenas fue real, no existe, fue como un sueño. De ahí las contradicciones; *está* porque se recuerda, y *no estuvo* porque fue sueño; pero *estuvo* porque era la vida misma y tuvo realidad; y *calla* porque ya no existe.

Otro caso parecido, que es además un procedimiento que ya he advertido en Aleixandre, nos lo ofrece la total o parcial desmentida de afirmaciones que había hecho anteriormente: "No insistas. La juventud no engaña...", que refleja el sentido de los versos iniciales de otra poesía, donde se dice: "La juventud engaña / con veraces palabras...": o la aseveración "saber es conocer" que aparece en la poesía-*intermezzo* "Conocimiento de Rubén Darío" y que contradice el verso inicial de "Un término", donde estaba escrito: "Conocer no es lo mismo que saber". Y otros muchos casos más se podrían señalar.

Una segunda fuente de ambigüedad, respecto a la marcha de lúcida búsqueda e interrogación del libro en conjunto y de la última sección en particular, la constituyen algunos "nocturnos" que con sus contrastes de luz imprevista y de sombra espesa, se enlazan con la más escueta tradición de la poesía mística española. La composición "Cueva de noche" —alucinada y relampagueante como un cuadro del Greco— interpreta esa tendencia del modo más completo y severo. Pero no es casual que las dos o tres poesías ("Canción del día noche", "Sin fe", etc.), en que afloran imágenes casi ascéticas y visionarias, coincidan con concretos y aislados momentos de éxtasis amoroso. Y no debe confundirnos el hecho de que precisamente la poesía de apertura, "Las palabras del poeta", tan significativa en otros aspectos, parezca anunciar un libro distinto, por su naturaleza, a *Poemas de la consumación*. Léanse estos versos:

> Todo es noche profunda.
> Morir es olvidar palabras, resortes, vidrios, nubes,
> para atenerse a un orden
> invisible de ese día, pero cierto en la noche, en gran abismo.
> Allí la tierra, estricta,
> no permite otro amor que el centro entero.
> Ni otro beso que serle.
> Ni otro amor que el amor que, ahogado, irradia.

Aparte el hecho, no sin importancia, de que el poeta declara exactamente lo contrario ("Morir es olvidar...") de lo que declarara en la poesía final ("Olvidar es morir"), el sentido de los versos alude tal vez al reencuentro de un "centro" y de un "orden" sobrenatural, y sin duda a una concepción metafísica del amor (¿amor divino?): un amor capaz de sobrevivir "en la noche, en gran abismo".

En realidad —y ésta es la tercera y última fuente de arcano de *Poemas*— estos y tros datos comprueban que han sido varias las líneas engendradoras de la obra, si bien todas ceden respecto a la línea directiva y principal ya descrita. Se puede descubrir —tras el resultado último, o sea, tras el libro en su efectividad— una gestación compleja e incluso dolorosa. De lo cual son señal evidente las fuertes contradicciones que he destacado y otras disonancias no menos patentes. Por ejemplo, me parece sintomático que a un grupo de composiciones entonces inéditas Aleixandre pusiese por título *En gran noche*: un sintagma, de sabor casi místico, tomado de la poesía inicial de *Poemas*, que es además una de las primeras que escribió. La elección del título definitivo del libro, el cambio de los títulos de otras poesías suyas, y la supresión de algunas de ellas, son hechos que demuestran que la intención y fantasía del poeta se movieron luego en otra dirección, que el libro se fue configurando hasta la estructura actual en oleadas consecutivas y que tal vez al principio pretendía ser sólo una reflexión sobre el amor y sus vicisitudes emprendida desde la última estación, desde la vejez.

Las numerosas poesías sobre la eded juvenil y sobre las razones primordiales del existir que aparecen en la seguna, tercera (sobre todo) y cuarta sección; y las que, en la cuarta y quinta sección, toman en consideración las razones profundas del vivir (del conocer) y del morir (del saber) —seguramente escritas más tarde— han desplazado decididamente el eje de la obra. A este punto, también las composiciones de inspiración amorosa —de las cuales, como se ha observado, no se excluye el ansia ontológica— se han agregado al proyecto resultante. De este modo se explica la evocación de Rubén Darío, colocada casi simétricamente en el centro del libro, bajo forma de *intermezzo*: evocación ejemplar y emblemática no sólo como imagen de un poeta capaz de intuir oscuras verdades y oscuras sabidurías, sino también como un ser humano rico de una experiencia vital completa ("Quien a ti te miró conoció el mundo").

Ya sólo citar versos como los que concluyen la poesía "Conocimiento de Rubén Darío",

> Saber es conocer. Poeta claro. Poeta duro.
> Poeta real. Luz, mineral y hombre:
> todo, y solo.
>   Como el mundo está solo,
> y él nos integra

significa de hecho aclarar las motivaciones vitalistas e inmanentes, características también del reciente poetizar aleixandrino, e indicar el punto en el cual la dialética saber-conocer (tejido intrínseco de *Poemas*) alcanza su meollo y su ápice problemático y expresivo.

El libro posterior de Aleixandre, *Diálogos del conocimiento* (1974), integrará, poética y filosóficamente, el tema.

ROMA

V. Critical Approaches

EROS AND THANATOS: THE POETRY OF VICENTE ALEIXANDRE— SURREALISM OR FREUDIANISM?

Kessel Schwartz

Dámaso Alonso states that Vicente Aleixandre may have helped initiate surrealism in Spain without any intention of doing so. He denies that Aleixandre had any knowledge of the French school.[1] Other critics qualify their statements with limiting adjectives such as "telluric" or "existential" in order to define Aleixandre's surrealism and to make a connection between what is obviously a personal spiritual and psychological projection and broader literary manifestations. Ricardo Gullón believes that Aleixandre's surrealism is neither French nor complete.[2] Carlos Bousoño also agrees that Aleixandre's surrealism "no fue nunca puro —ni aun en *Pasión de la tierra*— cada vez lo había de ser menos."[3] José Luis Cano also points out that *Pasión de la tierra*, written in 1928-1929, which seems to resemble the French school, was partly composed before the Spanish poet's contact with French writers.[4] Even among those accepting Aleixandre's complete surrealism, no agreement exists as to its beginning or end in his poetic works. Villena believes that *Pasión de la tierra* marked "su inicio en el superrealismo"[5] and that it continued at least through *Mundo a solas*.[6] Guillermo Carnero, on the other hand, contends that even in *Ambito* an attitude "afín a la del superrealismo europeo debe ser admitida."[7] Angel del Río labels *La destrucción o el amor* as specific and frank surrealist poetry.[8] For others Aleixandre was "el maestro indiscutible de esta corriente literaria";[9] "uno de sus [surrealism's] más grandes poetas en cualquier idioma";[10] "the most fervent and definitely surrealistic Spanish poet,"[11] and the one who remained faithful to surrealism as a form of expression for the longest time.[12]

But the position of Aleixandre himself remains unclear. André Breton in his first manifesto defined surrealism as a psychic automatism through which he proposed to express the real functioning of thought without control by reason, revealing the narrow relationship between the real and the imaginary. He talked about pure psychic automatism, the suspension of consciousness in order to express subconscious ideas and feelings.[13] Aleixandre states that he never believed "en lo estrictamente onírico, la escritura automática, ni en la consiguiente abolición de la conciencia artística."[14] Furthermore, in a letter to Fernando Charry Lara he writes: "dice usted bien: Yo no soy un poeta superrealista."[15] Yet Aleixandre, in a poem dedicated to Breton's death in 1966, apparently acknowledges that *La destrucción o el amor* is surrealistic:

> Oh desvarío: tierra, tú en tu voz
> Poetas. Sí *Poeta en Nueva York.*
> También, corriendo fiel, *Un río, un amor.*
> Allá *Sobre los ángeles* sonó
> el trueno. No; la luz. *La destrucción.*[16]

In 1971 Aleixandre published *Poesía surrealista* which contains, among other poems, "Quien baila se consuma," of *Diálogos del conocimiento,* his latest volume of poetry. He also concedes that his total poetry contains irrational sequences, even though *Pasión de la tierra* was "el libro mío más próximo al superrealismo."[17] In his evaluation of that volume the poet speaks of a violent rupture with the poetry of the age and of subconscious elements: "Un mundo de movimientos casi subterráneos, donde los elementos subconscientes servían a la visión del caos original allí contemplado."[18] As for the poems themselves, a chaotic vision prevails and Aleixandre proceeds by association of ideas without selection, although he also views this volume as a struggle toward light and a book in which "todavía me reconozco."[19] His next collection, *Espadas como labios* (1932), also seems to reject history and anecdote. The subconscious association, freedom from spatial and temporal laws, and the apparent destruction of logic in a world where real things disintegrate might lead one to conclude that his subjective imagery reflects his surrealism.

Yet an examination of Aleixandre's poetry reveals the possibility of another explanation that gives coherence and a kind of logic to these supposedly incomprehensible early poems concerning the encounter of the self with the reality that surrounds and defines it. Aleixandre, unable to escape the personal limits imposed by illness and a feeling of impotence, cannot help but include overtones expressive of the special circumstances under which the poems were written; without negating the imaginative elements, we can better understand them if we apprehend the circumstantial ingredients. In April of 1925 a serious illness caused Aleixandre to retire to the countryside for two years. This illness left an indelible impression on his poetry which, while apparently evasive, also revealed a profound preoccupation with the poet's own physical necessities. Juan José Domenchina, commenting on this illness and withdrawal, labels this poetry "biological."[20] Max Aub believes that Aleixandre's illness left a mark on his poems, "desperate songs of unsatisfied love".[21] Dámaso Alonso saw in him a poet whom God touched with physical pain that left a mark on his body and soul.[22] Aleixandre refers to his own illness and its effect on his career, emphasizing that his poetic consciousness "afloró con el cambio que años después una enfermedad larga y grave imprimió al rumbo de mi existencia. Edad: veintitantos años. Campo y soledad ... Este cambio total decidió de mi vida."[23]

Aleixandre consciously admits to another great influence: "Pero he de confesar la profunda impresión que la lectura de un psicólogo de incisiva influencia me produjo en 1928, y el cambio de raíz que en mi modesta obra se produjo."[24] Whatever the unconscious fantasies and their intensification through Aleixandre's illness, he also accepted the direct influence of Freud's works and admits: "Hace tiempo que sé, aunque entonces no tuviera conciencia de ello, lo que este libro [Pasión de la tierra] debe a la lectura de un psicólogo [Freud] de vasta repercusión literaria, que yo acabara de realizar justamente por aquellos años."[25] A further serious illness in 1932 reinforced his reliance on a dream world of the unconscious where one might escape the reality of impotence. Freud's work appeared in Spanish in 1923. Though it is difficult to pinpoint the superficial knowledge of Freudian theories by Aleixandre as opposed to later direct study, in all of his poetry Dionysian efforts to recreate a reality through imagery struggle with Apollonian tendencies to control his subconscious fantasy world. Robert Bly, in a review in the New York Times (October, 1977) comments: "In his work you can see more clearly than in any poet in English the impact of Freud. He evokes what it was like for a Westerner to read Freud's testimony of the immense and persistent sexual energy trying to rise into every vein and capillary of life." Aleixandre was never able to give an adequate explanation of his poetry, but he recognized it as based on subconscious desires and the need to relieve certain pressures. In En un vasto do-

minio (1962) he claims that he writes for everybody: "Para todos escribo ... Para ti y todo lo que en ti vive, / yo estoy escribiendo."[26] Yet in *Diálogos del conocimiento* (1974) we see a continuing dichotomy as in "Dos Vidas" he distinguishes between the poet who writes only "testimonio de mí" and the other who "entre los hombres eché a andar."[27] Although in their glorification of instinct and sexual expression surrealists bear a superficial resemblance to the Spanish poet, in reality Aleixandre does not share their radical transformation of values through total liberation of the unconscious, nor do his stylistic resources sever his poetry from the moral or human. Yet he conveys the feeling of Breton's second manifesto of having reached a point where opposites such as life and death are no longer perceived as contradictory. In surrealist poetry, metaphysical in nature, one should avoid equating techniques, such as automatic writing or collage, with the movement itself, though technique might be used to trigger the liberating mechanism of total love, beauty, and liberty. Breton himself later admitted that automatic writing was *not* the key.[28] The function of the "juxtaposition of incongruities" is to express receptivity to a modified sensibility and to testify to the actualization of this change in a momentary vision of union. The major forces for union and vehicles for expressing awareness might be total love, liberty, contradiction of social constraints and exposure to free chance, and the perception of the marvelous in the universe. Surrealism does not translate symbols or deal in neuroses or personal exorcism. The imagery and concepts of Freudian psychoanalysis were used in varying degrees by the surrealists. But psychoanalysis assumes that neuroses result from the rejection by the conscious mind of factors which stay in the unconscious as dynamic repressions, causing conflicts which may then be resolved by analyzing these repressions through free association and dream interpretation. Aleixandre's poetry is often irrational, not by any means the same as surrealistic. He uses unexpected juxtapositions, but he does not really exploit chance effects.

Aleixandre reveals a total absorption in the material of his created world which comes, not from contrivance, but from deep necessity. The apparent rejected vision of the normal exterior eye cannot disguise the poet's participation in a reality which cannot exclude self. Indeed, many of Aleixandre's early poems seem analogues of the poet's psychological journey from annihilation, evasion, despair, and death to an affirmation of life and love and a striving toward light, even though his self-contained pattern of harmonies and disharmonies seems at times the paradigm of the dark forces at the very center of existence. In other words, his poetic vision seems to reject the material world, reality's affirmation in which the poet for a time felt he could not participate but which existed nonetheless for his subconscious experience in disguised form. The poet shared in this way the thirst for love and life.[29] His is a poetry of thematic unity of death and love, employing a pattern of unusual images.

As Paul Ilie points out, each poem in itself may be incomprehensible, but as a group they reveal certain motifs and patterns.[30] Let us, briefly, examine the story line. *Ambito* (1928), written during an illness, sensually examines fleeting aspects of time, and the poet, within his own boundary—the limits of his sickroom—creates poetry which contains "fuerzas que luego harían ostentación"[31] and which also "ensancha en mi memoria y queda."[32] A recurring archetype which integrates all of Aleixandre's poetry—the sea—appears, and morning light, especially the interplay of light and darkness—the former phallic, the latter feminine—also fascinates the poet as he longs to possess the night.

In *Pasión de la tierra* the poet joins passion in its human existential force and earth. One sees here Aleixandre's anguish in his relationship to the material universe, which lacks order and offers no clear-cut solution for man, a victim of the world and civilization much as Aleixandre, sick and solitary, was a victim. The poet rejects death for life, discovering nonetheless that love offers no relief, for it is an empty gesture in the face of threatening night or death which offers pain together with its suggested joy. To be with the night brings the pleasure of maternal union, but to sleep at that breast is to lose consciousness, a kind of death. Aleixandre seeks to become one with basic elements by breaking the limits of form. Lost on the ocean of life, he recognizes that he cannot escape destiny, symbolized as a great serpent.

Espadas como labios again concerns the central themes of life, death and love. The poet petrifies and immobilizes the moment as he peruses dead roses and "coals of silence" (because they lack life-giving flame) and a series of other death representations. Here one encounters the poet's constant longing *to be* combined with a fear of *not being*. Though he continues to seek love and light as opposed to death and darkness, he also sees death as a rebirth, a kind of joy and awakening that wants to break the limits that prevent things from returning to earth. He recognizes that death may be a prolongation of life and that love takes many forms. The poet may seek in vain for truth and beauty in a hypocritical world where dreams are not fulfilled and may find true sexual and erotic expression in the more primitive and even threatening natural forces. Finally, the fusion with nature in flux, where a human arm can weigh more than a star, takes on new dimensions. Aleixandre momentarily becomes the universe, but he is constantly reminded of his tangible limits in an immobilized world.

So as we can see, the poet clearly conveys a connected narrative. His symbols represent a variety of sensual, erotic states involving a repressed sexuality, and a psychoanalytic examination of that symbolism reveals the poet's motivation behind and preoccupation with the equation that love equals death.[33] Pathognomic in their psychological connations, anxieties and fantasies, these symbols are rooted in the painful dynamic of Aleixandre's own life. These early collections, especially, seem to have offered him the opportunity to sublimate various thinly disguised impulses, and his selection of relevant imagery reinforces the belief that in his case the unconscious influences were so overwhelming that his creative process was simply a transmutation of his fantasies into an artistically and socially acceptable form. Frederick Prescott has pointed out in *The Poetic Mind* that poetry may serve as a catharsis: "The catharsis is accomplished by a psychological analysis to which Stekel likens poetry, except that in poetry the patient ministers to himself."[34] Without accepting the absolute validity of psychoanalytic principles we may understand the unconscious motivations of which the poet himself may not have been aware, which when analyzed clarify certain distortions dwelling in the dark corners of the human mind and provide flashes of recognition of symbols that one knows or almost knows as his own.

As Freud points out, love and death instincts fuse and blend with one another and reveal themselves in an ambivalent attitude toward various objects, "for [in] the opposition between the two classes of instincts we may put the polarity of love and hate. There is no difficulty in finding a representative of Eros, but we must be grateful that we can find a representative of the elusive death instinct in the destruction to which hate points the way."[35] Imagination, according to Freud, is a refuge which provides a substitute pleasure for narcissistic wishes that the artist had to abandon in real life. He states:

> An artist is originally a man who turns away from reality because he cannot come to terms without the renunciation of instinctual satisfaction which it at first demands, and he allows his erotic and ambitious wishes full play in the life of fantasy. He finds his way back to reality from this world of fantasy by making use of special gifts to mold his fantasies into truths of a new kind, which are valued by men as precious reflections of reality.[36]

"El amor no es relieve" of *Pasión de la tierra* may, in two lines, reveal clarly a technique which seems surrealistic[37] but with a Freudian explanation: "En tu cintura no hay más que mi tacto quieto. Se te saldrá el corazón por la boca mientras la tormenta se hace morada" (PC, 151). The first sentence seems to bear no relationship to the second. Yet, if we substitute for calm touch not the meaning of amorous caress which the conscious mind translates but rather the sense of mortal pressure or squeezing, we can easily understand the frightening second image. We often hear expressions such as "I could squeeze you to pieces," quite indicative of ambivalent emotions. It has been said that even cannibals have a devouring affection for their enemies. Emotionally then, squeezing fatally would cause the heart to leave through the throat. Obviously, if one has one's heart in the throat one is choking. So the image would come to mind of a purple face or a purple reality, hence a purple torment. Once again we see that Eros and Thanatos are identical, that love equals death. And so a caress becomes a purple torment because both are the same and both are death.

In *Ambito* Aleixandre sets the stage for the sea as a battleground between Eros and Thanatos. "Mar y aurora" shows us a living entity whose timid waves and passive foam awaken with the dawn. Gradually the sun's rays disperse the shadows and the sea becomes more active; the sunlight and the sea renew their daily symbolic relationship as the former indulges in its daily drinking of the waves. According to Jung, primitive belief held that the sea previously swallowed the old sun and like a woman gave birth the following day to a new sun.[38] But in "Mar y noche" Aleixandre reveals a dark and threatening sea, viewed as a mouth, throat and gullet waiting eagerly to devour the night: "Boca-mar-toda ella, pide noche / ... para sus fauces hórridas, y enseña / todos sus blancos dientes de espuma" (PC, 101-02). Seeking to swallow its enemy, the sea, chained to its black bed, vainly strains to free itself. The moment before falling asleep, when the sense of being engulfed is strongest, a dreamer may at times be threatened by the jaws of death; in these two poems Aleixandre produces a kind of primal relationship and reciprocal cannibalism, as the day drinks the sea and the sea devours the night with which Aleixandre identifies, again implying that the drive for life and the impulse to destruction may be mutually dependent. Death may be both good and bad, for the sea may represent, too, a timeless afterlife which blurs the distinction between annihilation and immortality.

Throughout, Aleixandre's works give us two basic images, one of tongue, teeth, warmth, dryness, wetness, ecstasy, and a host of maternal breast images, and the other of phallic impotence, a dark bewilderment of an enchained subjective self striving for expression in a world of frigidity and destruction. The fears of death and castration, as Ernest Jones shows, are extremely closely associated, and anxiety concerning indefinite survival of the personality constantly expresses the fear of a punitive impotence, a kind of death.[39] Aleixandre's youth in Málaga impressed the sea on his consciousness so that it became for him the symbol of his mother. In psychoanalytic literature the sea quite usually has this meaning. His desire to return and merge with that happiness and all it represents implies his death as an individual, for he will be absorbed by a larger unit. But this absorption is to be resisted. In "No existe el hombre," from *Mundo a solas*, Aleixandre specifies that the sea is *not* a bed where the body of a man can stretch out alone: "un mar no es un sudario para una muerte lúcida" (PC, 423). The sea is not a bed, a shroud. The regressively attractive mother symbol, the sea, is said *not* to be the very thing he holds it to be, a mechanism of denial or negation. Intra-uterine life, being held pre-mortal except by the Church, is easily equated with post-mortal life, so that life before birth equals in fantasy life after death, both longed-for and feared.

Pasión de la tierra continues the personal combination of death and sexuality. In "El amor no es relieve" the poet exclaims: "Te amo, te amo, no te amo. / Tierra y fuego en tus labios saben a muerte perdida" (PC, 152). In "Ser de esperanza y lluvia" a dying poet does not know whether life can be found in the sea, both love and death. In his hand he holds a breathing (life-giving) lung, but also "una cabeza rota ha dado a luz a dos serpientes vivas" (PC, 159), an obvious castration implication.[40] "El amor padecido" again juxtaposes phallic symbolism, "para amar la forma perpendicular de uno mismo," (PC, 211) with death imagery, a wounding love, oedipal concerns and a sea with jaws. Throughout, this collection relates the sensual to death and decay and shows the sea as both love and death, involving a continuing symbolism of round mouths, throats, teeth, rotten fish, and a passion of water and death.

Espadas como labios through its very title combines the erotic with the deadly, lips which kiss and love and swords which maim and kill, an erotic interplay with death which is "el tema principal de toda la poesía aleixandrina de la primera época: desde *Ambito* ... a *Nacimiento último*. Se trata, como certera e insistentemente se ha dado en afirmar, del amor-pasión como impulso destructor."[41] A number of poems offer us a juxtaposition of love and death. In "El vals," though the world may ignore "el vello de los pubis," the "labios obscenos" convert into a kiss which "se convertirá en una espina que dispensará la muerte diciendo: Yo os amo" (PC, 236). In "En el fondo del pozo," contemplation of the beloved's long hair lasts all too briefly as we see "la música cuajada en hielo súbito" and "un corazón, un juguete olvidado" (PC, 238-39). "El más bello amor" offers one of the poet's most powerful sexual fantasies. Here Aleixandre, rejecting the unsatisfying love of women, finds himself a beloved shark:

> Así sin acabarse mudo ese acoplamiento sangriento
> respirando sobre todo una tinta espesa
> los besos son las manchas las extensibles manchas
> Una boca imponente como una fruta bestial
> como un puñal que de la arena amenaza el amor (PC, 243-44).

The fish inhabiting the life-giving seas represent a vital sexual destructive capaciy. Aleixandre views the instinctive attack here and elsewhere of primitive animals as a form of love, but the implied sexual force may also represent a passive masochistic gratification, for these symbols of virility are both loved and feared. Similarly in "Con todo respeto," "el beso ardentísimo ... nos quebranta los huesos" (PC, 81). Corresponding themes may be found in "Circuito" (224), where he seeks the love of "sirens of the sea"; in "Nacimiento último" (230-31), where he views the sea as eternal life and death; and in "Muñecas" (247-48), where he relates the pleasant-unpleasant aspects of physical love. Indeed, in almost all of the poems he dwells on destructive death imagery and the pleasure-pain involved in love.

To wish to be eaten or possessed by menacing animals often represents a death fantasy equivalent to a fear of castration;[42] the neurotic dread of death is also primarily related to the fear of being devoured.[43] The poet both seeks and rejects love and death, ambivalently revealing that through dying symbols of detumescence a life may ensue. Everywhere we find rotten fish, drowning fish, fish like stone, and, less frequently, fish colored with the flush of living. Water, sea and ocean may mean 'mother' in association with youthful innocence, happiness, the breast, absorption and death. The poet constantly juxtaposes sea, beach, moon, teeth, tongue, throat, and breast. In many of these poems he uses the sea as a surface on which to project his images in a manner analogous to the Isakower Phenomenon and the dream screen. According to Otto Isakower, a person falling asleep who sees dark masses approach and is unable to ascertain the division between the body and the masses reproduces a little baby's sensations of falling asleep at the breast. This phenomenon, also associated with well-known hypnagogic manifestations of an auditory and tactile nature, involves mouth sensations and especially bodilessness, floating, and sinking. The drowser feels small in the presence of something large or heavy and may vaguely perceive something indefinite or shadowy and of vast size.[44] Bertram D. Lewin, complementing this concept, postulates a dream screen as the blank background present in the dream, and the visually perceived action in ordinary manifest dream content takes place on it or before it.[45] The representation of the mother's breast during nursing (the dream screen) may involve various solid or convex shapes or fluid objects which serve as screen equivalents and the imaginary fulfillment of a wish to sleep and a breast to sleep at. Later events and situations are projected onto the original blankness (an image of the breast during the infant's sleep, as if it were a cinematic screen). In other words, the dream screen forms the background or projection drop for the dream picture.[46] These phenomena are often accompanied by loss of ego boundaries, visions of white clouds, receding waves, vaporous mists, roses or pinkish color (the aureole of the breast), white and blue contrasts (the breast and the veins), and the constant implication of thirst related at the same time to concepts of dry, sandy desert wastes. A casual examination of Aleixandre's poetry reveals the presence of the above elements to an intrusive degree even in *Ambito*, which is replete with blue and white interspersed with dust, mouth, dream, limitless forms, and especially the moon (a standard mother symbol), which through its curved surface is homologous to a dream screen. The breast symbolism, mouth sensations, and ecstatic states often seem to relate to the withdrawn aspects and dry-thirst tongue and mouth sensation. In "Vida," from *Pasión de la tierra*, a moon-colored mermaid, her breast like a mouth, divided in two "me quiso besar sobre la sombra muerta. Le faltaba otro seno" (PC, 149). The poet relates his death to the mermaid who gasps for breath on the surface of the sea. The idea of eating and being eaten by an object is of course also a way of becoming united with it. Mermaids quite often represent the primal mother, and as Géza Roheim points out in *Gates of the Dream* these water beings devour their victims, a kind of oral aggression in talion form, that is, the punishment is identical to the offense.[47] Paradoxically, sleep which brings pleasure also involves the anxiety of being eaten and dying. The young baby projects its self-aggression onto the breast, which it then fears as destructive. In "Ansiedad para el día" (PC, 200-01) the poet, on the surface of a bubble, cannot find the flesh destined for him. Lost against the background of a wave composed of a handful of umbrellas, he wets his tongue in "the subheaven, the ecstatic blue," a projection of the image of the breast onto the sky. As he fuses with the ocean he views the potential threat of "Las gargantas de las sirenas húmedas," and, merging with the larger whole, finds "una orilla es mi mano. Otra mi pierna." The most striking aspect of what Isakower observed involves the blurring of the distinction between different regions of the body, between what is internal and external, and the amorphous character of the impressions conveyed by the sense organs. "Part of the perceptual apparatus," says Isakower, "observes the body ego as its boundaries become blurred and fused with the external world, and perceptions become localized as sensations in a particular body region."[48] Aleixandre misses a finger of his hand and is threatened by an earless monster who carried "en lugar de sus palabras una tijera breve, la justa para cortar la explicación abierta." The poet surrenders to the threatening shears, possibly the manifest element of a frightening dream, a true disturber relating to repressed impulses that may break through as projections.[49] Aleixandre indulges in a kind of autocannibalism: "Lloro la cabeza entera. Me rueda por el pecho y río con las uñas, con los dos pies que me abanican." Sinking and smothering sensations or the loss of consciousness are also found in fantasies of oral incorporation or being eaten. A baby treats the breast as it does its own fingers or others which it stuffs into its mouth, indulging in the identical autocannibalism of the poem. This type of anxiety (recall the title of the poem) is related to childhood fantasies about the prenatal state, an aspect of which is the child's imagining it entered into the mother by being swallowed. The concept of mother earth in the total collection, indeed Aleixandre's fusion with the earth in a final death as an ultimate kind of love and possession, combines with Freudian preoccupations, especially those involving the sea and breast symbolism. The poet is supported by the waves and yet is threatened, a typical reaction of anxiety dreams about merging with a larger whole and perishing as an individual and one of the constants not only in Aleixandre's early poetry but throughout his work.

These images and the dream screen continue in Aleixandre's later poetry. In addition to the human ego overwhelmed by elemental forces, repeating the anxious transmutation of the original pleasure of falling asleep, not only the active eating process but (through fierce animal attacks with swords and teeth) the passive idea of being eaten also becomes a part of the nursing situation. Throughout the collection we see concepts involving seas that steal from breasts, tongues connected with "sweet savor," and breasts in the form of harps, as Aleixandre constantly emphasizes feeding and breast imagery. One poem, among many, from his masterpiece *La destrucción o el amor* shows clearly his continuing maternal and dream screen symbolism: the breast of "Mar en la tierra."

> El resonante mar convertido en una lanza
> yace en lo seco como un pez que se ahoga,
> clama por esa agua que puede ser el beso,
> que puede ser un pecho que se rasgue y anegue.
> Pero, la seca luna no responde al reflejo de
>   las escamas pálidas...
>
> Entonces la dicha, la oscura dicha de morir
> de comprender que el mundo es un grano que
>   se deshará,
> el que nació para un agua divina,
> para ese mar inmenso que yace sobre el polvo.
> La dicha consistirá en deshacerse como lo minúsculo,
> en transformarse en la severa espina,
> resto de un océano que como la luz se marchó
> gota de arena que fue un pecho gigante
> y que salida por la garganta como un sollozo
>   aquí yace (PC, 379-80).

The state of sleep bears a marked resemblance to the prenatal state and uterine regression, which explains the dark joy of fusing with the sea, of returning to the womb. The "gigantic breast" gives the theoretical genetic origin of the screen, that is, the way it would look to a baby. The gigantic breast which comes out of the throat may be viewed as a withdrawal from the breast. It seems gigantic to the tiny observer, for the adult sees the hallucinated mass to be of extraordinary magnitude, as a baby would view it. The dry, frustrating breast explains the "dry" ocean. A desert (camels are called ships of the desert) is a kind of dry ocean, and a dry moon equally symbolizes a dry breast. Strikingly, the dream screen frequently represents something inedible, "tasteless or even disagreeable to the mouth such as a desert, or other wastes and barren tracts."[50] Through this poem, Aleixandre stresses the relationship of the sea and dryness, as the dry moon fails to respond and the immense sea lies on the dust. The dryness and sand typify thirst sensations, much as a gritty mouth would be projected onto the breast symbol.

Often, in fusing with mother earth, Aleixandre experiences both a pure and holy joy. In "No basta," from *Sombra del paraíso* (1944), in which the poet associates the cloud's (breast's) withdrawal with a lost happiness, he tells Mother that only in her bosom "rindo mi bulto, sólo en ti me deshago" (PC, 578). The poet's use of *deshacer* (to vanish or be consumed) in connection with his mother's breast combines pleasant and unhappy memories related in the primitive wish to sleep and join Mother, to be one with her at the breast and in sleep, to lose individual consciousness or ego and thus, in a sense, to die.

La destrucción o el amor (1935) examines more closely a world of mystery and darkness whose basic fabric is erotic love in a universe of unchained telluric forces that may prove fatal to man, absorbing and destroying him. Human love is fleeting and only a final fusion with the earth will prove to be enduring. But one must accept the virgin forests and ferocious beasts and seek salvation in an identification with nature in all its forms, thus affirming rather than denying love for all creation. The limits between flora and fauna disappear in a new unity; the sea's fish appear to be birds; foam is hair; body is ocean; a heart is a mountain. This amorous unity includes poems like "La selva y el mar" (PC, 299-300), involving powerful destructive forces in a formless world in flux where each being wishes existentially to be the other. Through an erotic act they partially discover real essence; for these creatures—tigers, lions, eagles—represent a form of love: "al descubierto en los cuellos allá donde la arteria golpea, / donde no se sabe si es el amor o el odio / lo que reluce en los blancos colmillos / ... la cobra que se parece al amor más ardiente."

In other poems Aleixandre suggests that human love and the erotic force of nature are fragments of the same unity, as the poet dissolves in living flesh against a cosmic background where nature is both destroyed and engendered. In "Unidad en ella" Aleixandre clearly states:

> Quiero amor o la muerte, quiero morir del todo,
> ....
> Este beso en tus labios como una lenta espina
> ....
> luz o espada mortal que sobre mi cuello amenaza (PC, 308).

In "Ven siempre, ven" the poet also longs for love or death: "Ven, ven, muerte, amor; ven pronto, te destruye; / ven, que quiero matar o amar o morir o darte todo" (PC, 316). In "Soy el destino" the poet continues: "Sí, te he querido como nunca. / ¿Por qué besar tus labios, si se sabe que la muerte está próxima, / si se sabe que amar es sólo olvidar la vida?" (PC, 375). In "Sólo morir de día" he again talks of "un amor que destruye" (PC, 386). The poet unifies light, water, and vegetation in a totality of testimony and experience, recreating emotional contexts on a level far beyond poetic reality, an intuition of his moment of creation but originating from ecstatic elements and profound fears of his subconscious.

From his earliest poetry Aleixandre has stressed the concept of limits or boundaries. Perhaps love can save one from society's mask, but to achieve fusion with the earth one must give up limiting structures. A hunger of being in everything impels to that autodestruction; in order to be everything or something one stops being what one really is. Thus Aleixandre sees nature as a physical whole in which violence and love are but two parts of the total picture of the primary forces of life. The poet contemplates the need for fusion and integration in the cosmic scheme of things for a final birth or death; everything attacks, destroys, for life is death.

Mundo a solas (1950) provides us still with tormented love as Aleixandre strives toward a virginal existence of light and purity in the face of an inevitable death which impedes progress to Paradise. In "Bulto sin amor" the poet loves intensely but when he attempts to embrace his loved one it becomes rock, hard, death. "Te amé ... No sé. No sé que es el amor. / Te padecí gloriosamente como a la sangre misma, / como el doloroso martillo que hace vivir y mata" (PC, 427). In "Humano ardor," he states that "Morir, morir es tener en los brazos un cuerpo / del que nunca salir se podrá como hombre" (PC, 434).

In *Sombra del paraíso* the poet continues to explore his limits. He evokes a Paradise where he may find lost happiness, but he must also be conscious of the darkness in his universe of light and beauty. As he recreates his love he achieves only a momentary glimpse of Paradise, not its substance—hence the title. This shadow world clothed in living and beautiful flesh may be an illusion, for purity implies the existence of a less innocent reality. Aleixandre discovers a fleeting virginal beauty in the ephemeral and transient qualities of nature, but he seeks relief from his human condition through love, a familiar human emotion. He communicates thus a poetic double vision, the instinctive one of innocence and the experienced one of adult knowledge, for he knows that his dawn creatures will become human ones for whom fate and death exist. In "El poeta" we learn that sexual energy has not abated, for the poet must still ward off the brutal attack of heavenly birds and face the loss of phallic power: "como se ve brillar el lomo de los calientes peces sin sonido" (PC, 463). Similarly, in "Destino trágico," in an act of love his body falls "espumante en los senos del agua; / vi dos brazos largos surtir de la negra presencia / y vi vuestra blancura, oí el último grito." In "Poderío de la noche" we see: "Unos labios inmensos cesaron de latir, y en sus bordes aun se ve deshacerse un aliento, una espuma" (PC, 483), as sexual energy leads to dissolution. "Caballera negra" offers us "Cabello negro, luto donde entierro mi boca, / oleaje doloroso donde mueren mis besos" (PC, 549); in "Ultimo amor" Aleixandre exlaims: "Amor, amor, tu ciega pesadumbre, / tu fulgurante gloria me destruye" (PC, 568). Finally, in "Sierpe de amor" (PC, 473-74)[51] the poet, a serpent in Eden, longs to possess the naked, beautiful goddess, but the menace of light from her brow impedes his sliding like a tongue between her living breasts. Yet he penetrates her, bathing in her blood, a celestial destroying fire which will consume him. The serpent, usually associated with negative symbols, here becomes a symbol of both liberating love and death, surrendering to nature, the ultimate reality of the world. The serpent, a shadow, desires to die, that is to become light. To do so he kisses his beloved, mortally biting her, and so both at the same time are victims and vanquished, "Boca con boca muero, / respirando tu llama que me destruye."

In *Nacimiento último* (1953) Aleixandre broadens and humanizes his perspectives of love and death. As the title shows, in the mind of the poet death is a final birth, for when man dies he finds his destiny. In a sense the volume marks a natural close to Aleixandre's cosmic cycle, for the only complete love lies in the final act of death, as he continues to seek love and find death: "decía un gemido y enmudecían los labios, / mientras las letras teñidas de un carmín en su boca / destellaban muy débiles, hasta que al fin cesaban" ("El moribundo," (PC, 591). Aleixandre himself states: "Si bajo tal mirada muerte es amorosa destrucción y reintegración unitaria, a ese término, verdadero 'nacimiento último,' está dedicada esta sucesión de poemas finales."[52] The very titles convey the tone; in "Los amantes enterrados" (PC, 596), he reiterates "Siempre atados de amor, sin amor, muertos"; in "Acabó el amor" (PC, 600) "el amor, si fue puñal instantáneo que desangró mi pecho."

In *Historia del corazón* (1954) Aleixandre, as he describes historical and existential man, also portrays his own life, desperate and lonely. The poet knows it is the only life he has and he must live it with joy. The collection explores human solidarity, and the poet alleviates his solitude by identifying with the life of the world, finally realizing that he may achieve authenticity through love. Increasingly he also becomes aware of death but faces it stoically. In spite of the more optimistic note, one still encounters a continuing association between Thanatos and Eros. In "Como el vilano" Aleixandre clutches for love but finds it only a shadow of reality; in "Sombra final" (PC, 697) he associates love, "beso / Alma o bulto sin luz, o letal hueso," with death. In "La explosión" love is limited by the experience of one unique afternoon of infinite duration, but as the light dies it is as though life itself is ending: "Y luego en la oscuridad se pierden, y nunca ya se verán" (PC, 764). Finally, in "Mirada final" (PC, 782) Aleixandre recognizes his solitude and death, but he knows that to live, one must die.

In *En un vasto dominio* (1962) he also sorrows at the thought of man's finality; he views him as a spatial being within a temporal framework but still material of the cosmos in flux. The poet seeks the answer in the vastest of dominions, that of man and his spirit, understood as the condensation and expression of a single material in which everything is integrated irrevocably. As he explores life from birth to death he discovers that reality cannot exist without limits,[53] that "hesitant truth without borders is like a sad stain" (EVD, 48). Aleixandre sees himself in the parts of the body, in man's created objects, but we can also see his desire for youth and love through his recapitulation of those parts. It is now the human protagonist who has assumed a central role in the process of transformation and unification of matter.[54]

Poemas de la consumación (1968) reflects the serene reencounter with Aleixandre's existence, as he returns to the primary and ultimate theme of his entire poetic output, the interrelationship of love, life, and death. Indeed, as one critic has noted, there are "notables puntos de semejanza ... de algunos poemas ... de *Ambito* con otros del último libro de Aleixandre (*Poemas de la consumación*)."[55] He also reverts to one theme of *Historia del corazón*, that of old men from whom we can learn as they wait for death and dream of life, of which they are almost no longer a part. Aleixandre continues an inner-directed contemplation of old age and wisdom, seen as sterile and useless because he can only remember and not act; the poet expresses his sadness for something forever lost and now only half-remembered, the culminating reality of what was hope and a dream of innocence. Wisdom is useless in this confrontation, for youth, exulting in its transitory life, knows that to exist is enough. The poet's wisdom brings not life but death, the only truth. The sea for him is now a symbol of death, dryness, and defeat, but he has not surrendered completely to solitude and separation. Life is time, and man lives within this framework from birth to death. Old men know. The child strives to know. But Aleixandre realizes that words are not enough. They are pretty but they do not last. In "El poeta se acuerda de su vida" he realizes that words die like the beautiful night or dreams of yore.[56] Once again death, both in the form of knowledge and love, is omnipresent. Aleixandre, presaging the dialogues of his last work, indulges in a continuous conflict, realizing once again the unhappy synergy; as in his earliest works he feels limited, by age now rather than the sick room. His repressions still pass in review, for he thinks of his life as wasted. Consciously he resists these ideas, but they enter in disguised form.

Thanatos and Eros continue to play a significant role. As Leopoldo de Luis states: "La carne es sueño si se la mira ... pesadilla si se la siente ... visión si se la huye ... piedra si se la sueña (consumación y muerte)."[57] In "Como la mar, los besos" Aleixandre notes: "Como un alga tus besos. / Mágicos en la luz, pues muertos tornan" (PdC, 30); in "Visión juvenil desde otros años" he writes: "el mundo rodando, / ...es cual un beso, / aun después que aquel muere" (PdC, 32). Old age finds it difficult to accept love and life; living is loving and being loved. In "Supremo fondo" we see the sea "muy seca, cual su seno, y volada. / Su recuerdo son peces putrefactos al fondo / ... miramos a los que amar ya muertos" (PdC, 50); in "Cueva de noche" a kiss becomes "oscuridad final que cubre en noche definitiva / tu luminosa aurora / ... mi aurora funeral que en noche se abre" (PdC, 83). In this collection then, filled with mouth, lips, kisses, and love—a love vanished with the fires of youth—death and love combine, for "Soy quien finó, quien pronunció tu nombre / como forma / mientras moría" ("Presente, después," PdC, 103).

Aleixandre's *Diálogos del conocimiento* consists of 14 poems in which two people talk, without listening to one another, in a kind of free association on the conflict between living and thought. Love and death form part of the knowledge the poet had from the beginning, and he continues to connect sensuality, love and death. For Guillermo Carnero "El amor es, para Aleixandre, junto a las manifestaciones de los sentidos, una necesidad, desde la ignorancia de conocer."[58] Also, says José Olivio Jiménez, in this collection Aleixandre continues the "irracionalismo expresivo que conocíamos en Aleixandre desde sus años de juventud."[59] Aleixandre again postulates a kind of destruction or love in these dialogues. One speaker always talks of hope and liberty, struggle and doubt; the other of fatality, desolation, and renunciation. Aleixandre wants to know the meaning of life and living, but his speakers, unable to communicate, speak only to themselves. These dialogues resemble the manic-depressive state; on the one hand libidinal impulses have access to consciousness; on the other, everything tends to the negation of life.

Aleixandre calls dynamic knowledge *conocer*, 'to become acquainted with,' and static knowledge is *saber*, but sometimes, as in the first dialogue, even *conocer* means death. *Conocer* involves sensation and seeking, difficult for those possessing knowledge. Yet to know, *saber*, is to die.[60] Thus, to recall the fixed and limited past is to die. Again we see the paradox that one looks backward (toward death) while looking forward to live, reaffirming once more the central role of Eros (life), identical to Thanatos (death), a conclusion which is also a beginning.

Diálogos del conocimiento offers a refinement and restatement of previous collections. In *En un vasto dominio* Aleixandre commented: "Boca que acaso supo / y conoció, o no'sabe, porque no conocer es saber último" ("Amarga boca," EVD, 58). In these dialogues he also reemphasizes his previous identification with the cosmos, associating real objects with a strange reality of size or dimension in order to escape the circumscribing and imprisoning knowledge, his own preoccupations with a reality he would rather not face. In "Sonido de la guerra" Aleixandre mentions "My mineral body"; in "Después de la guerra" he stresses that the stars' light "is flesh like mine"; in "Misterio de la muerte del toro" he perceives in his hand "the order of some star." He also reviews his concept of death as a force attracting life. In "Sonido de la guerra" blood lives only when it struggles to flow forth, but if it does, it dies. "Sólo sobre unos labios coloridos, / ... se adivina / el bulto de la sangre. Y el amante puede besar y presentir, ¡sin verla!" (DC, 13). For the old lovers in the dialogue by that name, "Conocer es amar. Saber, morir. Dudé. Nunca el amor es vida" (DC, 26). The inquisitor in "El inquisidor, ante el espejo" associates Eros and Thanatos, "Luto de amor o muerte" (DC, 56), as does the dandy in "Diálogo de los enajenados," who exlaims: "... amar desnudo es bello, ... como los huesos conjugados de los amantes. Muertos. / Muertos, pues que se estrechan. Lo que suena es el hueso" (DC, 65). "Los amantes jóvenes" reinforces the idea: "donde mis labios tocan, no su verdad, su muerte" (DC, 85). Finally in "Quien baila se consuma" we discover "Un montón de lujuria, pero extinto, en la sombra" (DC, 146).

"Después de la guerra" contemplates the end of the planet, again an earth without human beings except, temporarily, two survivors, an old man and a girl. He knows that even "el alba ha muerto" (DC, 77); she exclaims: "Cómo germina el día entre mis senos" (DC, 78). She believes in the future; he knows that tomorrow has already past. In "La sombra" Aleixandre contemplates solitude as pleasure and man as a dream who creates nothing but the dream within which he is consumed. In the poem the boy once more returns to Mother earth: "A ti vuelvo, y a solas, y me entierro en tu seno" (DC, 131). Aleixandre continues to play with the concept of love and life, claiming that he who lives loves, but he who knows has already lived. To be young is to live, but one who never loved was never even born. Even the destroyers of life grow old. The soldier was young but now is old. The magician who once put the poison of not being in his brews is himself now alone in a world where nature itself has fled.

In his pursuit of ultimate knowledge of reality Aleixandre juxtaposes stubborn existential awareness with a vague transcendental intuition, visualizing love and death as coordinating elements of the universe, although love is still a metaphor of self-destruction. The poet knows that he cannot conquer death but nonetheless wants to live life to the full, for loving is an endless process in a fleeting world which leads to personal death; thus he continues to seek for love, for knowledge, for truth, and for hope. One finds, therefore, a continuing juxtaposition of incongruities in a vast dominion, an ambivalent psychological universe in which, essentially, the early anguish at limits imposed upon activity and creativity is once more reinforced in a continuing interplay of renovation and conservation. Aleixandre, inspired by the same enigmas that beset us all, through his irrational imagery imaginatively challenges his readers' established preconceptions as he seeks to recapture an unconscious knowledge and create a unity of perception. In the final analysis we may read into his personal vision of experience and inner emotions a communication of deeper significance, seeking those moral and psychological imperatives which constitute their human quality.

UNIVERSITY OF MIAMI

Notes

[1]Dámaso Alonso, *Poetas españoles contemporáneos* (Madrid: Gredos, 1952), p. 287.

[2]Ricardo Gullón, "Itinerario poético de Vicente Aleixandre," *Papeles de Son Armadans*, XI, Nos. 32-33 (1958), 197.

[3]Carlos Bousoño, *La poesía de Vicente Aleixandre* (Madrid: Gredos, 1968), p. 208.

[4]José Luis Cano, in Vicente Aleixandre, *Espadas como labios-La destrucción o el amor* (Madrid: Ed. Castalia, 1972), p. 20.

[5]Luis Antonio de Villena, in Vicente Aleixandre, *Pasión de la tierra* (Madrid: Narcea, 1976), p. 32.

[6]Luis Antonio de Villena, *Insula*, Nos. 368-69 (1977), 8.

[7]Guillermo Carnero, "*Ambito* como proyecto del surrealismo aleixandrino," *Insula*, No. 337 (1974), 12.

[8]Angel del Río, "La poesía surrealista de Aleixandre," *Revista Hispánica Moderna*, II (1935), 21.

⁹Francisco Carenas and Alfredo Gómez Gil, "En torno a Vicente Aleixandre," *Cuadernos Hispanoamericanos*, No. 270 (1972), 566.

¹⁰Leopoldo de Luis, "Vicente Aleixandre: Antología total," *Cuadernos Hispanoamericanos*, No. 310 (1976), 218.

¹¹Alberto Monterde, *La poesía pura en la lírica española* (Mexico: Impta. Universitaria, 1953), p. 105.

¹²Luis Cernuda, *Estudios sobre poesía española contemporánea* (Madrid: Ediciones Guadarrama, 1957), pp. 195-96.

¹³André Breton, *Manifestes du surréalisme* (Paris: Pauvert, 1962), p. 40.

¹⁴Vicente Aleixandre, *Mis poemas mejores* (Madrid: Gredos, 1961), p. 11.

¹⁵Fernando Charry Lara, *Cuatro poetas del siglo veinte* (Bogotá: Universidad Nacional de Colombia, 1947), p. 31.

¹⁶Vicente Aleixandre, "Funeral," in *Antología total* (Barcelona: Seix Barral, 1975), p. 348.

¹⁷Vicente Aleixandre, *Mis poemas mejores*, p. 11.

¹⁸Ibid., p. 10.

¹⁹Ibid., p. 31.

²⁰Juan José Domenchina, *Antología de la poesía española contemporánea* (Mexico: UTEHA, 1947), p. 391.

²¹Max Aub, *La poesía española contemporánea* (Mexico: Impta. Universitaria 1954), pp. 156-59.

²²Dámaso Alonso, *Poetas españoles contemporáneos*, p. 323.

²³Vicente Aleixandre, *La destrucción o el amor* (Madrid: Alhambra, 1945), p. 17.

²⁴Ibid., pp. 17-18.

²⁵Vicente Aleixandre, *Mis poemas mejores*, p. 31.

²⁶Vicente Aleixandre, *En un vasto dominio* (Madrid: Revista de Occidente, 1962), pp. 13-16. Further citations in the text are to this edition, hereafter referred to as EVD.

²⁷Vicente Aleixandre, *Diálogos del conocimiento* (Barcelona: Plaza y Janés, 1976), p. 97. Further references in the text are to this edition, hereafter cited as DC.

²⁸André Breton, *Manifestes du surréalisme*, pp. 151ff.

²⁹Paul Ilie, *The Surrealist Mode in Spanish Literature* (Ann Arbor: The University of Michigan Press, 1968), pp. 43-44 concurs that Aleixandre is "concerned only with his own reality which consists of the way he articulates his feelings with the raw material of the outer world."

³⁰Ibid., p. 45.

³¹Vicente Aleixandre, *Mis poemas mejores*, p. 10.

³²Vicente Aleixandre, *Poesías completas* (Madrid: Aguilar, 1960), p. 91. Further references in the text are to this edition, hereafter cited as PC.

³³As Carlos Bousoño states: "Si amor es destrucción, amor, cólera y odio pueden confundirse en la mentalidad aleixandrina." See *La poesía de Vicente Aleixandre*, p. 70.

³⁴Frederick Clark Prescott, *The Poetic Mind* (New York: Macmillan, 1926), p.276.

³⁵Sigmund Freud, *The Standard Edition of the Complete Works of Freud* (London: Hogarth Press, 1961), XIX, 42.

³⁶Sigmund Freud, "Formulations of the Two Principles of Mental Functioning," in *The Standard Edition* (London: Hogarth, 1958), XII, 224.

³⁷These lines were used by Carlos Bousoño in a lecture on Aleixandre's technique sponsored by the Spanish Institute (New York, Nov. 19, 1977).

[38]Carl Jung, *Psychology of the Unconscious* (New York: Dodd, Mead & Co., 1944), p. 237.

[39]Ernest Jones, "The Psychology of Religion," in *Psychoanalysis Today*, ed. Sandor Lorenz (New York: International Univ. Press, 1944), p. 317.

[40]Paul Ilie, pp. 40-56, devotes an entire chapter to this aspect of Aleixandre's imagery.

[41]Alejandro Amusco, "El motivo erótico en *Espadas como labios* de Vicente Aleixandre," *Insula*, No. 361 (1976), 11.

[42]See Bertram D. Lewin, *The Psychoanalysis of Elation* (New York: Norton, 1950), p. 104.

[43]Ibid., p. 48.

[44]Otto Isakower, "A Contribution to the Patho-Psychology of Phenomena Associated with Falling Asleep," *International Journal of Psychoanalysis*, XIX (1938), 331-45.

[45]Bertram D. Lewin, "Sleep, the Mouth, and the Dream Screen," *The Psychoanalytic Quarterly*, XV (1946), 420.

[46]Bertram D. Lewin, "Reconsiderations of the Dream Screen," *The Psychoanalytic Quarterly*, XXII (1953), 174-99.

[47]Geza Roheim, *Gates of the Dream* (New York: International University Press, 1952), p. 347.

[48]Isakower, p. 340.

[49]Lewin, *Psychoanalysis of Elation*, p. 112.

[50]Lewin, "Reconsiderations," p. 187.

[51]Vicente Cabrera, *Tres poetas a la luz de la metáfora* (Madrid: Gredos, 1975), pp. 120-22 has a good discussion of this poem.

[52]Vicente Aleixandre, *Mis poemas mejores*, p. 153.

[53]For a good discussion of this collection see José Olivio Jiménez, *Cinco poetas del tiempo* (Madrid: Insula, 1964).

[54]For an elucidation of this point see José Angel Valente, "Vicente Aleixandre: la visión de la totalidad," *Indice de Artes y Letras*, XVII (1963), 29-30.

[55]Vicente Molina-Foix, "Vicente Aleixandre: 1924-1969," *Cuadernos Hispanoamericanos*, No. 242 (1970), 282.

[56]Vicente Aleixandre, *Poemas de la consumación* (Barcelona: Plaza y Janés, 1974), p. 82. Further citations in the text are to this edition, hereafter referred to as PdC.

[57]Leopoldo de Luis, "*Poemas de la consumación*," *Cuadernos Hispanoamericanos*, No. 231 (1969), 718.

[58]Guillermo Carnero, "Conocer y saber en *Poemas de la consumación* y *Diálogos del conocimiento* de Vicente Aleixandre," *Cuadernos Hispanoamericanos*, No. 276 (1973), 574.

[59]José Olivio Jiménez, "Aleixandre y sus *Diálogos del conocimiento*," *Insula*, No. 331 (1974), 1.

[60]For a good study of *conocer-saber* see Guillermo Carnero, *Cuadernos Hispanoamericanos*, pp. 571-79.

EROS VULNERADOR, EROS IMPURO
(COMENTARIO A UN POEMA DE
ESPADAS COMO LABIOS)

Luis Antonio de Villena

El surrealismo fue (es) una *pasión*. Y eso constituye su fundamental carácter poético: Transmutar en *intensidad* de lenguaje —con engranajes subconscientes por medio— la intensidad del sentimiento, el arrebato del mundo, es decir, la pasión que es, además, lengua, y paladar (estético) de esas palabras. Cuando César Moro, el elegante peruano, definía: "El surrealismo es el cordón que une la bomba de dinamita con el fuego para hacer volar la montaña," y enmedio de otras definiciones agregaba "[el surrealismo es] mujeres desnudas coronadas de cardos y de fresas," y aun, "el día inmenso de cristal de roca y los jardines de cristal de roca,"[1] plenamente acertaba. Porque todo evoca, en el lenguaje, intensidad y pasión, y así las palabras (al gran surrealista) se le hacen erotismo. Son palabras *tensas* y el lector lo sabe. Por lo que es también el surrealismo una gran rebelión contra la norma y contra lo normativo, ya que el surrealismo es sexo, y sexo lingüístico. Y, por supuesto, que no hablo de un hombre y de una mujer, sino de panteísmo y abismo, de agua y de muerte, de tigres reales y de adolescentes princesitas de la India, a la luz solar de una bujía... Lenguaje tenso, pasión alzada, rebelión sin dogma; el surrealismo es sexo.

Espadas como labios, que se publicó en 1932, es el tercer libro escrito por Vicente Aleixandre, y su segundo publicado, a más de ser, también, el segundo en sus adscripción surrealista.

En 1928, al igual que otros poetas de su generación (Alberti,

Cernuda, Hinojosa, Prados) Aleixandre descubre el surrealismo. He dicho y opinado, en otra parte,[2] lo que tal descubrimiento representaba: Su singularidad —mejor que su ignorancia— respecto a los surrealistas franceses, y el hecho de que en España (si se exceptúa el grupo de la *Gaceta de Arte* de Tenerife) no existió *movimiento* surrealista sino *individuales* poetas que utilizaron, generalmente de manera muy transitoria, el surrealismo como vehículo de expresión de estados rebeldes del cuerpo o de la conciencia. Lo que hace que los poetas del 27, en lo que al surrealismo se refiere, sean completamente singulares, al tiempo mismo que vinculados por rebeldía y *tensión* de lenguaje a un modo global —y sumamente creador— del arte europeo de la época.

Lecturas de Freud, de Lautréamont y del último Rimbaud, fueron los móviles principales que lanzaron a Aleixandre en 1928, como he dicho, a expresar todo un mundo de telúrica y rebelde ebullición. Esa primera eclosión surrealista de los poemas en prosa de *Pasión de la tierra,* libro concluido en 1929, pero cuya primera edición (parcial) sólo se haría en México en 1935. *Espadas como labios*, el paso siguiente en esa eclosión, representa la continuidad depuradora del orbe magmático y arrebatado del excelente libro de poemas en prosa.

Continuidad, porque *Espadas como labios* es un texto aún de ebullición, de borboteo surrealista, de desfogue rebelde en y a través del lenguaje. Pero continuidad *depuradora*, porque los temas clásicos del primer Aleixandre se van ya marcando y centrando —enmedio, insisto, del lenguaje casi convertido en geiser protagonista— a la par que el magma tiende a remansarse, lo que configura un verso. Es decir que la expresión —o el modo de la expresión— abandona el poema en prosa, para condensarse, sin perder hervor, en un verso libre terso y de ritmo evidente. Lo que no es, en absoluto, casual. Demuestra, una vez más, la interconexión de mundo poético y lenguaje, y más, si cabe, en Aleixandre, cuyo lenguaje *es* mundo; al tiempo que el obvio cuidado del verso nos certifica que el surrealismo es para el poeta una técnica utilizada (felizmente utilizada) pero no vanguardia a no importa qué precio, bajo el restallar del automatismo de la escritura.

La siguiente etapa de este primer Aleixandre, *La destrucción o el amor* (1935), representará el cenit de esta tendencia, logrando un clima de clasicismo en un orbe plenamente superrealista.

Me detendré ahora en algunas de las singularidades características de *Espadas como labios* a través de un poema, que casi de manera inconsciente al inicio a mí siempre me inquietó y me sugirió entre los del libro, el titulado "Siempre," segundo de la tercera parte del volumen, la dedicada en la edición original a Manuel Altolaguirre.

He aquí el texto:

> Estoy solo Las ondas playa escúchame
> De frente los delfines o la espada
> La certeza de siempre los no-límites
> Esta tierna cabeza no amarilla
> esta piedra de carne que solloza
> Arena arena tu clamor es mío
> Por mi sombra no existes como seno
> no finjas que las velas que la brisa
> que un aquilón un viento furibundo
> va a empujar tu sonrisa hasta la espuma
> robándole a la sangre sus navíos
>
> Amor amor detén tu planta impura.[3]

Tres caracteres marcan, a mi ver, el poema. Uno es la utilización, el *leit motiv*, de un *topos* clásico en la poesía (y ello dentro ya de un tema clásico), pero en lenguaje surrealista: *la llegada del Amor*. Otro, ese mismo lenguaje, que aun utilizado (conscientemente, por tanto) en función de un tema que es experiencia o sentimiento, está libre, suelto, según la fórmula, que en otra parte expresé, del *automatismo controlado*.[4] Y un tercero, básicamente, la aparición (en el poema y en el libro al que pertenece), de forma obvia si no inicial, de uno de los grandes temas del orbe aleixandrino, lleno de matices posibles y entronques diversos, cual es el del amor panteísta, el amor-destrucción como vínculo de fusión y de integración plena con la naturaleza. Un amor que será, así, plenitud y rebeldía. El surrealismo al servicio de la realidad pasional. El labio es espada, y el impulso que mueve a esa espada destruye, y esa destrucción será un triunfo, una anegada plenitud humana. (Quizá, y valga el excursus, una de las características que definen a Vicente Aleixandre como gran poeta, y digo bien, sólo una, sea su capacidad casi chamánica de mover fuerzas naturales, de entrar píticamente en las palabras —o ellas entran en él— y allí hacerlas crecer y saltar, como agua y peces. Un gran poeta tiene que poder ser tratado, de un modo u otro, con la expresión lingüística de los mitos.)

El tema de la llegada del Amor, de la aparición de Eros, es descripción antigua en la lírica amorosa occidental. Lo que se hace aún más patente al constatar que ese tema suele ir unido a otro *topos* todavía más frecuente en dicha lírica, el de los *efectos del amor*. De hecho el que aquí nos interesa termina presentándose como una mezcla de ambos, ya que vendrá a ser una descripción de los efectos del

Amor, cuando éste aparece. Quedando un poco aparte la clásica descripción de esos efectos en un amor ya establecido o logrado. Ni puedo ni es este el lugar para hacer aquí un catálogo erudito. Baste rastrear brevement —y el lector hará su propia lista— los conocidísimos *topoi*. La *Antología Palatina* nos suministra abundantes ejemplos de la aparición de Eros (confundido con un muchacho en epigramas de cuño paidófilo) y por supuesto de los efectos de amor. Asclepíades (XII, 75) está entre los primeros: "Si alas tuvieras y dardos y el arco en la mano, / tú, no Eros, pasaras por hijo de Cipris;" y sin abandonar al mismo poeta de Samos (XII, 135) podemos hallar ejemplo breve de la descripción de la turbación amorosa:

> En el vino se prueba el amor, pues, aunque él lo negase,
> delató a Nicágoras la mucha bebida.
> Lloraba, en efecto, abstraíase, al suelo miraba
> y firme la guirnalda no estaba en su cabeza.

El texto más clásico del tema es una oda de Safo, luego imitada por Catulo, la que comienza: "Me parece el igual de un dios (...)". Pero insisto, el tema puede hallarse en muchísimos líricos. Meleagro juntó ambos *topoi* (el amor descrito y sus efectos) en muchos poemas (V, 177, verbigracia): "A Eros pregono, un malvado; muy poco (...)".

Horacio, en la oda 30 del libro I (la conocida *Venus, regina Cnidi Paphique*), invoca al amor y al describir su acompañamiento (el cortejo de Venus) simboliza en él los efectos eróticos, o los caracteres del amor:

> Fervidus tecum puer et solutis
> Gratiae zonis properentque Nymphae
> Et parum comis sine te Juventas
> Mercuriusque.
>
> (Venga contigo el ardoroso niño
> las Gracias de sueltas cinturas y las Ninfas,
> la Juventud que sin ti poco vale
> y Mercurio).

Efectivamente —y ello afirma la simbología erótica— Mercurio en un contexto amoroso sólo puede ser el dios de la persuasión, que es uno de los caracteres del eros.

Y reitero que digo sólo ejemplos a vuelapluma, que podrían crecer, más allá de la Edad Antigua, en buena parte de la poesía cultista o clásica del Renacimiento y del Barroco. El tema —como advenimiento de Amor mezclado a sus efectos— llega en la lírica castellana hasta Bécquer, que lo desarrolla en la hermosa rima 46,[5] que no deja de guardar alguna semejanza (de fondo, diríamos) con el poema de Aleixandre. Doy el texto:

> Los invisibles átomos del aire
> en derredor palpitan y se inflaman,
> el cielo se deshace en rayos de oro,
> la tierra se estremece alborozada,
> oigo flotando en olas de armonía
> rumor de besos y batir de alas,
> mis párpados se cierran... ¿Qué sucede?
> —¡Es el amor que pasa!

El texto de Aleixandre y el de Bécquer tienen tres rasgos comunes. Uno (evidente), el tema: la llegada del amor, unidos arribo y efectos. (Si bien en Bécquer Eros se figura al modo clásico, con alas, y en Aleixandre no.) Otro rasgo común es que en ambos poemas la descripción de los efectos eróticos se dice en la naturaleza, es decir, suceden en el entorno (se *estremece la tierra* o se nota un *viento furibundo*) aunque intuimos, por supuesto, que esos efectos sucederán luego, o tendrán correspondencia, en las personas enamoradas. Y un tercer nexo común —y no postulo ninguna conexión erudita entre los textos— es la semejante estructura formal. Ambos poemas tienen casi igual número de versos (12, el de Aleixandre y 8 el de Bécquer) y además la carga semántica —y la explicación, por tanto— de ambos poemas se apoya en una suerte de coda final, un verso que debe quedar, incluso tipográficamente, levemente desgajado del conjunto, y en el que se menciona el amor como causa de las circunstancias anteriores. Quizá sea esta estructura, con el significado centrado en un verso último apartado (y el tema común de ambos versos) lo que haga que la lectura de uno de los poemas nos sugiera el otro. Al menos, a mí me sucedió eso.

Como *Pasión de la tierra* —y buena parta de la poesía inicial de Aleixandre— *Espadas como labios* es un libro de lenguaje. Quiero con ello decir que las emociones y tensiones del poema son emociones lingüísticas, y no sólo trasmutadas a lengua. El sentimiento convoca a las palabras, y éstas se hacen sentimiento. Y todo esto patente de manera especial por tratarse de una escritura surrealista. Releamos "Siempre," el poema que nos ocupa. Hay un evidente significado de fondo —el amor, la turbación del amor que se acerca— expresamente marcado, como he dicho ya, en el último verso; pero la sensación lingüística, el entrechoque melodioso de las palabras, nos detiene, y por así decirlo, nos roba el significado. Si nos dejamos llevar por una lectura *estética*, el poema es (acentuado en la edición original por la ausencia de puntuación) un depurado aluvión de palabras táctiles que sugieren —más acá del significado— los temas fundamentales del libro: el no-límite panteísta, y el amor-pasión que llega. Es un ejemplo perfecto de la escritura automática *controlada*. El poeta escribe con plena conciencia creadora, y sabe el tema sobre el que escribe (cuida, además, obviamente el ritmo de su verso) pero —surrealistamente— deja *brotar* el lenguaje; deja, bajo su impulso, que se produzcan todos los fenómenos estilísticos que caracterizan la novedad superrealista: imágenes visionarias, o subconscientes, nexos irracionales y oníricos, y un esteticismo que suele lograrse por contraste. El lenguaje es borbotón (contenido), experiencia en sí mismo, poema, pero no arrastra en la riada al creador, sino que éste (al contrario) lo origina y lo controla. Porque si la lectura estética —necesaria— es pura natación estival en la lengua, bisémicamente, hay detrás un claro significado (en "Siempre" más explícito que en otros poemas del libro) que podemos casi desentrañar paso a paso. Sobre todo en una lectura *crítica*.

El poeta en una playa ve el mar. El mar, reino de los delfines, es la imagen de la tierra primigenia, de los elementos vírgenes, a cuya comunión vital aspira el sentimiento del que escribe. Pero sobre la playa hay también un cuerpo que seduce. (Quiere la sinestesia sensorial que el pelo moreno —*cabeza no amarilla*— del cuerpo atractivo, sienta el efluvio del color dorado de la arena —*amarilla*— o quizá, además, del propio dorado de la piel.) La arena exalta con su calor y su color esa belleza. Y, casi de repente, aquella existencia comienza a turbarlo todo. La sonrisa de lo amado se confabula con lo que sugiere el mar, y el poeta cree que la turbación que siente procede de lo que ve, o de lo que cree ver: brisas que empujan velas, el aquilón, un fuerte viento que lo trastoca todo, y hace que los navíos semejen en la sangre. Es decir que obra sobre la sangre como sobre el mar, empujando velámenes, arrastrando, iniciando galerna; de otro modo, incendiando y acelerando —por el amor— la sangre ya enamorada. Porque, efectivamente, todos esos efectos aparentemente externos —concluye el poema— son los rasgos del amor que llega, del amor que se manifiesta a la vista de un cuerpo hermoso. La invocación del amador será pedir que se contenga la avalancha erótica que llega (aunque la desee) porque el amor es turbación, sacudimiento, entra como el mar en el reino de los delfines, y destruye para crear, invadiendo con espadas impuras. El amor es impuro porque conturba y nos retorna al magma del origen: Creación y destrucción al mismo tiempo.

Sirva esta escueta prosificación del poema (siempre, por supuesto, inexcusable) para hacer ver la existencia de un significado con-

creto que tange los temas fundamentales del libro. Sin embargo la
mejor realidad del texto es la que paladeando las gotas del tema,
entra en el lenguaje, y siente en ese lenguaje —que es sexo, como tanto en el surrealismo— la pasión por el *fondo*, el deseo de plenitud
con lo natural, y al amor como peculiar manifestación de esa pasión
terrestre. El amor hecho metáforas e imágenes subconscientes. Cosa
que, por otro lado, es el erotismo siempre. Quien ama, transforma la
realidad, es decir, metaforiza.

Finalmente, "Siempre" inicia, a través del peculiar tratamiento
de un *topos*, la expresión de uno de los temas clásicos del primer
Aleixandre: el amor vulnerador, la violencia del eros como manera
de plenitud total y de panteísmo. El asunto se rastrea ya en *Pasión
de la tierra*, y en *Espadas como labios* tiene, en general, su primera
aparición sistemática. (Algún otro poema del libro, como "El más
bello amor" —la cópula con el tiburón— sería la más meridiana y
violenta expresión de ese erotismo.) En "Siempre" el amor que llega
produce turbulencias, movimientos de vientos y de velas, aquilones,
que convierten a la sangre en algo igualmente turbio (por la emoción,
por la fuerza del sentimiento). Además el amor, como ya dije, se
vincula con el mar, donde están los *delfines o la espada*, es decir la
agresión amorosa de lo primigenio —como el eros—. Y la conexión
de turbación, en la atmósfera y en la sangre, y de las pulsiones naturales que arrastran comunicativamente, producen la emoción final,
de que ese amor que llega será telúrico y destructor en su abrazo.
Gozoso e irracional; una suerte de inmersión en el magma (o sea, y
me repito, *impuro*). Pero quien padece el amor, aun destruido, se
siente plenamente hombre, uno con el todo cósmico, jubiloso en la
zarabanda planetaria de fuerzas y vibraciones. El amor destruye
(en "Siempre" la destrucción es una promesa) pero ensalza.

El paso a *La destrucción o el amor* queda explícito, y de allí a
cerrar el ciclo con *Mundo a solas*, donde la perfección es ya la no
existencia —trágica— del hombre. Quizás el hombre ha sido engu-
llido ya en el sacudimiento de su posesión con lo natural. Este amor
destructor, de planta impura, es panteísta. Es hedonista, aunque no
blando. Pero sobre todo es rebelde, rompe —en surrealismo— los
convencionalismos del amor normal. Es un amor-hoguera. Detrás
de él no hay procreación, ni familia, ni ternura. Hay sólo júbilo pa-
gano, placer puro en busca de la plenitud del ser. Y placer y felici-
dad sabemos que se niegan. La teoría erótica que "Siempre" apunta
—la de todo el primer Aleixandre— es anticonformista, y reclama
esa rebelión de las costumbres, esa libre autorrealización que los
surrealistas vindicaban. El erotismo —el cuerpo exaltado a placer

de tierra— se convierte así, en vehículo de la rebelión, en una parte de aquella quemarada de "placeres prohibidos" que cantó Cernuda. Y el surrealismo empieza, así también, a decir algunas de las palabras que hasta entonces *estaban misteriosamente prohibidas* (Eluard):

> O mon empire d'homme
> Mots que j'écris ici
> Contre toute évidence
> Avec le grand souci
> De tout dire.

RETAL CON ALGUNAS PALABRAS Y EXPRESIONES PROHIBIDAS EN EL EROTISMO PONTIFICADO:

Agonía, medalla, metales sin saliva, este dulce hoyo, sangre, garganta, caracoles, gruta, horizonte, pelos, sirenas vírgenes, núbiles circulan, el rosa ha muerto, navío, niña, difunta, dentaduras postizas, perfume de hombre, mastines, bulto, todo, muñecas, viento furibundo, madre, hormiguita, estiércol, que separa dos rosas cuando nieva, coágulo, ventanas, zozobra, ojo, vientres, cataratas, labios, plomo, esteras...[6]

Así es que, en efecto —y como Aleixandre cita— Lord Byron tuvo razón: El poeta *es un charlatán* (babbler). Charlatán, chamán, chalán —iluminado.

MADRID

Notas

[1]Nota preliminar a sus traducciones de surrealistas franceses. Cf. César Moro, *Versiones del surrealismo* (Barcelona: Tusquets Editor, 1974).

[2]Cf. la introducción a mi edición crítica de *Pasión de la tierra*. Vicente Aleixandre, *Pasión de la tierra*, edición y estudio preliminar de Luis Antonio de Villena (Madrid: Narcea, 1976).

[3]Cito por la edición crítica de José Luis Cano. Vicente Aleixandre, *Espadas como labios* y *La destrucción o el amor*, edición de José Luis Cano (Madrid: Clásicos Castalia, 1972).

[4]Cf. nota 2.

[5]Cito por Gustavo Adolfo Bécquer, *Obras completas*, edición de M. Sanmiguel Raimundez (Madrid: Afrodisio Aguado, 1949).

[6]Todas las palabras citadas proceden de diversos poemas de *Espadas como labios*. Su disposición es casi arbitraria, y al explicar de manera irracional, nos hacen *partícipes* de la creación poética.

THE FUSION WITH NATURE IN
BECQUER AND ALEIXANDRE

José Luis Cano

I am not aware of any study to date on the presence of Bécquer in
the famous Generation of 1927. I am not so much referring to the
possible traces, which undoubtedly exist, as to the sympathy and
profound admiration that the poets of that generation have demonstrated for the figure—the man and the poet—of the author of the
Rimas.[1] It is true that the great poets of the previous generation
—Unamuno, Antonio Machado, Juan Ramón Jiménez—had already demonstrated their admiration for Bécquer. But I do not think
I am mistaken when I say that the Generation of 1927 is the most
Becquerian of the ones that have emerged between Bécquer's time
and today. Salinas and Guillén, García Lorca and Alberti, Aleixandre and Cernuda, Dámaso Alonso and Gerardo Diego, Prados and
Altolaguirre were—and some still are—enthusiastic Becquerians
who have left in their works, in prose or in verse, unequivocal testimonies to their fervor for Bécquer. It is sufficient to remember here,
as proof, some of those testimonies: the essays by Jorge Guillén,[2]
Dámaso Alonso,[3] Gerardo Diego,[4] Luis Cernuda,[5] and Alberti's
homage in *Sobre los ángeles.*[6] Of no lesser importance is the Becquerian fervor of Vicente Aleixandre, to which I will refer in these pages
as I show the possible traces or influence of the poet of the *Rimas* on
the author of *Sombra del paraíso.*

This fervor, however, appears in Aleixandre rather belatedly,
contrary to what occurs with other Andalusian poets like Alberti and
Cernuda. Aleixandre recalls, in an evocative page,[7] that while still

---

* Translated by Violeta Mercado.

a child his grandfather talked to him about Bécquer and gave him the *Leyendas* to read. This childhood reading did not leave a mark on the future poet, and we know from Aleixandre himself that the reading of some *rimas* in his high-school years did not make a lasting impression either. Many years were to pass before Aleixandre would fall under the spell of the *Rimas*. He has told us of his late arrival to poetry, overwhelmed by a book by Rubén Darío—an anthology—that Dámaso Alonso lent him when both were only eighteen years old and had just recently met.[8] The reading of Darío's anthology opened the doors of poetry for Aleixandre, and through them he soon entered to discover other great poets: Bécquer, Machado, Juan Ramón... In a letter that Carlos Bousoño cites in his book on Aleixandre, the poet reveals: "Bécquer fue un poeta que amé en seguida, y ese gusto no ha sufrido ningún eclipse. El fue el revelador para mí del mundo romántico."[9]

The first citation of Bécquer that we find in one of Aleixandre's texts appears in his address to the Spanish Royal Academy upon his induction, entitled "En la vida del poeta: El amor y la poesía," dated 1949.[10] When Aleixandre refers to cosmic poetry, he summons forth the verses of the famous *rima* X:[11]

> Los invisibles átomos del aire
> en derredor palpitan y se inflaman,
> el cielo se deshace en rayos de oro,
> la tierra se estremece alborozada,
> oigo flotando en olas de armonía
> rumor de besos y batir de alas,
> mis párpados se cierran ... ¿qué sucede?
> —¡Es el amor que pasa!

It is probable that the literary world of this poem—all of Nature palpitating in passionate communion upon contact with love—has left its trace in Aleixandre's concept of a universe shaken by the love impulse, which pushes it to a total unity of all its elements and forces. In a page from that same address, Aleixandre recognizes that his poetic concept of creation as a unifying love-force is already anticipated in Romantic poetry and more concretely in Bécquer:

> El sentimiento cósmico del amor que ... pretenderá coordinar, con nueva síntesis, la fuerza del amor en el hombre con las fuerzas oscuras incorporadas en un cosmos viviente, pertenece a un mundo posterior, el mundo moderno, y no se concebirá sin el transcurso del hombre por el romanticismo. Este adscribirá primero al humano una Naturaleza vivificadora y operante donde el paisaje "tendrá alma" y donde el movimiento del universo será como un gran cuerpo que lentamente se despereza, se irriga, se colorea, se nombra ...

La Naturaleza ha dejado de ser fondo y eróticamente se ha hecho sustantiva ...

When Aleixandre tries to characterize romantic love in this same text he selects Béquer as the loftiest example of that sentiment and of its most profound poetic expression. In another of his *rimas*, the one numbered LVIII, which begins "¿Quieres que de ese néctar delicioso...?," Bécquer is capable of expressing, from the very onset of the joy of love, the renunciation of love. It occurs precisely, as Aleixandre stresses when commenting on the poem, when on the very threshold of the most blissful love. Aleixandre observes that this renunciation "está pasada por la exacerbación dolorosa de la individualidad romántica, y se canta desde la rotura de la armonía espiritual que lleva consigo el amante romántico, quien, en el umbral de lo feliz, no se siente, inarmónicamente, soporte apto para la dicha." This is why Bécquer, the romantic, says to the real (and thus insufficient) virgin: "Digámonos adiós."

In another academic address, entitled *Algunos caracteres de la nueva poesía española*,[12] Aleixandre also refers to the author of the *Rimas* when he lauds the achievement in the new Spanish poetry of incorporating words that in other times were judged non- or antipoetic because of their prosaism or vulgarity and which therefore were eliminated from the language of poetry. But Aleixandre comments: "no es la cosa misma la poética sino su expresión. La poesía no 'eres tú', sino la frase con que Bécquer lo afirma."

The cited texts are evident proof of the interest and admiration that Aleixandre feels for Bécquer. But it is in another text, the prologue he wrote for Bécquer's biography, published by Rica Brown,[13] where Aleixandre devotes his most touching homage to the author of the *Rimas*. In those pages, entitled "Gustavo Adolfo Bécquer, en dos tiempos," Aleixandre succeeds in writing a short masterpiece in the genre of the evocative biographical sketch. Fantasy and reality, the real world and the imagined, harmonize in these pages admirably, as often happens in Bécquer's poems. The story, as narrated by one of the author's grandfathers, gives us the impression of an absolute lived reality, thanks to the subtle art with which the atmosphere is achieved—in the scene of the *tertulia* at the Café Suizo, for example—and the description of the characters. Note here the image of the 1870 Bécquer, when *La Ilustración de Madrid* was newly founded, as evoked by Aleixandre:

...Gustavo Adolfo Bécquer hablaba poco. Le miré con atención [the narrator is Aleixandre's grandfather]. El tiempo no había pasado

en balde. Delgado de otro modo que antaño, su rostro parecía ma-
cerado, apurado diríase, y sus pómulos se transparentaban con cierta
rudeza bajo la piel oscura. Pues ésta tenía ahora un color cetrino que
rimaba bien con su barba y que se aclaraba en la frente, surcada,
cruzada por algunas arruguillas finas y diminutas. Lo que allí se
grababa no era el rastro del sueño, sino la experiencia misma de la
vida. Los ojos, verdes, cuando se alzaban miraban con serenidad,
pero sobre todo con profundo cansancio...

This homage in prose—beautiful prose—is complemented by a
brief poem included in the book *Retratos con nombre*, published in
1965 (Barcelona: Col. "El Bardo"). The title of the poem—"El escu-
chador (Gustavo Adolfo Bécquer)"—expresses Aleixandre's intention of writing an homage to the Romantic poet. In a few leisurely
and tranquil verses, Aleixandre sketches a subtle picture of the poet's
atmosphere: the air, the shadows, the silence of night, the silence
that rings because it is poetry itself, which "the listener," the melan-
cholic Bécquer, hears:

> Mueve el viento.
> Mueve el velo
> quedo.
>
> Mueve el aire.
> Mueve el arce.
> Vase.
>
> Luz sin habla.
> Voz callada.
> Clara.
>
> Sombra justa.
> Suena muda.
> Luna.
>
> Y él la escucha.[14]

In the following lines I do not intend to study the cosmic images
in Bécquer and Aleixandre in depth. My purpose is rather limited
and modest: to point out the use by both poets of a stylistic device
that consists of the fusion and identification of man—the poet himself—with the basic forces of nature. It is not a case of a simple image
nor even a metaphor[15] by means of which man is compared to an
element of Nature: a tree, a river, a mountain, frequent images in
Aleixandre. The stylistic technique to which I refer not only implies
the elimination of any comparative nexus, explicit or implicit, but
also the complete identification or fusion with creation, confirmed
by the use of the first-person pronoun—the I of the poet—followed
by the verb *to be*: "Yo soy." In other words, I + the present tense of

"to be" with the intent of identification. In his book on Aleixandre, Bousoño has clearly seen that this formula is only a reflection of Aleixandre's pantheism of love, "un resultado del anhelo, sentido reciamente por el poeta, de hacer ingresar el contorno dentro de su mismo vivir; de devorar la realidad circundante e interiorizarla, apropiársela, convertirla en sangre de su propio ser."[16] Let us now examine some examples of this identifying formula as seen in Aleixandre's poetry, especially in two of his works, *Espadas como labios* and *La destrucción o el amor*, where the technique appears most often.

In *Espadas como labios*:

> Escucha, escucha. Soy la luz perdida
> que la pidan las aguas en el fondo.
> Soy tu memoria muerta por los trópicos,
> donde peces de acero sólido te imitan.
>
> ("Memoria")
>
> Estoy despierto o hermoso. Soy el sol o la respuesta.
> Soy esa tierra alegre que no regatea su reflejo.
>
> ("Nacimiento último")
>
> Escúchame. Soy la avispa imprevista.
> Soy esa elevación a lo alto
> que como un ojo herido
> se va a clavar en el azul indefenso.
>
> ("Acaba")

In *La destrucción o el amor:*

> Soy la música que bajo tantos cabellos
> hace el mundo en su vuelo misterioso,
> pájaro de inocencia que con sangre en las alas
> va a morir en un pecho oprimido.
>
> Soy el destino que convoca a todos los que aman
> . . . .
> Soy el caballo que enciende su crin contra el pelado
>   viento,
> soy el león torturado por su propia melena,
> la gacela que teme al río indiferente,
> el avasallador tigre que despuebla la selva,
> el diminuto escarabajo que también brilla en el día.
>
> ("Soy el destino")
>
> Pájaro soy o ala rumorosa que brilla,
> soy esa pluma extensa que con calor de axila
> cobijaría una frente convocándola a un llanto.
> . . . .
> soy esa nube ingrávida que detienen las hojas,
> soy la brisa que escapa en busca de la aurora,

de lo rojo y lo azul, de lo verde y lo blanco...

("Nube feliz")

Although additional examples could be cited,[17] I think that those already offered will suffice to demonstrate the poet's keen desire to merge with elements of creation, his passionate impulse to become one with it and, as Bousoño expresses it, to devour surrounding reality and convert it into his own life-blood. The difference with respect to the simple image is obvious. The image, and the metaphor as well, involve a comparison or a substitution; but the expressive formula for fusion or identification—"Yo soy"—goes beyond and presumes the poet's desire to merge with nature or dissolve himself in it, self-destructing if necessary—"la destrucción o el amor"—in love's fire. The other body with which he will be consumed might be human or also the sea, a tree, or a bird—those angry eagles that destroy while loving. All these forms of fusion are only a preview of the total attachment of man to earth that is only attained upon death.

Some examples of this very same longing for union with nature can be found in Bécquer's poems. For the moment it is important to notice that while in Aleixandre this powerful impulse is at times a joyous and happy desire, in Bécquer it tends to be a desire for annihilation, a wish to flee from the pain that remains as a scar of the wound of love. Compare, for example, the end of Aleixandre's poem "Destino trágico," in which the essential beings hurl themselves joyfully into the abyss in order to be submerged in the glory of the waves, with Bécquer's rima LII, which begins "Olas gigantes que os rompéis bramando..." and in which, as José Pedro Díaz has written, "la voluntad de aniquilamiento del poeta—que no puede soportar quedarse 'con su dolor a solas'—se resuelve en un deseo de retornar a una integración primaria con la naturaleza."[18] Nevertheless, Bécquer also has a poem in which his desire to blend with nature is not driven by the wish for annihilation but rather by pleasure. I am referring to the rima VIII ("Cuando miro el azul horizonte..."), in which the poet confesses his desire to "flotar con la niebla dorada / en átomos leves / cual ella deshecho!" and to be flooded by the light of the stars and with them "en lumbre encendido / fundirme en un beso."

In other poems the use of the formula "Yo soy" or "Soy yo" has more of a metaphorical value; that is to say, it leads to an image rather than implying the desire for identification. Such is the case in rima II, in which the poet tells us that he is a "saeta voladora, hoja de árbol, ola gigante" or "luz próxima a expirar," all of which are images used by the poet as metaphors for his fickle fate. And *rima* XV, in which the poet defines himself in this way:

> En mar sin playas onda sonante,
> en el vacío cometa errante,
> largo lamento
> del ronco viento,
> ansia perpetua de algo mejor,
> eso soy yo.

In contrast, the use of the "yo soy" formula with the intent of identification is repeated several times in *rima* V. One might say that it is merely a case of an already well-known definition of poetry, but it is clear that when poetry speaks in this poem, defining itself, the speaker is really the poet. It is he who expresses his identification with varied elements of nature by merging with them.

> Yo soy el fleco de oro
> de la lejana estrella,
> yo soy de la alta luna
> la luz tibia y serena.
>
> Yo soy la ardiente nube
> que en el ocaso ondea,
> yo soy del astro errante
> la luminosa estela.
>
> Yo soy nieve en las cumbres,
> soy fuego en las arenas,
> azul onda en los mares,
> y espuma en las riberas.
>
> En el laúd soy nota,
> perfume en la violeta,
> fugaz llama en las tumbas
> y en las ruinas yedra.

When Bécquer adds in another stanza:

> Yo sigo en raudo vértigo
> los mundos que voltean,
> y mi pupila abarca
> la creación entera...

the pupil is not that of an abstract goddess of poetry, but the exceedingly human and penetrating pupil of the poet, of Bécquer himself, whose vision did not content itself with admiring or reflecting creation for he wanted to penetrate completely what he saw, fusing himself with it:

> Y mi pupila abarca
> la creación entera.

These verses of Béquer's remind us, of course, of Aleixandre's embracing and penetrating vision in one of his great books, *En un vasto dominio*. In effect, the poet's intense sight in this book encompasses in its broad view "la creación entera," giving us a unitary and integrated vision of the universe that is not alien to the one Bécquer offers in his splendid poem. This is just one more aspect, among others, that could be considered should we undertake a complete study of the affinity between the author of the *Rimas* and the author of *Historia del corazón*.

MADRID

Notes

[1] There are a few pages on Bécquer and Cernuda in my book *Poesía española del siglo XX* (Madrid: Guadarrama, 1960).

[2] *La poética de Bécquer* (New York: The Hispanic Institute, 1943). Later collected by the author in his book *Lenguaje y poesía* (Madrid: Revista de Occidente, 1962). (Ed. note: This book has been published in an English version: *Language and Poetry* (Cambridge: Harvard University Press, 1961).

[3] "Aquella arpa de Bécquer," *Cruz y Raya*, No. 27 (junio 1935); and "Originalidad de Bécquer," in *Poetas españoles contemporáneos* (Madrid: Gredos, 1952).

[4] Gerardo Diego has published numerous articles on Bécquer, some of which are of great biographical interest. See the bibliography on Gerardo Diego in A. Gallego Morell, *Vida y poesía de Gerardo Diego* (Barcelona: Aedos, 1956).

[5] "Bécquer y el romanticismo español," *Cruz y Raya*, No. 26 (mayo 1935); "Gustavo Adolfo Bécquer," in *Estudios sobre poesía española contemporánea* (Madrid: Guadarrama, 1957); and "Bécquer y el poema en prosa español," in *Poesía y literatura II* (Barcelona: Seix Barral, 1964).

[6] The poem "Tres recuerdos del cielo," which Alberti was later to include as prologue to his edition of the *Rimas* (Buenos Aires: Pleamar, 1944). The same enthusiasm for Bécquer is shown by the prose writers; among them are José María de Cossío, Joaquín Casalduero and Benjamín Jarnés.

[7] "Gustavo Adolfo Bécquer, en dos tiempos," prologue by Aleixandre to Rica Brown, *Bécquer* (Barcelona: Aedos, 1963). Rpt. in Aleixandre's *Obras completas* (Madrid: Aguilar, 1968), pp. 1353-62.

[8] "Confidencia literaria," *Entregas de Poesía* (julio 1944). Later published as the prologue to the second edition of *La destrucción o el amor* (Madrid: Alhambra, 1945); also included in *Obras completas*.

[9] Letter dated July 8, 1949. See Carlos Bousoño, *La poesía de Vicente Aleixandre* (Madrid: Gredos, 1956).

[10] Has been incorporated in *Obras completas*.

[11]All citations of the *Rimas* refer to the edition by José Pedro Díaz in the "Clásicos Castellanos" collection (Madrid: Espasa-Calpe, 1963).

[12]Read at the formal opening of the term in the Instituto de Espña, 1955. See *Obras completas*, pp. 1411-35.

[13]*Obras completas*, pp. 1353-62, in the section entitled "Nuevos encuentros."

[14]When this article was originally in press, Aleixandre took part in the Spanish Royal Academy's session honoring Bécquer in commemoration of his centenary, October 18. In this ceremony, in which Gerardo Diego, José María de Cossío, José María Pemán and Luis Rosales also participated, Aleixandre read his poem "Los amantes jóvenes (Homenaje a Bécquer).

[15]Aleixandre's cosmic images have been studied by Carlos Bousoño in his *La poesía de Vicente Aleixandre*: and Bécquer's, by José Pedro Díaz in his work *Gustavo Adolfo Bécquer. Vida y poesía* (Madrid: Gredos, 1958).

[16]Bousoño, pp. 67ff. In a short poem from Rubén Darío's first period, "Reencarnaciones," I see in the dream of reincarnation the same pantheistic idea, the same desire for fusion with nature seen in the poems by Bécquer and Aleixandre cited in this article. Following is Darío's short poem, dated Guatemala, 1890:

> Yo fui coral primero,
> después hermosa piedra,
> después fui de los bosques verde y colgante hiedra;
> después yo fui manzana,
> lirio de la campiña,
> labio de niña,
> una alondra cantando en la mañana;
> y ahora soy un alma
> que canta como canta una palma
> de luz de Dios al viento.

[17]One would also have to cite "El frío," from *La destrucción o el amor*, which has been brilliantly studied by Dámaso Alonso (*Poetas españoles contemporáneos*, Madrid: Gredos, 1958, pp. 279-80), as an example of erotic transmutation, of fusion, in which the poet achieves identification with the forces of nature that he glorifies.

[18]"Introducción" to his edition of Gustavo Adolfo Bécquer's *Rimas* (colección "Clásicos Castellanos." Madrid: Espasa-Calpe, 1963), pp. CIIff.

EL MAR EN LA POESIA
DE VICENTE ALEIXANDRE

Hernán Galilea

El mar que vieron sus días marinos parece haberse detenido indeleblemente en la retina poética de Vicente Aleixandre: "ojos nativos de ti, mar" ("Mar del paraíso"). Ritmo y acento inconfundible —siempre recién llegado de su infancia malagueña— con que el poeta canta la presencia imborrable del mar con ecos de apasionada intensidad que recuerdan al romancero morisco: "Siempre te ven mis ojos, ciudad de mis días marinos" ("Ciudad del paraíso"); "mar silencioso que adoro" ("Destino trágico"); "Te amé más que nada como se ama el mar" ("El amor iracundo").

Este mar que tocó tan intensamente la sensibilidad del poeta se transforma en obsesión constante de su poesía que perdura desde *Ambito* hasta *Diálogos del conocimiento*. Omnipresencia marina que es más que un motivo de inspiración o de interpretación causal como la de los poetas homéricos y filósofos jonios; aunque en Tales y en Anaximandro también dejó su imagen imborrable el mar de Mileto: "En donde está el nacimiento de las cosas, ahí mismo se resuelve su muerte por necesidad" dice Anaximandro, adelantándose a la "tragedia cósmica de Amor y Odio" que formula por primera vez el poeta-filósofo Empédocles (482-424 A.C.).

El mar de Vicente Aleixandre es, ante todo, espacio poético donde se condensan múltiples formas de expresividad que irradia el centro vital de su poesía. Modulación formal donde el aparente testimonio personal se transforma en itinerario íntimo de vida y muerte, realidad y sueño. En el inolvidable poema dedicado a "La muerte del abuelo", por ejemplo, puede verse cómo el ritmo y oleaje del mar se transfigura en vaivén del vivir:

Pasé de puntillas
y todavía se oía el penoso alentar del enfermo.

Y me senté en mi cuarto de niño,
y me acosté.
Se oía en la casa entrar y salir, y allá en el fondo,
como un murmullo, el largo rumor de la mar que rodaba.

Soñé que él y yo paseábamos en una barca.
¡Y cómo cogíamos peces! Y qué hermoso estaba el mar terso.
Y qué fresco vientecillo bajo el sol largo.
El tenía la misma cara bondadosa de siempre,
y con su mano me enseñaba los brillos,
las vaporosas costas felices, las crestitas del agua.
Y qué feliz en la barca solo con él ...
Solo con él, tan grande y tan seguro para mí allí; solo con
    él en el mar.
"¡No lleguemos tan pronto!" ..., dije. Y él se reía.
Tenía el cabello blanco, como siempre, y aquellos ojos azules
    que dicen que son los míos.
Y me empezó a contar un cuento. Y yo empecé a dormirme.
Ah, allí mecido en el mar. Con su voz que empujaba.
Me dormí y soñé su voz. Ah, el sueño en el sueño ...
Y soñé que soñaba. Y muy dentro otro sueño. Y más dentro
    otro, y otro,
y yo más hondo soñándole, con él al lado, y huyendo los dos
    sueño adentro.

Y de pronto, la barca ... Como si tropezase.
Ah, sí, ¡cómo abrí los ojos! (Y nadie, y mi cuarto.)
Y había un silencio completo como de arribo.

Tal vez habría que ir más allá de los límites de Occidente para apreciar las raíces de este poema que, con característica delicadeza, evoca al filósofo oriental del siglo IV A.C. Chuang-Chou, que soñó ser una mariposa, y siendo mariposa, durmió y soñó que era Chuang-Chou: "...y desperté, según parece, y me encontré que era yo, Chuang-Chou, que había soñado ser una mariposa soñadora. Pero ¿cómo saber si este despertar forma parte del sueño de la mariposa soñadora o si el verdadero soñador soy yo?"

Este dormir y adentrarse una y otra vez en las profundidades del sueño es, en Aleixandre, una forma de entrega y abandono que se expresa a través del flujo y reflujo del mar: "Ese abandonarse a la capacidad del sueño / ... al va y ven de un viento de dos metros" ("Formas sobre el mar"). Cadencia de tipo onírico donde el ir y venir de vientos, cabellos, cintas, columpios, serpientes, plumas y montañas siempre imita el ritmo arrullador del mar: "El mar o pluma enamoradora..." ("El mar ligero"); "El cabello ondea como la piedra más reciente ..." ("Aurora insumisa"); "Erguido en esta cima, montañas repetidas, yo os contemplo, sangre de mi vivir que amasó vuestra piedra" ("Adiós a los campos").

Esta condición ondulante pertenece a un mar que también posee las características de atmósfera y espacio: "Oh, tu verdad latiendo aquí en espacios" ("Límites y espejo"). En este mágico mar hay pájaros y peces, espumas y estrellas que pueblan indistintamente las profundidades de las aguas o de la noche:

> ... y pensar que la estrella es un mar ya sin
> pájaros que radica en el fondo, como un árbol
> que floreciese en silencio.
>
> ("Del engaño y renuncia")
>
> Las blancas cabelleras, las juveniles dichas,
> pugnan hirvientes, pobladas de peces
> —por la creciente vida que ahora empieza—
>
> ("Sin luz")
>
> ... un pez o luna seca
> que colea en la noche salpicando los valles.
>
> ("Guitarra o luna")
>
> Vienes y vas ligero como el mar,
> cuerpo nunca dichoso,
> sombra feliz que escapas como el aire
> que sostiene a los pájaros entero de pluma.
>
> ("A la muerta")

Otras veces, el poeta mira hacia la altura como desde el fondo de un mar donde se confunde el cielo azul con el brillo cristalino de la superficie:

> Arriba las aguas, cabelleras difusas ...
>
> ("Sin luz")
>
> ... un cuerpo que no es aire
> arriba ondea donde la luz existe,
> arriba hiere los cielos que generosamente
> dan sus vidas azules como la lluvia fresca.
>
> ("Libertad celeste")

Existen algunas semejanzas entre este mundo sumergido de Aleixandre y "Le Cimetière marin" de Paul Valéry. Algunos títulos sugieren de inmediato dicha relación: "El enterrado", "En el cementerio", "El alma bajo el agua", "Bajo la tierra" y muchos otros. En ambos poetas se observa la misma actitud de abandono en el rítmico arrullo del mar: "Je m'abandonne à ce brillant espace" (VI); "... le Songe est savoir" (II). Pero la semejanza es particularmente notoria en la manera como estos poetas expresan el transcurso del tiempo y el vaivén de vida y muerte recurriendo a las formas cóncavas del mar que intensifican la experiencia del vacío:

> Voy a tí como la ola verde
> que regresa a su seno recobrando su forma.

("Que así invade")

> El mar era un latido
> el hueco de una mano, una medalla tibia.

("Mi voz")

Valéry, por otra parte, habla de una "espesa ausencia" ("absence épaisse"); de una "porosa presencia" ("présence ... poreuse") y de un mar siempre futuro donde resuena el vacío: "Sonnant dans l'âme un creux toujours futur!" (VIII). El "hondo horizonte" eternamente naciente de Aleixandre ("El poeta niño") es, en Valéry, una vastedad ebria de ausencia: "La vie est vaste, étant ivre d'absence" (XII). En uno y otro poeta se establece un principio de perpetuidad de lo "in-móvil" que nunca deja de pasar:

> Eternamente quietas, velocísimas, sin que parezcan
>   removerse, álzanse,
> golpean, crecen, se abaten, siempre inmóviles
> en su nunca parar, hasta que es noche.

("Juan Marín")

> Zénon! Cruel Zénon! Zénon d'Élée!
> M'as-tu percé de cette flèche ailée
> Qui vibre, vole, et qui ne vole pas!
> ....
> ... Achille immobile à grands pas!

(XXI)

Para ambos autores vale el siguiente comentario de Gustave Cohen, a propósito de "Le Cimetière marin": "... himno bergsoniano a la vida, a la energía creadora, al triunfo de lo momentáneo y de lo sucesivo sobre lo eterno y lo inmóvil ... desenlace que enfrenta al hombre con la eternidad, al ser con el no-ser, a la vida con la nada."

> Y pasa, y se queda. Y se alza, y vuelve.
> Siempre leve, siempre aquí, siempre allí; siempre.
> Como el vilano.

("Como el vilano")

> ... el mar o pie fugaz
> que cancela el abismo huyendo con un cuerpo ligero.

("El mar ligero")

> La mer, la mer, toujours recommencée!

(I)

Je suis en toi le secret changement.

(XIII)

Este mar siempre igual y distinto a sí mismo también recuerda a Juan Ramón Jiménez cuando dice: "En ti estás todo, mar, y sin embargo, / qué sin ti estás, qué solo, / qué lejos, siempre, de ti mismo!" ("Soledad"). El mar de Aleixandre es principio de identidad, centro donde gira un mundo poético semejante a ese mediodía "Inmóvil" que describe Valéry: "Sin movimiento, arriba, el Mediodía / En sí se piensa y conviene consigo... / Testa completa y perfecta diadema, / Yo soy en ti la secreta mudanza" (trad. de Jorge Guillén).

> El mar ... No es que naciese el mar. Intacto, eterno,
> el mar solo era el mar. Cada mañana, estaba.
>
> ("Junio del paraíso")

> La que permanece como una hoja de rosa que no se hace pálida.
> La que me da vida sin pasar, presente,
> presente inmóvil como amor, en mi dicha ...
>
> ("Tendidos de noche")

En este misterioso y oscilante equilibrio existe y vibra el amor como un "casi filo, riesgo, botón, equilibrio / ...entre el cielo y el fondo / Al borde como ser o al borde amada" ("Mañana no viviré"). Esta es la arena o plaza donde se lleva a efecto el tenaz encuentro del ser y el no-ser:

> Este ruedo girando tiene un centro en sí mismo.
> En el amor deshecho, pues de amor ha nacido.
> Ha matado. Ha vivido. Es amor. Queda el viento.
>
> ("Diálogos del conocimiento")

En este centro vital se consuman nacimiento y muerte como en un núcleo radiante de luz: "destello que en la noche crepita" ("Total amor"). Lugar de aspiración, de donde viene y hacia donde va el amor en perpetuo vaivén: "fuego generoso que en él no pasa, / presencia puro el tránsito dulcísimo de lo que eternamente pasa" ("Como el vilano").

> Soy el destino que convoca a todos los que aman,
> mar único al que vendrán todos los radios amantes
> que buscan su centro, rizados por el círculo
> que gira como la rosa rumorosa y total.
>
> ("Soy el destino")

> Sí. Como ser que, vivo porque vivir es eso,
> ... esperar que la vida sea una fresca rosa.
>
> ("La noche")

Este centro absoluto del amor es, sin duda, la misma rosa ofrecida —"rosa rumorosa y total"— con que Vicente Aleixandre acaba sus *Diálogos del conocimiento*:

> Con la rosa en la mano adelanto mi vida ...

El mar de Aleixandre es origen de vida como en la mitología que ilustra Botticelli en "Nacimiento de venus", pero también es perpetua ofrenda de muerte:

> Un fondo marino te rodeaba.
> Una concha de nácar intacta bajo tu pie, te ofrece
> a ti como la última gota de una espuma marina.
>
> ("Casi me amabas")

Los límites y orillas de este mar se identifican con el latido mismo de la vida. El ondulante vaivén de horizontes y playas coincide exactamente con el corazón o el pecho donde late la vida: "Un viento ondula siempre casi igual a sus playas" ("Pájaro sin descenso"); "En tus bordes. La silenciosa línea te limita. / Pero no te reduce. Oh, tu verdad latiendo aquí en espacios" ("Límites y espejo"); "... mar que no se acaba y que siempre jadea en sus orillas" ("Destino de la carne").

Otras veces, estos límites del vivir se manifiestan, sencillamente, mediante oposiciones y contrapuntos que imitan el ondulante vaivén del mar:

> Si pasaste te quedas. Hoy te veo. Tú pasas.
> Tú te alejas. Tú quedas ... como luz en los labios.
>
> ("Primera aparición")

> ... Mirarte,
> y verte como eres. Como sé que eres.
> Como no eres ... Porque eres aquí la que duerme.
>
> ("Tendidos de noche")

La música y el baile por ser iguales al vaivén mismo del mar, también serán idénticos al girar de la vida y esa "rosa rumorosa" antes nombrada: "Vive, vive como el mismo rumor de que has nacido ..." ("Hija del mar").

> Es el fin. Yo he dormido mientras bailaba, o sueño.
>
> ("Diálogos")

> No puedo perdonarte, no por más que un lento vals
> levante esas olas de polvo fino, esos puntos dorados
> que son propiamente una invitación al sueño de la
> cabellera, a ese abandono largo que flamea ...
>
> ("Vida")

> ... oh difunta;
> oh viva, oh viva, eres dichosa como la nave.
> Esta orquesta que agita
> mis cuidados como una negligencia...
>
>   ("El vals")

La superficie de todo este mar aleixandrino, parece recorrida por un ritmo que, a veces, recuerda las cadencias germinales de Walt Whitman en "Out of the Cradle Endlessly Rocking". Ambos poetas se enfrentan a lo ausente con un intenso clamor que resuena en "hondo horizonte". En Aleixandre aparece marcadamente el impulso y color taurino: "... más bulto, más negror, más porfía / mientras alzo el testuz hacia un cielo ofendido ..." ("Diálogos"); "Una pirámide linguada / de masa torva y fría / se alza, pide, / se hunde luego en la cóncava garganta / y tiembla abajo, presta otra / vez a levantarse, voraz de la alta noche / que rueda por los cielos" ("Mar y noche"). En uno y otro poeta resuena el mismo clamor alzado y deseante a través de "gargantas" que parecen tomar la forma hueca del vacío: "Out of the mocking-bird's throat, the musical shuttle..."; "Loud! Loud! / Loud I call to you my love! / High and clear I shoot my voice over the waves ..."; "O throat! O trembling throat! / Sound clear through the atmosphere!"

> ...alzando al cielo su plumada garganta,
> ebrio de amor, de luz, de claridad, de música.
>
>   ("El desnudo")

> ...gota de arena que fue un pecho gigante
> y que salida por la garganta como un sollozo aquí yace.
>
>   ("Mar en la tierra")

Lamentablemente, excede los límites de esta breve incursión marina, la ilustración visual a través del arte. Sin embargo, antes de terminar, no puedo dejar de referirme a la escultura de Henry Moore que, a mi modo de ver, es la ilustración más elocuente de este mar aleixandrino. Las formas alzadas, envolventes, cóncavas y ondulantes de este espacio escultórico, han sido interpretadas como sarcófagos egipcios donde la diosa madre es el vientre o cuna germinal que envuelve al hombre muerto que vuelve a nacer:

> Oquedades de azules
> profundos quedan quietas al arco de las ondas.
> Voluta ancha de acero quedaría
> de súbito forjada ...
>
>   ("Mar y noche")

TEMPLE UNIVERSITY

VICENTE ALEIXANDRE Y LAS LIMITACIONES DEL LENGUAJE

Randolph D. Pope

Uno de los problemas centrales de la filosofía y de la religión es la dificultad de iluminar el vínculo que existe entre la imagen que tenemos del mundo y los elementos que conforman de hecho esa realidad de interpretaciones para describir esta dialéctica, desde las que postulan la prioridad creativa de la mente hasta las que consideran básico sólo lo material y supraestructural lo restante. Aquí discutiré sólo un aspecto lingüístico de esta querella que afecta directamente a la literatura y especialmente al lenguaje poético. Algunas consideraciones teóricas me permitirán luego precisar y situar las estrategias poéticas más importantes de la poesía de Aleixandre y explicar la resistencia que sus textos oponen a una traducción adecuada.

En un "encuentro" con Góngora prefiere Aleixandre destacar la apertura de las palabras a la vida, dejando de lado la tentación de exaltar la independencia del texto, su textualidad. El oficio del poeta no estriba en replegarse a las palabras, sino en usarlas como instrumentos de revelación: "los poetas, si algo son, son indagadores, indagadores de la realidad; no inventan nada: descubren, enlazan, comunican".[1] Para esta actividad las palabras presentan ciertas limitaciones.

La realidad no descansa en esencias que imponen sus características a la mente, que a su vez las clasifica y alude a ellas con significantes arbitrarios. La creencia que sustenta, por ejemplo, María Jesús Fernández Leborans en *Campo semántico y connotación* (Madrid: Planeta, 1977), de que el hombre aprehende la realidad en su esencia, le otorga al lenguaje una rigidez monolítica y triunfante que dista de poseer en la experiencia de los hablantes (p. 30). De acuerdo con esta visión estática describe luego (p. 39) la generación de signos lingüísticos nuevos como un reemplazo de otros que dejan de emplearse. No considera la irrupción constante del futuro en la historia, que impone una visión radicalmente diversa y nuevas tentativas de expresar lo que antes no se sospechaba. Una de las funciones más frecuentes del signo lingüístico es la segmentación del magma caótico y cambiante de la naturaleza reflejada en nuestra conciencia, y su articulación en elementos que forman parte de un sistema relativamente diferente en las diversas lenguas.

El peligro reside en considerar que esta red heredada parcela ya definitivamente nuestra experiencia; nos rescata entonces el indagar del poeta que remueve los escombros acumulados y despeja la pupila. Estamos acostumbrados a que para cada momento de nuestra experiencia cotidiana podamos elegir una formulación entre una constelación de aproximaciones posibles para describirla, siempre que nos mantengamos alerta. Pero los límites están dados y muchas veces el idioma elegirá por nosotros condicionando nuestra experiencia, como ocurre con la percepción de los colores en los cuales hemos aprendido a ver ciertas variedades de acuerdo a una convención social. A pesar de que los idiomas del mundo distinguen miles de matices en los colores, de acuerdo a E. A. Nida en *Toward a Science of Translating* (Leiden, 1964), en inglés, por ejemplo, se usan sólo once en la conversación normal, a no ser que nuestras necesidades específicas nos obliguen a una distinción más fina y precisa. Cada hablante pertenece a una subcultura en la cual su vocabulario es rico allí donde la necesidad o el interés lo obligan a la especificidad, como lo ha mostrado Whorf con el ya famoso ejemplo de los esquimales que distinguen un gran número de matices del color blanco. Pero fuera de esa zona el idioma vegeta en la burda instrumentalidad del lego, a quien el poeta viene a socavar en su seguridad, renovándole los lazos con la inmediata realidad de su vida al sustraerle la comodidad de los signos gastados.

Por impreciso que sea su uso, el signo es siempre una clasificación de la experiencia que se incorpora a un sistema de intrincada y dinámica interdependencia. Todo signo extiende su reverberación en diversas direcciones: a) por las asociaciones de orden paradigmático, sintagmático, morfológico y léxico; y b) porque el significado de una palabra, su uso, se concreta en oposición a las otras palabras que en el mismo idioma cubren un campo de significación. Como ya lo describió J. Trier, las palabras no funcionan con la plenitud de su significado si el hablante no sabe usar las otras palabras que en el mismo campo de significación se presentan como contraste o alternativa, ya que entonces están fuera de foco y sus límites son borrosos.[2] Al recortarse dentro del sistema adquieren efectividad. Esta magnitud sumergida de la palabra hablada, este poder evocativo que desata en la mente del hablante un proceso creador que enriquece a su vez el texto o discurso, fue llamada por C. S. Peirce la gran ley de la asociación y la comparó con la ley de la gravedad por ser una atracción entre ideas.[3] Saussure investigó estos *rapports* y *séries associatives* detalladamente y el estudio de esta dinámica ha llegado a ser una rama de la lingüística. Una contribución importante es la del investigador ruso Sčur quien ha señalado que estas asociaciones forman parte de la experiencia social del lenguaje y no son exclusiva ni principalmente un fenómeno sicológico arbitrario y privado que estaría más allá de ser recuperable por la ciencia.[4] Por ejemplo, la mayoría de los niños de edad pre-escolar en los Estados Unidos asociaría "vaso" con "leche" como lo han probado los trabajos de D. R. Entwistle.[5] Un niño latinoamericano seguramente asociaría "vaso" con "agua" así como, según su experiencia, un gran número de gente asociaría en España el color azul con un partido político determinado.

Para leer o usar una palabra con precisión hay que saber los cambios que ocasionaría su reemplazo por otra que pudiera ocupar su lugar en el sintagma. En inglés, por ejemplo, *glass* puede en determinados contextos reemplazarse por *tumbler, goblet, window pane, spyglass, mirror* y, en plural, *spectacles*. Si uno tuviera que pedir los mismos objetos en español tendría que ser capaz de pronunciar los sonidos correspondientes a *vaso, copa, vidrio, catalejo, espejo* y *anteojos*. Ningún vocablo español cubre el mismo campo que *glass* y en una tienda no se obtiene el mismo objeto al pedir una copa que al pedir un *glass*, ya que una copa debe descansar sobre un pie mientras que la expresión inglesa incluye al pedestre vaso. Los mismos objetos, por lo tanto, se agrupan en constelaciones diferentes. Despiertan también asociaciones distintas. Por sus sonidos *glass* recuerda a *class*; por su utilización en cuanto objeto puede hacer recordar una botella o una bandeja (y una charola, si se es mexicano); gramaticalmente se puede relacionar con otros substantivos, o, como ya se ha mencionado, con elementos específicos como leche o agua. Algunas asociaciones permanecerán estables al pasar de un idioma a otro, mientras que otras, especialmente las que se originan en el sonido, variarán enormemente. *Copa* se usa también para la copa de los árboles y en los sombreros de copa. Por sus sonidos puede sugerir una oración como "toma tu copa bajo la capa para no ir al cepo".

Vicente Aleixandre con frecuencia rescata de la insignificancia a esta dimensión del lenguaje. En un verso de "El poeta" (*SP, OC*, pp. 483-84) "se ve batir el deseo del mundo", donde se podría esperar "latir"; en el mismo poema la carne es "arrebatada por el espíritu" y la luz no se "abate". En una traducción será imposible mantener la semejanza de estas tres palabras y con ello se perdería el eco de una palabra no escrita, pero que designa al poeta precisamente en la modalidad visionaria que describe Aleixandre: el vate. También en "El poeta" encontramos el verso "en cuyas palabras tan pronto vuelan las poderosas alas de las águilas", en el que las *alas* que alzan su vuelo desde las palabras del poeta ya se encuentran incluidas en el significante español, pero desaparecerían en otro idioma: p-*ala*-bras.

En todas las lenguas naturales cada signo, en sus aspectos de significante y significado, está rodeado por el aura de ruido y evocaciones que hemos descrito. Saussure se refirió al fenómeno con la necesaria vaguedad que exige su amplitud: "Un mot quelconque peut toujours évoquer tout ce qu'est susceptible de lui être associé d'une manière ou d'une autre".[6] Sin embargo, cuando se utiliza un lenguaje natural en la vida cotidiana, los significados y connotaciones no necesarios se filtran al funcionar el signo en una determinada circunstancia que lo delimita, con la duplicación de la información y los contextos claros. Pero la mayoría de estos elementos que corrigen la información y funcionan como un timón que conduce al significante a uno de sus posibles significados faltan en el poema. De hecho, el primer signo que encontramos, los amplios márgenes que encuadran el texto de un poema, indica ya la carencia de una denotación inmediata y el hecho de que el enunciado pertenece a lo que Mukařovský llama la función estética, ya que no se dirige a cumplir ninguna precisa tarea de orden práctico.[7] No sólo está el lenguaje poético al margen de la mayoría de los elementos perfiladores del significado, sino que además, como lo ha señalado Manfred Hardt, una de sus principales características es la pobreza de información concreta que ofrece.[8] De ninguno de los poemas de *Sombra del paraíso* puede obtenerse copiosa información sobre la España de posguerra. El hecho de que varios de esos poemas aparecieron por primera vez en la revista falangista *Escorial* hace suponer que en su tiempo no se vieron como textos documentales o políticos. Por ejemplo, al final de "Primavera en la tierra" hay dos estrofas que se refieren al presente en que se han escrito y se sabe, gracias a la cronología establecida por Carlos Bousoño, que este poema fue escrito en septiembre de 1939:[9]

Hoy que la nieve también existe bajo vuestra presencia
miro los cielos de plomo pesaroso
y diviso los hierros de las torres que elevaron los hombres
como espectros de todos los deseos efímeros.

Y miro las vagas telas que los hombres ofrecen,
máscaras que no lloran sobre las ciudades cansadas,
mientras siento lejana la música de los sueños
en que escapan las flautas de la Primavera apagándose
(*SP, OC*, p. 52).

Leopoldo de Luis en el prólogo a su edición de *Sombra del paraíso* (Madrid: Clásicos Castalia, 1976, p. 32) descubre en estos versos una alusión a las prisiones reales en que fueron sepultados los efímeros proyectos políticos de los vencidos en la Guerra Civil. En la "Nota sobre *Sombra del paraíso* para unos estudiantes ingleses (1962)", (*OC*, pp. 1478-79), Aleixandre explica claramente que el contraste implicado en el libro es el de paraíso-pasado-felicidad, por una parte, y, por otra, el presente después de la guerra, con el hambre, la persistencia de la memoria y el poder de la muerte. El elemento negativo de esta oposición está casi siempre sólo implícito y el hecho de que no se lo mencione no se debe tan sólo a la censura. Su poder deriva precisamente de la oscura presencia silenciosa que proyecta su sombra sobre el paraíso que las palabras reconstruyen.

Por una parte es evidente que los espectros, las balas de plomo y las prisiones son signos que apuntan hacia la situación concreta de España. Por otra parte hay un mínimo de información; es el lector quien debe recurrir a su conocimiento de los cientos de miles de muertos y prisioneros, del aislamiento posterior a la Guerra Civil, y así comprenderá la referencia totalmente. Lo que contribuye el poema es precisamente una serie de palabras con su aura intacta. La nieve, con todas las asociaciones que el lector sepa aplicar con el frío y el sufrimiento, con la inmovilidad de las aguas congeladas que aguardan su Primavera, y con todo el repertorio romántico que se despliega en el poema y que despierta la memoria de Hölderlin.

Los poderes benévolos están ahora ocultos por un cielo de "plomo pesaroso". El poeta se encuentra como dentro de un ataúd o de una celda, en una situación que la novelística de los años cuarenta reitera insistentemente a partir de la cárcel en que escribe Pascual Duarte. El adjetivo "pesaroso" podría también leerse aplicado al hablante: "miro pesaroso los cielos de plomo". Esta ambigüedad de los signos en el poema y su funcionamiento pleno, integral, constituyen atributos específicos del idioma poético que no son deseables en las lenguas naturales. Sería un error desprender de esta constatación, como lo hacen muchos autores, que el lenguaje poético es la expresión máxima del lenguaje. Esta sobrevaloración jerarquizante, como para su mal lo descubrió pronto don Quijote, no es correcta, ya que el lenguaje es un instrumento que debe adecuarse a la necesidad y en un contexto cotidiano se exige una expresión exacta, clara y desechable y no la ambigua, expansiva e irremplazable que encontramos en un poema.

En este punto es necesario hacer un excurso para explicar otra complicación que hace único al lenguaje poético y difícil la traducción de autores como Aleixandre que explotan sus peculiaridades. La mayor parte de los estudios de semiótica se refiere a palabras que denotan normalmente objetos bien conocidos, y los ejemplos que se utilizaron para ilustrar la obra de Saussure eran dibujos de signos que podrían usarse para denotar un árbol y un caballo. Obviamente estos son signos simples y de una sola especie. Ludwig Wittgenstein ha insistido en que la variedad de signos hace que el lenguaje se deba comparar no tan sólo a la relativa uniformidad de las piezas del ajedrez, sino más bien a las herramientas de un carpintero.[10] La semejanza entre un martillo, un lápz, el barniz y los tornillos reside en que se utilizan para una misma función, por ejemplo, construir una mesa. Varios aspectos que en el lenguaje natural son auxiliares de la expresión o meramente incidentales, como un silencio, una pausa, la longitud de la palabra seleccionada, el ritmo, etc., adquieren valor significativo en el poema, como el pegamento o los clavos, que en un mueble ejercerían ocultos su poder y que podrían reemplazarse mutuamente, pueden ser el máximo interés de la textura de una tela o escultura en un museo. En un poema conseguido ningún aspecto del signo o de sus relaciones carece de sentido, de utilidad, de tal manera que la arbitrariedad del signo se reduce casi a cero al ser demolida por la estructura irradiante y viva del poema. Los puntos suspensivos al final del primer y último verso de "Mar del paraíso" (*SP, OC*, pp. 535-37) indican mucho más que una exclamación interrumpida. La identidad del verso abre y cierra el círculo de la memoria, pero lo perfora indicando la insuficiencia expresiva al enfrentarse al presente y al no mencionado futuro: "Heme aquí frente a ti, mar, todavía ..." El mar es la eternidad de la vida en la cual toda huella se diluye y donde la creación persiste incesante. Los puntos suspensivos aparecen también en el poema solamente después de "cielo, arena, mar ..." y de "solo vivía ..." Entre el mar y el poeta se participa del milagro de la existencia, de la alegría asombrada de sobrevivir que se expresa con frecuencia en la España posterior a la Guerra Civil.

En otro poema, "En la plaza" (*HC, OC,* pp. 711-13), hay una
línea en blanco cercenando la advertencia:

> Cuando, en la tarde caldeada, solo en tu gabinete,
> con los ojos extraños y la interrogación en la boca,
> quisieras algo preguntar a tu imagen,
>
> no te busques en el espejo
> en un extinto diálogo en que no te oyes.

Ese verso constituido por el silencio es la única respuesta posible
que puede dar un espejo cuando en la Puerta del Sol se proclama la
Segunda República el 14 de abril.[11]

En "Mano entregada" (*HC, OC,* pp. 686-87), la división en estrofas da un apoyo material al desarrollo del pensamiento. La primera estrofa está seccionada por cinco puntos que aíslan exclamaciones que no llegan a oraciones, y dejan en su distancia a la "Mano
silente". Por el contrario la segunda estrofa, en la cual se produce la
unidad, tiene un solo punto final. Pero ya en la tercera estrofa en
que se hace presente la irreducible distancia vuelve a surgir un punto
que marca el desgarramiento de la unidad tan brevemente consegui-
da, mientras que el hueso recobra, más seguro que nunca, su aislamiento: "Por eso, cuando acaricio tu mano, sé que sólo el hueso
rehúsa / mi amor —el nunca incandescente hueso del hombre".

Cuando cada elemento irradia la plenitud de sus sentidos, cuando elementos que normalmente carecen de significado o coexisten
con otros en generoso sincretismo reclaman para sí una significación determinada, cuando se pone en juego toda la cultura de un
lenguaje y la memoria de una sociedad, entonces es evidente que un
traductor tendrá escasas posibilidades de comunicar la riqueza y la
complejidad de un poema. Por otra parte es fácil comprender por
qué se pueden producir tantas lecturas superficiales, ya que hasta el
lector menos profundo encontrará entre tanta abundancia algo que
cosechar. En el caso de la poesía de Vicente Aleixandre estas dificul-
tades están magnificadas y las traducciones que ha tenido no corresponden a su posición dentro de la poesía hispánica. Hay varias
razones que explican esta situación, como la densidad de sus poemas,
la complicada sintaxis y la constante desviación de la norma. Pero
me parece que a partir de las características ya explicadas del lenguaje
poético se puede apreciar cómo Aleixandre ha desarrollado un lenguaje no apto para traductores.

Sombra del paraíso se inicia precisamente con un canto al creador, "El poeta" (*OC,* pp. 483-84). Es la tierra la que habla por medio
del poeta y la fuerza de su visión reside en esa compenetración con

el universo. El lenguaje, una de las instituciones humanas, es sólo un pobre substituto:

> Sí, poeta; arroja este libro que pretende encerrar en sus
> páginas un destello del sol,
> y mira a la luz cara a cara, apoyada la cabeza en la roca,
> mientras tus pies remotísimos sienten el beso postrero del
> poniente
> y tus manos alzadas tocan dulce la luna,
> y tu cabellera colgante deja estela en los astros.

Esta concepción cercana al panteísmo ha sido analizada por Bousoño y conoce una larga tradición, pero no interesan aquí las implicaciones filosóficas tanto como las lingüísticas. Así, en una arbitraria selección de poemas de *Sombra del paraíso* e *Historia del corazón*, se advierte que los verbos que normalmente aparecerían con sujetos humanos, se atribuyen a variados sujetos de la naturaleza: en "El poeta" la piedra canta, el bosque emite un resonante clamor; en "Primavera en la tierra" (*OC*, 519-21), el sol llena la tierra de sus totales cánticos, el mundo resuena, los bosques envían risas frescas, la gran playa marina se extiende resonando y cantando, el verde del mar clama con su vasta voz amante y se siente la pujanza de la vida cantando; en "Mar del paraíso" (*OC*, 535-37), por los labios de un niño canta la tierra y canta el mar azotado por sus manos, canta la luz y canta la aurora; en "Plenitud del amor" (*OC*, 538-40) la risa de lluvia corre por el pecho ardiente, el cuerpo canta, la soledad gime y la Primavera ríe; en "Mensaje" (*OC*, 547-48) la luz y el mar son la palabra entera que un universo grita, del aire se recoge una voz y hay un grito del mundo; en "Mano entregada" (*OC*, 686-87), el calor propaga su voz y la mano gime.

En contraposición a lo anterior se apostrofa al poeta para que arroje el "libro que pretende encerrar en sus páginas un destello del sol" (*OC*, 484), y en "Mensaje" entre los instrumentos tristes que se debe arrojar lejos se cuentan las palabras (*OC*, 548). Hay que hacerse uno con la naturaleza y con los otros seres humanos. Pero además en los poemas de Aleixandre el hablante no entra en diálogos como si la mágica comunicación se interrumpiera enajenada por la palabra, y rechaza inmovilizar con un nombre a la mujer que ama. La poesía para Aleixandre es comunicación, enlace, y la vida, solidaridad, pero ambas deben encontrarse en la inmediatez de la vida y no en el espejismo de la lengua. Los peces sin sonido mencionados en "El poeta" existen sin embargo, y emiten su radical mensaje en una forma insoslayable, en un preciso aquí y ahora donde sobran las palabras. Al ocaso el poeta debe ser capaz de intuir "unas palabras mudas que habla el mundo finando".

Hay que recordar que España en los años de postguerra presentaba un caso ejemplar de la corrupción a que se puede someter el lenguaje, debido a la propaganda oficial, a la censura y al deseo colectivo de evitar la mención de algunos de los aspectos más negativos o peligrosos de la realidad. El grupo Garcilaso era la apoteosis de la palabra ensimismada y de los verbos en pretérito. La máxima claridad se conseguía en alguna rara elipsis. En contraste Aleixandre en su poética propone volver a la prístina realidad, donde el significante coincide siempre con su significado, a la naturaleza contemplada y no articulada. Por ello en el encomio de la mano amada aparece el adjetivo "silente" y el resto del poema se encarga de mostrar que el silencio también encierra una dificultad ("Mano entregada", *HC*, *OC*, p. 686). El viejo que lentamente acepta su muerte y la reintegración a la naturaleza lo hace en silencio y es el poeta quien se encarga de comunicarnos una experiencia que ha sido pura inmediatez sin vocablos ("El viejo y el sol", *HC*, *OC*, 725-26). Su "Mensaje" (*SP*, *OC*, 547-48) es "no preguntéis", sino bebed, abrid los ojos, mirad, besad, arrojad lejos las palabras.

Pero la madurez poética de Aleixandre se manifiesta en que hace de esta posición, que podría conducir lógicamente al silencio, un punto de partida para empujar el idioma hasta sus límites, haciéndolos así evidentes. En "Mar del paraíso" (*SP*, *OC*, 535-37) se recrea a sí mismo como un niño que imita en la playa la forma que la sombra de una nube arroja sobre la arena y a este doble platónico le da un nombre, nube, mientras que la nube real ya se aleja en el cielo:

> Más bien, como mi dedo pequeño, mientras la nube detenía su paso,
> yo tracé sobre la fina arena dorada su perfil estremecido,
> y apliqué mi mejilla sobre su tierna luz transitoria,
> mientras mis labios decían los primeros nombres amorosos:
> cielo, arena, mar ...

El lenguaje permanece, mientras que la vida fluye, antigua concepción de Heráclito con la cual ha venido a coincidir Aleixandre.[12]

Otro de los problemas del lenguaje es que no tiene una inmediata realidad denotada en base a la cual podamos determinar su veracidad. Recuerdo un crítico, y la gentileza me impide citarlo, que protestaba airadamente contra las continuas referencias de Neruda a ciertas misteriosas regiones del océano. ¿Dónde estaban, protestaba, y por qué puede considerarse al mar como misterioso? Naturalmente que confundía diversos tipos de lenguajes y acaso había equivocado el oficio y hubiera estado más feliz como oceanógrafo. Pero la libertad creativa que permite una palabra independiente de controles inmediatos, aunque no del lenguaje, no es para Aleixandre una invitación a creer en fantasmas, sino al contrario, un desafío del cual surgen cuatro de las estrategias poéticas más características de su estilo, todas ellas encaminadas a revelar la insuficiencia de la lengua para hacer visible intuitivamente lo que no puede expresarse.

La primera consiste en negar que una descripción corresponda a aquello a lo cual se refiere, en esta forma insistiendo sobre la ilusión de que hay una cosa o situación real que el lenguaje denota.[13] Este intento paradójico y desesperado ha sido entendido a veces como una simple manera de nombrar algo de dos maneras diversas, es decir, como si la negación no fuera realmente excluyente. Pero, como en un sentido real en un poema no se está hablando de nada individual y existente (con cuya desaparición arrastraría al poema), se trata aquí de una advertencia: "esto *podría* decirse aquí, de hecho es relativamente apropiado, pero no es exacto". En "El poeta" la poesía no es ese rayo velador que súbitamente amenaza sino una luz que no es última ceniza. En "Primavera en la tierra" la gran playa marina no es un abanico, no es una rosa, no es una vara de nardo, sino una concha de nácar irisado de ardores. Los restos de este combate por la expresión "exacta" se dejan en el poema, ya vacíos de una significación que pudo ser suya, pero que se les ha finalmente negado. Esta técnica de "bloqueo" crea así dentro del poema una situación parecida a la realidad, en la cual no todas las expresiones son precisas y donde sólo luego de un esfuerzo se consigue una expresión adecuada. Se inventa así un "más allá" del poema que acepta o rechaza vocablos, instrumentos que demuestran ante los ojos del lector la capacidad que poseen de entregar una información inadecuada.

La segunda estrategia se puede llamar titubeo. Se usa una palabra, pero resulta ser insuficiente, y es desplazada por otra semejante, aunque queda en el poema como una referencia insatisfactoria. Esta técnica puede apreciarse en "Mano entregada" donde el titubeo está imbricado con la insistente repetición que se transforma en un conjuro mediante una palabra mágica desprovista ya de significado preciso. En la traducción de Lewis Hyde el primer verso de la versión inglesa ha escamoteado el fundamental "*Pero* otro día toco tu mano" y ha traducido "One more day I touch your hand".[14] Al desconocer la problemática central del mundo de Aleixandre una conjunción parecía insignificante, pero estaba allí para enlazar con lo dicho, con ese mundo real del cual ha surgido la inquietud a la cual responde el poema. Y en el titubeo por precisar lo entrevisto, el poeta escribe

primero "tu mano", pero no basta. Trata otra vez: "Mano tibia". Y
todavía otra vez: "tu delicada mano silente", rodeando al substanti-
vo de asedios que se muestran como insuficientes precisamente porque son adjetivos que caen en espacios donde otros podrían ocupar
su lugar: tibia mano entregada, etc. La realidad aludida puede ser
designada con diversas palabras, y se le pueden añadir adjetivos
infinitamente: pero exigirán una constante modificación, si quieren
atrapar el flujo de la vida. Esta lenta aproximación a la designación
exacta va de hecho agostando las palabras que toca. El poema es así
un intento fallido, y permanece como un monumento a la fragilidad
de la creación humana y no como un triunfo final en el cual se hubiera
atrapado un sentido. El traductor ha evitado repetir la sangre en la
segunda estrofa de "Mano entregada" y ha pensado que un poco de
variedad aliviaría el poema, soslayando así su medular angustia.

Una técnica complementaria es la utilización de un vasto repertorio de significantes para el campo semántico de la belleza, de la
luz, de la alegría, del amor y de la fuerza que parecen agotar cualquier distinción al aparecer referidas al mismo objeto, creando un
efecto que podría llamarse fusión o sincretismo avasallante.

La última estrategia técnica que estudio aquí es la intensificación,
la constante intensificación de casi cualquier tipo de palabra. En la
traducción de Hyde a la cual me he referido se puede observar su
desconcierto ante el alucinante cambio de perspectivas con que
comienza la segunda estrofa:

> Es por la piel secreta, secretamente abierta, invisiblemente
>   entreabierta,
> por donde el calor tibio propaga su voz, su afán dulce.

La versión inglesa inmoviliza la observación:

> The live heat spreads its voice, its gentle longing,
> through your secret, hidden skin that starts to open.

Se ha perdido el lento acercarse y la creciente intensidad. El próximo
verso enfrentó al traductor a "calor tibio" que se sintió obligado a
cambiar a "live heat". No se reproduce la constante insatisfacción
del poeta con la gastada apatía de las palabras que lo hace insuflarles
vida mediante la repetición u otras formas agobiantes de intensificación. Los superlativos aparecen con frecuencia en posiciones
escasamente lógicas: una gota fresquísima de rocío ("El poeta");
el mar es una sandalia fresquísima y los dientes del niño son blanquí-
simos ("Mar del paraíso"); los amantes de "Plenitud de amor" es-
caparán libérrimos; en "Mano entregada" la mano es suavísima y

se la posee despacio, despacísimo; y en "El viejo y el sol" el regreso a la naturaleza se produce despaciosísimamente.

Quizás la culminación del uso del idioma para llevar al lector al borde de lo expresable se encuentra en un verso de "El viejo y el sol"; "¡Oh el viejo vivir, el viejo quedar, cómo se desleía!". La traducción de Hyde es inadmisible: "As the old man lived, as he waited, how the sun thinned him out!". La superior traducción de W. S. Merwin no deja de ser una aproximación: "Oh the old living, the old enduring, how it dissolved!".[15] Aleixandre ha utilizado aquí las asociaciones que despierta el significante ya que a pesar de que "desleía" es el imperfecto del verbo desleír, podría también ser el imperfecto de un hipotético verbo desleer: el viejo deja de ser legible a medida que es consumido por la naturaleza, deja de ser un texto, y es sólo parte del sol y de la vida, "como tantas otras invisibles cosas del mundo", según el, apropiadamente, último verso.

En la poética de la ya famosa *Antología* (1934) de Gerardo Diego proclamaba Aleixandre que "poesía es clarividente fusión del hombre con lo creado, con lo que acaso no tiene nombre", y su poesía ha sido un magnífico intento por implicar lo innominable, por crear aperturas desde el límite y rescatar para el texto su inclusión en la realidad. Del esfuerzo han quedado poemas que confirman las observaciones que la semiótica ha hecho sobre el lenguaje poético, en el cual todo es signo, donde nada puede reemplazarse y se alcanza esa aura original de que hablaba Walter Benjamin, signo que, en este caso, lo es de la insuficiencia y de los límites del lenguaje.

DARTMOUTH COLLEGE

Notas

[1]Vicente Aleixandre, "Con don Luis de Góngora", "Nuevos encuentros" (1959-1967), en *Obras completas* (Madrid: Aguilar, 1968), p. 1350. Se citará esta edición en adelante como *OC*. Me referiré sólo a poemas de *Sombra del paraíso*, abreviado *SP*, e *Historia del corazón*, abreviado *HC*. Existe un excelente análisis de los libros anteriores a *SP* realizado por Vicente Granados, *La poesía de Vicente Aleixandre (Formación y evolución)* (Málaga: Planeta, 1977).

[2]J. Trier, *Der deutsche Wortschatz im Sinnbezirk des Verstandes*, vol. I (Heidelberg: C. Winter, 1931), p. 8.

[3]C. S. Peirce, *Collected Papers*, vol. I (Cambridge: Harvard University Press, 1931), p. 270.

⁴El original ruso fue publicado en 1974 y hay una versión alemana, *Feldtheorien in der Linguistik* (Düsseldorf: Schwann Verlag, 1977).

⁵*Word Associations of Young Children* (Baltimore: Johns Hopkins Press, 1966).

⁶*Cours de Linguistique Général* (Paris: Payot, 1969), p. 174.

⁷Jan Mukařovský, *Structure, Sign and Function* (New Haven: Yale University Press, 1978), p. 12. Manuel Alvar, en "Análisis de 'Ciudad del paraíso' ", ed. José Luis Cano, *Vicente Aleixandre, el escritor y la crítica* (Madrid: Taurus, 1977), 231-54, hace interesantes y sensatas observaciones sobre las limitaciones que pesan incluso sobre el lenguaje estético.

⁸Manfred Hardt, *Poetik und Semiotik; Das Zeichensystem der Dichtung* (Tübingen: Max Niemeyer Verlag, 1976), p. 60.

⁹*La poesía de Vicente Aleixandre* (Madrid: Gredos, 1956), p. 389.

¹⁰*Philosophische Untersuchungen* (New York: Macmillan, 1958), p. 6. Acaso su declaración de que la filosofía era un intento de dejar escapar la mosca del tintero, p. 103, era también un deseo semejante al de Aleixandre de dejar libre a la vida del barniz opaco de las palabras. Su famosa formulación al final del *Tractatus Logico-Philosophicus* (London: Routledge & Kegan Paul, 1961), p. 150, coincide con la fe de Aleixandre en la existencia de lo inexpresable: "Wovon man nicht sprechen kann, darüber muss man schweigen".

¹¹Vicente Granados en el libro citado en la nota 1, p. 34, sugiere con sólidas razones que "En la plaza" es un eco nostálgico de la proclamación de la República en 1931.

¹²Cf. Granados, pp. 86-95, quien da un buen panorama de la presencia del pensamiento de Heráclito ya en los primeros poemas de Aleixandre.

¹³En un trabajo que ha inspirado la preocupación de mi estudio por algunas estrategias poéticas de Aleixandre, José María Valverde examina la disyunción y negación, explicándolas en parte como la incapacidad del poeta por nombrar totalmente sus visiones inefables, pero me parece que él hace resaltar la cara positiva de lo conseguido en pluscuam-metáforas mientras que yo examino la cruz del vacío donde surge lo inexpresado dejando atrás el lenguaje como resabios de una limitación. Ver su artículo "De la disyunción a la negación en la poesía de Vicente Aleixandre (y de la sintaxis a la visión del mundo)", publicado originalmente en *Escorial*, 52 (1945), 447-57, y reproducido por José Luis Cano en la compilación citada en la nota 7, en las páginas 66 a 75.

¹⁴Vicente Aleixandre, *Twenty Poems*, traducción de Lewis Hyde (Madison, Minn.: The Seventies Press, 1977).

¹⁵En Hardie St. Martin, ed., *Roots and Wings, Poetry from Spain 1900-75* (New York: Harper & Row, 1976), p. 193.

THE IRRATIONALIST TECHNIQUES
OF VICENTE ALEIXANDRE

*Carlos Bousoño**

I would like to consider briefly a theme that merits more development: that of the techniques of expression used by Aleixandre in his irrationalist periods. It is known that he has experienced two moments of poetic irrationality. The first is represented by all of his surrealist books: *Pasión de la tierra, Espadas como labios, La destrucción o el amor,* and *Mundo a solas*; the second consists of his last two books: *Poemas de la consumación* and *Diálogos del conocimiento*. Now more than 70 years old, Aleixandre surprisingly has renewed himself one more time and written, in the vein that I have mentioned, what are possibly the two most intense books of a life rich in masterpieces. The achievement is unusual (let us not deceive ourselves), since poetry is a youthful phenomenon, if we interpret it in its broadest meaning. He who continues to write good poetry at an advanced age does so because he continues to be truly young at heart. Such is the case with Aleixandre, as his friends well know.

Beginning with the *techniques* of Surrealism, we first find the enormous paradox that, while there is an abundance of bibliography on the literary movement in question, no one has yet confronted such an essential aspect of it. The books I am familiar with concerning Surrealism are interesting, especially with regard to the world view sustained by its practitioners. However, they never really refer to the techniques of Surrealism; allusions to "automatic writing," as Breton described it, are quite meaningless today. Automatic writing, by definition, is characteristic of all irrationalism or symbolism

---

* Translated by Michael Doyle.

preceding Surrealism, from Baudelaire to the symbolists (the French symbolists and the Spaniards Antonio Machado and Juan Ramón Jiménez), including Verlaine, Rimbaud, and Mallarmé. The surrealists, in this sense, did not contribute anything, except quantitatively, to what the above-mentioned authors had already done. But is there anything radically new in the surrealist expressive means?

So that what I have said is completely clear from a technical point of view, surrealism is only an act of symbolizing. A surrealist page is a page full of symbols. But what is a symbol? Here there is also an abundance of bibliography, again limited and unsatisfactory. A definition of 'symbol' that would better fit the facts is to say that a symbol exists whenever an expression gives us a deficient emotion, quantitatively or qualitatively, with respect to its logical meaning. Such "deficiency" occurs when the emotion does not come from what the poet says but precisely from what is *not* said: that is, from what is said without the reader realizing it. It comes from the reader's unconscious association, provoked by the context, between the poetic statement and another very different statement which is the one truly responsible for the emotion just experienced. A symbol exists when the poet says A and the reader associates it *preconsciously* with B, and B with C, so that when faced with A one feels not the emotion of A but instead that of C. This is precisely the deficiency to which I am referring. Since "association" here means "identity" (there is a true *confusion* due to the hidden workings of the process), the only algebraic formula for symbol is, without exception, the following:

A [=B=C=] the emotion of C in the consciousness,

with only a possible difference in the number of elements, which varies greatly in different cases.

I put in brackets that which is either unconscious or preconscious in the reader (and previously in the author). Thus, in the proposed hypothesis not only are the terms B and C preconscious, but also the two equals signs included in the scheme, because the reader is not even aware that there is an equation. The elements used as symbols are *possible* elements in reality (for example, the verse "Los caballos negros son," by Lorca), as well as impossible elements in it (for example, to say of an Andalusian *cantaor* "your voice had black sounds"; there are no "black sounds" in the world). The first kind of symbolism can be called a "symbolism of reality," while the second is a "symbolism of unreality" or "unreal symbolism." In any case, the emotion experienced is due to an associative proliferation such as the one just described; "black horses" or "black sounds" are identified with "night," and from there one passes on to other terms, as in the following example:

> Black horses or black sounds [=night=I cannot see=I am less alive= death=] the emotion of death in the consciousness.

Perhaps, then, Surrealism is the accumulation of symbols in a text. But is this in itself revolutionary and new? Machado's poetry and that of Juan Ramón, as I have already said, and also the poetry of the so-called French symbolists, and earlier that of Verlaine, always involved symbolization. Perhaps a distinction should be that the earlier symbolism was fundamentally a symbolism of reality, of expressions that *alluded* to *possible* and believable things or facts in the real world. On the other hand, the symbols used by Surrealism were mostly symbols of *unreality*, since the symbolizing terms were unreal, impossible beings or sayings, or at least unlikely in the text. This separation brings us nearer to the truth, but only slightly, because unreal symbols also existed before Surrealism: in Baudelaire ("La mort des amants," "Les phares") and Rimbaud, at times in Machado and Juan Ramón, and later, much more in the Lorca of the *Canciones*, that is, the Lorca who was not yet a surrealist. Resorting to the quantitative, Surrealism is not merely the use but rather the *substantial* use of unreal expressions of a symbolic nature; prior to that school such symbolic unrealities were seldom used. Thus we have a possible formula, though a very imprecise one, because the road to knowing what the techniques of Surrealism are has been poorly chosen. It is never merely a question of quantity; most importantly, it also involves something qualitatively different. Surrealism appears as a revolution not because it uses symbols, nor because it uses *a lot* of unreal symbols, but because of the special contextual and emotional nature of these. This can best be seen in an example taken from Aleixandre's *Pasión de la tierra*, "El amor no es relieve":

> En tu cintura no hay nada más que mi tacto quieto. Se te saldrá el corazón por la boca mientras la tormenta se hace morada.

This is a poetic passage which should be interpreted as canonically surrealist, so that whatever is revealed by its analysis can be safely generalized and applied to all poems that truly belong to Surrealism. The first thing we notice in the text is the disconnection between certain terms. The first statement ("En tu cintura no hay nada más que mi tacto quieto") has an exclusively amorous meaning: "tacto quieto" is undoubtedly the caress that lovers share. From the point of view of the reader, the statement "se te saldrá el corazón por la boca" has nothing to do with the first statement *either logically or emotively, nor is it possible to perceive the unconscious identity established between them in the mind of the poet.* We underline all this because it is here that the true difference between surrealist irrationalism and the previous irrationalism is to be found. The discrepancy does not consist of the logical or even the emotional disconnection between the two sequences when each is considered separately. This existed before Surrealism: it can be found in Machado, Juan Ramón Jiménez, and in the Lorca of the *Canciones.*

What specifically sets Surrealism apart is the emotional disconnection duplicated by the logical disconnection between two terms A and E, but only when *at the same time* the identifying relationship that always exists preconsciously between them does not become conscious. In non-surrealist symbolism there is frequently an emotional disconnection and even more frequently a logical disconnection; there is also the case where both are combined. But what never occurs is this double logical and emotional disconnection affecting the same two consecutive sequences that have remained *identified* in the poet's preconsciousness, and which the reader does not understand clearly. Thus we have a simple formula that can describe the technique in all its variants, no matter how numerous they may be. Given the poet's formulation of two statements A and E, which in his preconsciousness are A=E, we have a surrealist text, provided that the following three conditions are fulfilled simultaneously: (1) that the identifying nexus (the = sign) between A and E not be conscious; (2) that terms A and E be logically disconnected for the reader, and (3) that besides the logical disconnection there exist also an emotional one. *Each* of these three conditions has existed before Surrealism, *but never the three of them together.* Surrealism, then, is not a series of qualities but a solidary "package" of all of them.

It is time to apply all this to the text I have quoted. Between phrase A ("en tu cintura no hay nada más que mi tacto quieto") and phrase E ("se te saldrá el corazón por la boca") *there is no* identity established by the poet at a comprehensible level; rather it is a case of a mere juxtaposition of elements. On the other hand there is a logical disconnection between both expressions. One thing is the full eroticism achieved by the first phrase (A), and another very different thing is the mortal agony expressed in the second phrase (E). There is a discrepancy, even to the point of being opposite from the logical and emotional perspectives. The initial sentence (A) has a positive and vital emotion which is inherent to eroticism; the final sentence (E), on the other hand, has a negative emotion of death or agony. This is precisely Aleixandre's surrealist technique. The scheme is repeated incessantly with variations that are important but not essential. There is a double disconnection, and the equalizing nexus between A and E is preconscious. To better perceive this last condition, it is necessary to consider the quoted phrase from a different double perspective: first from the author's then from the reader's point of view. The conclusion is interesting.

What has occurred in the cited paragraph so that Aleixandre could pass from phrase A to E? To go from A ("en tu cintura no hay nada más que mi tacto quieto") to E ("se te saldrá el corazón por la boca") *there is but one road:* the expression "tacto quieto," after the poet has written it with the meaning "caricia amorosa," eventually is understood by its creator to be "apretón mortal," or something very similar. More precisely, and by generalizing the assertion, Surrealism is always (though this is, of course, insufficient) a "bad reading" by the author of element A, which henceforth will be referred to as "the originator." At the outset, the poet has written the expression or originator "tacto quieto" as "caricia amorosa"; then he has *misread* it from a poetic perspective, and upon reading the originator in this extravagant manner he has felt a heterodox emotion with respect to its objective meaning. Such a reading always consists of an identification, unconscious in the author, between the originator ("tacto quieto") and another term ("apretón mortal"). This equation between both terms has not taken place in the consciousness, but rather in that region which Freud and the psychoanalysts have called preconsciousness. This is why I have referred to irrationality or irrationalism. The poet's reading of the originator consists of an equation or a sum of equations that result in a conscious emotion. The formula for these psychological events is:

A (the originator) [=B=C=] the emotion of C in the consciousness

Here, what has been made conscious is, on one side, the term A or the originator (given that it has been categorically stated by the poet), and, on the other side, the emotion of C (not the concept C, but only the emotion of the concept C), an emotion which is conscious in the author. By substitution we now have:

Tacto quieto en el sentido de caricia amorosa [= tacto quieto en el sentido de apretón mortal=] emoción en la conciencia de tacto quieto en el sentido de apretón mortal.

Once the author has entered that conscious emotion, which may be called the "emotional moment" of his process, or process Y, he will then direct himself toward finding a verbal sequence (conscious also by definition) that can express as well as the written word is able to the feeling in which he finds himself. This will be called "the originating." That feeling leads him to write a second phrase, which is called "the originated" because it deals with that which the originator originates. In this case, the originated is the phrase "se te saldrá el corazón por la boca." The author has forged that expression by means of another preconscious series which, together with the first one, constitutes what has been designated process Y or the author's process, one which is constituted by two "series," one plugged into the other. If the first series, the one that goes from the originator to the emotional moment of process Y, were to be called the "emotive series" (since it ends in an emotion), this second series, the one that begins with the emotion and terminates in the originated, would have to be called the "syntagmatic series" since it ends in a verbalization which when related, even preconsciously, to the originator is a syntagm. In this case, the syntagmatic series would say the following:

> Emoción de "apretón mortal" en la conciencia [=apretón mortal=] se te saldrá el corazón por la boca.

The preconscious term completely coincides with the emotional moment of process Y, except for the fact that it is not conscious. This is an example where the syntagmatic series is extremely brief. Naturally, there are examples, such as the one that will be seen later, where the number of members is much greater. Here ends process Y, the poet's process, which always consists of a pair of series: the emotive series and the syntagmatic series, with an instant of lucidity between them. That lucid moment is the emotional moment of process Y. Thanks to this complex mental articulation of the two series, one passes, *in this and in all cases*, from an originator to an originated. Without a doubt this is what has occurred in the poet's mind. The formula for process Y is:

> A [=B=C=] the conscious emotion of C [=C=D=] E.

It is obvious that both A and E are identified by the poet, though only preconsciously (A=E). Now we have the three conditions that are necessary for Surrealism to exist as a technique: the double logical and emotional disconnection between A and E and the lack of lucidity in the equation between those two syntagms written by the poet. One has been called A ("the originator") and the other has been called E ("the originated").

Let us now take a look at what happens in the mind of the readers when we are faced with a surrealist phrase such as the one we have just seen. The reader sees only phrase A ("en tu cintura no hay nada más que mi tacto quieto"), and in that first moment prior to arriving at the second term E it is interpreted exclusively in its amorous meaning, in correspondence with the author, who upon writing it also felt it erotically, and only erotically. At this point there is no symbolism at all. The phrase seems to be entirely logical: "tacto quieto" means only "tacto quieto" or "caricia amorosa." But suddenly that logic is broken by the second sequence: "se te saldrá el corazón por la boca." In the first place we do not understand the logical relationship between "en tu cintura no hay nada más que mi tacto quieto" and "se te saldrá el corazón por la boca." But neither do we have at hand an emotional explanation of a personal type. The amorous emotion that we have experienced with the first phrase *does not agree* with the sentimental negativity of the second phrase. And since it does not agree, nor do we understand the poetic statement—though we do believe that the poet is a poet and not a raving madman—we force ourselves to an understanding that is neither logical nor emotional. Once our efforts are exhausted by that double direction, we try as a substitute, or as the "lesser of two evils," a third action. To travel a more difficult road: to search for, as *ultima ratio*, another emotive explanation, though not one's own but rather that of the author. In other words, to try to reconstruct the emotive succession, of a preconscious nature and different from the reader's, which could have led *the poet* from the originator to the originated. In short, once we have lost hope of a rational or sentimental personal explanation and have despaired of our logical and emotive *self*, we shall content ourselves with that *extra-personal* explanation that we have on reserve, like a team of athletic substitutes (if I may use such a strange simile) who are never first string, but who can go out onto the track and compete if necessary. We try to create an emotional bridge across which we had no intention of going before, a bridge between the phrase "en tu cintura no hay nada más que mi tacto quieto" and the phrase "se te saldrá el corazón por la boca." In other words, *we try to create a preconscious bridge of a different kind, which we suppose to be the author's mental process* and which will save us from our difficult and conflicting situation. Then both terms, the originator and the originated, begin to look for whatever they may have in common emotionally. Without a clear idea of what they are doing, both terms start to produce confusing waves which are feasible until they find the ones that will make them compatible. This moment of testing and "trial and error" is not perceptible to us because preconscious activities are blindingly fast. Beyond that instant of hesitation and caution to which I refer, the originator and the originated find their emotional point of coincidence after emitting, each one by itself and separately, in our minds as readers and in a preconscious way, the only equalizing wave that can be coupled to that of its respective mate. Both phrases begin to let flow one and the same symbolized element; in this case, the emotive idea of "apretón mortal." On the one hand, the originated gives us this series which, in this and in all cases of surrealist disconnection, is the same as the author's but inverted in its order of priorities:

> Se te saldrá el corazón por la boca [=apretón mortal=] emoción de "apretón mortal" en la conciencia;

and on the other hand, the originator provides another equalizing current, which also, in this and in all cases where there is the same type of disconnection, follows the author's order without inverting it:

> Tacto quieto en cuanto caricia amorosa [=tacto quieto en cuanto apretón mortal=] emoción de apretón mortal en la conciencia.

Two different symbols, though with the same element symbolized, have been conjured up in our minds as readers. Both terms, the originator (A) and the originated (E) produce in us, because of their separation, the same emotion of a symbolic nature, an emotion of "apretón mortal."

Surrealism is fundamentally what we have just seen. All we have to do is verify this in the last part of the passage being analyzed. From the notion "se te saldrá el corazón por la boca"—the originated which now becomes an originator of what follows—the poet is transferred to the notion of "mientras la tormenta se hace morada" by means of a process Y similar to the one already discussed. There is in this process a double disconnection and the concealment of the equalizing nexus. In other words, the two series previously stipulated, the emotive and the syntagmatic, exist united for a conscious emotional moment. The equation would be:

> Se te saldrá el corazón por la boca [=ahogo=] emoción de ahogo en la conciencia [=ahogo=rostro morado=realidad morada=] tormenta morada.[1]

The above is, once and again and in all cases, surrealist technique, though I have chosen the easiest model for analysis. The basic scheme ("originator," "emotive series," "emotional moment," "syntagmatic series," and "originated") can become complicated, which Surrealism has done frequently. The complication has been accomplished, above all, through the multiplicity of "bad readings," in which there could be from one and the same originator a diversity of emotive series, emotional moments, syntagmatic series, and those elements that we have been calling originateds.[2] Instead of reading the originator "badly" in only one way, the author reads it badly in two or three different, simultaneous ways, and each of these "bad readings" (which may also be combined with "good" readings) can have not only one originated but a whole family of them. The consequence is a multiple and unequal symbolization of the originator, which is loaded down with very different irrational meanings, apart from the fact that each originated of each family has its own symbolism.

Without being overly complex, here is a simple example of a triple "bad reading" of the originator. In his poem "Del color de la nada" from *Pasión de la tierra*, Aleixandre speaks of "luces crepusculares," which contextually symbolize anything that in this world is on the verge of extinction. A little later he calls those lights "soñolientas caricias." Here is the paragraph:

> Y hay quien llora lágrimas del color de la ira. Pero sólo por equivocación, porque lo que hay que llorar son todas esas soñolientas caricias que al borde de los lagrimales esperan sólo que la tarde caiga para rodar al estanque.

In this poem, those "soñolientas caricias" or "luces crepusculares" symbolize death. Thus they produce tears. Here are three "bad readings" of the text:

First "bad reading":
soñolientas caricias (luces crepusculares) en cuanto lágrimas (puesto que se lloran) [=agua=] emoción de "agua" en la conciencia [=agua =agua que por un arroyo es conducida a un estanque=] "para rodar a un estanque."

Second "bad reading":
"soñolientas caricias" (luces crepusculares) en cuanto lágrimas [=lágrimas de verdad=] emoción en la conciencia de "lágrimas de verdad" [=lágrimas de verdad=] [están] "al borde de los lagrimales."

Third "bad reading":
"soñolientas caricias" (luces crepusculares) en cuanto lágrimas [=luces crepusculares de verdad=] emoción de "luces crepusculares de verdad" en la conciencia [=luces crepusculares de verdad=caen cuando caen las luces crepusculares de verdad, esto es, a la tarde=] "esperan sólo que la tarde caiga para rodar..."

The complex symbolism that corresponds in process X to these "bad readings" realized from process Y will always coincide with the "emotional moment" of process Y. Thus, "soñolientas caricias" will symbolize *agua* in the first "bad reading" (basing itself on the originated "para rodar al estanque"—which will be, in turn, a second symbolizer of the same element symbolized); and it will also symbolize "lágrimas de verdad" (according to the second "bad reading"), and "luces crepusculares de verdad" (in the third "bad reading"), with the necessary support from the various originateds, "al borde de los lagrimales" and "espera sólo que la tarde caiga para rodar." The multiplicity of "bad readings" is accompanied by greater semantic richness. The more "mistaken" readings there are, the more meanings there will be. "Soñolientas caricias" will mean simultaneously, in a symbolic and therefore emotive way, "agua de verdad," "lágrimas de verdad," and "luces crepusculares de verdad."

The surrealist complication of the "basic scheme" does not only consist of the above. There is also a "false" consciousness of the relationship between the originator A and the originated E. Because of this, the true relationship between both terms, which is one of identification (A=E), is concealed even more from consciousness, and in this way there is even greater irrationalism. Thus, throughout process Y, which in the reader's mind has taken place between the expressions "se te saldrá el corazón por la boca" (term A) and "mientras la tormenta se hace morada" (term E), a false simultaneous relationship (A while E) has been established. The cause of this falsification of the nexus between A and E, so frequent in Surrealism, is precisely the obscurity in which the mental processes take place. When they are not lucid, the equations between two terms (A=E) do not require a great or even essential likeness. A small or inessential similarity is enough to generate in them a complete confusion, a "serious" and "absolute" confusion.[3]

Thus, since the "identity" is similar to the "simultaneity," insofar as both words imply "relationship," it is fitting that both elements be assimilated "seriously" in a process Y that already belongs to the other process analyzed:

> relación de identidad [=relación=] emoción de relación en la conciencia [=relación=relación de simultaneidad (u otra relación cualquiera: consecuencia, finalidad, etc.)]

These changes of the identity relationship for "otra relación cualquiera" (suggested in the formula above) occur frequently in Surrealism, as in the following example from Aleixandre:

> No me ciñas el cuello, que creeré que se va a hacer de noche. Los truenos están bajo tierra. El plomo no puede verse.
>
> ("El amor no es relieve," *Pasión de la tierra*)

Process Y explains the first sentence of this paragraph:

> ceñir el cuello en sentido amoroso [=ceñir el cuello en sentido des-tructivo=muerte=]emoción de "muerte" en la conciencia [=muerte=no veo=oscuridad=noche=] "que creeré que se va a hacer de noche."

The identifying nexus between the first member A ("no me ciñas el cuello": amorously) and the second member E ("noche") becomes conscious here in the "false" *way* that I have indicated. Instead of equality, there is a *consecutive* relationship: "no me ciñas el cuello amorosamente, pues ello traería la *consecuencia* de que yo creería que se va a hacer de noche."

Thus in Surrealism, the more there is of this type of complication, the greater the expressiveness, excepting a technical error on the author's part. I will not attempt to demonstrate this here but instead I must make the observation that it is *not* the surrealist technique that leads to the irrationalism of Aleixandre's latest works, *Poemas de la consumación* and *Diálogos del conocimiento*; while the young poets of the "novísima" generation were returning to Surrealism, Aleixandre, though like them returning youthfully to irrationalism, did so without incurring in any naive type of reiteration.

In closing, let us go on to the study of the irrationalist technique of the poet's last two books. Of what does it consist? The surrealist "package" of the three conditions previously stipulated does not apply here. There is no Surrealism as described earlier. There is, of course, a trace of symbolism—symbols of a most marked irrationality, symbols of unreality, symbols which, besides, can be accumulated (as in the poem "Fondo con figuras"). But the use of such techniques is a habit prior to Surrealism and can even be found in Machado (poem XXVIII, for example). What calls our attention now is the incessant use of illogic. What is irrational or symbolic is not the same as what is illogical. The difference is clear: something symbolic or irrational has a hidden meaning from which we only *consciously* receive a pure emotion, while what we are now calling illogic, though it breaks with the schemes of discursive denotation, suggests indirectly or by connotation a *conscious* meaning. Consciousness, then, versus unconsciousness. In symbolism one receives the emotional impact *without understanding why*, while in illogic there is lucidity, a mental presence of the meaning that is not stated but that *is* suggested.

The numerous and apparent contradictions to be found in both of these books belong to this genre of illogical expressions, contradictions that in each case the reader's mind can resolve because they appear to the awake mind to be vaguely and connotatively lucid:

> Porque si amé fue eso: porque no amé y lo supe.
>
> ("Aquel camino de Swann")

> Quien vive, muere. Quien murió aún respira.
>
> ("Los amantes viejos")

> Nadie se mueve, si camina, y fluye
> quien se detuvo.
>
> ("Los amantes viejos")

> Quien pudo amar, no amó. Quien fue no ha sido.
>
> ("Quien fue")

These sententious or apothegmatic expressions are to be found occasionally in *Poemas de la consumación* but especially and most intensely in *Diálogos del conocimiento*. Though there is always a connotative meaning, it is not necessary to delve into it deeply. These are poems that allow for a more patchy reading in which the meaning is somewhat indeterminate, *as though in parentheses*. What matters is the emotion of great and penetrating knowledge, both sibylline and mysterious, imposed on us at the first level. Here there is an irrationalism not only very different from that of the Surrealism we have described but also very different from the earlier symbolic irrationalism, since in these verses, according to the type of reading I have given, the meaning is hidden from us also. And precisely because of this we feel that emotion of profoundly dark and inscrutable knowledge.

One is faced with something that somehow has no antecedents. Aleixandre's originality is radical and opposed to all symbolic tradition. And because the process is so virginal and different, the tone of the voice is also unheard-of. Aleixandre inaugurates in *Diálogos del conocimiento* a poetry of deaf and majestic slowness, spoken in the lowest chords, which I believe to be without precedent in our literature. This feeling of vast and obscure majesty at such a slow pace is quite simply a new feeling. All this achieved at the age of 76. Aleixandre's incessant creative capacity is truly amazing, even now in his glorious and fresh old age.

I now conclude, lamenting only that I was not able to spend more time on the great poet and his works. I have had to choose what is essential: his capacity for invention and change, which can be seen most clearly when dealing with the renovation of something as worn-out as the irrationalist tradition of symbolism.

MADRID

Notes

[1]As can be seen, in this case the syntagmatic series is somewhat longer than in the preceding example.

[2]Another possible complication would be the false consciousness of the equalizing nexus between A and E. Instead of A=E (A as E, A is E, etc.), there is A while E, A for E, etc. In other words, instead of an identity relationship (which is the true relationship) there can be a simultaneous or finalizing relationship, etc. To what can we attribute such unsettling changes? To the production of certain auxiliary or secondary Y processes, which could be sketched as follows:

> The identifying relationship between A and E [=the relationship between A and E=] the conscious emotion of the relationship between A and E [=the relationship between A and E=the simultaneous (or finalizing, etc.) relationship between A and E=] "A while E" (or "A for E," etc.) ("Mientras la tormenta se hace morada").

This is because the unconscious, due to its lack of lucidity, completely confuses two things even though they may look very little like each other.

[3]In my book *El irracionalismo poético (El símbolo)* (Madrid: Gredos, 1977), I have studied the properties of the preconscious equations that lead to symbolic emotion. I find 15 properties, of which one of the most important is "seriousness." I understand "seriousness" to be preconscious identities of the type A[=B], which are never playful like conscious metaphors, metonymy, or synecdoche. The conscious metaphors "tu pelo es oro" and "tu mano es nieve," are discredited by the reader: we do not really believe that the hair referred to is "oro" or the hand "nieve." The preconscious equations that form symbols by *not* being conscious cannot discredit themselves and they appear to be "serious" and "absolute." When A[=B] is said preconsciously one means that "all of A" is really ("seriousness") "all of B" ("absolute").

MASKS AND MONOLOGUES: VICENTE ALEIXANDRE'S LATEST *DISSIMULATIO*

Biruté Ciplijauskaité

For years, critics have been dividing Aleixandre's poetic work into two main stages: cosmic poetry with surrealist techniques and the period of "humanization" with so-called plain spoken language and social preoccupations. To these, a new cluster consisting of his last two books has been added lately, representing, in his exegetes' words, a poetry of knowledge and recognition characterized by the epigrammatic conciseness and use of conceit so popular in the Baroque. All agree that the basic constants of this voluminous *oeuvre* have not undergone a radical change. According to Aleixandre's main interpreter, Carlos Bousoño, the constancy within change should be ascribed to his *Weltanschauung*. While the artist struggles for new modes of expression in accordance with the predominant literary currents, the man's view of the universe shows scant evolution. The potential for technical development in Aleixandre is truly astounding. Probably no other poet of his generation can—or cares to—display such richness in stylistic variety diachronically.

The designation of *dissimulatio* as one of Aleixandre's outstanding techniques is founded on Cicero's definition of irony: to name one thing instead of another.[1] In Aleixandre's case, almost all the variables of his style could be viewed in this light. In a seminar paper presented at the State University of New York at Stony Brook, René Campos showed how Aleixandre's use of lyric apostrophe, which would suggest a continuous dialogue, is in reality one and the same monologue from the beginning to the end. The two dialoguing parts are actually the "I" and his various doubles or masks. Hence, the apostrophe could be considered an aspect of *dissimulatio*. One of the most profound experiences in this poetry is an overwhelming sensation of solitude. The different postures the speaking "I" adopts testify to the intensity of the poetic character's resistance to accepting this truth. The writing process becomes strife against man's predestination. It seems superfluous for anybody acquainted with Aleixandre's poetry to restate here that most of it takes place in darkness.[2] The supposedly shared experience—be it with nature, the loved one, or the common man—reveals, upon close scrutiny, just a one-track, one-direction movement which deeply affects the choice and coordination of all the integrating elements.[3]

The "recognition" formulated in *Diálogos del conocimiento*, so far the poet's last book and one which Pere Gimferrer considers "probably the most compactly cohesive of all Aleixandre's poetry,"[4] represents a virtual reversal of *dissimulatio*. On the one hand, it comes to be a review of all the masks used theretofore; on the other, it is an acknowledgement of their ineffectiveness. Thus, ironically, it approaches *revelatio*, which so far had been avoided with great care.[5] A double irony, since in Aleixandre's case this *revelatio* about non-existing communication occurs in his only book structured entirely as a dialogue. In the present paper I propose to review briefly this constant in Aleixandre's work and to submit that some of his most characteristic techniques are closely associated with it, while at the root it is generated by psychological as well as philosophical factors.

Reviewing his creative years as a poet, Aleixandre once said that he never showed his poems to anybody at the beginning and that this was due not to modesty but to fear of pain.[6] One can see here how he turns to *dissimulatio* by necessity, inserting a protective wall—a *persona* in his works—between his feelings and the world. In creative terms, this means the affirmation of distance which, in its turn, brings about objectification as a continuing technique.[7] Distance is also one of the basic conditions for the use of irony, as are objective analysis and intellectual approach to the phenomena, present as well in Aleixandre's work. The tragic tenet of irony becomes evident when it is being constantly directed against the author himself.

Dissimulatio can also be motivated by social—and in the background, religious—structures. Of all the critics, only Cernuda alludes to this possibility as a motivating force in Aleixandre's poetry and establishes an interesting parallel between him and García Lorca[8]—a parallel that comes to mind reading the *Diálogos* and remembering Lorca's last attempts at drama. Looking at it from a psychological point of view, it might be said that much of Aleixandre's poetry is the expression of an overwhelming desire or, even more precisely, the frustration of it.[9] At this point it seems appropriate to keep in mind Freud's statement that unsatisfied wishes are the driving power behind fantasies and Bachelard's observation that acts which are only dreamed of favor visionary images as their expression—a type of image which is common stock in at least the first half of Aleixandre's work.[10]

There is, finally, the philosophical aspect present since the very beginning and especially marked in the last two books which have earned the qualification of "metaphysical meditations." Aleixandre has sometimes been designated a pantheist, seeing all things as part of one Nature. He himself has repeatedly stated his yearning to arrive at "communion with the absolute" through love.[11] Nora sees the manifestation of Aleixandre's key concept in the affirmation "All is One," which he traces back to Xenophanes.[12] This would permit us to deduce from it a theory of interchangeability put into practice by constant juxtapositions of dissimilar objects linked by "or," since in such mathematical relationship all particles lead to the sum of "One." Curiously, in order to arrive at this sum, Aleixandre sometimes seems to be following paths suggested by Freud in his *Psychoanalysis of Everyday Life*, using substitutes and negations instead of naming directly the objects he is concerned with. In this he differs from Góngora, whose multi-tiered structures composed of interchangeable elements always show a rational pattern. But already Aristotle praised the poets for saying resourcefully what a thing is not.

Aleixandre's basic attitude towards the universe should probably be defined as negative: all efforts lead to frustration. Life is seen as "that shadow, or the chewed-up sadness whose passing makes us ache."[13] In the end, man is alone, as he was in the beginning. His fight for salvation seeks ever new forms, and these are reflected in the poetic expression. A constant process of creating a double can be observed already in *Ambito*, where the poet (a recurring theme and *persona*) establishes a dialogue between the two selves, searching for deeper meaning. *Ambito* also includes one totally dramatized poem, which leads back to Aleixandre's early interest in theatre and forward to his adoption of dialogue form in the last book. Pere Gimferrer (*op. cit.*) is right when he states that *Diálogos del conocimiento* represents a return to the origins after having completed a full cycle. If in earlier works *desdoblamiento* has been pointed out as a constant device, Gimferrer stresses the fact that in *Diálogos* we meet not just the I and his double but multiple characters enacting the I. This intensifies the polysemic value of all that is said. Having masterfully created amgiguities with ample-movement surrealistic techniques in the first period, Aleixandre now condenses them in conceits, and actually it is these, and not the characters, who carry on intertextual dialogues.

One might affirm that the doubles—or the masks—used by the poet change according to the period and the literary movement which happens to be prevalent. At the beginning it is the many facets of cosmos, where the highest degree of interchangeability is reached within the second term of the equation I = the Universe. The frequent use of *or* has an equalizing but at the same time negating function.[14] The long enumerations with an introductory "not" followed by a noun do not culminate in a revelation, since the first term of the equation has to remain unnamed. Already in *Pasión de la tierra* we are given the key to this technique: "Soy lo que soy. Mi nombre escondido."[15] In this book we are allowed to retrocede to a pre-natal stage where the basic mode of future procedures is announced: "Sabré vestirme rindiendo tributo a la materia fingida."[16] This urge for masking inspires second or even third-degree metaphors, permutations of qualities, intricate superpositions and interlacing of images. At the bottom there is only Narcissus, seeing his cosmic half reflected in all he contemplates.[17]

Mirrors and reflections are another constant in Aleixandre's poetry, closely linked with the theme of appearances and reality and a resourceful means of *dissimulatio*. Ambiguity continues to rule here, since a mirror can—and most often does—reflect only masks, not the real I protected by them. Significantly, already in *Ambito* such reflections are coupled with farse:

> La tarde ha ido sesgando
> de luces el espejo,
> en que verán mis ojos
> jugarse en el silencio
> la tenue y dulce farsa
> de masas: tu reflejo (OC, 168).

The motif becomes prominent in the last two books, where mirrors at times suggest the possibility of mirages: "Las ciudades ¿qué son / sino el reflejo del sol y sus espejos en las aguas creídas?" (DC, 138).[18] At other times they revert to the theme of Narcissus:

> La soledad es sólo un mero espejo
> con una luz. Denuncia es de una forma
> fallida. Sin voz juegan las masas, mas no escuchan.
> ¡Cómo sobre ese cauce fue Narciso! (DC, 95).

The device reaches its culminating point in the "Dialogue of the Inquisitor in front of a Mirror," where the ironic intention of the designation "dialogue" becomes quite evident. Here the following statement is made: "Quien habla es quien escucha. / Pero a sí solo, y muerto" (DC, 56).

One of the most revealing dialogues of this last book is that between Swann and Marcel, whose relationship in *À la recherche du temps perdu* already is suggested as that of the writer and his double, to which Charlus as the double of Swann ought to be added: an infinite reflection in a hall of mirrors where the only ruler is desire. In this light, Swann's statement acquires extraordinary power and appears as a real revelation:

> Como un frac yo pasé, sin máscara, solo,
> ante el grandioso espejo en que viví, y lo quise.
> Pues si amé fue por eso: porque no amé y lo supe (DC, 118).

Marcel's words, on the other hand, lead us to another facet of this unshared solitude—the motif of the beloved: "Soledad, nunca supe sino tu nombre impuro, / ni conocí otros besos que los que en ella suenan" (DC, 119).[19] It is possible to detect here a curious echo of much earlier lines from *Mundo a solas*:

> Beso tus manos que no vuelan a labios.
> Beso su gotear de un cielo entristecido.
> Pero quizá no beso sino mis puras lágrimas.[20]

Much has been written about Aleixandre's love poems. The above quotations invite a reconsideration, suggesting that this "amorous" poetry may be yet another mask through which salvation is being sought. The beloved in Aleixandre's verse is always abstract, never present in a concrete situation, nor does she, as René Campos has observed, appear as an active participant. We might remember that in his Academy Speech Aleixandre praises Bécquer, who "tells the real—and precisely for this reason insufficient—virgin: let's say good-bye" (OC, 1334). "Shadow," "trace," a kiss which dissolves in nothingness are more frequent in these poems than the unequivocal affirmations of concrete presence so abundant in Guillén's poetry, which also represents above all exaltation of physical love.[21]

The change of masks can lead to a noticeable change in the expression, as can be seen in Aleixandre's second epoch. Here, instead of dialogue with cosmos or just one woman, the poet shifts to "we" and "you" in plural, giving evidence of a new attempt to overcome radical solitude, this time through emphasis on social themes. Actually, this emphasis is more pronounced in—and has had a greater effect through—his prose writings of those years. In poetry, the motif of solidarity does not really take the place of all the others, and the desire for communication or even communion with the common man at times seems to grow out of an intellectual perception of this necessity. Occasionally, its validity is put to doubt:

> ¿Eres amigo? Juan, Enrique, Lorenzo...
> Máscara triste de los vientos, te miro.
> En esta niebla sólo un humo pareces,
> máscara triste de los hombres diarios.
> ¿Sois mis amigos, uno a uno? Ninguno.
> Máscara única que uniforme transcurres
> ("A los inamistosos," *Poemas varios*, OC, 1073).

Curiously enough, although a great change does take place in the expressive means in the books of this period, the impression of real everyday language is hardly ever attained. This may be due to Aleixandre's concept (a clear derivative of Romanticism) of the poet and his mission: "El poeta, esencialmente, es el vate, el profeta. Pero su 'vaticinio' no es vaticinio de futuro; porque puede serlo de pretérito: es profecía sin tiempo. Iluminador, asestador de luz, golpeador de los hombres, poseedor de un sésamo..."[22] There is always a certain rhetoric in Aleixandre's poetic discourse which immediately creates distance. It is from a distance that one of the two dialoguing poets—another sum-up of Aleixandre's poetic experience—views a similar experiment in the last book:

> Yo me conozco, pues que pienso, y miro
> a los demás. Son formas ideadas.
> Cómo engañan sus bordes, nunca lícitos.
> Vivir es conocer. Mas yo tan sólo
> testimonio de mí. No sé. No escucho (DC, 97).

Diálogos represents the ultimate in the technique of *desdoblamiento*, as is particularly evident in the central part entitled "Dos vidas," which represents the two selves of the poetic *persona*. In it the constants of alienation and incommunication also receive the greatest emphasis by juxtaposing characters who speak but do not listen. The impossibility of reaching the "other" is stressed by almost hermetic, epigrammatic sentences that mirror the closed world of solitude. Ambiguity is at its peak here,[23] and the void, the nothingness lurching behind the conceits is sensed even more desperately than in Quevedo, who at least affirmed the survival of love's spirit in spite of the destruction of the body and spoke of dreams—visions that were taking place. In Aleixandre, all is doubtful: "Un humo soy

de un sueño que él no tuvo. Y aliento. / Pero tiento y no toco tu vida"
(DC, 129).

The entire experience of enacting different characters, of using
masks or doubles is summed up in "Horas sesgas" from *Poemas de
la consumación*, in full recognition of all the implications of a similar
confession. Here, a few lines offer a final synthesis of the futility
of all attempts throughout the three stages to cover up ultimate truth:

> Narciso es triste.
> Referí circunstancia. Imprequé a las esferas
> y serví la materia de su música vana
> con ademán intenso, sin saber si existía.
> Entre las multitudes quise beber su sombra
> como quien bebe el agua de un desierto engañoso.
> . . . .
> Falaz escucho a veces una sombra corriendo
> por un cuerpo creído. O escupo a solas (PC, 21).

Some recurring images throughout the work suggest this truth with
equal persuasiveness: a serpent that repeatedly sheds its skin in order
to continue forming hollow circles; a pack of cards that serves to
play not games but solitaires.

Distance created by the use of masks is but one aspect of the
constant of "self-protection." Other facets of the same device are
of equal interest and testify to a basic unity of concept and expression
in Aleixandre's work. Quite remarkable in this respect is his *En un
vasto dominio* where, according to the critics, a "spiritualization"
of objects takes place: different parts of the body appear as protag-
onists not only for their physiological but also for their metaphysical
value. One ought not to forget that the last poem of this book is entitled "Materia unica," strangely shifting the emphasis off spirituality
and posing the question of transcendence. The last section of the
book is dedicated to portraits: another device already used in *Ambito*
and one which later culminates in an entire collection entitled *Retratos con nombre*. In *En un vasto dominio* these portraits continue
the tradition of the double: most of them are two-part compositions,
the first representing a "fixed" face of bygone ages and the second
its equivalent in the living reality of today. This poses a new question:
to what extent are they portraits, if by showing a repetition through
the ages they stress the quality of type and even suggest archetypes?
The sequence is significant: a man, a woman, a child, an old woman.
This again creates distance and seems to exclude a spontaneous, intimate, momentary personal contact. They are pairs of portraits
emerging from long gestation. The poet himself suggests the process

of objectification when he refers to the first part of this book as "first chapter": a hint Bousoño picks up in elaborating his term "novelistización," which he indicates as a characteristic trait of the second period.[24]

The inclination to view everything from a distance, inserting a mental prism, may be at the root of another variant of *dissimulatio*: Aleixandre's mythicizing procedures in *Sombra del paraíso*. In comparison with Alberti's *Retornos*, this evocation of the site of a happy childhood seems more intellectual and shows a lesser degree of nostalgic reminiscence of concrete, fully lived moments. The entire experience is being elevated to an abstract level and becomes almost generic. Here again, the poet more fully elaborates the significative aspect of a phenomenon even if it starts out as a personal experience. It is the trend to objectify that finally leads to the soliloquies of *Diálogos*, where all phenomena are critically evaluated from a distance. The multiple selves listen to their own words and examine their ultimate meaning, which might be found to have universal relevance.

Masks, objectification, and critical analysis set the basic tone for Aleixandre's poems. Although lyric apostrophe is one of the most frequently used devices, the tone is practically never that of an intimate lyric confession. An allusion has already been made to Aleixandre's concept of the poet's "mission." His message can be delivered in diverse languages except in that of the common man conversing intimately with others. Paul Ilie terms Aleixandre's surrealist technique "arbitrary emotionalism of neutralities," indicating that it is most appropriate for expressing obsessive images born out of the inability to reach romantic flight.[25] A certain amount of declamation, of speaking from the pulpit can be detected even in his so-called social period.[26] The "nosotros" appearing here still remains basically "I" and does not acquire the passionate overtones of direct imprecation or invocation so typical in other testimonial poets of the period. The transitions from "I" to "we" to "you" remind one more readily of Lautréamont's jumps from narrator to actor to observers while never leaving the realm of "I."[27] Réné Campos has noted with great perceptiveness that this phenomenon has been recognized by Bousoño while stressing the social aspect of Aleixandre's verse: "Mirar desde una perspectiva *totalmente suya* un tema que es común a todos," and also that Leopoldo de Luis, in emphasizing "la responsabilidad del poeta como solidario de su tiempo," admits that in this case Aleixandre "se posesiona de sí mismo al verse en los demás."[28]

In the last stage, the propensity to aphorism again accentuates the poet's desire not to speak just in his own voice but in that of "wisdom," which can only be reached through distancing and abstraction. Hence, relativity and ambiguity contine to be fundamental. Just as in the universe of objects where relative equality had been stressed by the use of "or," the "sense," "non-sense," or multiple sense of a word is demonstrated through a similar juxtaposition in "Por fin":

> Una palabra más, y sonaba imprecisa.
> Un eco algunas veces como pronta canción.
> Otras se encendía como la yesca.
> A veces tenía el sonido de los árboles grandes en la sombra.
> Batir de alas extensas: águilas, promociones, palpitaciones,
>   tronos.
> Después, más altas, luces (PC, 35).

Again, it is Swann who finally sums up what life—and the life of an artist—is, suggesting the interchangeability of masks and their monologue-like presentations throughout the work:

> Un "tema": eso es la vida, con su impura palabra (DC, 120).[29]

INSTITUTE FOR RESEARCH IN THE
HUMANITIES, MADISON

Notes

[1]"Alia dicentis ac significantis dissimulatio" (Cicero). In the 18th century, Rousseau practiced it consciously: "Le parti que j'ai pris d'écrire et de me cacher est précisément celui qui me convenait" (*Confessions*, III).

[2]Jean Starobinski points out that both Descartes and Locke refer to the process of perception and recognition in terms of darkness in which occasional reflections of light appear (*L'Oeil Vivant*. Paris: Gallimard, 1961, p. 168).

[3]A systematic application of Mauron's theory of the "obsessive metaphor" might render very interesting and significant results in Aleixandre's case (Charles Mauron, *Des métaphores obsédantes au mythe personnel*. Paris: José Corti, 1963).

[4]"La poesía última de Vicente Aleixandre," *Plural* 32 (mayo 1974). I quote from the text included in *Vicente Aleixandre*, J. L. Cano, ed. (Madrid: Taurus, 1977), p. 270.

[5]In this respect, it is interesting to remember what Jean Rousset says of the use of dialogue and monologue in 16th to 17th-century French drama, asking why we never hear a soliloquy by Tartuffe (I by no means intend to suggest any parallels): "c'est qu'il ne doit pas poser, du moins volontairement, son masque; le monologue de Tartuffe, ce serait sa pensée intime, qui doit rester cachée." (*Narcisse romancier*. Paris: José Corti, 1973, p. 49.)

[6]*La nueva poesía española*. *Obras completas* (Madrid: Aguilar, 1968), p. 1442.

[7]The inclination to objectify has prompted the author to assemble an anthology —*Presencias*—stressing this aspect.

[8]"Vicente Aleixandre," *Orígenes* (La Habana), VII, 26; also in *Vicente Aleixandre*, ed. Cano, p. 27

[9]Vid. his letter to Dámaso Alonso, 19 September 1940, OC, 1560.

[10]"The Relation of the Poet to Day-Dreaming," in Ph. Rieff, ed., *Character and Culture* (New York: Collier Books, 1963), p. 37; Gaston Bachelard, *L'Eau et les rêves*.

[11]"En la vida del poeta," OC, 1342.

[12]Eugenio de Nora, "La forma poética y cosmovisión en la obra de Vicente Aleixandre," *CuH* 7 (enero-febrero 1949), p. 121.

[13]"Vida," *Pasión de la tierra*, OC, 177.

[14]J. M. Valverde, "De la disyunción a la negación en la poesía de Vicente Aleixandre (y de la sintaxis a la visión del mundo)," *Escorial* 52 (1945).

[15]OC, 178. All further quotations will be taken from *Obras completas*, using the abbreviation OC and the page number, except for the last two books: *Poemas de la consumación*, (Barcelona: Plaza & Janés, 1968) = PC; *Diálogos del conocimiento*, (Barcelona: Plaza & Janés, 1974) = DC.

[16]OC, 191.

[17]Michel Gauthier has studied the Narcissus complex in all its manifestations in *La destrucción o el amor*, arriving at the following conclusion: "écartèlement entre le livre et la vie, entre l'absolu et le corruptible, entre l'engagement et la contemplation, entre la forêt et la mer: le poète se détourne de la tendresse humaine—et aussi de la férocité humaine—et dans sa quête de l'Amour, ne découvre que l'amour de soi." (Vicente Aleixandre, Narcisse écartelé," *Langues Néo-Latines* 176 (mars-avril 1966), p. 97.

[18]The mirage can be an object, a whole city as seen above, or love: "¡Cómo en el vidrio el labio dejó huellas! / El vaho tan sólo de lo que tú amaras" (PC, 77).

[19]A rather complex affirmation of this assessment can be found in PC, where not only the reality of the kiss but that of the kissed is put to doubt, and where one of the basic constituents of Aleixandre's imagery—the mental reflection—is alluded to: "Mi nombre fue un sonido / por unos labios. Más que un soplo de aire fue su sueño. / ¿Sonó? Como un beso pensado ardió, y quemóse" (PC, 101).

[20]"Bulto sin amor," OC, 446. The questioning also appears in "No te conozco," *Poemas varios*.

[21]"Y por la carne acude el alma y cesa / La soledad del mundo en su lamento (...) Gozo de ser: el amante se pasma. / ¡Oh derrochado presente inaudito, / Oh realidad en raudal sin fantasma! / Todo es potencia de atónito grito" ("Anillo," *Cántico, Aire nuestro*. Milano: All'Insegna del Pesce d'Oro, 1968, pp. 180 y 182). Michel Gauthier suggests an interesting parallel between Aleixandre's *persona* in love and Mallarmé's *Hérodiade*.

[22]Prologue to the second edition of *La destrucción o el amor* (1944), OC, 1444.

[23]At one point, we are offered an ironic justification for it: "Cuando de noche mudo de piel / o arranco el traje con que latí y fui visto, / me río. La desnudez es un orden innoble" (DC, 64-5).

[24]*La poesía de Vicente Aleixandre* (Madrid: Gredos, 1968).

[25]*Los surrealistas españoles* (Madrid: Taurus, 1972), pp. 67-88.

[26]One might remember here that such "social" poets as Crémer and Nora also use a very declamatory voice in their first poems of protest.

[27]Starobinski quotes the following lines to illustrate Lautréamont's attitude: "La

métamorphose ne parut jamais à mes yeux que comme le haut et magnanime retentissement d'un bonheur parfait, que j'attendais depuis longtemps" (op. cit., 242). The beginning of "Chant Quatrième" is a good example of this inclination, and here the same equalizing "or" as in Aleixandre is used: "C'est un homme ou une pierre ou un arbre qui va commencer le quatrième chant" (*Oeuvres complètes* d'Isidore Ducasse. Paris: Librairie Générale Francaise, 1963, p. 214). Referring to this, José Angel Valente states very rightly that Lautréamont, having insisted on not leaving any Memoirs, "en efecto, sólo dejo máscaras" ("Tres notas sobre Lautréamont," *Las palabras de la tribu.* Madrid: Siglo XXI, 1971, p. 308).

[28]"La poesía de Vicente Aleixandre," in *Vicente Aleixandre*, p. 40; Leopoldo de Luis, *Vicente Aleixandre.* (Madrid: E.P.E.S.A., 1970), p. 159.

[29]One might remember that "tema" can also be translated as "stubbornness" and "perseverance": "No sé lo que es morir. Yo no muero. Yo canto. / Canto muerto y podrido como un hueso brillante, / radiante ante la luna como un cristal purísimo" ("Tormento del amor," *Mundo a solas*, OC, 471.

BIBLIOGRAPHY

I. Aleixandre's Works

A. *Poetry Books*

Ambito. Málaga: Litoral, 1928. A few poems had appeared as the first publication of the author in *Revista de Occidente*, Vol. XIII, No. 38 (Aug. 1926), pp. 168-73. Under the general title "Número" were included: "El viento," "Materia," "Cuerpo," "Retrato" and "Forma." Other poems from *Ambito* appeared in *Verso y Prosa*; see Francisco Javier Díez de la Revenga, *La revista "Verso y Prosa." Murcia, 1927-1928* (Murcia: Academia Alfonso X El Sabio, 1971), pp. 11-12.

————. Madrid: Colección Raíz, 1950.

————. Madrid: Visor, 1976. With a prologue by Gabriele Morelli, the translation of the first chapter of *Linguaggio Poetico del Primo Aleixandre* (Milano: Ciralpino-Goliardica, 1972).

Pasión de la tierra. México: Fábula, 1935. Written in the years 1928-29, the book was first published in México in an edition of one hundred fifty copies, of which only a few were distributed in Spain.

————. Madrid: Colección "Adonais," 1946. Introductory note by the author which is also included in *Obras completas* (Madrid: Aguilar, 1968), pp. 1446-50, and in the critical edition prepared by Luis Antonio de Villena, pp. 205-210. This edition includes seven poems not published in the Mexican edition.

————, and *Espadas como labios*. Buenos Aires: Losada, 1957.

————. Madrid: Narcea, 1976. Critical edition prepared by Luis Antonio de Villena. This is a fundamental text because of its prologue, notes, textual analysis and annotated bibliography. It includes poems that had been lost even before the collection was first published in Mexico. See Brian Nield, "Cuatro poemas inéditos de Vicente Aleixandre y un comentario," *Cuadernos Hispanoamericanos*, No. 233 (1969), 457-66.

Espadas como labios. Madrid: Espasa-Calpe, 1932. Poems in this first edition have no punctuation; the ensuing editions have punctuation provided by the author.

————, and *Pasión de la tierra*. Buenos Aires: Losada, 1957.

————, and *La destrucción o el amor*. Madrid: Castalia, 1972. Critical edition prepared by José Luis Cano. The introduction, notes and selected bibliography are very useful.

La destrucción o el amor. Madrid: Signo, 1935. This work received the National Prize for Literature in 1933.

————. Madrid: Alhambra, 1945. With a prologue by the author, also included in *Obras completas*, pp. 1439-45.

La destrucción o el amor. Buenos Aires: Losada, 1954.

———— , and *Espadas como labios.* Critical edition prepared by José Luis Cano.

Mundo a solas. Madrid: Clan, 1950. Introductory note by the author, also included in *Obras completas,* pp. 1451-52. Written between the years 1934 and 1936, this work was not published until 1950, when it appeared in a bibliophile edition of two hundred copies as an homage to the poet in commemoration of his becoming a member of the Spanish Royal Academy. Six drawings and a portrait by Gregorio Prieto.

———— . Zaragoza: Javalambre, 1970. Introductory note and four new poems handwritten by the author: "El fuego final," included in *Obras completas,* pp. 465-66; "En un cementerio," "Humo y tierra" y "Luna caída." Photographs by J. Alcón.

Sombra del paraíso. Madrid: Adán, 1944.

———— . Buenos Aires: Losada, 1947. Colección "Poetas de España y América."

———— . Buenos Aires: Losada, 1967. Colección "Clásica y Contemporánea."

———— . Madrid: Castalia, 1976. Critical edition prepared by Leopoldo de Luis. It offers helpful information and a good selected bibliography.

En la muerte de Miguel Hernández. Zaragoza: Cuadernos de las Horas Situadas, 2, 1948. This elegy appears later in *Nacimiento último.*

Poemas paradisíacos. Málaga: El Arroyo de los Angeles, 1952. Selection of poems from *Sombra del paraíso.* Explanatory note by the author, included in *Obras completas,* pp. 1453-55. Edition of two hundred numbered copies.

Nacimiento último. Madrid: Insula, 1953. An introductory note by the author— also in *Obras completas* (Madrid: Aguilar, 1968), pp. 602-03—explains that this book is the only one in which Aleixandre does not create a close unity; it collects poems of different periods from 1927 to 1952, among them the "Elegy" to Miguel Hernández published separately in 1948.

Historia del corazón. Madrid: Espasa-Calpe, 1954. With an introduction by the author, included also in *Obras completas* (Madrid: Aguilar, 1968), pp. 1456-57.

Mis poemas mejores. Madrid: Gredos, 1956: 2nd. ed., 1966; 3rd. ed., 1968; 4th. ed., 1976. Anthology prepared by the author, who provides a general introduction and introductory notes to each of his books. Rpt. *Obras completas* (Madrid: Aguilar, 1968), pp. 1458-75.

Poemas amorosos. Buenos Aires: Losada, 1960. Anthology of love poems.

———— . 2nd. ed. Buenos Aires: Losada, 1970. Same as the above with some additions.

Poesías completas. Madrid: Aguilar, 1960. This first collection of all the author's poems has a prologue by Carlos Bousoño, which is reproduced as the prologue to *Obras completas* (Madrid: Aguilar, 1968). The text is part of the book *La poesía de Vicente Aleixandre* (Madrid: Gredos, 1950).

Picasso. Málaga: "Cuadernos de María Cristina," 1961.

Antigua casa madrileña. Santander: Clásicos de todos los años, 1961. This poem appears later in *En un vasto dominio.*

En un vasto dominio. Madrid: Revista de Occidente, 1962.

Presencias. Barcelona: Seix Barral, 1965. Anthology prepared by the poet and preceded by a very brief "Preliminary Note" in which he explains that all the poems included—from *Ambito* to the latest book—have in common a tendency to objectivity.

Retratos con nombre. Barcelona: El Bardo, 1965.

Dos vidas. Málaga: "Cuadernos de María José," 1967. This poem later forms part of *Diálogos del conocimiento.*

Obras completas. Madrid: Aguilar, 1968. Includes all of the poetic works published to date, adding some poems not included in other books except for *Poesías completas* (Madrid: Aguilar, 1960). Also collects the critical prose prepared by Aleixandre for various editions of his works, for works of other poets, and his lectures. Other prose texts include *Los encuentros.* This edition has a prologue by Carlos Bousoño, taken from his book *La poesía de Vicente Aleixandre.*

————— . Madrid: Aguilar, 2nd edition, 1978. This revised edition consists of two volumes.

Poemas de la consumación. Barcelona: Plaza y Janés, 1968.

Poesía superrealista. Barcelona: Barral editores, 1971. Anthology prepared by the poet with an introduction in which he explains that he has never believed in the dogmatic basis of Surrealism. The selection includes poems from most of his books.

Antología del mar y la noche. Madrid: Al-Borak, 1971. Selection of poems and prologue by Javier Lostalé.

Sonido de la guerra. Valencia: Hontanar, 1972. This poem appears later as the first composition in *Diálogos del conocimiento.* This edition has a final "Nota a la edición" by Juan de Oleza.

Diálogos del conocimiento. Barcelona: Plaza y Janés, 1974.

Antología total. Barcelona: Seix Barral, 1976. Excellent selection prepared by Pere Gimferrer; the introduction is of great interest and a fundamental text for the understanding of Aleixandre's poetic originality.

Antología poética. Madrid: Alianza, 1977. Edition prepared by Leopoldo de Luis. Offers a brief introduction; a very helpful, although incomplete, bibliography of Aleixandre's poetic works; a selected bibliography about Aleixandre; and a cronology too sparse to be of much help.

B. Prose Books

En la vida del poeta: El amor y la poesía. Madrid: Real Academia Española, 1950; rpt. *Obras completas,* pp. 1322-43. Aleixandre's address to the Spanish Royal Academy upon his election to membership. Followed by Dámaso Alonso's answer: "Vicente, en la Academia." *Poetas españoles contemporáneos* (Madrid: Gredos, 1958, pp. 318-32.

Algunos caracteres de la nueva poesía española. Madrid: Instituto de España, 1955; rpt. *Obras completas,* pp. 1412-35. Critical discourse in which Aleixandre makes explicit his views on literature and stresses the positive characteristics of a historicist and realistic poetry such as that being written in Spain at the time.

Los encuentros. Madrid: Guadarrama, 1958; rpt. *Obras completas,* pp. 1153-1313. Portraits of a great variety of persons known to the author.

C. Translations

1. ENGLISH

Turnbull, Eleanor L., trans. *Contemporary Spanish Poetry from Ten Poets.* Baltimore: The Johns Hopkins Press, 1955, 1st reprint, 1968. Bilingual edition; included are ten poems by Aleixandre.

"Poems by Vicente Aleixandre." *Mundus Artium,* Vol. II, No. 3 (Summer 1969), pp. 6-59. Brief introductory note; included are twenty-one poems in Spanish with English versions by Ben Belitt, Allan Brilliant, Donald A. Yates, Muriel Rukeyser and Willis Barnstone.

Aleixandre, Vicente. "Poems." Trans. Louis M. Bourne, *Mundus Artium*, Vol. V, Nos. 1-2 (1972), pp. 120-27. Bilingual edition of three poems.

Bourne, Louis M., trans. "Vicente Aleixandre: Twelve Poems." *Revista de Letras*, No. 22 (1974), pp. 143-60.

St. Martin, Hardie, ed. *Roots and Wings: Poetry from Spain. 1900-1975*. New York: Harper & Row, 1976. Bilingual edition; included are nine poems by Aleixandre with English versions by M. S. Merwin, Robert Bly, Lewis Hyde, William Stafford and Herbert Baird.

Aleixandre, Vicente. *Twenty Poems*. Trans. Lewis Hyde and Robert Bly. (Minn.): The Seventies Press, 1977. Bilingual edition. Some of the poems collected appeared Previously in *Hawaii Review* and *The American Poetry Review*.

Hyde, Lewis, ed. *A Longing for the Light. Selected Poems of Vicente Aleixandre*. New York: Harper & Row, 1979. The selection includes poems that had appeared previously as well as new translations.

Aleixandre, Vicente. *The Destruction of Love and Other Poems*. Trans. Stephen Kessler. Santa Cruz (Cal.): Green Horse Press.

2. OTHER LANGUAGES

Aleixandre, Vicente. *Poesie*. Trans. Dario Puccini. Roma: Sciasca Editore, 1961.

————— . *Picasso*. Trans. Vittorio Bodini. Milano: Pesce d'oro, 1962. Bilingual edition.

————— . *Nackt wie der glühende Stein*. Trans. Erich Arendt. Hamburg: Rowohlt, 1963.

————— . *Histoire du Coeur*. Trans. Jacques Comincioli. Lausanne: Editions Rencontre, 1969.

————— . *La Distruzione o Amore*. Trans. Francesco Tentori Montalto. Torino: Enaudi, 1970.

————— . *Poesie della Consumazione*. Trans. Francesco Tentori Montalto. Milano: Rizzoli, 1972. Prologue: "L'ultimo Aleixandre."

————— . *Umbra paradisului*. Trans. Sorin Màrculescu. Bucarest: Editure Univers, 1972.

————— . *La destruction ou l'amour*. Trans. Jacques Ancet. Lyons: Editions Fédérop, 1975.

Puccini, Dario. *Trionfo dell'amore. Studio Critico e Antologia poetica*. Milano: Edizioni Accademia, 1972.

II. Books on Aleixandre

Bousoño, Carlos. *La poesía de Vicente Aleixandre*. Madrid: Insula, 1950. Rpt. Gredos, 1956; 2nd revised ed., 1968; 3rd ed., 1977. The last two editions have been revised and enlarged; as it is this book represents the best study on the poet's work. Although Bousoño stresses the stylistic approach, he devotes a large part of the book to the study of Aleixandre's themes and world view. Part of this book has been reproduced as the prologue to Vicente Aleixandre, *Obras completas*. An extensive bibliography and a chronology of the poems add helpful information to the already very rich material of the book.

Cabrera, Vicente and Harriet Boyer, eds. *Critical Views on Vicente Aleixandre's Poetry*. Lincoln, Nebraska: Society of Spanish and Spanish-American Studies,

1979. Collection of six studies, some of them previously published in Spanish: R. Gullón, "The Poetic Itinerary of Vicente Aleixandre"; G. S. Forrest, "Vicente Aleixandre and Henri Rousseau: A Coincidence in Imagery"; K. Schwartz, "The Isakower Phenomenon and the Dream Screen in the Early Poetry of Vicente Aleixandre"; V. Cabrera, "World Alone: A Cosmovision and Metaphor of Absent Love"; J. O. Jiménez, "Vicente Aleixandre's *Poems of Consummation*"; and G. Carnero, "Knowing and Known in *Poems of Consummation* and *Dialogues of Knowledge*."

Cano, José Luis, ed. *Vicente Aleixandre*. Madrid: Taurus, 1977. A comprehensive selection of twenty-one articles on Aleixandre; all are reprints from different publications. The selected bibliography lists only books and articles that did not appear in Bousoño's bibliography.

Celaya, Gabriel. *Cantata en Aleixandre*. Palma de Mallorca: Papeles de Son Armadans, 1961. Poem in which Celaya interprets Aleixandre's poetry. See Celaya, "Notas para una *Cantata en Aleixandre*."

Colinas, Antonio. *Conocer. Vicente Aleixandre y su obra*. Barcelona: Dopesa, 1977. Conceived as a book to introduce the poet to the general public, it lacks critical exactness but offers a serious reading for those not interested in complex stylistic analyses or literary commentaries. Selected bibliography.

Galilea, Hernán. *La poesía superrealista de Vicente Aleixandre*. Santiago de Chile: Editorial Universitaria, 1971. Studies Aleixandre's surrealistic poetry in relation to other artistic manifestations of Surrealism. Very complete treatment of the subject.

Granados, Vicente. *La poesía de Vicente Aleixandre (Formación y evolución)*. Barcelona: Editorial Planeta, 1977. Prepared as a dissertation at the University of Madrid, this study should have been revised for publication to avoid awkwardness of style and organization. Nevertheless, it offers many good observations and analyses and is thus a valuable addition to the bibliography on Aleixandre. A short bibliography adds a few new items over the much better one in Bousoño.

Homenaje a Vicente Aleixandre. Barcelona: El Bardo, 1964. Poems by seventeen Spanish poets and a prose text of memories by Vicente Gaos, "Mis encuentros con Vicente," pp. 31-33. A few poems by Aleixandre: "Pequeña antología de Vicente Aleixandre," pp. 57-74.

Homenaje a Vicente Aleixandre. Madrid: Insula, 1968. A collection of poems by Aleixandre's friends in commemoration of his seventieth birthday.

Luis, Leopoldo de. *Vicente Aleixandre*. Madrid: EPESA, 1970.

———. *Vida y obra de Vicente Aleixandre*. Madrid: Espasa-Calpe, 1978. This edition reproduces the earlier book almost exactly, except for a few added pages to account for the new developments in the life and work of the poet. The biography is devoid of any interest because of its lack of detail and spirit. Many long quotations from Aleixandre's poems take much space. The section on Aleixandre's poetry is brief and serves the objective of being an introduction for new readers. A short bibliography, improved on in this new edition with a few titles of books and articles about Aleixandre's work.

Morelli, Gabriele. *Linguaggio Poetico del Primo Aleixandre*. Milano: Cralpino-Goliardica, 1972.

Pozanco, Víctor, ed. *Lo que opinamos de Vicente Aleixandre* Barcelona: Ambito Literario, 1977. Very brief book made up of fifteen texts of various kinds; most of them are personal comments devoid of critical interest. The very brief bibliography is capricious and misleading; also peculiarly incomplete is the cronology. More than a book on Aleixandre it is a book on the people who wrote it, and from that point of view it has some interest.

Puccini, Dario. *La Parola Poetica di Vicente Aleixandre*. Roma Edizioni Bulzoni, 1971. Trans. Elsa Ventosa, *La palabra poética de Vicente Aleixandre*. Barcelona: Editorial Ariel, 1979. A complete treatment of Aleixandre's works in a book-by-book, detailed study of their characteristics. Includes a section on Aleixandre's ideas about poetry. No bibliography.

Schwartz, Kessel. *Vicente Aleixandre*. New York: Twayne Publishers, 1970. General introduction to Aleixandre's work. Historical background and bibliography helpful to English speakers. Prof. Schwartz applies a psychoanalytic approach to the study of Aleixandre's poetry.

III. Special Journal Issues on Aleixandre

Corcel, Nos. 5-6. Valencia, 1944. Articles are listed in section IV of this bibliography.

Insula, No. 50. Feb. 1950. Articles are listed in section IV of this bibliography.

Gánigo, No. 26. Tenerife, Mar.-Apr. 1957.

Papeles de Son Armadans, Nos. 32-33. Nov.-Dec. 1958. Articles are listed in section IV. Includes a very helpful bibliography.

Agora, Nos. 29-30. Mar.-Apr. 1959. Poems by several authors and a brief note by Gerardo Diego.

Nivel, No. 37. Mexico, Jan. 1962.

La Venencia, No. 5. Jerez de la Frontera, 1963.

Revista de Letras, No. 22. June 1974. Articles are listed in section IV of this bibliography.

Informaciones de las Artes y de las Letras, No. 482. Supplement of *Informaciones*. Madrid, 13 Oct. 1977.

La Estafeta Literaria, No. 623. Nov. 1977. Articles are listed in section IV of this bibliography.

Poesía Hispánica, 2a época, Nos. 299-300. Nov.-Dec. 1977. Articles are listed in section IV of this bibliography.

Insula, Nos. 374-375. Jan.-Feb. 1978. Articles are listed in section IV of this bibliography.

Cuadernos Hispanoamericanos, Nos. 352-354, Oct.-Dec. 1979. Includes: a short, unpublished prose text by Aleixandre ("Un recuerdo," pp. 7-8), forty-six essays, articles and notes on Aleixandre's works (listed in section IV of this bibliography), twenty-five poems in honor of the poet, and five book reviews (listed in section IV). It also offers a reproduction of a manuscript poem by Aleixandre, a pencil portrait of the poet, and fourteen pictures from different periods.

IV. Selected Articles

This annotated bibliography does not include those items that appeared in publications other than literary and academic journals. Items not seen are also excluded from this selection and have been listed separately in secion V.

Abad Nebot, Francisco. "El mito como saber y como forma literaria." *Cuadernos Hispanoamericanos*, Nos. 352-354, Oct.-Dec. 1979, pp. 297-314. The themes of cosmic communion and the temporality of man found in Aleixandre's work are also present in the works of Guillén and other poets of the Generation of 1927. Very brief annotated bibliography.

"Actualidad de Aleixandre." *Insula*, No. 173, Apr. 1961, p. 2. Very brief note informing of some translations of Aleixandre's poetry being prepared for publication in Italy and France.

"Actualidad de Aleixandre." *Insula*, No. 268, Mar. 1969, p. 2. Brief note celebrating the publication of Aleixandre's *Obras completas* and suggesting that the poet should be nominated for the Nobel Prize.

Adell, Alberto. "Vicente Aleixandre: Poems: *Retratos con nombre*." *International P.E.N..*, Vol. XVI, No. 3 (1965), pp. 90-91. Points to the paradoxical situation of Spanish poetry which since the publication of *Sombra del paraíso* has followed a communal idea of poetic voice but which at the same time has been represented by very individual names, as is the case of Aleixandre, the true poet of the new idea of man's communal condition.

"Agora y Aleixandre." *Insula*, No. 151, June 1959, p. 2. Brief note informing about *Agora's* homage to the poet; stresses the point that this issue includes poems by friends of all ages, thus showing the impact of Aleixandre on contemporary Spanish poetry.

"Aleixandre y la poesía joven." *Insula*, No. 119, Nov. 1955, p. 2. Brief informative note about the lecture on the new Spanish poetry given by Aleixandre at the Academy. The poet recognizes the historicist character of the poetry being written by the younger poets.

"Aleixandre en alemán e italiano." *Insula*, No. 208, Mar. 1964, p. 2. Very brief note informing of an Italian edition of *Picasso* and of other translations of Aleixandre's works.

"Aleixandre y el Premio Nóbel." *Insula*, No. 372, Nov. 1977, p. 2. Brief note commenting on world reaction to the Spaniard's Nobel Prize.

Alfaya, Javier. "Dos nuevos libros de Vicente Aleixandre." *Insula*, No. 227 (Oct. 1965), p. 5. General comments on *Retratos con nombre* and *Presencias*.

Aller, César. "El libro más reciente de Vicente Aleixandre." *Arbor*, No. 276, Dec. 1968, pp. 102-4. Review of *Poemas de la consumación*. The poet has returned to a pure poetry, very human and aesthetically pleasing.

————— . "Las *Obras completas* de Vicente Aleixandre." *Arbor*, Nos. 285-286, Sept.-Oct. 1969, pp. 130-31. Brief review. Aleixandre is a truly original poet; he has the secret of a resounding poetic language.

Alonso, Dámaso. "Espadas como labios." *Revista de Occidente*, CXIV (1932) pp. 223-33. Rpt. *Ensayos sobre poesía española*. Madrid: Revista de Occidente, 1944, pp. 351-93; 2nd ed. Buenos Aires: Revista de Occidente Argentina, 1946. Also in *Poetas españoles contemporáneos*. Madrid: Gredos, 1958, pp. 282-93; and José Luis Cano, ed. *Vicente Aleixandre*. Madrid: Taurus, 1977, pp. 205-13. Alonso interprets Aleixandre's book as a neorromantic work.

————— . "La destrucción o el amor." *Revista de Occidente*, CXVII (June 1935), pp. 331-40. Rpt. *Ensayos sobre poesía española* and *Poetas españoles contemporáneos*, pp. 294-303. Continuation in this book of the romantic tones of *Espadas como labios*; the critic notes a more definite conception of the world which he terms pantheistic.

————— . "La poesía de Vicente Aleixandre." *Ensayos sobre poesía española*. Madrid: Revista de Occidente, 1944; 2nd ed. Buenos Aires, 1946, pp. 351-93. Articles on different Spanish poets. Studies on Aleixandre were published previously.

————— . "El Nilo (Visita a Vicente Aleixandre)." *Corcel*, Nos. 5-6, 1944, pp. 15-16.

Rpt. *Poetas españoles contemporáneos*, pp. 315-17; also, José Luis Cano, ed. *Vicente Aleixandre*. Madrid: Taurus, 1977, pp. 16-17. Half humorous, half serious comparison of Aleixandre to a river.

————. "Vicente Aleixandre." *Insula*, No. 50, Feb. 1950, pp. 1, 7. Rpt. *Poetas españoles contemporáneos*, pp. 318-19. Speech of response to Aleixandre's address at the Academy. Alonso notes the greatness of Aleixandre's poetry and its acceptance by the public in Spain and Latin America.

————. *Poetas españoles contemporáneos*. Madrid: Gredos, 1952. Short articles on a number of poets, including several texts on Aleixandre published previously.

————. "Poemas inéditos de Vicente Aleixandre (de un álbum muy viejo: 1918-1923)." *Insula*, Nos. 374-375, Jan.-Feb. 1978, pp. 1, 29. Reproduces a few poems written by Aleixandre showing the influence of Juan Ramón Jiménez and Antonio Machado.

Alonso Schokel, Luis. "Trayectoria poética de Aleixandre." *Revista Javeriana*, No. 208, Sept. 1954, pp. 166-84. Love is the central force in Aleixandre's work and follows three lines of development: romantic passion, modernist sensuality and Freudian libido. The critic discusses the morals of the poet.

Altolaguirre, Manuel. "Cuatro poetas íntimos." *Lyceum*, Apr.-June 1939, pp. 15-29. Lecture given in Cuba in which Altolaguirre reminisces about his friendships with Aleixandre, Cernuda, Lorca, Concha Méndez and Prados.

Alvar, Manuel. "Análisis de 'Ciudad del paraíso'." *Pliegos de cordel*, Vol. 1, No. 1, 1975. Intelligent analysis of the poem from a formalist-structuralist point of view; offers informative discussions of Aleixandre's verse and poetic structure. The poem is seen for its mythical value and in relation to the historical circumstance.

Alvarez Villar, Alfonso. "El panteísmo en la obra poética de Vicente Aleixandre." *Cuadernos Hispanoamericanos*, Nos. 175-176, July-Aug. 1964, pp. 178-84. Aleixandre is one of the poets in whose work an ideological basis is most evident. That basis is pantheism.

Amusco, Alejandro. "Continuidad y variación del romanticismo de Vicente Aleixandre." *Revista de Occidente*, Nos. 149-150 (1975), pp. 250-62. Romanticism is characterized by freedom and by the rapture of the poet, who wishes to become one with either the loved person, nature or an ideal. Aleixandre's work is a romantic evolution in three stages: desire for universal union, union with mankind, and metaphysical union with the transcendental questions of life and death.

————. "Lectura de un poema de Aleixandre." *Cuadernos Hispanoamericanos*, No. 313 (July 1976), pp. 167-79. Analysis of "Canción a una muchacha muerta" *(La destrucción o el amor)*. The poem is not totally irrational because the poet is in control of his techniques; irrationality is not possible in art. The critic discusses the metrics, the images and the thematic aspects of this poem. Discussion of irrationality in poetry and of Bousoño's concepts of "vision" and "visionary image."

————. "El motivo erótico en *Espadas como labios* de Vicente Aleixandre." *Insula*, No. 361, Dec. 1976, pp. 1, 12. The book has a central theme: passionate love as a destructive force that possesses all beings and unifies them in a universal communion with Nature. Sexual pleasure is the manifestation of this love-death force, and in Aleixandre's work it is clearly present.

————. "El pensamiento de los presocráticos y Vicente Aleixandre." *Insula*, Nos. 374-375, Jan.-Feb. 1978, p. 16. The critic discusses certain elements of coincidence between Aleixandre's conception of the world and the philosophical theories of Heraclitus, Parmenides, Empedocles, and the poet Gorgias.

Ancet, Jacques. "Materia sin tino (notas de un traductor)." *Insula*, Nos. 374-375, Jan.-Feb. 1978, p. 27. Notes about Aleixandre's surrealistic books. Ancet, the French translator of Aleixandre's poetry, applies to it the theories and terminology of the latest French psychologistic approaches to the literary text.

Anderson Imbert, Enrique. "Aleixandre, Rubén Darío y Unamuno." *Sur*, No. 230, Sept.-Oct. 1954, pp. 100-01. A misleading title; this brief note reproduces a talk with Aleixandre, who says that for a poet to have a reader he must have certain affinity with the reader's spirit.

Andújar, Manuel. "Una grandeza poética, humana y española." *Cuadernos Hispanoamericanos*, Nos. 352-354, Oct.-Dec. 1979, pp. 183-89. Very personal commentary about Aleixandre's situation within the Generation of 1927 and his influence in Spain's history, particularly in relation to the Republican tradition.

Antokoletz, María Adela. "Apuntes para un estudio del amor exultante en el poema 'Triunfo de amor'." *Cuadernos Hispanoamericanos*, Nos. 352-354, Oct.-Dec. 1979, pp. 496-98. Very brief commentary of the poem.

Arbeleche, Jorge. "Una poética del amor." *Cuadernos Hispanoamericanos*, Nos. 352-354, Oct.-Dec. 1979, pp. 244-61. Another quick review of the theme of love in Aleixandre's poetry.

Arteche, Miguel. "*Sombra del paraíso*, por Vicente Aleixandre." *Atenea*, No. 297 (Mar. 1950), pp. 309-12. Review. Brief discussion of Aleixandre's work not at all different from Alonso's studies. This book is a return to earth, such as that seen in D. H. Lawrence and Jean Giono.

Aub, Max. *La poesía española contemporánea.* Mexico: Librería Studium, 1954, pp. 154-68. Aleixandre is a baroque poet who seems to be closer to Latin American poetry than to Spanish literature.

————. *La gallina ciega. Diario español..* Mexico: J. Mortiz, 1971, pp. 188-91. The critic visits Aleixandre at his home in Madrid and narrates the experience. The poet is portrayed as an excellent human being.

Azcoaga, Enrique. "Notas informales para un trabajo sobre la poesía de Vicente Aleixandre." *Poesía Hispánica*, Nos. 299-300, 2a. época, Nov.-Dec. 1977, pp. 15-21. Repeated generalities without much informative or critical value.

————. "*Los encuentros*." *Cuadernos Hispanoamericanos*, Nos. 352-354, Oct.-Dec. 1979, pp. 394-414. Praises Aleixandre for his ability to write portraits of friends and well-known people.

Babín, María Teresa. Rev. of *En un vasto dominio* by V. Aleixandre. *Asomante*, Oct.-Dec. 1963, pp. 67-69. Very general review, which does not add to the knowledge and understanding of Aleixandre's poetry.

Baquero Goyanes, Mariano. "Vicente Aleixandre: Fidelidad a la poesía." *Arbor*, Vol. XV, No. 52, Apr. 1950, pp. 593-94. Note about Aleixandre's speech to the Spanish Academy. Author considers Aleixandre's prose as poetic as his verse. Aleixandre's *leit-motif* is love.

————. Rev. of *Nacimiento último*, by Vicente Aleixandre. *Clavileño*, No. 22, July-Aug. 1953, pp. 67-68. Description of the book and positive words about Aleixandre's personal qualities.

————. Rev. of *Historia del corazón*, by V. Aleixandre. *Clavileño*, No. 27, May-June 1954, pp. 70-71. *Historia del corazón* puts an end to the polemic opposition of human emotion and lyric purity. It is a neoromantic book: the poet wishes to become one with and sing for all mankind.

Barnatán, Marcos Ricardo. "*Mundo a solas*, o el victorioso ardor expresivo de

Vicente Aleixandre." *Insula*, No. 294, May 1971, p. 12. Although written thirty-five years ago, *Mundo a solas* is a topical book in present-day Spanish poetry—a model for future developments.

————. "Vicente Aleixandre y la poesía novísima." *Insula*, 374-375, Jan.-Feb. 1978, pp. 23, 31. Brief comment about the admiration that young Spanish poets have for Aleixandre.

Barral, Carlos. "Memoria de un poema. Homenaje a Vicente Aleixandre." *Papeles de Son Armadans*, Vol. XI, Nos. 32-33, Nov.-Dec. 1958, pp. 394-400. Rpt. José Luis Cano, ed. *Vicente Aleixandre*, pp. 144-47. Analysis of "El Vals." This poem represents a first manifestation in Aleixandre's work of his interest in a socially inspired poetry.

Benítez Claros, Rafael. Rev. of *Sombra del paraíso*, by V. Aleixandre. *Cuadernos de Literatura Contemporánea*, No. 15 (1944), pp. 261-73. Aleixandre's poetic world is unique; his poetry has stylistic values of melody and rhythm. The poet's illness has been responsible for his well-structured poetic vision.

Bensoussan, Albert. "Vicente Aleixandre: Du Surréalisme a l'irrationalisme: Heurs et malheurs de la nouvelle en Espagne." *Les Langues Modernes*, No. 67 (1973), pp. 86-88. Very general introduction to a public totally ignorant of Aleixandre's existence.

Berroa, Rei. "Presencia y sentido de la fauna en Aleixandre." *Cuadernos Hispano-americanos*, Nos. 352-354, Oct.-Dec. 1979, pp. 434-50. Animals have great importance in Aleixandre's poetic cosmos. Lists the animals present in the poet's works, as well as certain terms related to them.

Blajot, Jorge. "Más allá de la palabra." *Razón y fe*, No. 628 (1950), pp. 531-33. General comments on poetry based on Aleixandre's ideas about poetic language that appeared in *Insula*, No. 50, Feb. 1950.

————. "Un libro mayor de poesía." Rev. of *En un vasto dominio*, by V. Aleixandre. *La Estafeta Literaria*, No. 260, 2 May 1963, p. 19. A book with perfect technique which stresses the theme of man and humanness. Two innovations are the detailed view of particular objects and the narrative poem. Social criticism differs from that of other poets because it is directed only to a class which stops the dynamic existence of human matter.

Blanco Aguinaga, Carlos. Rev. of *La poesía de Vicente Aleixandre*, by Carlos Bousoño. *Nueva Revista de Filología Hispánica*, V, No. 4, Oct.-Dec. 1951, pp. 448-49. Very short description of the main parts of Bousoño's book.

Blasquez, Adélaïde et Ramón Chao. "Vicente Aleixandre: 'Ma poésie postule avant tout la communion avec le monde et avec les hommes'." *La Quinzaine Littéraire*, 16-31 Oct. 1977, pp. 13-14. Interview in which Aleixandre repeats more or less the same ideas about his poetry which are found in his writings.

Bleiberg, Germán. "Vicente Aleixandre y sus poemas difíciles." *Insula*, No. 50, Feb. 1950, p. 6. *Pasión de la tierra* is an obscure but extremely sincere book.

Bly, Robert. "The Man Who Stayed Behind." *The New York Times Book Review*, October 30, 1977, pp. 3, 52. Observes that Aleixandre is a perfect Nobel Prize recipient because he represents his generation, which has no parallel in other contemporary literatures. He is the best example of the influence of Freud on twentieth-century literature. Aleixandre did not leave Spain after the war and became the leading literary figure in the difficult period of the Dictatorship. The article comments on the ignorance of this great poet by American publishers.

Bodini, Vittorio. *I Poeti Surrealiste Spagnoli (Saggio Introduttivo e Antologia)*. Torino: Enaudi, 1963. Trans. of the Introduction. *Los poetas surrealistas es-*

pañoles. Barcelona: Tusquets, 1971. Excellent study on Surrealism in Spain. Ample documentation helps Bodini demonstrate his thesis that, contrary to a generally accepted critical view, the Surrealist movement had a great deal of influence in Spain. A section deals particularly, only not too extensively, with Aleixandre's surrealist works.

Bosch, Rafael. "La antología poética de Aleixandre. *Mis mejores poemas.*" *Hispania*, Vol. XLVI, Mar. 1963, pp. 177-78. Very brief and too general discussion of Aleixandre's work.

Bourne, Louis M. "The Spiritualization of Matter in the Poetry of Vicente Aleixandre." *Revista de Letras*, No. 22, June 1974, pp. 166-89. Contrary to the interpretation of most critics, Aleixandre is not a mystic nor a pantheist because he does not believe in any form of divine spirit. He is a true materialist.

_____ . "El agnosticismo en la poesía de Aleixandre." *Insula*, No. 374-375, Jan.-Feb. 1978, p. 26. Aleixandre does not believe in the existence of God as a final cause and explanation of the world.

Bousoño, Carlos. "Génesis de un poema aleixandrino." *Insula*, No. 50, Feb. 1950, pp. 2, 6. This article reproduces chapter XXX of *La poesía de Vicente Aleixandre* (Madrid: Insula, 1950).

_____ . "Un nuevo libro de Vicente Aleixandre." *Insula*, no. 53, May 1950, pp. 2, 7. Review of *Mundo a solas*, which is seen as a link between the preceding and ensuing books.

_____ . "Sobre *Historia del corazón* de Vicente Aleixandre." *Insula*, No. 102, June 1954, pp. 3, 10. Review. *Historia del corazón* is a book representative of the new period in Aleixandre's poetry: the interest in man and society. The central idea of love has been transposed from nature to man.

_____ . "El término 'Gran Poesía' y la poesía de Vicente Aleixandre." *Papeles de Son Armadans*, Vol. XI, Nos. 32-33, Nov.-Dec. 1958, pp. 245-55. Suggests that Aleixandre is a "great poet" because he has a coherent poetic view that pervades all his work.

_____ . "Sentido de la poesía de Vicente Aleixandre." Prologue to Vicente Aleixandre, *Poesías completas.* Rpt. *Obras completas.* Reproduces a section of *La poesía de Vicente Aleixandre* in which Bousoño deals with the two characteristics of modern poetry: irrationalism and individualism. Aleixandre's poetry in a first period follows these two determinants; in a second stage Aleixandre becomes more aware of social man and poetic communicability. Reproduced partially in José Luis Cano, ed., *Vicente Aleixandre*, pp. 31-65.

_____ . "Materia como historia. El nuevo Aleixandre." *Insula*, No. 194, Jan. 1963, pp. 1, 12. *En un vasto dominio* is Aleixandre's greatest book and serves as a basis for an understanding of all the poet's production.

_____ . "The Greatness of Aleixandre's Poetry." *Revista de Letras*, No. 22, June 1974, pp. 190-99. Basically the same ideas as in his article "El término 'Gran poesía' y la poesía de Vicente Aleixandre."

_____ . "Las técnicas irracionalistas de Aleixandre." *Insula*, Nos. 374-375, Jan.-Feb. 1978, pp. 5, 30. See the English version in this volume, pp. 258-70.

Brines, Francisco. "Vicente Aleixandre: La conducta en la amistad." *Insula*, Nos. 374-375, Jan.-Feb. 1978, p. 10. Friendly remarks about Aleixandre's personal qualities.

Busuioceanu, Alejandro. "El epifanismo de Vicente Aleixandre." *Insula*, No. 39, Mar. 1949, pp. 8, 7. The critic uses the term "epifanismo" to signify the conception of poetry as a form of superior knowledge as it is viewed by the Romantic tradition.

Cabrera, Vicente. "Tres poetas a la luz de la metáfora: Salinas, Aleixandre y Guillén." *DAI*, 33 (1973), 5166A (Mass.).

──────── . *Tres poetas a la luz de la metáfora: Salinas, Aleixandre y Guillén.* Madrid: Gredos, 1975. Discusses Aleixandre's poetics as expressed in his poems. Studies the use of metaphor in two books: *La destrucción o el amor* and *Sombra del paraíso.*

Camacho Guizado, Eduardo. "La gran negación y su contraimagen en la poesía de la Generación del 27." In *Studia Hispanica in Honorem R. Lapesa.* Madrid: Gredos y Cátedra-Seminario Menéndez Pidal, 1974, II, pp. 157-70. This article discusses, from a sociological point of view based on Marcuse's theory of the function of art, the poetry of Aleixandre, Lorca, Cernuda and Alberti. The so-called dehumanization of their poetry has to be defined as an expression of the artist's protest against a given society and its repressive rules.

Campanella, Hortensia. "El tema de la fraternidad en *Historia del corazón.*" *Cuadernos Hispanoamericanos*, Nos. 352-354, Oct.-Dec. 1979, pp. 451-56. "Fraternidad" (brotherhood) is a better term than "solidarity" to represent Aleixandre's conception of poetry as communication and his universal love.

Campos, Jorge. "Nuestro amigo Vicente." *Corcel*, Nos. 5-6, 1944, pp. 37-39. Human values in Aleixandre's poetry.

──────── . "Vicente Aleixandre, dignidad y poesía." *Insula*, Nos. 374-375, Jan.-Feb. 1978, p. 12. Very brief, emotive praise of Aleixandre's vocation for "essential" poetry.

Canito, Enrique. "Diálogo con Vicente Aleixandre." *Insula*, No. 50, Feb. 1950, pp. 3, 6. Interview with the poet, who talks about his readings and his conception of poetry as inspiration and a form of human communication. Poetry has to be clear; it is more a matter of emotion than of aesthetic beauty.

Cano, José Luis. "El amor en la poesía de Vicente Aleixandre," *Corcel*, Nos. 5-6, 1944. Love is universal and is identified with nature and natural forces.

──────── . "Vicente Aleixandre en la Academia." *Insula*, No. 43, July 1949, p. 2. Aleixandre has been very influential in Spanish literary life both through his work and his personal contact with most of the nation's writers.

──────── . "El poeta y su discurso." *Insula*, No. 50, Feb. 1950, p. 2. Aleixandre breaks the tradition of ceremonial coldness in the Academy by talking about love and his own very human theory of man and existence.

──────── . Rev. of *Mundo a solas*, by V. Aleixandre. *Arbor*, Vol. 17, Nos. 57-58 (1950), pp. 165-67. Brief note giving the history of the book and stressing its character as a bridge between two periods in Aleixandre's poetry.

──────── . Rev. of *Nacimiento último*, by V. Aleixandre. *Insula*, No. 90, June 1953, pp. 6-7. Discussion of the pantheist aspects of the book.

──────── . *De Machado a Bousoño.* Madrid: Editorial Insula, 1955. Collection of articles previously published in periodicals.

──────── . "Málaga en Vicente Aleixandre." *Papeles de Son Armadans*, Vol. XI, Nos. 32-33, Nov.-Dec. 1958, pp. 332-40. The influence of Málaga and the sea in Aleixandre's poetry.

──────── . "Tres poetas frente al misterio: Darío, Machado, Aleixandre." *Cuadernos Americanos*, Vol. CVIII, No. 1, Jan.-Feb. 1960, pp. 227-31. After Romanticism poets look for an answer for their fear of death and write highly emotional poems about it.

Cano, José Luis. *Poesía española del siglo XX*. Madrid: Guadarrama, 1960. Collects articles on different authors. Studies on Aleixandre include: "El amor en la poesía de Vicente Aleixandre," pp. 263-73; "*Sombra del paraíso*," pp. 275-79; "*Mundo a solas*, pp. 281-84; "*Nacimiento último*, pp. 285-90; "Historia del corazón," pp. 291-97; "El poeta y sus encuentros," pp. 299-302; and "Málaga en Vicente Aleixandre," pp. 303-09.

——— . "La poesía de Aleixandre (Con motivo de *En un vasto dominio*)." *Cuadernos del Congreso por la Libertad de la Cultura*, No. 72 (1963), pp. 19-21. This book has only one poem written in first person: the poet is interested in other people and in external reality. Other new elements in this book are the presence of irony and satire and ethical values. The last poem summarizes the metaphysics of the book, which coincide with Teilhard de Chardin's ideas: everything is matter and spirit because both are one and the same thing.

——— . "Continuidad de una poesía: Declaraciones de Vicente Aleixandre." *Mundo Nuevo*, No. 9 (1967), pp. 4-6. Brief informative note about *Retratos con nombre*, followed by a few questions to the poet.

——— . Rev. of *Poemas de la consumación*, by V. Aleixandre. *Insula*, No. 266, Jan. 1969, pp. 8-9. Points to the novelty in theme and tone of the new book.

——— . "Una biografía de Vicente Aleixandre." *Insula*, No. 291, Feb. 1971, pp. 8-9. Review praising Leopoldo de Luis' book on Aleixandre; notes the lack of biographies of twentieth-century Spanish poets.

——— . "La fusión con la naturaleza en Bécquer y Aleixandre." *Revista de Filología Española*, No. 52 (1969, published in 1971), pp. 641-49. See the English translation in this volume, pp. 229-237.

——— . *La poesía de la Generación del 27*. Madrid: Guadarrama, 1973. Includes the same texts on Aleixandre collected in *Poesía española del siglo XX*, adding three new articles: "*En un vasto dominio*," pp. 173-78; "Continuidad de un poeta," pp. 179-82; and "*Poemas de la consumación*," pp. 183-88.

——— . "Homage to Aleixandre." *Revista de Letras*, No. 22, June 1974, pp. 247-50. Memories of the poet and his native town, Málaga.

——— . "Un nuevo libro sobre Aleixandre." Rev. of *La poesía de Vicente Aleixandre* (*Formación y evolución*) by Bicente Granados. *Insula*, Nos. 374-375, Jan.-Feb. 1978, pp. 18-19.

Capellán-Gonzalo, Angel. "Una visita a Vicente Aleixandre." *Hispania*, No. 58. 1975, pp. 393-94. Brief note narrating a visit to the poet; description of Aleixandre's attitude and gestures.

Carenas, Francisco and Alfredo Gómez Gil. "En torno a Vicente Aleixandre." *Cuadernos Hispanoamericanos*, No. 270 (1972), pp. 563-75. Literary antecedents of contemporary poetry in the tradition of Romanticism. Surrealism in Spain is represented by three poets: Aleixandre, Cernuda and Lorca. Aleixandre wrote the best surrealist book in Europe. The surrealist rebellion is based on a tragic conciousness of man and society. Two poets are the most important today in the evolution of Spanish poetry: Aleixandre and Cernuda. Summary discussion of Aleixandre's work which adds no new perspectives.

Carnero, Guillermo. " 'Conocer' y 'saber' en los *Diálogos del conocimiento*, de Vicente Aleixandre." *Insula*, Nos. 308-309, July-Aug. 1972, p. 30. *Diálogos* formulates a distinction between two types of knowledge: dynamic knowledge (the process of inquiring and understanding reality), and static knowledge (the acquired ideas about reality). The first one corresponds to life, the second one to death.

Carnero, Guillermo, " 'Conocer' y 'saber' en *Poemas de la consumación* y *Diálogos del conocimiento.*" *Cuadernos Hispanoamericanos*, No. 276 (1973), pp. 571-79. Rpt. José Luis Cano, ed. *Vicente Aleixandre*, pp. 274-82. In his first period Aleixandre felt man's communion with all matter. In his latest books his relation with reality has changed and can be explained by the use of the two verbs that point to different types of knowledge; they have their correspondence in youth and old age, life and death, senses and reason. This is a more detailed discussion of the ideas presented in the previous article.

_____ . "*Ambito* como proyecto del superrealismo aleixandrino." *Insula*, No. 337, 1974, pp. 1, 12-13. Tries to see *Ambito* as a book not at all unrelated to those that followed it.

_____ . "*Ambito*, germen de la obra aleixandrina." *Insula*, Nos. 374-375, Jan.-Feb. 1978, p. 9. Characteristics of Aleixandre's poetry are already present in his first book, which has been neglected by the poet's critics.

_____ . "*Ambito* (1928): razones de una continuidad." *Cuadernos Hispanoamericanos*, Nos. 352-354, Oct.-Dec. 1979, pp. 384-93. Reproduced (under a different title) on pp. 94-103 of this volume.

Carreño, Antonio. "De la sombra a la transparencia: las alternancias semánticas de *Sombra del paraíso.*" *Cuadernos Hispanoamericanos*, Nos. 352-354, Oct.-Dec. 1979, pp. 524-35. Discusses the poetic composition of *Sombra del paraíso*, stressing the metonymies and metaphors that characterize it.

Carvajal, Antonio. Rev. of *Diálogos del conocimiento*, by V. Aleixandre. *Camp del'Arpa*, No. 14, Nov. 1974, pp. 21-22. This book offers a dialectical treatment of the same concepts of knowledge presented in *Poemas de la consumación*. The dialogues are classified into three different types. The style has plasticity and verbal richness. Aleixandre's last two books have much in common: landscape has been reduced to a mere symbolic pattern, and both books paraphrase the poem "Vida" from *La destrucción o el amor*.

Castellet, José María. "Analogía entre dos poetas." *Correo Literario*, Year V, No. 5, Sept. 1954. Compares Aleixandre to the Catalan poet V. Foix. Both were born in almost the same year, were surrealists in their youth, and later created a very personal and original work, characterized by an autonomous world.

Cela, Camilo José. "Vicente Aleixandre." *Papeles de Son Armadans*, Vol. 87, No. 260 (1977), pp. 95-97. Note in reference to the Nobel Prize announcement, followed by a list of Aleixandre's texts published previously in *Papeles de Son Armadans*.

Celaya, Gabriel. "Notas para una 'Cantata en Aleixandre'. *Papeles de Son Armadans*, Vol. XI, Nos. 32-33 (Nov.-Dec. 1958), pp. 375-85. Explains his plans for a poem about Aleixandre's poetry. He discusses the poet's work, stressing the dialectical nature of its development. At the beginning there is a chaotic presence of vitality, love as death, human rebellion; later, reality becomes central to the poet's work.

Cernuda, Luis. "Dos poetas." *Heraldo de Madrid*, Dec. 24, 1931. Rpt. *Crítica, ensayos y evocaciones*. Barcelona: Barral, 1970. Also in *Prosa completa*. Barcelona: Barral, 1975, pp. 1241-44. Short note about Cernuda's friends Aleixandre and Prados, who met in "Litoral" in Málaga. Aleixandre is not (then) well-known as a poet; his poetry is the most difficult because it does not make explicit the poet's passion nor the causes of it. Aleixandre uses irony as a means to cover up his secret.

_____ . "Vicente Aleixandre." *Orígenes*, No. 26, 1950, pp. 9-15. Rpt. *Prosa com-*

pleta, pp. 1380-91. Also in José Luis Cano, ed., *Vicente Aleixandre*, pp. 20-27. Memories of Cernuda's friendship with the poet. Suggests that Aleixandre's illness was instrumental in his becoming a poet; he has a calm exterior but a powerful and anarchic spirit clearly manifest in his poetry. In his work there is a contrast between an elemental proximity to things and an abstract perception of them.

————— . "Vicente Aleixandre." *México en la Cultura*, No. 354, Oct. 30, 1955. Rpt. *Estudios sobre poesía española contemporánea*. Madrid: Guadarrama, 1957; 2nd ed. 1970. Also in *Prosa completa*, pp. 453-63. Analysis of a letter published by Aleixandre in *Corcel*, Nos. 5-6, in which he expresses the romantic concept of the poet as an unhappy fallen god and his personal view of the lost paradise. Concise and clear study of the basic characteristics of Aleixandre's work as seen in his different books.

Champourcín, Ernestina de. "Aleixandre, vida y poesía totales." *Poesía Hispánica*, Nos. 299-300, 2a época, Nov.-Dec. 1977, pp. 6-7. Brief note in homage to the poet; general emotional judgment about Aleixandre's personality.

Charry Lara, Fernando. *Cuatro poetas del siglo XX: Aleixandre, Rilke, Machado, Valéry*. Bogotá: Editorial Universidad Nacional de Colombia, 1977. Section on Aleixandre, entitled "La poesía neo-romántica de Vicente Aleixandre," which discusses Surrealism.

————— . "Aleixandre y el surrealismo." *Boletín Cultural y Bibliográfico*, Vol. II, No. 8 (1968), pp. 107-110. Discusses the surrealistic aspects of Aleixandre's poetry.

Ciocchini, Héctor Eduardo. "El sentido de materialidad en Aleixandre y otros poetas del 27." *Cuadernos Hispanoamericanos*, Nos. 352-354, Oct.-Dec. 1979, pp. 333-47. The Generation of 1927 produced the great materialistic poetry of super-human force prophesied by Rimbaud. The Spanish poets of this generation return to the real world by means of the visionary. Their poems are spiritual actions of an anthropocentric and pantheistic nature.

Cohen, J. M. "Exile from Paradise." *Times Literary Supplement*, May 17, 1957, p. 306. Discussion of Aleixandre's free verse.

————— . "Visita inglesa a Aleixandre." *Insula*, No. 151, June 1959, p. 4. Personal memories of the poet's human virtues. Homage to Aleixandre on his sixtieth birthday.

————— . "Voices from Post-War Spain." *Times Literary Supplement*, July 19, 1963, p. 526. Review of Ley's book (*Spanish Poetry Since 1939*. Washington: The Catholic University of America Press, 1962) and books by Aleixandre, Cernuda, Prados, Bousoño, J. A. Goytisolo, Barral and Angel González. The tendency of these books is to a more concrete poetry with very little imagery.

Colinas, Antonio. "El primer Aleixandre." *Insula*, No. 316, Mar. 1973, p. 3. Commentary about the several Italian editions of contemporary Spanish poetry and studies on it. Review of *Il linguaggio Poetico del Primo Aleixandre* by Gabriele Morelli.

————— . "Sobre *Poemas de la consumación*." *Revista de Letras*. No. 22, June 1974, pp. 251-67. In this book Aleixandre returns to the neoromanticism of his earlier works; this new poetry has correspondences with the poetry being written in Spain by the younger poets.

————— . "Tres lecciones en una lectura última." *Insula*, Nos. 374-375, Jan.-Feb. 1978, p. 15. Discusses three fundamental qualities seen in Aleixandre's work: the permanently valuable meaning of his vanguardist books, the poet's testimony to human solidarity during the post-War years, and the serene and lucid judgment of his old age.

Comincioli, Jacques. "Surrealismo existencial en Vicente Aleixandre." *Revista de Letras*, No. 22, June 1974, pp. 200-03. Aleixandre's surrealistic works are not the result of a literary influence but the spontaneous literary manifestation of a personal view that coincides with the spiritual tendencies of the surrealist school.

Conde, Carmen, "Encuentro con Vicente Aleixandre (1940)." *Cuadernos Hispanoamericanos*, Nos. 352-354, Oct.-Dec. 1979, pp. 99-112. A series of memories intermingled with citations from the poet's work to create an emotive view of Aleixandre as a superior man.

Connel, Geoffrey. " 'Posesión' and the Origins of Aleixandre's Cosmic Sensuality." *Revista de Letras*, No. 22, June 1974, pp. 204-09. The themes of Aleixandre's cosmic poetry can be found already in *Ambito*, in the poems to the night.

Corbalán, Pablo. *Poesía surrealista en España*. Madrid: Ediciones del Centro, 1974. Historical introduction to Surrealism in Spain, including Catalan poetry. Anthology of surrealist poems and "manifestos." Brief bibliography. Of some interest for its informative character.

Correa, Gustavo. "Conciencia poética y clarividencia." *Cuadernos Hispanoamericanos*, Nos. 352-354, Oct.-Dec. 1979, pp. 41-74. Follows in chronological order the different forms of poetic knowledge seen in Aleixandre's work.

Costa Gómez, Antonio. "El amor en la cosmología de Vicente Aleixandre." *La Estafeta Literaria*, No. 623, Nov. 1977, pp. 16-19. Surrealism was for Aleixandre only a momentary influence on the literary mode, and his later work has been a process of evolution away from Surrealism. General discussion of certain aspects of this evolution.

Del Pino, Francisco. "Crítica del verso. El signo métrico." *Cuadernos Hispanoamericanos*, Nos. 352-354, Oct.-Dec. 1979, pp. 556-80. A very complete study of the metrical system in Aleixandre's poems. Among the techniques discussed are: accentual contiguity, internal proparoxytonic verses, versicle, and rhyme.

Del Río, Angel. "La poesía surrealista de Aleixandre." *Revista Hispánica Moderna*, Vol. II, No. 1 (1935), pp. 21-23. *La destrucción o el amor* brings to perfection the surrealist style announced in *Espadas como labios*. Aleixandre is the most clearly surrealist of the Spanish poets. He represents the negative view characteristic of contemporary art. A citation from Novalis in Aleixandre's book indicates his acceptance of the German's conception of poetry as a mysterious and occult force.

Del Villar, Arturo. "Vicente Aleixandre o el diálogo cósmico." *Arbor*, Nos. 381-382 (1977), pp. 65-72. Aleixandre's poetry includes all creation and searches for communication among men.

_____ . "Aleixandre canta por todos." *La Estafeta Literaria*, No. 623 (1977), pp. 10-15. The poet is the voice of the collectivity. Similarities between Aleixandre and Whitman. Discussion of Aleixandre's ideas about the poet's condition and function.

_____ . "Vicente Aleixandre, premio Nóbel." *Poesía Hispánica*, Nos. 229-300 (1977), pp. 1-6. Very general informative note that only repeats other critic's observations.

_____ . "Conocimiento y existencia en el último Aleixandre." *Insula*, Nos. 374-375, Jan.-Feb. 1978, pp. 14-16. In his latest books Aleixandre proposes the theory that poetry is an artistic manifestation of doubt and that knowledge is acquired through dialogue.

Depretis, Giancarlo. "Del clímax a las imágenes ascendentes y descendentes en la poesía aleixandrina." *Quaderni Ibero-Americani*, No. 41 (1972), pp. 42-50. Stylistic analysis of the poem "Plenitud del amor" from *Sombra del paraíso*. Applies Bousoño's concept of "clímax" to the analysis.

Díaz Castañón, Carmen. "Un cuarto tiempo para una metáfora." *Papeles de Son Armadans*, Vol. 68, No. 203 (1973), pp. 167-76. Follows the example of Pedro Salinas, who compared the metaphor river = life in three poets to demonstrate how the different treatment of it showed their differing outlook on reality. Díaz Castañón studies the same metaphor in three contemporary writers: Gabriela Mistral, Angel González and Aleixandre. The analysis is rather superficial.

Diego, Gerardo. "*Pasión de la tierra*." *Corcel*, Nos. 5-6, 1944, pp. 17-18. A book of dark instincts. Commentaries about Aleixandre's limitless poetry of the surrealist period.

————. "Curva ascendente." *Insula*, No. 50, Feb. 1950, pp. 1, 2. Recollections about Aleixandre's early days and his slow increase in stature, until reaching the Academy.

————. "Vi-Da, ¡Vida!" *Papeles de Son Armadans*, Vol. XII, No. 35 (1959), pp. 173-79. Talks about Aleixandre and Alonso; memories of their youth. As in "Curva ascendente," Diego says that *Pasión de la tierra* was sent by him to be published in Mexico.

Díez de Revenga, Francisco Javier. *La revista "Verso y prosa", Murcia, 1927-1928*. Murcia: Academia Alfonso X El Sabio, 1971. A study of a publication in which Aleixandre collaborated with some poems. Of interest for its documental value.

Doreste, Ventura. "La unidad poética de Aleixandre." *Insula*, No. 50, Feb. 1950, p. 6. All of Aleixandre's poetry can be seen already in preparation in his first book, *Ambito*.

————. "Ponderación de Aleixandre." *Insula*, No. 123, 1957, p. 4. Aleixandre is an innovative poet but has the lasting value of a classic.

————. "La prosa de Vicente Aleixandre (En torno a *Los encuentros*)." *Insula*, No. 141, Aug. 1958, pp. 1, 2. Review article in which Aleixandre's prose is seen as another form of poetry.

————. "Aspectos de Aleixandre: Con motivo de sus *Poesías completas*." *Insula*, No. 167, Oct. 1960, p. 6. A very general discussion of Aleixandre's poetry.

Dufour, Gérard. "À propos du Surréalisme de *La destrucción o el amor*." *Revista de Letras*, No. 22, June 1974, pp. 242-46. Aleixandre is not a surrealist in the sense of following the principles of a school but rather because he is a perfect example of the search for surreality.

Dujovne Ortiz, Alicia. "El camino de la materia." *Cuadernos Hispanoamericanos*, Nos. 352-354, Oct.-Dec. 1979, pp. 348-54. Although Aleixandre's poetry tends to be rather sentimental in a tasteless way, it reaches, in its almost mystical view of trascendent matter, a poetic greatness which is uncommon in contemporary poetry.

Duque, Aquilino. "Una victoria sobre el tiempo." *Cuadernos Hispanoamericanos*, No. 133, June 1961, pp. 125-34. Review article about *Poesías completas*. Aleixandre's poetry suspended time by widening the vital space of the poet and intensifying his personal experience: extension and intensity are the main characteristics of his poetry.

————. "Comunicación, comunión." *Insula*, Nos. 374-375, Jan.-Feb. 1978, p. 26. Brief commentary about the effect on Spanish letters of Aleixandre's personal attitude.

Durán, Manuel. "Vicente Aleixandre: El tigre de oro frente al mar azul." *Insula*, Nos. 374-375, Jan.-Feb. 1978, p. 4. The nobility of Aleixandre's poetry deserves a coat of arms picturing a golden tiger, represening passion, in front of a blue sea, the placidity of eternal life.

_____ . "Vicente Aleixandre, Last of the Romantics: The 1977 Nobel Prize for Literature." *World Literature Today*, Vol. 52, No. 2 (Spr. 1978), pp. 203-08. The Nobel Prize belongs to Aleixandre's whole generation. The poet himself considers his poetry close to Romanticism, but it differs because of its illogical character influenced by Surrealism. Brief discussion of Aleixandre's characteristics as a surrealist. Parallelism of his work with that of William Blake, whose personal cosmos was also animated by love. A review of Aleixandre's evolution as a poet and of his symbols.

F. A. and M. "*Picasso* de Vicente Aleixandre." *Poesía Española*, No. 102 (1961), pp. 14-15. Brief informative note about the special edition of the poem. Mere description of the external aspects of the book.

Fauchereau, Serge. "Toute une vie." Rev. of *Histoire du coeur*, trans. J. Comincioli. *La Quinzaine Littéraire*, No. 88, 1-15 Feb. 1970, p. 10. Very brief presentation of Aleixandre as a surrealist. Love is the central theme of his poetry; like Whitman, Aleixandre is a "unanimist."

Fernández Carvajal, Rodrigo. "El tiempo en la poesía de Vicente Aleixandre." *Corcel*, Nos. 5-6, 1944, pp. 41-43. Aleixandre has a personal concept of time which takes on different aspects in each of his books.

Fernández Molina, Antonio. "El último libro de Vicente Aleixandre." *Arbor*, Nos. 345-346, Sept.-Oct. 1974, pp. 139-42. About *Diálogos del conocimiento*, in which Aleixandre uses an objective point of view to communicate his own experience. The poet has taken a traditional literary form—the dialogue—and transformed it into a new poetic expression.

Ferrán, Jaime. Rev. of *Los encuentros*, by V. Aleixandre. *Poesía Española*, No. 73 (1959), pp. 10-12. Laudatory commentaries about Aleixandre's qualities as a writer.

_____ . "Del objetivismo al objetalismo en *En un vasto dominio*." *Cuadernos Hispanoamericanos*, No. 168, Dec. 1963, pp. 674-79. In this book Aleixandre has achieved a kind of poetry which is not only objective but also centered in objects themselves, like the "pop-art" which looks at the object in minute detail.

_____ . "Mirada cimal. Vicente Aleixandre y sus *Retratos con nombre*." *Eco*, Vol. XI, No. 5 (1965), pp. 496-506. Aleixandre's moral attitude has always been the search for human values, first in the cosmos, later in society, and finally in the diversity of individuals.

_____ . "Vicente Aleixandre, a Half Century of Poetry, 1924-1974." *Revista de Letras*, No. 22, June 1974, pp. 161-64. In Aleixandre's work there have always been two forces, separated by the War: surrealism and objetivism. In both cases Aleixandre remains hidden behind his poetry.

_____ ."Palabras que crecen." *Insula*, Nos. 374-375, Jan.-Feb. 1978, p. 13. Reminiscence of Ferrán's friendship with the poet Alfonso Costafreda and their relationship with Aleixandre.

_____ . "Vicente Aleixandre o el conocimiento total." *Cuadernos Hispanoamericanos*, Nos. 352-354, Oc.-Dec. 1979, pp. 157-66. The concept of "dialogue" should be added to that of "communication" when dealing with Aleixandre's poetry. Like Maragall, Aleixandre is a man from the Mediterranean region who engages in a constant dialogue with the world. This dialogue becomes explicit in

Diálogos del conocimiento, a book in which cosmic and human solidarity are united in a synthesis similar to that of Teilhard de Chardin. This book is the last word of the poet in his ascent to total fusion with the cosmos.

Ferreres, Rafael. "Sobre la generación poética de 1927." *Papeles de Son Armadans,* Vol. XI, Nos. 32-33, Nov.-Dec. 1958, pp. 301-14. Brief review of the generation as a group of friends.

————. "Los sonetos retratos," *Cuadernos Hispanoamericanos,* Nos. 352-354, Oct.-Dec. 1979, pp. 474-81. Aleixandre has written only four sonnets, two of which—the imitations of Góngora and Fray Luis de León—are discussed for their skill at portraying those authors.

Florit, Eugenio. Rev. of *Mis poemas mejores,* by V. Aleixandre. *Revista Hispánica Moderna,* Vol. XXIV, Nos. 2-3 (1958), p. 220. Praises the human qualities of the poet. Of little critical interest.

Forrest, Gene S. "Vicente Aleixandre y Henri Rousseau: Una coincidencia en la imagen." *Cuadernos Hispanoamericanos,* No. 301 (1975), pp. 115-20. Aleixandre's poetry has certain elements in common with H. Rousseau's paintings: the suggestive and irrational images of the primeval forest inhabited by beasts prior to man's appearance on earth.

Frutos, Eugenio. "La primera antología de Vicente Aleixandre." Rev. of *Mis poemas mejores,* by V. Aleixandre. *Indice de Artes y Letras,* No. 104, Aug. 1957, pp. 13, 22. Poetic communication takes place at the level of deep psychological consciousness. In the commentaries to his books Aleixandre gives an account of the evolution of his poetry.

————. "Los encuentros." *Indice de Artes y Letras,* No. 123, Apr. 1959, p. 4. A very brief and too general review.

————. "Las poesías completas de Vicente Aleixandre." Rev. of *Poesías completas,* by V. Aleixandre. *Indice de Artes y Letras,* Nos. 150-151, June-July 1961, p. 30. A brief and too general review that does not add any valuable information for the better understanding of the poet's work.

Galbis, Ignacio R. "The Scope of *Ambito*: Aleixandre's First Cosmic Vision." *Revista de Letras,* No. 22, June 1974, pp. 219-24. In *Ambito* the predominant theme of other books by Aleixandre is manifest: the interrelation between man and universe.

Galilea, Hernán. "El aspecto onírico en la poesía de Vicente Aleixandre en su relación con el superrealismo en la pintura." *DAI,* 32 (1972), 428A (Catholic U.). See bibliography, p. 286.

————, "Vicente Aleixandre y la poesía." *Cuadernos Hispanoamericanos,* Nos. 352-354, Oct.-Dec. 1979, pp. 190-95. Poetry expresses, through a relation to concrete, common reality, the vital rhythm that sustains the poetic cosmos. Aleixandre's reiterations are an obsessive reference to a vital center. The flat, dark reality has to be transcended.

Gaos, Vicente. "Fray Luis de León, 'fuente' de Aleixandre." *Papeles de Son Armadans,* Vol. XI, Nos. 32-33, Nov.-Dec. 1958, pp. 344-63. Rpt. *Temas y problemas de la literatura española.* Madrid: Editorial Guadarrama, 1969, pp. 339-59. Also in José Luis Cano, ed., *Vicente Aleixandre,* pp. 189-201. The poetic works of Aleixandre and Fray Luis de León have much in common: style, poetic world, and personal attitude towards that world. This article, although limited in scope, offers a very informative study of the three aspects in which the two poets coincide.

————. "Mis encuentros con Vicente." *Insula,* Nos. 374-378, Jan.-Feb. 1978, p. 17. Rpt. *Homenaje a Vicente Aleixandre.* Barcelona: El Bardo, 1964. Gaos remembers that *La destrucción o el amor* was very influential on his generation. Some anecdotes about his visits with the poet.

García Nieto, José. "El cuaderno roto." *La Estafeta Literaria*, No. 623, Nov. 1977, p. 13. Praise of the poet on his receiving the Nobel Prize. Of no interest at all.

García Pavón, Francisco. "Vicente Aleixandre, poeta sosegado." *Poesía Hispánica*, Nos. 299-300 (Nov.-Dec. 1977), pp. 24-25. Note in homage to the poet. Of no interest.

García Velazco, Antonio. "Comentario del poema 'No te conozco.' " *Cuadernos Hispanoamericanos*, Nos. 352-354, Oct.-Dec. 1979, pp. 482-87. Uninspired and mechanical commentary of little interest.

Garcíasol, Ramón de. "Vicente y las cartas." *Insula*, Nos. 374-375, Jan.-Feb. 1978, p. 22. Aleixandre answers all letters by hand; this is a sign of his dedication to others, especially those who need the master's advice.

Garcival, Gonzalo. " 'El ferrocarril': un poema de *En un vasto dominio.*" *Cuadernos Hispanoamericanos*, Nos. 352-354, Oct.-Dec. 1979, pp. 488-95. Anecdotal introduction to a poem that should have remained unpublished. Besides reproducing the poem, the author includes an article on railroad problems written by Aleixandre in 1922 for a publication of the railroad company for which he was working.

Gil, Ildefonso Manuel. "Vanguardia y complemento de *Sombra del paraíso* en el último libro de Vicente Aleixandre." *Cuadernos Hispanoamericanos*, No. 15 (1950), pp. 587-90. Aleixandre's poetic maturity is evident in his *Sombra del paraíso.*

Gil de Biedma. Jaime. "Encuentro con Vicente al modo de Aleixandre." *Papeles de Son Armadans*, Vol. XI. Nos. 32-33 (Nov.-Dec. 1958), 388-91. Remembers his meetings with Aleixandre.

Gimferrer, Pere. "La poesía última de Vicente Aleixandre." *Plural*, No. 32 (1974), pp. 23-27. Rpt. José Luis Cano, ed., *Vicente Aleixandre*, pp. 265-73. This text forms part of the prologue to *Antología total.* Discusses Aleixandre's last two books, which form an autonomous group in the poet's production. Stresses the difficulties of reading these poems because of new techniques adapted to new conceptions of man and poetic language.

Gómez Bedate, Pilar. "Sobre piedra y mar en Vicente Aleixandre." *Poesía Hispánica*, Nos. 299-300 (Nov.-Dec. 1977), pp. 25-29. Very general and insufficient discussion of two terms commonly found in Aleixandre's poems.

Gómez de la Serna, Ramón. "Gemelismo: Gerardo Diego y Vicente Aleixandre." *Revista Nacional de Cultura*, No. 104 (1954), pp. 19-27. These two poets are the most important ones for the new movements in Spanish poetry.

Granados, Vicente. "Dos notas sobre el prosista Vicente Aleixandre." *Insula*, Nos. 374-375, Jan.-Feb. 1978, pp. 24, 33. Aleixandre's prose has not yet been considered by his critics. He has written an impressive number of letters. *Los encuentros* should be analyzed in relation to the poetry, with which they have many coincidences. Aleixandre's prose in this book imitates certain characteristics of Azorín's prose style. Brief analysis of the book.

_____ . "Olvidar es morir (Análisis de 'El enterrado')." *Cuadernos Hispanoamericanos*, Nos. 352-354, Oct.-Dec. 1979, pp. 415-33. Analyzes the recurrences in the poem as a poetic technique directed toward reaching new forms of meaning.

Guereña, Jacinto Luis. "El afán de recordar." *Cuadernos Hispanoamericanos*, Nos. 352-354, Oct.-Dec. 1979, pp. 262-96. Verbose and extensive commentary on the vivid and human memories that appear profusely in Aleixandre's works.

Guerrero Zamora, Juan. *Miguel Hernández, poeta*. Madrid: Colección "El Grifón," 1955. See chapter entitled "Contactos e influencias," in which there is a section on Aleixandre's influence on Miguel Hernández (pp. 263-65). This influence is manifest in Hernández' conception of love as sensuous and destructive, in his love of Earth and in the cosmic vision of man and nature.

Guillén, Jorge. "Algunos poetas amigos." *Papeles de Son Armadans*, Vol. XI, Nos. 32-33 (Nov.-Dec. 1958), pp. 151-65. The young poets of the Generation of 1927 had the same interests and preferences, which were not at all different from the main currents of the twenties in the rest of Europe. They did not constitute a school of any kind—they were just a group of friends.

Gullón, Ricardo. "Itinerario poético de Vicente Aleixandre." *Papeles de Son Armadans*, Vol. XI, Nos. 32-33 (Nov.-Dec. 1958), pp. 195-234. Book-by-book study of the evolution of Aleixandre's poetry.

————. "Fábulas de luz y sombra." *Cuadernos Hispanoamericanos*, Nos. 352-354, Oct.-Dec. 1979, pp. 123-36. Aleixandre's poetry gets its light from the reality the poet has seen and from the dreams of his unconscious. The unusual images and the chiaroscuro in Aleixandre's poetry produce a tension that allows the reader to understand even before reaching a rational interpretation. "El amor perdido," from *Pasión de la tierra* is analyzed as an example of automatic writing. While *Pasión de la tierra* appears to be of purely subconscious inspiration, *Poemas de la consumación* is the result of lucid reflection. All of Aleixandre's poems are part of a movement towards a type of knowledge that can be referred to as the "luminous shadow."

Harter, Hugh A. "El concepto del amar en *La destrucción o el amor* de Vicente Aleixandre." *Hispanófila*, No. 32 (1968), pp. 23-32. Citing Bousoño and Alonso profusely, the critic arrives at the conclusion that for Aleixandre love is a cosmic unity and harmony of all matter, a paradise which can be attained only by death—thus love equals destruction.

Hierro, José. "Testimonio de Vicente Aleixandre." *Papeles de Son Armadans*, Vol. XI, Nos. 32-33 (Nov.-Dec. 1958), pp. 240-44. Personal memories of his first impressions of Aleixandre's poetry and his later encounter with the poet, seen as a master and friend.

Ilie, Paul. Rev. of *Poesía superrealista*, by V. Aleixandre. *Books Abroad*, Vol. 46 (Summer 1972), pp. 455-56. Aleixandre no longer insists on his not being a surrealist poet, because now he has a different understanding of surrealism: it is not automatic writing but an irrational association of verbal elements, and these relations are possible because there is a deep, invisible coherence which poetry expresses. Brief discussion of some characteristics of surrealism in Aleixandre's poems.

Infante, José. "Retrato en tres tiempos (Vicente Aleixandre)." *Insula*, Nos. 374-375, Jan.-Feb. 1978, p. 21. Aleixandre is seen as the link between the poetry of the Generation of 1927 and the younger generations of post-War Spain.

Jiménez, José Olivio. "Vicente Aleixandre en dos tiempos (De *Historia del corazón* a *En un vasto dominio*)." *Revista Hispánica Moderna*, Vol. XXIX, Nos. 3-4 (July-Oct. 1963), pp. 263-89. Excellent discussion of the two books, which for Bousoño correspond to a second period in Aleixandre's poetry. At the beginning Aleixandre has a utopic and atemporal view of man; later he changes it for a temporal and historic interest in concrete existence. *En un vasto dominio* represents another form of utopia; in it temporal man is viewed as part of a vast and permanent existing matter. See next item of the bibliography.

Jiménez, José Olivio. *Cinco poetas del tiempo*. Madrid: Insula, 1964; 2nd revised ed. 1972. The five poets studied are Aleixandre, Cernuda, Hierro, Bousoño and Brines. Introductory chapter, "El tiempo en la poesía española contemporánea," discusses the concept of time in modern thought and poetry. Each one of the five poets is studied in a monographic chapter. The second edition adds an annex, "La poesía española en los últimos años (1970)," and changes the chapter on Aleixandre, as indicated by the title, from "Vicente Aleixandre en dos tiempos" to "Vicente Aleixandre en tres tiempos." See both as separate items in the bibliography.

————. "El tiempo en la poesía española actual." *Insula*, No. 218, Jan. 1965, pp. 1, 10, 12. Reproduces part of the introduction to *Cinco poetas del tiempo*. Discusses the importance of time as a theme of contemporary poetry and its essential value in post-War Spanish poetry.

————. "La poesía actual de Vicente Aleixandre." *Revista de Occidente*, Vol. 26 (1969), pp. 212-30. Discusses in detail *Poemas de la consumación* and some poems of *Diálogos del conocimiento*. Stresses the fact that these are the books of man's old age and his encounter with the end of life. Two opposing aspects are central to the book—youth and old age. With *Poemas de la consumación*, which is a book in consonance with the latest poetry written in Spain, Aleixandre returns to the tradition of Symbolism, the only manifestation in our century of profound poetry.

————. "Vicente Aleixandre en tres tiempos." In *Cinco poetas del tiempo*, 2nd ed., 1972, pp. 43-122. A revised version of "Vicente Aleixandre en dos tiempos" that introduces minor changes to it and adds a whole section reproducing the article "La poesía actual de Vicente Aleixandre" (see above).

————. "Tres poetas, tres libros: Aleixandre, Cernuda, Guillén (1962-1963)." In *Diez años de poesía española. 1960-1970*. Madrid: Insula, 1972, pp. 61-99. These poets changed their original poetic conceptions to become poets of historic man in his circumstance. Three examples of moral and artistic courage.

————. "La poesía última de Vicente Aleixandre: Sobre *Poemas de la consumación* (1968) y sus actuales *Diálogos del conocimiento*." In *Diez años de poesía española. 1960-1970*. Madrid: Insula, 1972, pp. 305-27. Reproduces almost entirely his article "La poesía actual de Vicente Aleixandre." (see above).

————. "Dos libros *circunstanciales* de Vicente Aleixandre: *Presencias* y *Retratos con nombre* (1965)." In *Diez años de poesía española. 1960-1970*. Madrid: Insula, 1972, pp. 331-37. The term "circunstancial" is used in the sense given to it by Ortega y Gasset—the personal 'I' of the poet is left aside in order to direct interest toward the people, things and situations conforming to the vital "circumstance" of the author.

————. "Aleixandre y sus *Diálogos del conocimiento*." *Insula*, No. 331, 1974, pp. 1, 10. Aleixandre's last book corresponds to a third period in his poetic evolution, and it is a perfect example of the poet's sustained vocation. Aleixandre has evolved in a constant search for an understanding of man and creation. Each stage is marked by a series of books that innovate stylistically as well as conceptually. This article analyzes the book in its main characteristics and in relation to the previous book and previous stages of Aleixandre's poetry.

————. "Welcoming a New Book by Vicente Aleixandre: On *Diálogos del conocimiento* (1974)." *Revista de Letras*, No. 22, June 1974, pp. 253-62. *Poemas de la consumación* and *Diálogos del conocimiento* belong to a third period in Aleixandre's poetry. Thought is added to lyricism in this last consideration of life.

Jiménez, José Olivio. "*Pasión de la tierra*, de Vicente Aleixandre, cincuenta años después." *Insula*, No. 354, May 1976, pp. 3-4. Brief history of the book discussing its renewed value due to the younger generation of poets whose works make use of irrationalism. Discusses Villena's edition of Aleixandre's book.

———. "Resonancias del Premio Nóbel a Vicente Aleixandre en Estados Unidos." *Insula*, Nos. 374-375, Jan.-Feb. 1978, p. 12. Informs about several homages to the poet in the United States.

———. "Una aventura hacia el conocimiento." *Cuadernos Hispanoamericanos*, Nos. 352-354, Oct.-Dec. 1979, pp. 11-40. Reproduced in this volume on pp. 55-85.

Jiménez, Juan Ramón. "Vicente Aleixandre (1930)." *Héroe*, No. 3 (1932). Rpt. *Corcel*, Nos. 5-6 (1944), p. 77. Also in José Luis Cano, ed., *Vicente Aleixandre*, p. 15. Compares Aleixandre with nature.

Jiménez Martos, Luis. Rev. of *Los encuentros*, by V. Aleixandre. *La Estafeta Literaria*, No. 136, July 1958, p. 7. Aleixandre's prose is poetic and historic.

———. "Vicente Aleixandre publica sus obras completas y prepara una antología de la poesía española." *La Estafeta Literaria*, No. 192, May 1960, pp. 1-2. Interview of little interest.

———. "Aleixandre en sus *Poesías completas*." *La Estafeta Literaria*, No. 194, June 1960, p. 14. Aleixandre's two stages as determined by Bousoño. Aleixandre is a southern poet, a Mediterranean man.

———. Rev. of *Homenaje a Vicente Aleixandre*, El Bardo. *La Estafeta Literaria*, No. 308, Jan. 1965, pp. 21-22. Aleixandre is admired and respected by poets of all ages; he knows how to adapt his personal style to that of each particular period.

———. Rev. of *Retratos con nombre*, by V. Aleixandre, *La Estafeta Literaria*, No. 326, Sept. 1965, p. 16. Three qualities in these portraits: plasticity of poetic style, psychological portraiture, and succinct language.

———. Rev. of *Poemas de la consumación*, by V. Aleixandre. *La Estafeta Literaria*, No. 415, May 1969, p. 118. The poet has evolved through three stages: pantheism with an erotic essence, communion with the human collectivity, and a synthesis of both. In this book there is a serene acceptance of the end of life; the poet concentrates all his characteristic aspects: death, old age, youth, sea, nature, love. His work finds parallels in Epicurean literature.

———. "Vicente Aleixandre en seis instantáneas." *La Estafeta Literaria*, No. 623, Nov. 1977, pp. 20-22. Personal memories of the author which lack interest for the understanding of Aleixandre's work.

Lapesa, Rafael. "Aleixandre canta por todos." *Insula*, Nos. 374-375, Jan.-Feb. 1978, pp. 1, 10. *Historia del corazón* has a basic theme: love. The poet approaches old age and tries to recuperate from the loss of youth by abandoning narcissism and searching for himself in the rest of humanity and in their company.

Lastra, Pedro. "Presencia de Rilke en un poema de Aleixandre (Notas de lectura)." *Insula*, Nos. 374-375, Jan.-Feb. 1978, pp. 6, 12. This article studies the coincidence or influence between authors as something that the reader feels as a resonance of another reading.

László, András. "Lo humano en Aleixandre." *Cuadernos Hispanoamericanos*, Nos. 352-354, Oct.-Dec. 1979, pp. 213-24. Aleixandre, a Spaniard, writes poetry for a future time when humanity will be one and indivisible. He is not a surrealist poet but a romantic.

Lázaro Carreter, Fernando. "El versículo de Vicente Aleixandre." *Insula*, Nos. 374-375, Jan.-Feb. 1978, p. 3. Criticizes Bousoño's description of Aleixandre's free verse and proposes a new way of considering it taken from the theories of Hopkins and Jacobson.

Llompart, José María. "El mundo poético de Vicente Aleixandre." *Papeles de Son Armadans*, Vol. VIII, No. 22 (1958), pp. 75-85. Very brief summary of well-known ideas about the thematic unity of Aleixandre's production.

López Campillo, Evelyn. " 'Elites,' vanguardias y surrealismo en Espña durante los años veinte." *Cuadernos Hispanoamericanos*, Nos. 352-354, Oct.-Dec. 1979, pp. 75-81. Studies the sociological reasons that could explain the little impact surrealism had in Spain: a less visible bourgeoisie; less centralizing power of the state over education; strong and widely spread influence of the Catholic ideology; anarchic and libertarian ideals among the lower classes. Spain's neutrality during the war made difficult for Spaniards to participate in the compensatory mechanisms of the post-war period.

"Los dos últimos libros de Vicente Aleixandre y Dámaso Alonso." *Papeles de Son Armadans*, Vol. XI, Nos. 32-33 (Nov.-Dec. 1958), pp. 433-38. About *Los encuentros*, which is described as a series of very personal evocations of friends and famous people.

"*Los encuentros*, de Vicente Aleixandre." *Insula*, No. 160, Mar. 1960, p. 2. Brief note describing the special edition of the book.

Luis, Leopoldo de. "Actualidad de *Ambito*, el primer libro de Aleixandre." *Insula*, No. 52, Apr. 1950, p. 2. Aleixandre is one of the greatest Spanish poets.

_____ . "El sentido social en la poesía de Vicente Aleixandre." *Papeles de Son Armadans*, Vol. XI, Nos. 32-33 (Nov.-Dec. 1958), pp. 415-28. Stresses the point that Aleixandre's work has always been characterized by its social content, even before the publication of *Historia del corazón*.

_____ . "La obra completa de Vicente Aleixandre." *Papeles de Son Armadans*, Vol. XVIII, No. 53 (1960), pp. 191-96. A general review of the *Obras completas* edition with a discussion of syntactic aspects of the poet's style.

_____ . "En un vasto dominio." *Papeles de Son Armadans*, Vol. XXVIII, No. 83 (1963), pp. 157-69. Discusses the poet's conception of the world as a totality and his techniques of point of view.

_____ . "Un nuevo libro de Aleixandre." *Papeles de Son Armadans*, Vol. XXXIX, No. 115 (1965), pp. 95-102. Discussion of *Retratos con nombre*, a new addition to the poet's developing work.

_____ . Rev. of *Poemas de la consumación*, by V. Aleixandre. *Cuadernos Hispanoamericanos*, No. 231 (Mar. 1969), pp. 715-19. This book is a natural consequence of the concepts seen in previous books by the author. It is a succinct book, the manifestation of a serene meditative state. It has characteristics of surrealism: lack of relation between images, irrationalism, and distorted syntax.

_____ . "Otro acercamiento a *Sombra del paraíso*." *Sagitario*, No. 1 (1971), pp. 2-9. *Sombra del paraíso* is a book of post-Civil War exile because it corresponds to Aleixandre's circumstance after the fascist victory.

_____ . Rev. of *Poesía superrealista. Antología*, By V. Aleixandre. *Revista de Occidente*, No. 109 (Apr. 1972), pp. 107-10. Aleixandre had direct contact with surrealism through publications and short trips to Paris. He is more interested in the human part of surrealism—together with Eluard he represents the most human and profoundly emotional aspect of surrealism. Aleixandre's poetry does not adhere to the exteriorities of surrealist style and vocabulary.

_____ . "Aleixandre y su ciclo paraíso-sombra." *Insula*, No. 325, Dec. 1973, pp. 1, 10-11. Postulates the historical conditioning of *Sombra del paraíso*, a book of post-War Spain and not an escape to an ideal past. The book was written in the exile of the "Silent Spain" and thus presents a dual aspect: the light side of the poet's boyhood years and the dark side of the present years of the Dictatorship. The "Elegy" to Miguel Hernández should be included in the book, because it was written in the same period and under the same circumstances. It is similar to several poems of *Sombra del paraíso* and is clearly a poem of protest in a particular circumstance.

————. "Aleixandre: Sus *Diálogos del conocimiento*." *Cuadernos Hispanoamericanos*, Nos. 289-290 (1974), pp. 314-25. A general introduction to Aleixandre's latest book, this article offers a good description of the work, commenting on its subject, syntax, metrics, and poetic techniques.

————. "Vicente Aleixandre o la poesía que pregunta." *La Estafeta Literaria*, No. 623, Nov. 1977, pp. 4-9. For Aleixandre poetry is a question asked of everybody; if it is not a form of knowledge, it is the desire of achieving it. All of Aleixandre's books are interrogations. Review of all his books from the point of view of the questions they ask.

————. "Cuatro sorpresas de un lector de Aleixandre." *Poesía Hispánica*, Nos. 299-300 (Nov.-Dec. 1977), pp. 21-24. Four surprising aspects of Aleixandre's work: the passionate totality of *La destrucción o el amor*, the vision of earth as mother in the lyrics of the war, *Sombra del paraíso* as a product of defeat, and the true intelligence of irrationalism.

————. "El diálogo de 'La sombra'." *Insula*, Nos. 374-375, Jan.-Feb. 1978, p. 11. Analysis of a poem from *Diálogos del conocimiento*. It is a revolutionary poem not because of its form but because of its basic conception, which does not take into account traditional moral values. Humanity endures the solitude of a being born only because of biological instinct.

————. "Función moral de la poesía (Una página inédita)." *Cuadernos Hispanoamericanos*, Nos. 352-354, Oct.-Dec. 1979, pp. 113-22. Finds in a brief text by Aleixandre in honor of Machado the main elements that characterize Aleixandre's greatness as a man and a poet: naturalness and generosity, faith in young people, recognition of Machado, the conception of poetry as a form of commitment and conduct, responsibility of the writer, and the view of the poet as a collective voice.

Mantero, Manuel. Rev. of *En un vasto dominio*, by V. Aleixandre. *Revista de Literatura*, Vol. XXIV (1963), pp. 267-68. Aleixandre's poetry is anthropocentric. His works form a cycle from cosmic to human similar to the evolution of philosophy from Heraclitus to Descartes.

————. Rev. of *Retratos con nombre*, by V. Aleixandre. *Revista de Literatura*, Vol. XXIX (1966), pp. 246-49. These poems are a continuation of the poetics implicit in *En un vasto dominio*. All people are part of a unitary body made up of all humanity.

Mañach, Jorge. "Visitas españolas: Vicente Aleixandre." *Insula*, No. 162, May 1960, pp. 3, 5. Interview. The critic comments on Aleixandre's human qualities and his interest in humanity. Aleixandre repeats his ideas about poetry.

Marco, Joaquín. "Evasión, fondo, hombre, tierra y pasión: *Pasión de la tierra*, de Vicente Aleixandre." *Insula*, Nos. 374-375, Jan.-Feb. 1978, p. 13. In *Pasión de la tierra* the poet looks at the world in its contradictory complexity; his language searches deeply for the point of contact between man and earth. There is no flight from reality in this book but a passionate process in which the concept of the personal self loses interest. The influences of Joyce, Lautréamont and San Juan de la Cruz are visible.

Marías, Julián. "Aleixandre, Vicente." *Diccionario de literatura española*, Madrid: Ed. Revista de Occidente, 1949, p. 15; 2nd ed., 1953, pp. 16-17; 3rd ed., 1964, p. 18; 4th ed., 1972, p. 20. Very brief, vague and incomplete information about a poet who merits a much better entry in a dictionary of this sort. It does not provide any valuable information.

Marrero, Vicente. "Vicente Aleixandre y la juventud." *Poesía Hispánica*, 2a. época, Nos. 299-300, Nov.-Dec. 1977, pp. 8-15. Insubstantial talk about a subject widely discussed by others.

Martín, Sabas. "Tres paraísos distintos y un solo Aleixandre verdadero." *Cuadernos Hispanoamericanos*, Nos. 352-354, Oct.-Dec. 1979, pp. 174-82. Lyrical homage to the poet in a language that resembles the one used by Aleixandre in his earliest works.

Martínez Torrón, Diego. "El panteísmo de Vicente Aleixandre." *Insula*, Nos. 374-375, Jan.-Feb. 1978, pp. 27, 36. Aleixandre is the only pantheist poet in Spain. His nostalgic romanticism is totally new in Spanish literature.

_____ . "Estructura-símbolos-temas en *Diálogos del conocimiento*," *Cuadernos Hispanoamericanos*, Nos. 352-354, Oct.-Dec. 1979, pp. 536-55. *Diálogos del conocimiento* synthesizes into a form of total wisdom the two basic themes in Aleixandre's poetry: pantheism and humanism. The book has a binary structure that leads to the traditional paradox found in mystical writing. The binary series of symbols/themes are listed and discussed.

Matamoro, Blas. "El sujeto del poema." *Cuadernos Hispanoamericanos*, Nos. 352-354, Oct.-Dec. 1979, pp. 196-212. The persona in Aleixandre's books changes from period to period. From *Ambito* to *Mundo a solas* it is an indefinite being immersed in the universe who becomes a Narcissus type, erotically aware of the I and the Other. In *Sombra del paraíso*, the persona is a prophetic, larger-than-life figure, while in *Historia del corazón* and *En un vasto dominio* it is the generic man in an everyday situation.

Mayoral, Marina. *Poesía española contemporánea* (Análisis de textos). Madrid: Gredos, 1973. Analyzes Aleixandre's poem "En la plaza" (pp. 167-178).

McMullen, Terence. "Hacia una edición definitiva de *Pasión de la tierra*: otro texto olvidado y un comentario." *Cuadernos Hispanoamericanos*, Nos. 352-354, Oct.-Dec. 1979, pp. 516-23. Reproduces and discusses "Ese rostro borrado," a text that should have been part of *Pasión de la tierra*.

Merino, Mario. "De besos y oraciones." *Cuadernos Hispanoamericanos*, Nos. 352-354, Oct.-Dec. 1979, pp. 232-43. A rather loose and sentimental commentary on Aleixandre's greatness.

Miró, Emilio. "El 'otro' en la poesía de Vicente Aleixandre." *Cuadernos Hispanoamericanos*, No. 197, May 1966, pp. 390-97. All humanity forms a communal unity and all people are represented in the poet, through whom the 'other' speaks.

_____ . "Vicente Aleixandre y sus *Obras completas*." *Insula*, No. 268, Mar. 1969, p. 6. Brief, laudatory description of the book; of little critical interest.

_____ . "Antologías de Aleixandre y de la 'Generación del 36'. Poesía completa de Salinas." *Insula*, Nos. 308-309, July-Aug. 1972, p. 18. Rev. of *Antología de la Noche y el Mar*. Brief presentation of the book, praising the productivity and influence of the poet on contemporary Spanish poetry.

_____ . "Retratos líricos de Vicente Aleixandre." *Insula*, Nos. 374-375, Jan.-Feb.

1978, p. 25. In the many portraits of other people, light and the eyes are elements constantly present.

Molho, Mauricio. "La aurora insumisa de Vicente Aleixandre." *Insula*, No. 14 (1947), pp. 3, 7. With *Pasión de la tierra* Aleixandre goes back to the origins of humanity, to the original lost paradise. It is a poetry of rebellion against existence without love. Deep inside the individual the light of paradise still burns. This article is reproduced in José Luis Cano, ed., *Vicente Aleixandre*, pp. 139-43.

Molina Foix, Vicente. "Vicente Aleixandre. 1924-1969." *Cuadernos Hispanoamericanos*, No. 242, Feb. 1970, pp. 281-99. General review of Aleixandre's work, stressing his position as master of new generations.

Montes, Hugo. "La poesía de Vicente Aleixandre." *Finisterrae*, No. 7 (1955), pp. 40-60. Introduction to Aleixandre. Huidobro considered him the "great poet of Spain." Brief biography. Main characteristic of his poetry is the contrast between the extremely large and the very small. His cosmic visions are comparable to the ones found in Huidobro and Neruda. Time for Aleixandre is present and permanent.

Morales, Rafael, Rev. of *La poesía de Vicente Aleixandre*, by Carlos Bousoño. Very brief note lacking any interest.

————. "Aleixandre en su verso y en su prosa." *La Estafeta Literaria*, No. 420, May 1969, pp. 8-10. Description of the edition of *Obras completas*, which includes Aleixandre's prose works. Brief introduction to the poet's work. Discussion of his Cubism and Surrealism—he is not a surrealist in the French sense because he uses his reason to control his style. Historicism of his second period.

Morelli, Gabriele. "La Presenza del Corpo Umano in *Pasión de la tierra.*" *Revista de Letras*, No. 22, June 1974, pp. 225-34. Trans. "La presencia del cuerpo humano en *Pasión de la tierra.*" In José Luis Cano, ed., *Vicente Aleixandre*, pp. 177-85. Two characteristics in *Pasión de la tierra*: tendency to abstraction and distinct image of the human body, sometimes seen in a very realistic way. The material body does not allow man to reach the mysterious "heaven" he desires.

Morris, C. B. *A Generation of Spanish Poets.* Cambridge: Cambridge University Press, 1969. Studies the Generation of 1927.

————. *Surrealism and Spain. 1920-1936.* Cambridge: Cambridge University Press, 1972. Proves with documents, historical facts and analyses the existence of Surrealism in Spain due to the influence of the French movement. Refers many times to Aleixandre, who in his surrealist poems is not interested in humanity but in freeing his imagination. He is a visionary, not a judge of reality.

Mostaza, Bartolomé. "Vicente Aleixandre, poeta 'ex abundantia cordis'." *El Libro Español*, Vol. VII, No. 83, Nov. 1964. No other Spanish poet has been so influential on younger generations. Brief summary of his work, followed by an interview in which Aleixandre repeats almost word for word his written commentaries about poetry. Very succinct bibliography of Aleixandre's publications.

Muñoz Rojas, José Antonio. "A cielo raso." Rev. of *La destrucción o el amor*, by V. Aleixandre. *Cruz y Raya*, No. 25 (1935), pp. 135-47. Aleixandre's work is related to Nerval's conception of poetry as a form of magic communication with the stars—prophetic poetry. This book brings to Spanish literature a sense of the cosmos that will dispel the coldness of much of contemporary Spanish poetry. Aleixandre is directly in contact with the essence of Romanticism.

————. "Vicente Aleixandre a treinta años vista." *Papeles de Son Armadans*, Vol. XI, Nos. 32-33, Nov.-Dec. 1958, pp. 322-23. Memories of his first meetings with the poet in 1929.

Muñoz Rojas, José Antonio. "Carta a Vicente Aleixandre: Sobre amistad y poesía." *Insula*, Nos. 374-375, Jan.-Feb. 1978, p. 8. Brief letter with citations from Aleixandre's old letters in which the poet talks about his passion for poetry.

Musacchio, D. "Vicente Aleixandre: Páginas encontradas." *Insula*, No. 329, Apr. 1974, p. 10. Presentation of "Noche: Orbita política," a prose text published by Aleixandre in *Mediodía*, No. 8 (1927), but not included in his *Obras completas*.

Najt, Myriam. "La palabra 'palabra' en 'Las palabras del poeta.' " *Cuadernos Hispanoamericanos*, Nos. 352-354, Oct.-Dec. 1979, pp. 581-93. Linguistic analysis of the poem "Las palabras del poeta" and of the word 'palabra' in *Poemas de la consumación*.

"Newer Poets of Spain." *The Times Literary Supplement*, Sept. 28, 1956, p. 568. Review of several books of poetry including Aleixandre's *Algunas características de la nueva poesía española*.

Nield, Brian. "Cuatro poemas inéditos de Vicente Aleixandre y un comentario." *Cuadernos Hispanoamericanos*, No. 233 (May 1969), pp. 457-66. Collects and discusses four prose poems from *Pasión de la tierra* which had not been published in either of the two editions of the book. Luis Antonio de Villena includes these compositions in his critical edition of *Pasión de la tierra*.

Noël-Mayer, Roger. "El poeta canta por todos." *La Tour de Feu: revue international de création poétique*, Vol. 73 (1962), pp. 151-55. Aleixandre is, perhaps, the only Spanish lyric poet who has made the "I" of the speaker disappear; because of this he is the most humane of all the contemporary Spanish poets.

Nora, Eugenio de. "Hacia una revisión de libros capitales. *La destrucción o el amor*, de Vicente Aleixandre." *Cisneros*, No. 6 (1943), pp. 97-102. Discusses the book and considers it one of the most important poetic works in contemporary Spain. He praises its poetic qualities.

_____ . "Aleixandre, renovador." *Corcel*, Nos. 5-6, 1944, pp. 95-96. Aleixandre is an innovator and an important influence in contemporary Spanish literature.

_____ . "Forma poética y cosmovisión en la obra de Vicente Aleixandre." *Cuadernos Hispanoamericanos*, No. 7 (1949), pp. 115-21. Brief commentary of the poet's work stressing the coherent vision of reality and the free verse based in traditional meters.

Novo Villaverde, Yolanda. "El surrealismo aleixandrino: *Pasión de la tierra* y *Espadas como labios.*" *Insula*, Nos. 374-375, Jan.-Feb. 1978, pp. 20, 29. Only these two books are surrealist; in the following books Aleixandre has a personal and coherent conception of reality. His surrealism is only external. Discussion of aspects in Aleixandre's early poetry which are in some way related to surrealism.

Olona, José María. "La sinestesia en la poesía moderna." *Indice de Artes y Letras*, No. 49 (1952), p. 15. Very short note about the fact that synesthesia helps the poet create sensations in his poems. Examples from G. Diego, V. Aleixandre and A. de Zubiaurre.

Onís, Carlos Marcial de. *El surrealismo y cuatro poetas de la Generación del 27.* Madrid: Editorial Porrúa, 1974. Studies the extent of surrealism in García Lorca, Alberti, Cernuda and Aleixandre. The latter is studied in chapter VI (pp. 245-88). Discussed are three books: *Pasión de la tierra, Espadas como labios* and *La destrucción o el amor*, stressing the evolution from an extremely surrealistic attitude and expression to less irrational techniques.

Panero, Leopoldo. "Vicente Aleixandre en la Academia." *Cuadernos Hispanoamericanos*, No. 10 (1949), pp. 221-22. Brief fictional description of Aleixandre entering the Academy dressed ceremoniously and dancing the waltz. It is admirable that a poet has achieved the prestigious seat of an academic.

Pedemonte, Hugo Emilio. "Algunas notas sobre Vicente Aleixandre en la poesía hispanoamericana." *Poesía Hispánica*, Nos. 299-300, Nov.-Dec. 1977, pp. 29-34. Suggests the influence of Aleixandre on the Latin American surrealists without providing proof. Brief comparison with Neruda.

————. "La metáfora mítica." *Cuadernos Hispanoamericanos*, Nos. 352-354, Oct.-Dec. 1979. pp. 315-24. The metaphor can be interpreted as a mythic reality more than as a literary device. Consequently, poetry becomes a form of knowledge rather than a mere representation of reality. In Aleixandre's work, the metaphors of "moon," "fish," "water" and "air" are equivalent to ones found in primitive myths.

Pérez Gutiérrez, Francisco. "Encuentros con Vicente Aleixandre (Homenaje de un lector ferviente)." *Insula*, Nos. 374-375, Jan.-Feb. 1978, pp. 28, 32. Interprets Aleixandre's poetry as having Christian virtues: love for his fellow men and search for God.

Personneaux, Lucir. "Una poesía del suspense." *Cuadernos Hispanoamericanos*, Nos. 352-354, Oct.-Dec. 1979, pp. 499-508. Analyzes the technique of suspense— the tension between unity and duality, between being and desire of being, between the real and the imaginary—as a basic structure in Aleixandre's poetic language. Studies the comparison, the conjunction "o," and the verb "ser," giving percentages of density as compared with other poets—Lorca and Alberti. Suspense constitutes a means to reach the *point sublime* of the surrealists.

"Poetry of the Dispersion." *The Times Literary Supplement*, Dec. 23, 1955, p. 776. Aleixandre belongs to a new Golden Age of Spanish poetry. He is a poet with vigor and striking imagery.

Poveda, Jesús. "Vicente Aleixandre, poeta de la tierra." In *Ensayos*. Ciudad Trujillo: Editorial Imprenta Rincón, 1941, pp. 73-99. Discusses a letter written to him by Aleixandre in 1934 or 1935 in which the poet makes a distinction between *earth poets* and *air poets*. The earth poets are in contact with earth and their poetry is marked by truth; the air poets have a false idea of things and their poetry has no substance.

Puccini, Dario. "*Espadas como labios*: Alcune Note." *Revista de Letras*, No. 22 (June 1974), pp. 235-41. Trans. "Espadas como labios: algunas notas." In José Luis Cano, ed., *Vicente Aleixandre*, pp. 222-27. Excerpts from *La Parola Poetica di Vicente Aleixandre*. Roma: Bulzoni Editore, 1971.

————. "Hacia una tipología de la contradicción." *Papeles de Son Armadans*, Vol. LXXXI, No. 241 (1976), pp. 9-40. Excellent analysis of *Diálogos del conocimiento* in relation to Aleixandre's poetics and to other works. The critic concludes that the principal characteristic of the book is the polisemic character of its message—the ambiguity of its search for the essence of being.

————. "Aleixandre y Hernández: Historia de una amistad en la poesía." *Insula*, Nos. 374-375, Jan.-Feb. 1978, p. 8. Deals with the mutual influences between these poets; stresses the influence of Hernández on Aleixandre, especially in relation to the proximity of death.

Quiñones, Fernando. "En la arena." *Insula*, Nos. 374-375, Jan.-Feb. 1978, p. 21. Talks about the pleasure of seeing a Spanish poet receive the Nobel Prize, and remembers his having read *Sombra del paraíso* when he was young. Offers a poem written then in imitation of Aleixandre.

R. M. "Un nuevo libro de Vicente Aleixandre." *Cuadernos Hispanoamericanos*,

No. 43, July 1953, pp. 119-21. About *Nacimiento último*. Notes the neoromantic character of Aleixandre's vision of the dead body that survives in the ground.

"Recent Poets of Spain." *The Times Literary Supplement*, Nov. 2, 1956, p. 650. Review of José Luis Cano, *De Machado a Bousoño;* Carlos Bousoño, *La poesía de Vicente Aleixandre;* and J. B. Trend, *Lorca and the Spanish Poetic Tradition.*

Reyzabal, María Victoria. "Algunos aspectos del problema de la 'verdad'." *Cuadernos Hispanoamericanos*, Nos. 352-354, Oct.-Dec. 1979, pp. 509-15. Following Coseriu's theories, Reyzabal studies the presence of terms like "verdad," "mentira" and "engaño" in Aleixandre's work.

Rodríguez, Claudio. "Algunos comentarios sobre el tema de la fauna en la poesía de Vicente Aleixandre." *Insula*, Nos. 374-375, Jan.-Feb. 1978, p. 17. Animals are a constant subject in Aleixandre's poetry because of his concept of the unity of all matter. The references to animals take a variety of forms in the poet's production.

Rodríguez, Israel. "La música o la muerte: la metáfora emocional en las estructuras estéticas de Vicente Aleixandre." *Cuadernos Hispanoamericanos*, Nos. 352-354, Oct.-Dec. 1979, pp. 594-610. Structural analysis of "El vals" and "Noche sinfónica," poems that contain the principal themes of Aleixandre's poetry. The emotive metaphor is the basic element in the poetic structures of Aleixandre's works. Confusing exposition and analysis.

Rodríguez Padrón, Jorge. "Lectura en tres tiempos." *Cuadernos Hispanoamericanos*, Nos. 352-354, Oct.-Dec. 1979, pp. 137-56. Aleixandre's poetry is difficult to understand more because of the experience itself than because of the communicative value of the text. Three cycles characterize the evolution of Aleixandre's total unified work; for each period there is a central book: *La destrucción o el amor, En un vasto dominio,* and *Diálogos del conocimiento.* More than a wish to communicate, the main characteristic of Aleixandre's poetry is the search for cosmic unity and knowledge. Three poems are analyzed: "Unidad en ella," "Oleo. Niño de Vallecas," and "Como Moisés, el viejo."

Romero Castillo, José. "Función poética en *Espadas como labios.*" *Insula*, Nos. 374-375, Jan.-Feb. 1978, p. 28. Applies to Aleixandre's work Jacobson's concept of "Poetic Function."

Rossich, Albert. "El surrealismo de *Espadas como labios.*" *Cuadernos Hispanoamericanos*, Nos. 352-354, Oct.-Dec. 1979, pp. 355-69. Complete and informative treatment of Spanish surrealism and its stylistic manifestations in Aleixandre's *Espadas como labios.* Good bibliography.

Rozas, Juan Manuel. *La Generación del 27 desde dentro. Textos y documentos.* Madrid: Ediciones Alcalá, 1974. This collection of texts and documents from publications by the poets of the Generation of 1927 includes several texts by Aleixandre already available in other publications.

Ruano, Manuel. "Del buen amar al buen decir." *Cuadernos Hispanoamericanos*, Nos. 352-354, Oct.-Dec. 1979, pp. 167-70. Aleixandre, the same as other poets of the Generation of 1927, combines in his poetry elements of a sensual materialism with a mystical aspiration for the absolute.

Salinas, Pedro. "Vicente Aleixandre entre la destrucción y el amor." *Indice Literario*, Vol. V (1935), pp. 93-100. Rpt. in *Literatura española Siglo XX.* México: Séneca, 1941. 2nd ed., Madrid: Alianza Editorial, 1970, pp. 204-12. Also in José Luis Cano, ed., *Vicente Aleixandre*, pp. 214-21. Aleixandre is a Romantic poet; he is too logical to be a surrealist poet.

_____ . "Vicente Aleixandre." In *El hijo pródigo.* México: 1945. Rpt. in Eleanor

L. Turnbull, *Contemporary Spanish Poetry*, pp. 16, 17. Also in José Luis Cano, ed., *Vicente Aleixandre*, pp. 18-19. Portrait of the poet by another poet.

Sánchez Robayna, Andrés. "Notas a la *Antología total* de Vicente Aleixandre." *Insula*, No. 361, Dec. 1976, pp. 1, 2. Aleixandre makes use of the negative form to the extent of becoming very similar to certain mystics who reach consciousness through the negation of everything. The illogical aspects of Aleixandre's poetry can be explained as forms of silence, similar to the silence of Zen.

————. "Borde final, conocimiento." *Insula*, Nos. 374-375, Jan.-Feb. 1978, p. 7. Deals with poetic knowledge as seen in Aleixandre's last two books. Language and silence,knowledge that knows nothing, light and shadow are paradoxical factors in this baroque poetry.

Santiago, Elena. "Vicente Aleixandre desvelando de luz la palabra." *La Estafeta Literaria*, No. 523, Nov. 1977, p. 24. Like the title, the whole article is nothing but rhetoric.

Santiago, Miguel de. "Reflexiones sobre la hermeneútica del arte." *Cuadernos Hispanoamericanos*, Nos. 352-354, Oct.-Dec. 1979, pp. 171-73. Aleixandre's poetry cannot be considered popular in the sense that Lorca's and Alberti's works are popular. Aleixandre's poetry is "rooted" in the aesthetic sense of the poetic work as part of its original and unique world (Scheleiermacher). Aleixandre's treatment of the basic themes of love, death and life has had a profound influence on the new Spanish generations.

Sanz, Ricardo Lorenzo, and Héctor Anabitarte Rivas. "La disolución en el todo." *Cuadernos Hispanoamericanos*, Nos. 352-354, Oct.-Dec. 1979, pp. 325-32. Verbose and rhetorical commentary about Aleixandre's sainthood or mystical attitude.

Sarrias, Cristóbal. "Vicente Aleixandre, Nóbel a la consumación." *Razón y Fe*, No. 858 (1977), pp. 1002-06. Aleixandre is a classic because he is always vitally recreating himself. Brief review of Bousoño's description of Aleixandre's literary career. Bibliography of Aleixandre's publications.

Schwartz, Kessel. "The Sea, Love and Death in the Poetry of Aleixandre." *Hispania*, 50 (1967), pp. 219-28. Psychoanalytical interpretation of the symbol of the sea, indicating a neurotic basis for the conception of love as death. Discussion of psychological theories (Freud and others) about the relationship between illness and artistic creativity.

————. "The Breast and the Sea in the Poetry of Vicente Aleixandre." *Romance Notes*, 8 (1967), pp. 150-55. The sea is a recurrent symbol or archetype in Aleixandre's poetry; it represents the instinctive primitive life, the lost true values, the conflict between Thanatos and Eros, and a variety of erotic states of repressed sensuality. The sea is commonly compared with the breast by Aleixandre because of neurotic reasons and not because of surrealistic creativity.

————. "The Isakower phenomenon and the dream screen in the early poetry of Vicente Aleixandre." *Revista de Letras*, No. 22, June 1974, pp. 210-18. Applying to Aleixandre's poetry psychoanalytic theories about dreams, the critic tries to demonstrate that the images used by the poet correspond to deep images of the mother's breast and related ideas of sleep, thirst and the like. Aleixandre expresses in his surrealist poetry a series of subconscious emotions common to all men.

Siles, Jaime. "Homero y Aleixandre: Fórmulas similares de dicción." *Insula*, Nos. 374-375, Jan.-Feb. 1978, p. 13. Brief discussion of certain rhetorical devices that appear in Homer and Aleixandre perhaps because of certain basic correspondences in their attitude towards reality.

Sobejano, Gonzalo, "El epíteto surrealista: Alberti, Lorca, Aleixandre." In *El epíteto en la lírica española*. Madrid: Gredos, 2nd edition, 1970, pp. 403-19. Detailed study of the use of the epithet by Alberti, Lorca and Aleixandre; innovative nature of their usage due to the irrational and oneiric character of surrealist images.

_____ . "Sombra del paraíso, ayer y hoy." *Cuadernos Hispanoamericanos*, Nos. 352-354, Oct.-Dec. 1979, pp. 370-83. Reproduced in this volume on pp. 172-186.

Sosa, Apolinario Héctor. "Vicente Aleixandre. La muerte o el amor." In *Aproximaciones*. La Plata: Edición Municipalidad de La Plata, 1962, pp. 145-67. Introduction to the life and work of the poet. Following Bousoño's *La poesía de Vicente Aleixandre*, the author talks about the unity of Aleixandre's poetic world and discusses some of his themes.

Souvirón, José María. "Humano y excelente." *Cuadernos Hispanoamericanos*, No. 55 (1954), pp. 133-35. Sees *Historia del corazón* as a very human book that deals with everyday life and does not show the vagueness of previous books by Aleixandre.

_____ . "Con los debidos respetos." *Papeles de Son Armadans*, Vol. XI, Nos. 32-33 (Nov.-Dec. 1958), pp. 315-19. Recollection of the poet as friend, seen against the background of Málaga.

Talens, Jenaro. "Vicente Aleixandre y el surrealismo." *Insula*, No. 304, Mar. 1972, p. 3. In Aleixandre's last two books the voice does not belong to a living character but rather to a distant mind which observes its own living from afar. Language is the only reality in its world. The same central theme of language is visible in the anthology *Poesía surrealista*.

"The undivided cosmos." *The Times Literary Supplement*, July 10, 1969, p. 751. Review of Aleixandre's *Obras completas*. Brief and clear summary of Aleixandre's work and its main characteristics; includes a discussion of *Poemas de la consumación*.

Tijeras, Eduardo. "Adolescencia y senectud en Aleixandre." *Cuadernos Hispanoamericanos*, Nos. 352-354, Oct.-Dec. 1979, pp. 225-31. Aleixandre's poetry manifests an obsessive interest in the opposites of youth and old age as the representation of life in its totality.

Ulises. "A propósito de *Historia del corazón*, de Vicente Aleixandre." *Correo Literario*, No. 6, Oct. 1954, no page number. In *Historia del corazón* Aleixandre does not change his poetic essence; he only extends his view to his past and to life around him. There is no need to talk about a second period in his conception of the world.

Umbral, Francisco. "Vicente Aleixandre." *Poesía española*, No. 131, Nov. 1963, pp. 15-17. Like Juan Ramón Jiménez, Aleixandre is a good example of the pure poet—he is authentic and has faith in poetry and humanity.

_____ (Lord). "Encuentro (horizontal) con Vicente Aleixandre." *La Estafeta Literaria*, No. 400, July 1968, pp. 10-11. Interview in which Aleixandre talks about the influence of Machado, the Generation of 1927, the return of young Spanish poets to a poetry written with great care for language and technique and his constant conception of poetry as a form of knowledge.

_____ . Rev. of *Poemas de la consumación*, by V. Aleixandre. *Poesía Española*, No. 193 (1969), pp. 24-25. Aleixandre has returned to a personal poetry. In his career there are three moments: pantheism, realism, and autobiographical interest. In the last book his pantheism takes the form of resignation facing old age.

_____ . Rev. of *Obras completas*, by V. Aleixandre. *Poesía española*, No. 195

(1969), pp. 1-3. There are three stages in Aleixandre's evolution as a poet: the mythic, the realist and the autobiographical, all of which are characterized by transcendent hedonism.

Urrutia, Jorge. "La palabra que estalla (a la vista): 'El vals', de Aleixandre." *Insula*, Nos. 368-369, July-Aug. 1977, p. 14. Analysis of the poem from *Espadas como labios*. Stresses the visual quality of Aleixandre's imagery, in this case not at all irrational, as the critics have affirmed; Aleixandre does not apply surrealist automatism in writing—he prefers to use reason, as Breton himself suggested. "El Vals" is a good example of Aleixandre's visual poetry and of the bursting of the word in freedom.

————. "Una carta de Aleixandre a estudiantes universitarios." *Insula*, Nos. 273-275, Jan.-Feb. 1978, p. 24. Notes that in his letter Aleixandre says that one of the greatest things for the poet is to know about his reader, an idea which is related to the main concept of poetry as a means of communication.

————."De Salvador Rueda a Vicente Aleixandre: un vals en dos tiempos." *Cuadernos Hispanoamericanos*, Nos. 352-354, Oct.-Dec. 1979, pp. 457-69. Compares two poems entitled "El vals," one by Rueda and the other by Aleixandre. While Rueda's composition uses the waltz to represent social conformity, Aleixandre's represents a critical view of the same nineteenth century society.

Valente, José Angel. "Trayectoria ejemplar de Vicente Aleixandre." *Indice de Artes y Letras*, Nos. 68-69, Oct.-Nov. 1953, p. 21. Commentaries about *Nacimiento último* and Aleixandre's poetic evolution as manifested in new poems published in literary magazines.

————. "Vicente Aleixandre en 'La raya de la esperanza'. *Indice de Artes y Letras*, No. 88-89, May-June 1956, p. 8. *Historia del corazón* represents a new step in the poet's understanding of reality; its appearance is very opportune because it corresponds to the interest of the new Spanish poetry in the solidarity of human life. The poet has come to this point by a personal evolution. He does not delude himself in an ideal conception based in archetypes but accepts life as it is: existence in time. This new awareness calls for a new technique of poetic expression. Aleixandre and Darío are similar in their evolution from fantasy to the maturity of realism.

————. "El ciclo de la realidad imaginada (Notas sobre la poesía de Vicente Aleixandre en un aniversario)." *Indice de Artes y Letras*, No. 123, Mar. 1959, pp. 5-6. Compares the Aleixandre of the first period with D. H. Lawrence—both have the same vision of the world: in a corrupting society the artist has to reinstate the authentic image of humanity. The act of physical love is an act of innocence and salvation. After *Historia del corazón* Aleixandre does not invent any new reality of his circumstance. The poem "La realidad" describes the poet's evolution from fantasy to reality.

————. "Vicente Aleixandre: La visión de la totalidad." *Indice de Artes y Letras*, No. 174, June 1963, pp. 29-30. *En un vasto dominio* contains the same basic conception seen in *La destrucción o el amor*, with only one difference: the first book talks about the timelessness of perpetual conservation of matter, while the new work talks about the temporal manifestation of its continuity.

————. "El poder de la serpiente." In *Las palabras de la tribu*. Madrid: Siglo XXI de España, 1971, pp. 170-84. Rpt. José Luis Cano, ed., *Vicente Aleixandre*, pp. 168-76. *Pasión de la tierra* and the two books that follow correspond to a moment in Aleixandre's poetry when language destroys itself in a constant recreation of language that frees all form of oppression. There is an evident influence of Lautréamont and surrealism.

_____. "Desconstrucciones." *Insula*, Nos. 374-375, Jan.-Feb. 1978, pp. 7, 9. Excerpts from the previous articles and a final section about the work as a destruction of itself, an aspect visible in the poet's last book.

Valverde, José María. "De la disyunción a la negación en la poesía de Vicente Aleixandre (y de la sintaxis a la visión del mundo)." *Escorial*, No. 52 (1945). Rpt. José Luis Cano, ed., *Vicente Aleixandre*, pp. 66-75. Very important article in which one of Aleixandre's stylistic devices is analyzed from a syntactical point of view and in relation to the poet's conception of the world.

_____. Rev. of *Historia del corazón*, by V. Aleixandre. *Arbor*, Vol. XXIX, No. 108 (1954), pp. 563-65. This concrete and realistic book appears as a surprise in the evolution of Aleixandre's poetry.

_____. "Dos visitas." *Papeles de Son Armadans*, Vol. XI, Nos. 32-33 (Nov.-Dec. 1958), pp. 328-31. Brief description of a visit with Aleixandre and Alonso.

Vandercammen, Edmond. "Vicente Aleixandre ou le romantisme de l'insatisfaction." *Le Journal des Poètes*, Jan.-Feb. 1949, p. 5. Like the rest of this critic's notes on Aleixandre's poetry (see bibliography, section V), this is only a brief informative commentary with no original material.

"Vicente Aleixandre y sus sesenta jóvenes años." *La Estafeta Literaria*, No. 167, Apr. 1959, p. 3. Brief note in homage to the poet on his sixtieth birthday. Talks about the excellent relations between Aleixandre and the young poets.

Villar Ribot, Fidel. "La entrega iluminada: Vicente Aleixandre y Emilio Prados." *Insula*, Nos. 374-375, Jan.-Feb. 1978, p. 23. Brief biographical note about Aleixandre's friendship with Prados and the poems and letters they wrote to each other. Barely informative, it does not give much help on the subject.

Villena, Luis Antonio de. Rev. of *Poesía superrealista. Antología*, by V. Aleixandre. *Prohemio*, Vol. III, No. 1 (1972), pp. 147-53. Short discussion of the complete work of Aleixandre to show its evolution from surrealism to social poetry and back to irrationalism. This anthology represents a return to surrealism insofar as it is a recognition of the existence of a poetic tradition which is alive among the younger generations of Spanish poets.

_____. "Una antología crítica sobre Aleixandre." Rev. of *Vicente Aleixandre*, ed. José Luis Cano. *Insula*, No. 367, Jan. 1977, p. 10. Brief announcement of the recent publication of the book followed by a description of it.

_____. "La luna, astro final del 'Primer Aleixandre' (Algo sobre *Mundo a solas*)." *Insula*, Nos. 368-369, July-Aug. 1977, pp. 8, 33. *Mundo a solas* is the last surrealistic book in Aleixandre's production. It has as central theme the idea of desolation, symbolized by the moon, a purely mental image like the cosmic images of previous books. The surrealist themes and language in this book achieve their extreme possibilities; thus the new book, *Sombra del paraíso*, begins a totally new cycle in Aleixandre's poetry.

_____. "Vicente Aleixandre y los poetas jovencísimos." *Insula*, Nos. 374-375, Jan.-Feb. 1978, p. 15. Aleixandre's poetry evolves in harmony with the immediate circumstances. Since the first post-War years Aleixandre has been in contact with young poets and has received from them a better understanding of the circumstances he expresses in his work.

_____. "1944: Dos caminos para la lírica española." *Cuadernos Hispanoamericanos*, Nos. 352-354, Oct.-Dec. 1979, pp. 82-98. *Sombra del paraíso* by Aleixandre and *Hijos de la ira* by Alonso were published the same year and offered two poetic directions starting from the same desolate view of reality. Both directions have influenced poetry in post-Civil War Spain—the social poetry of the fifties and sixties and the "imaginist" poetry of the seventies.

Vivanco, Luis Felipe. "El espesor del mundo en la poesía de Vicente Aleixandre." In *Introducción a la poesía española contemporánea*. Madrid: Guadarrama, 2nd ed., 1971. Vol. I, pp. 301-45. Aleixandre's work represents a process of development of a poetic word that is different from the common language. Starting from the darkness of the world in *Pasión de la tierra*, Aleixandre evolves towards the light of the world and the word in *Sombra del paraíso*, the perfect product of contemporary Spanish interest in the elemental and paradisiac. *Sombra del paraíso* is the basis for future developments: following the poet's view of reality as passionate love and paradisiac sensuality, the reality of man's heart will become more important.

Zardoya, Concha. "La presencia femenina en *Sombra del paraíso*." *Revista de Indias*, No. 107 (Jan.-Feb. 1947), pp. 147-74. Rpt. *Poesía española contemporánea*, pp. 453-74. Also in José Luis Cano, ed., *Vicente Aleixandre*, pp. 151-67. *Sombra del paraíso* has two basic themes: the memories of boyhood and love. The feminine figure is seen in relation with the Universe, with which it has similarities. The article studies in detail the different forms taken by the feminine presence in the book.

————. "Los tres mundos de Vicente Aleixandre." *Revista Hispánica Moderna*, Vol. XX, Nos. 1-2 (1954), pp. 67-73. Rpt. *Poesía española contemporánea*, pp. 439-52. *Mundo a solas* is a bridge between the visions of the world of *La destrucción o el amor* and *Sombra del paraíso*.

————. "Historia del corazón: Historia del vivir humano." *Cuadernos Hispanoamericanos*, No. 4 (1955), pp. 236-79. Rpt. *Poesía española contemporánea*, pp. 475-525. The theme of this book is the life of the poet and through it the life of man. The poems deal with the different ages of man: boyhood, youth, maturity, and old age. Central to the book is the idea of temporality and the acceptance of the fugacity of human life. Aleixandre is a mystic of matter, including man. Very detailed analysis of the structure of the book, the metrics, and the themes.

————. "El último libro de Vicente Aleixandre." *Revista Hispánica Moderna*, Vol. XXII, No. 2 (1956), pp. 139-40. Discusses *Historia del corazón*. The poet accepts life as it is—a passage of time. In this book Aleixandre's poetic language becomes clearer.

————. "Aleixandre, Bousoño y la nueva crítica poética." *Revista Hispánica Moderna*, Vol. XXIII, No. 2 (1957), pp. 161-62. Favorable review of Bousoño's book on Aleixandre's poetry.

————. "La técnica metafórica en la poesía española contemporánea." *Cuadernos Americanos*, Vol. XX, No. 116 (1969), pp. 258-81. Discusses the metaphor as used by Unamuno, Machado, Salinas, Aleixandre, Hernández, and others.

————. "Vicente Aleixandre: De *La destrucción o el amor* a *Los encuentros*." In *Poesía española contemporánea*, Madrid: Guadarrama, 1961, pp. 439-598. This section of the book includes articles published before (see above) and "Los encuentros," a lengthy and very detailed study of those portraits of other writers through which the poet reveals himself biographically.

Zardoya, Concha. "Vicente Aleixandre, en 'La plaza pública'." *Cuadernos Hispanoamericanos*, Nos. 352-354, Oct.-Dec. 1979, pp. 470-73. Brief note that defines Aleixandre's poetry from the period of *Historia del corazón* as a mysticism of the concrete.

V. Other Critical Works

For additional bibliographies about Aleixandre, see section VI.

Alvarez Villar, Alfonso. "El tema del paraíso." *Cuadernos Hispanoamericanos*, No. 170 (Feb. 1964), pp. 337 and ff.

Aller, César. "A cinco amigos. Vicente Aleixandre." *Cuadernos de María José*, No. 88 (1967), pp. 9-10.

Aparicio, Francisco.. "II. Poetas españoles contemporáneos." *Razón y Fe*, Vol. 147, No. 662.

————. "Luz y sombras de Vicente Aleixandre." *Razón y Fe*, Vol. 149, No. 672.

Arendt, Erich. "Vicente Aleixandre." *Sinn und Form*, XVI (1964), pp. 381-87.

Aub, Max. "Vicente Aleixandre." In *Poesía española contemporánea*. Mexico: Editorial Era, 1969, pp. 113-16.

Bagneri, Giovanni Ramella. "Il Nobel a Vicente Aleixandre." *Uomini e libri: Periodico Bimestrale di Critica ed Informazione Letteraria*, 66 (1977), pp. 55-56.

Barral, Carlos. "Un libro de Vicente Aleixandre." *Laye*, No. 24 (1954), pp. 84 and ff.

Bento, José. "Vicente Aleixandre, Prémio Nobel de Espanha: Um Exemplo para Portugal." *Colóquio*, No. 40 (1977), pp. 75-77.

Blajot, Jorge. "Poesía y religiosidad." *Razón y Fe*, Vol. 143, No. 636.

Bousoño, Carlos. "Vicente Aleixandre: En la muerte de Miguel Hernández." *Insula*, No. 29, May 1948.

————. "Consideraciones en torno a un libro de poesía." *Bolívar*, 1954, pp. 226-46.

Browne, James R. Rev. of *Los encuentros*, by V. Aleixandre. *Books Abroad*, Vol. 34, No. 3 (1960), p. 287.

Busuioceanu, Alejandro. "Vicente Aleixandre revela sus secretos." *Insula*, No. 37, Jan. 1949.

Campos, Jorge. "Mundo sin nombre." *Indice de Artes y Letras*, No. 28, Apr. 1950.

Campos, René A. "El apóstrofe lírico en la poesía de Aleixandre." *Journal of Spanish Studies: Twentieth Century*, Vol. 7 (1978), pp. 2-32.

Cano, José Luis. "La poésie espagnole d'aujourd'hui." *Le Journal des Poètes*, No. 4, Apr. 1953.

————. "La generación poética de 1925." *Revista Nacional de Cultura*, No. 111 (Jul.-Aug. 1955), pp. 78-79.

————. "Entrevista con Aleixandre." *Cuadernos del Congreso por la Libertad de la Cultura*, No. 39 (Nov.-Dec. 1959), pp. 65-67.

————. Rev. of *Los encuentros*, by V. Aleixandre. *Cuadernos del Congreso por la Libertad de la Cultura*, No. 33 (Nov.-Dec. 1958), pp. 103-05.

Castillo-Elejabeyta, Dictino de. "La Poesia di Vicente Aleixandre." *Il Giornale dei Poeti*, Jul. 21, 1955.

Coelho, Nelly Novaes. "Vicente Aleixandre e o Nobel." *Minas Gerais, Suplemento Literário*, Nov. 19, 1977, p. 5.

Cohen, J. M. "Recent Poets of Spain." *The Times Literary Supplement*, Nov. 2, 1956.

Colinas, Antonio. "Con ocasión de la poesía superrealista de Vicente Aleixandre", *Trece de Nieve*, No. 3 (Spring 1972).

Crispin, John. Rev. of *Vicente Aleixandre*, ed. José Luis Cano. *World Literature Today*, Vol. 52, No. 2 (1978), p. 263.

Debicki, Andrew P. Rev. of *Diálogos del conocimiento*, by V. Aleixandre. *Books Abroad*, Vol. 49, No. 4 (1975), p. 739.

————. Rev. of *Antología total*, by V. Aleixandre. *World Literature Today*, Vol. 51, No. 1 (1977), p. 72.

De Heredia, Pablo Beltrán. "Vicente Aleixandre. Another Universal Andalusian." *The Texas Quarterly*, 21, iv (1978), pp. 176-82.

Depretis, Giancarlo. *Le Zoo di Specchi* (Il percepire ambivalente nella poesia di V. Aleixandre). Torino: University of Torino, 1976.

Doreste, Ventura. "Aleixandre, dios y humano." *Asomante*, No. 3 (1955).

Duque, Aquilino. "Treinta años de poesía en Aleixandre." In *Andalucía en la Generación del 27*. Sevilla: Universidad de Sevilla, 1978, pp. 113-32.

Echeverri Mejía, Oscar. "*Los encuentros* de Vicente Aleixandre." *Revista Javeriana*, No. 270, Nov. 1960, pp. 735-39.

Fernández, Gastón. "El mar en la poesía de Vicente Aleixandre." *Publications of the Arkansas Philological Association*, Vol. 3, No. 2 (1977), pp. 6-12.

Fernández de la Reguera, Ricardo. "Schriftsteller lesen für den Tagesspiegel: Er weiss, wie der Stein singt." *Der Taugensspiegel*, May 24, 1964.

Fernández-Morera, Darío. "Vicente Aleixandre in the Context of Modern Poetry." *Symposium*, 33 (1978), pp. 118-41.

Ferraro, Ariel. Rev. of *Conocer. Aleixandre y su obra*, by Antonio Colinas. *Cuadernos Hispanoamericanos*, Nos. 352-354, Oct.-Dec. 1979, pp. 689-690.

Figueroa Chapel, Ramón. " 'En gran noche': Ocho poemas de Vicente Aleixandre." *Revista de Letras*, No. 1 (1969), pp. 47-56.

Froldi, Rinaldo. "Due poesie di Vicente Aleixandre." *La Fiera Letteraria*, Dec. 14, 1951.

––––––. "Figure della cultura spagnola di oggi ... (Vicente Aleixandre)." *La Fiera Letteraria*, Dec. 14, 1952.

Gaos, Alejandro. *Prosa fugitiva. Entrevistas.* Valencia: Editorial Colenda, 1955, pp. 9-12.

García Morejón, Julio. "La lírica de Aleixandre." *Letras Hispánicas*, Nos. 2-3 (1962), pp. 19-22.

Garciasol, Ramón de. Rev. of *Mis poemas mejores*, by V. Aleixandre. *Poesía Española*, No. 64, Nov. 1957.

––––––. Rev. of *Los encuentros*, by V. Aleixandre. *Cuadernos Hispanoamericanos*, No. 105 (1958). pp. 340-43.

––––––. Rev. of *Poesías completas*, by F. Aleixandre. *Revista Nacional de Cultura*, May-Aug. 1960, pp. 245-47.

Gauthier, Michel. "Vicente Aleixandre, Narcisse écartelé (Variations su un poème de Vicente Aleixandre)." *Langues Néo-latines*, No. 176 (1966), pp. 2-23.

González-Gerth, Miguel. "Nature and Society in the Poetry of Vicente Aleixandre." *The Texas Quarterly*, 21, iv (1978), pp. 206-14.

Grossman, Rudolf. *Spanische Gedichte Zweisprachen-Ausgabe*. Bremen: Carl Schünemann Verlag, 1960, pp. 342 ff.

Guillén, Claudio. Rev. of *La poesía de Vicente Aleixandre*, by Carlos Bousoño. *Books Abroad*, Vol. 32, No. 1 (1958), p. 67.

Ibáñez, Iris Acacia. "Aproximaciones estilísticas al tema del puente." *Humanidades*, Vol. XXXVIII (1962), pp. 189-96.

Ivask, Ivan. "Looking for Books and Their Makers Abroad: Marginal Travel Notes from Europe, 1947-1975." *Books Abroad*, Vol. 50, No. 1 (1976), pp. 69-70.

Jiménez, José Olivio. "Paisaje interior de la nueva poesía española." *Boletín de la Academia Cubana de la Lengua*, Jan.-Dec. 1959, pp. 151-75.

––––––. "Poesía española 1962-63. Los poetas del 27." *Boletín de la Academia Cubana de la Lengua*. Vol. XI, Jan.-Dec. 1964, pp. 70-98.

Jiménez, José Olivio. Rev. of *Presencias* and *Retratos con nombre*, by V. Aleixandre. *La Palabra y el Hombre*, Jan.-Mar. 1966, pp. 133-38.

Josia, Vincenzo. *Poeti Sivigliani di oggi. Vicente Aleixandre*. Roma: Ed. Opere Nuove, 1966.

Labajok, Aurelio, Carlos Urdiales and Trinidad González. *Generación de 1927. Alberti, Aleixandre y Cernuda*. Madrid: Editorial Coculsa, 1968.

Lama, Antonio G. de. "*Sombra del paraíso*." *Espadaña*, No. 3, June 1944.

Lastra, Pedro. "Presencia de Rilke en un poema de Aleixandre: Notas de lectura." *Lexis*, 3 (1978), pp. 79-85. See also bibliography, section IV.

Lefebvre, Alfredo. Rev. of *Nacimiento último*, by V. Aleixandre. *Finisterre*, No. 1 (1954), pp. 85-88.

Lind, Georg. Rev. of *La poesía de Vicente Aleixandre*, by Carlos Bousoño. *Sonderdruck aus Romanische Forschungen*, Vol. 65 (1953), pp. 216-20.

López Alvarez, Luis. Rev. of *Historia del corazón*, by V. Aleixandre. *Cuadernos del Congreso por la Libertad de la Cultura*, No. 14, Sept.-Oct. 1955.

Loring, Salvador. Rev. of *Presencias*, by V. Aleixandre. *Reseña*, No. 9, Oct. 1965, pp. 285-89.

Luis, Leopoldo de. Rev. of *Poemas paradisíacos*, by V. Aleixandre. *Poesía Española*, No. 12, Dec. 1952.

————. Rev. of *Nacimiento último*, by V. Aleixandre. *Poesía Española*, June 1953.

————. Rev. of *Historia del corazón*, by V. Aleixandre. *Poesía Española*, Aug. 1954.

————. Rev. of *Mis poemas mejores*, by V. Aleixandre. *Agora*, Nos. 7-8, May-June 1957.

————. "La poesía de Vicente Aleixandre: Una ascensión hacia la luz." *Estaciones*, No. 6 (1957), pp. 157-62.

————. "La poesía de Vicente Aleixandre." *Nivel*, No. 37, Jan. 1962, pp. 1, 10.

Macrí, Oreste. "Vicente Aleixandre: Poesie." *Quaderni Ibero-Americani*, Vol. III, No. 11, Dec. 1951.

————. "Antologia di Aleixandre." *Quaderni Ibero-Americani*, No. 14, June 1953.

————. "Ancora su Aleixandre." *Quaderni Ibero-Americani*, No. 15, Apr. 1954.

————. *Poesia spagnola del 900*. Milano: Editorial Aldo Garzanti, 1974, 2 vols.

————. "Letteratura spagnola. Passaggio all'umano di Aleixandre." *L'Approdo Letterario*, No. 7, 1959.

————. "Letteratura spagnola. Un nuovo Romancero." *L'Approdo Letterario*. No. 11, 1960.

Manrique de Lara, José Gerardo. "Semblanza de Vicente Aleixandre, poeta sobre el mundo." *El Libro Español*, No. 186, June 1973.

Mantero, Manuel. "La plenitud del ser y la armonía del universo en la poesía de Aleixandre." *Agora*, Nos. 43-45, May-July 1960, pp. 24-28.

————. Rev. of *Antigua casa madrileña*, by V. Aleixandre. *Agora*, Nos. 61-62, Nov.-Dec. 1961.

————. "Vicente Aleixandre ante el proceso de lo real." *Agora*, Nos. 71-72, Sept.-Oct. 1962, pp. 49-51.

————. "Aleixandre, Vicente: *Retratos con nombre*." *Revista de Literatura*, Vol. XXIX, 1966, pp. 246-49.

————. *La poesía del yo al nosotros*. Madrid: Editorial Guadarrama, 1972.

Marco, Joaquim. "Significación popular de la poesía de Vicente Aleixandre." "Las *Obras completas* de V. Aleixandre." In *Ejercicios Literarios*, Barcelona: Editorial Taber, 1969.

Marra, Nelson. "La poesía de Vicente Aleixandre." *Temas*, Vol. IV, Nov.-Dec. 1965, pp. 26-29.

Marré, Luis. "Un nuevo libro de Vicente Aleixandre." *Ciclón*, No. 5, May 1955, pp. 53-54.

Medina, José Ramón. *Razones y testimonios*. Caracas: Editorial Cuadernos Literarios, 1960, pp. 25-39.

Mellizo, Carlos, Louise Salstad, Ricardo Landeira, Gerhard Herbst, James Alstrum, eds. *Vicente Aleixandre (Portrait of a Nobel Prize)*. Laramie: Department of Modern and Classical Languages, University of Wyoming, 1977. 28 pp.

Molina, Antonio F. *"Nacimiento último*, de V. Aleixandre." *Trilce*, No. 6, Oct. 1953.

_____. *"Mundo a solas." Sin Nombre*, Vol. II, No. 1, 1971.

Montes, Hugo. *Poesía actual de Chile y España*. Barcelona: Editorial Sayma, 1963.

Morales, Rafael. "Sombra y luz del paraíso en la poesía de Aleixandre." *La Estafeta Literaria*, Feb. 28, 1945.

_____. "Un nuevo libro de Vicente Aleixandre." *Cuadernos Hispanoamericanos*, No. 43 (1953), pp. 119-21.

_____. "Vicente Aleixandre y sus sesenta jóvenes años." *La Estafeta Literaria*, No. 167, Apr. 15, 1959.

Moreau Arrabal, Luce. "Breve retrospectiva del surrealismo español." *Margen*, No. 2 (Nov. 1966-Dec. 1967), pp. 120-28.

Moreno, Alfonso. *Poesía española actual*. Madrid: Editorial Nacional, 1946, pp. 297-319.

Muñoz Rojas, José Antonio. Rev. of *Sombra del paraíso*, by V. Aleixandre. *Escorial*. No. 43, May 1944, pp. 458-63.

Murciano, Carlos. Rev. of *Los encuentros*, by V. Aleixandre. *Punta Europa*, No. 34, Oct. 1958, pp. 116-18.

_____. "Metáfora y greguería." *Punta Europa*, No. 62, Feb. 1961, pp. 132-33.

_____. "Homenaje a un poeta." *Punta Europa*, Nos. 70-71, Oct.-Nov. 1961.

_____. Rev. of *En un vasto dominio*, by V. Aleixandre. *Punta Europa*, Jan. 1963. Rpt. in *Poesía Española*, No. 124, Apr. 1963, pp. 1-5.

Navarro, J. M. "La nueva poesía española." *Revista Nacional de Cultura*, Nos. 156-157 (1963), pp. 110-19.

Noël-Mayer, Roger. "Un son nouveau (Chronique de poésie espagnole). Vicente Aleixandre." *La Tour de Feu, Revue Internationale de Création Poétique*, Mar. 1965, pp. 122-23.

Nora, Eugenio de. Rev. of *Mundo a solas*, by V. Aleixandre. *Correo Literario*, No. 1, June 1, 1950.

Oliver, Antonio. *Nueva nómina de la poesía contemporánea*. Madrid: Editorial León Sánchez C., 1948, pp. 11-12.

Olmos García, F. "Relaciones entre personas y poesía, vida y obra (sobre Vicente Aleixandre)." *Norte*, Year V, No. 1 (Jan.-Feb. 1964), pp. 1-4.

Paoli, Roberto. "Appunti. Aleixandre e i suoi incontri." *Paragone*, No. 110, Feb. 1959, pp. 77-84.

Pérez Minik, Domingo. "Vista a Vicente Aleixandre." In *Entrada y salida de viajeros*. Santa Cruz de Tenerife: Editorial Nuestro Arte, 1969.

Quiroga Clérigo, Manuel. Rev. of *Vida y obra de Vicente Aleixandre*, by Leopoldo de Luis. *Cuadernos Hispanoamericanos*, Nos. 352-354, Oct.-Dec. 1979, pp. 666-79.

_____. Rev. of *Tres poetas a la luz de la metáfora: Salinas, Aleixandre y Guillén*, by Vicente Cabrera. *Cuadernos Hispanoamericanos*, Nos. 352-354, Oct.-Dec., 1979, pp. 684-87.

Ramírez Arancibia, Ana Julia. "Lo universal en el lenguaje poético de Vicente Aleixandre." *Nueva Revista del Pacífico*, 6 (1977), pp. 58-71.

Ruiz Silva, J. C. "Aleixandre y la crítica." Rev. of *Vicente Aleixandre*, ed. José Luis Cano. *Cuadernos Hispanoamericanos*, Nos. 352-354, Oct.-Dec. 1979, pp. 679-84.

_____. Rev. of *Antología poética*, by Vicente Aleixandre, ed. Leopoldo de Luis. *Cuadernos Hispanoamericanos*, Nos. 352-354, Oct.-Dec. 1979, pp. 687-89.

Salazar Chapela, E. "*Los encuentros.* Essays, by Vicente Aleixandre." *International P.E.N.*, Vol. IX (Fall 1958), pp. 67-68.

_____. Rev. of *Poesías completas*, by V. Aleixandre. *International P.E.N.*, Vol. XIII, No. 3 (1962).

Santos, Dámaso. "Cantata con Aleixandre." In *Generaciones juntas*. Madrid: Editorial Bullón,'1962.

Sarmiento, Edward. Rev. of *Presencias*, by V. Aleixandre. *Books Abroad*, Vol. 40, No. 4 (1966), pp. 450-51.

Seifert, Eva. Rev. of *La poesía de Vicente Aleixandre* by Carlos Bousoño. *Archiv für das Studium der Neueren Sprachen*, Vol. 189 (Apr. 1953), pp. 399-400.

Simonis, Ferdinand. "Realidad realizada in Aleixandre 'Historia del corazón'. Eine Mystik ohne Transzendenz." *Die Neuren Sprachen*, No. XV (1966), pp. 226-34.

_____."Die dichterische Welt Vicent Aleixandres: Ein Diesseits der Liebe Zwischen Chaos und Paradies." *Die Neuren Sprachen*, No. XVI (1967), pp. 534-45.

Tentori, Francesco. "Poesia in fuga verso il regno generoso: Vicente Aleixandre." *La Fiera Letteraria*, Oct. 4, 1953.

_____. "Un'Antologia del Surrealismo spagnolo." *Galleria*, Jan.-Apr. 1955, pp. 44-48.

Valderrey, Carmen. "La solidaridad cósmica en la poesía de Aleixandre." *Arbor*, 397 (1978), pp. 65-74.

Vandercammen, Edmond. "Poésie espagnole. *Historia del corazón*. Vicente Aleixandre." *Le Journal des poètes*, Jan. 1955.

_____. "Trois essais de la langue espagnole." *Le Journal des poètes*, Mar. 1957.

_____. "Livres espagnols. Vicente Aleixandre: *Los encuentros.*" *Le Journal des poètes*, Feb. 1959.

_____."Vicente Aleixandre, poète de l'amour." *Le Journal des poètes*, Feb. 1961.

_____. "Poésie espagnole. Un essai et une anthologie." *Le Journal des poètes*, June-July 1961.

_____. "Le vaste domaine de Vicente Aleixandre." *Académie Royale de Langue et de Littérature Françaises*, 1971.

Winter, Calvert J. Rev. of *Espadas como labios*, by V. Aleixandre. *Books Abroad*, Vol. 7, No. 4 (1933), p. 484.

Young, Howard T. Rev. of *Poesías completas*, by V. Aleixandre. *Books Abroad*, Vol. 35, No. 2 (1961), p. 175.

VI. Bibliographies

"Bibliografía sobre Vicente Aleixandre." *Papeles de Son Armadans*, Vol. XI, Nos. 32-33 (Nov.-Dec. 1958), pp. 445-63. This extensive bibliography includes only secondary sources, many of them published in newspapers and non-literary publications. It reproduces almost exactly Bousoño's bibliography and adds items that appeared between 1956 and 1958. Many references are incomplete.

Blas Vega, José. "Bibliografía." *Poesía Hispánica*, Nos. 299-300 (Nov.-Dec. 1977), pp. 56-61. Divided in seven sections, this bibliography offers a complete listing of Aleixandre's works (poetry, prose, anthologies, and translations to other languages). Secondary sources are classified in three categories: books, articles, and special issues in homage to the poet. The list of essays and articles is very selective.

Bousoño, Carlos. "Bibliografía sobre Aleixandre." *La poesía de Vicente Aleixandre*. Madrid: Gredos, 2nd ed., 1968, pp. 431-71. This is the most complete bibliography available. It lists only texts about Aleixandre's works, including many items from newspapers and other non-literary publications. References are not always complete. Undoubtedly this bibliography has to be the starting point for any further research on the poet.

Cano, José Luis. "Noticia bibliográfica." In Vicente Aleixandre, *Espadas como labios* y *La destrucción o el amor*. Madrid: Castalia, 1972, pp. 33-39. In addition to a list of first editions of all of Aleixandre's works, this bibliography offers a section on the different editions of the two books included in this volume. Secondary sources are very selective.

_____. "Bibliografía." *Vicente Aleixandre*. Madrid: Taurus, 1977, pp. 283-86. Included are a list of first editions of the poet's works and a very selective list of books, essays, and articles on Aleixandre's poetry. A few of these items are not found in previous bibliographies.

Colina, Antonio. "Bibliografía." *Conocer. Aleixandre y su obra*. Barcelona: Dopesa, 1977, pp. 119-25. The bibliography of Aleixandre's production includes sections on anthologies, critical editions, and translations. The list of secondary sources is brief and selective.

Granados, Vicente. "Bibliografía." *La poesía de Vicente Aleixandre*. Madrid: Cupsa Editorial, 1977, pp. 287-92. All of Aleixandre's books are listed, giving the different editions. Anthologies are listed separately. The bibliography about Aleixandre includes only items published after 1973, the date when Leopoldo de Luis completed his bibliography for the critical edition of *Sombra del paraíso* (See next entry).

Luis, Leopoldo de. "Noticia bibliográfica." In Vicente Aleixandre, *Sombra del paraíso*. Madrid: Castalia, 1976, pp. 62-79. Divided in two main sections, this bibliography offers a list of first editions of Aleixandre's books and translations to other languages. A special section lists the different editions of *Sombra del paraíso* and "Cinco poemas paradisíacos." A select bibliography about Aleixandre includes sections on books, periodicals, and articles. This last one is divided in three groups: articles about *Sombra del paraíso*, articles about Aleixandre's work in general, and articles not included in previous bibliographies. This "Noticia bibliográfica" is very helpful without being complete.

_____. "Referencias bibliográficas de los volúmenes a los cuales pertenecen los poemas." In Vicente Aleixandre, *Antología poética*. Madrid: Alianza Editorial, 1977, pp. 175-79. Very complete description of all books of poetry published by Aleixandre. Included are all editions.

_____. "Bibliografía sobre Vicente Aleixandre." In Vicente Aleixandre, *Antología poética*. Madrid: Alianza Editorial, 1977, pp. 180-81. Very brief listing of a few items selected as the most outstanding critical approaches to Aleixandre's work.

_____. "Bibliografía." *Vida y obra de Vicente Aleixandre*. Madrid: Espasa-Calpe,

1978, pp. 235-37. Very succinct bibliography of the most commonly cited texts about Aleixandre.

Schwartz, Kessel. "Selected Bibliography." *Vicente Aleixandre*. New York: Twayne Publishers, 1970, pp. 171-84. A very selective bibliography. Included are the works by Aleixandre, with the important addition of a section on "Pamphlets, Articles, Letters, Essays, Scattered Poetry" not found in other bibliographies. The secondary sources are annotated and include general texts of interest for English-speaking readers of Spanish poetry.

INDEX

This index includes names and titles that appear in the text of the articles and the notes (pages 1-281). Names and titles in the bibliography are not indexed.